ANTONINUS LIBERALIS

LES MÉTAMORPHOSES

COLLECTION DES UNIVERSITÉS DE FRANCE

publiée sous le patronage de l'ASSOCIATION GUILLAUME BUDÉ

ANTONINUS LIBERALIS

LES MÉTAMORPHOSES

TEXTE ÉTABLI, TRADUIT ET COMMENTÉ

PAR

Manolis PAPATHOMOPOULOS

Attaché de recherches au C.N.R.S.

Deuxième tirage

PARIS

LES BELLES LETTRES

2002

Conformément aux statuts de l'Association Guillaume Budé, ce volume a été soumis à l'approbation de la commission technique, qui a chargé M. Jean-Marie Jacques d'en faire la révision et d'en surveiller la correction en collaboration avec M. Manolis Papathomopoulos.

© 2002. Société d'édition Les Belles Lettres
95 boulevard Raspail, 75006 Paris
www.lesbelleslettres.com

Première édition 1968

ISBN : 2-251-00020-8
ISSN : 0184-7155

INTRODUCTION

———

I

L'AUTEUR ET L'ŒUVRE

L'auteur. — Nous ne connaissons rien de l'auteur du recueil des *Métamorphoses* en dehors de son nom, cité dans le titre (fol. 189ʳ) et la souscription (fol. 208ᵛ) de l'unique manuscrit conservé. On a essayé, sans grand succès, de l'identifier à plusieurs personnages homonymes[1]. La seule chose qu'on puisse dire avec quelque vraisemblance, c'est que ce nom semble désigner un auteur qui a vécu au siècle des Antonins ou des Sévères[2].

La forme du recueil. — Le recueil d'Antoninus Liberalis est constitué de quarante et une fables de métamorphoses[3] parmi lesquelles il y en a qui contien-

1. Koch, dans son édition d'Antoninus Liberalis, énumère ces diverses tentatives.
2. C'est Saxius (*Onomasticon* I, p. 308) qui émit le premier cette hypothèse. D'après Bücheler (*apud* E. Oder, *De Antonino Liberali*, Bonn, 1886, p. 56, n. 1), le gentilice Antoninus étant surtout fréquent au début du iiiᵉ siècle, c'est à cette époque que nous devons placer notre auteur. Knaack (*Woch. f. Kl. Philol.*, VII, 1890, p. 39) et F. Blum, *De Antonino Liberali* (Strasbourg, 1892), p. 26 sq., préfèrent le dater du iiᵉ siècle pour des raisons de langue.
3. Sur le genre des Métamorphoses et des résumés mythographiques qui en traitent on peut consulter : S. Jannaccone, *La letteratura Greco-latina delle Metamorfosi* (Messina-Firenze, 1953) ; G. Lafaye, *Études sur les Métamorphoses d'Ovide et leurs modèles grecs* (Paris, 1904) ; L. Castiglioni, *Studi intorno alle*

nent un ἀφανισμός (chap. I, VIII, XII, XIII, XXV, XXVI, XXX, XXXII, XXXVII), d'autres où le souvenir d'une métamorphose est lié à l'origine d'un culte (I, IV, XIII, XVII, XXV, XXVI, XXIX, XXXII), et d'autres qui concernent des κτίσεις, ὀνομασίαι ou μετονομασίαι (VIII, XII, XIII, XXIII, XXX, XXXI, XXXV, XXXVII). Suivant le genre de la métamorphose, nous pouvons distinguer :

— transformations en oiseaux (I, II, III, V, VI, VII, IX, X, XI, XII, XIV, XV, XVI, XVIII, XIX, XX, XXI, XXXVII) ou insecte ailé (XXII) ;

— transformations en végétaux (XXXI, XXXII, XXXIV) ;

— transformations en animaux (XXIV, XXVIII, XXIX, XXXV) ;

— transformations en rochers ou pierres (IV, XXIII, XXXIII, XXXVI, XXXVIII, XXXIX, XLI) ;

— transformations en étoiles (XXV, XXXVI) ;

— simple ἀφανισμός (VIII, XIII, XL) ;

— légendes d'immortalisation (XXVII, XXX, XXXII, XXXIII), de transformation en écho (XXVI), et de changement de sexe (XVII).

Les « tables des matières ». — Le recueil, conservé uniquement par le codex *Palatinus Heidelbergensis graecus 398* (*P*), est précédé par deux « tables des matières » dont seule la seconde est complète ; la première ne contient que les fables ornithologiques jusqu'au chapitre XXIV[2]. Il est possible que le rédacteur de cette table, ainsi que de celle qui précède les

---

fonti delle Metamorfosi di Ovidio (Pise, 1906) ; C. Wendel, art. *Mythographie*, RE XVI [1935], 1352-1374 ; S. Viarre, *L'image et la pensée dans les Métamorphoses d'Ovide* (Paris, 1964).

1. R. Sellheim, *De Parthenii et Antonini fontium indiculorum auctoribus* (Halle, 1930), p. 59, pense que le rédacteur de cette table doit avoir confondu ἀσκάλαβος, le lézard, et ἀσκάλαφος, l'oiseau nocturne, dont les fables sont toutes les deux des épisodes de la quête de Coré par Déméter (cf. Ovide, *Mét.*, V, 447 sqq. : Ascalabus ; 533 sqq. : Ascalaphus) ; c'est cette confusion qui doit l'avoir conduit à inclure cet animal dans la liste d'oiseaux.

Ἐρωτικὰ Παθήματα de Parthénios, soit le copiste même de ce manuscrit. La première table semble être faite d'après la seconde plutôt que résulter d'une lecture directe du texte du recueil, ainsi que l'a remarqué Sellheim[1]. Au chap. XIV, en effet, le rédacteur de la table I a omis les oiseaux *ichneumon* et *kyon*, les ayant pris pour des quadrupèdes.

Les « manchettes ». — Le texte d'Antoninus Liberalis, de même que celui de Parthénios, est accompagné de « manchettes » indiquant les « sources », qu'il s'agisse de sources véritables ou simplement de *testes*. Leur forme est beaucoup plus simple chez Antoninus Liberalis : les auteurs sont uniformément introduits par le verbe ἱστορεῖ. La place de ces « manchettes » est insolite : elles ne sont pas incorporées au début ou à la fin du texte proprement dit, comme c'était la tradition[2], mais placées dans la marge inférieure, ou, si la page du manuscrit contient deux chapitres, dans la marge supérieure pour celui du haut, et dans la marge inférieure pour celui du bas. La grande majorité de ces « manchettes » se réclame de Nicandre[3], cité vingt-deux fois[4], et de Boïos[3], dix fois[5]. Douze autres auteurs[3] sont cités une fois chacun, sauf Corinne citée à deux reprises. Voici la liste alphabétique de ces auteurs :

1) Antigonos de Carystos le Jeune, poète de l'époque impériale ; cf. Wilamowitz, *Antigonos von Karystos (Philol. Untersuch.*, IV, 1881, p. 171) ;

---

1. *Op. laud.*, p. 60.
2. A la période gréco-romaine elles terminent le récit ; cf. le *De fluviis* du Pseudo-Plutarque, conservé uniquement par le *Palatinus gr. 398*, et les *subscriptiones* des scholies homériques et des scholies d'Apollonios de Rhodes.
3. Voir l'*Index des auteurs cités, infra*, p. 169.
4. Seize fois seul et six fois avec un autre auteur, mais toujours avant lui, même si c'est un auteur plus ancien (cf. chap. X, XXIII et XXV), sauf au chap. XXXV, où il est cité en seconde place.
5. Toujours seul, sauf au chap. XX, où il est cité, en première place, avec Simmias de Rhodes.

2) Apollonios de Rhodes, poète du IIIe siècle avant J.-C. On ne connaît de son recueil d'*Épigrammes*, en dehors de l'indication donnée au chap. XXIII d'Antoninus Liberalis, qu'une seule pièce, l'épigramme de l'*Anthologie Palatine* XI, 275. Wilamowitz[1] considère ce texte comme une facétie de grammairien. Par contre, Knaack[2] pense avec Hecker[3] que l'épigramme sur Battos appartenait, ainsi que celle de l'*Anthologie Palatine* XI, 275, à la polémique[4] contre les *Aitia* de son maître Callimaque, le « Battiade »[5], et que, peut-être, le recueil entier contenait des épigrammes de caractère polémique. Cette théorie n'est pas acceptée par C. Cessi[6]. Cependant R. Holland[7], renvoyant à Silius Italicus, III, 253 (*Battiadas prauos fidei*), ne trouve pas impossible qu'Apollonios de Rhodes ait fait le rapprochement entre Battos et le Battiade Callimaque ;

3) Areus de Laconie s'identifie, d'après Knaack[8], avec le poète Areios (cf. Pausan., III, 14,5), inconnu par ailleurs, qui avait également traité des légendes étoliennes ;

4) Athanadas n'est cité que par le lemmatiste d'Antoninus Liberalis ;

5) Boïos semble être, d'après Knaack[9], un prête-nom d'un poète de la première période hellénistique, qui a usurpé[10] le nom de la prêtresse delphienne Βοιώ, men-

---

1. *Homerische Untersuchungen*, p. 746.
2. *RE* II [1896], 127 sq., cf. *Jahrb. f. Philol.*, CXLIII, 1891, p. 771 sqq.
3. *Comment. crit. de Anthologia Graeca* I, 19.
4. Sur cette querelle voir Herter, dans *Bursian's Jahresberichte*, CCLXXXV, 1944-1955, p. 224 sq.
5. Cf. Callim., *Hymnes*, II, 96 ; *Épigr.*, XXXV, 1.
6. *La Poesia Ellenistica* (Bari, 1912), p. 127.
7. *Battos* (*Rhein. Mus.*, LXXV, 1926, p. 162).
8. *RE* II [1896], 2861.
9. *RE* III [1899], 633.
10. Cette usurpation était facilitée par le rôle augural joué par les oiseaux dans les fables de l'*Ornithogonie*. Cf. chap. VI, n. 18.

tionnée par Philochoros *ap.* Athénée, IX, 393e. Il a été imité par Aemilius Macer, ami d'Ovide, qui a écrit une *Ornithogonie* en deux livres. Ce fut aussi une source d'Ovide dans ses *Métamorphoses* et a été utilisé par Pline, cf. *N.H.*, X, 7 ;

6) Corinne, la célèbre poétesse de Tanagra. Le problème de sa date n'est pas encore résolu. E. Lobel[1] et P. Guillon[2] la datent de l'époque hellénistique. A. E. Harvey[3] situe son activité vers 200 avant J.-C. Par contre, D. L. Page[4] semble sceptique quant à la possibilité de fixer une date, et K. Latte[5] reste attaché à la date traditionnelle de Corinne (ve siècle) ;

7) Didymarchos, poète alexandrin ; cf. Knaack, *RE* V [1903], 442 ;

8) Hermésianax, poète élégiaque du IIIe siècle avant J.-C., ami et disciple de Philétas et ami de Théocrite, auteur d'un recueil d'histoires d'amour en trois livres, qu'il intitula *Léontion*[6] d'après le nom de sa bien-aimée (Athénée, XIII, 597^a). Sur le contenu de ce recueil cf. Heibges, *RE* VIII [1912], 824 sq. ; C. Cessi, *De Hermesianactis « Leontio »* (*Classici e Neolatini*, VI, 1910, p. 222-236).

9) Hésiode. Il ne semble pas probable qu'Hésiode, cité au chap. XXIII, ou l'auteur du poème mis sous son nom, ait raconté la légende de Battos. Il a seulement pu parler du séjour d'Apollon chez Magnès et du vol des vaches d'Apollon par Hermès. Par contre, selon

1. *Corinna* (*Hermes*, LXV, 1930, p. 356 sqq.).
2. *Corinne et les oracles béotiens* (*Bull. Corr. Hell.*, LXXXII, 1958, p. 47-60).
3. *A note on the Berlin papyrus of Corinna* (*Class. Quart.*, XLIX, 1955, p. 176-180).
4. *Corinna* (*Soc. of Hell. Stud.*, Suppl. Paper VI, Londres, 1953, p. 65-84).
5. *Die Lebenzeit der Korinna* (*Eranos*, LIV, 1956, p. 57-67).
6. Antimaque de Colophon (ou de Claros) avait aussi donné le nom de sa maîtresse, Lydé, à un long poème où il chantait des histoires d'amour malheureux.

Wilamowitz[1], les fragments du *Catalogue* trouvés sur papyrus montrent qu'Antoninus Liberalis (et Nicandre avant lui) a utilisé le Pseudo-Hésiode dans les *Méléagrides* (chap. II). Cependant J. Schwartz[2] pense que Nicandre n'a gardé du Pseudo-Hésiode, directement ou indirectement, que quelques noms propres ;

10) Ménécrate de Xanthos, historien du IVe siècle avant J.-C., auteur des *Lykiaka*, mentionnés, en dehors d'Antoninus Liberalis (chap. XXXV), par Denys d'Halicarnasse, *Ant. Rom.*, I, 48, et par Étienne de Byzance, *ss. vv.* ᾽Αρτύμνησος et Βλαῦδος. Cf. *F. Gr. Hist.* 769, et L. Robert, *Documents de l'Asie Mineure Méridionale* (Genève-Paris, 1966), p. 13 ;

11) Nicandre. La date de cet auteur pose un problème compliqué à cause de la contradiction des sources. Il semble plus probable de le placer au milieu du IIe siècle avant J.-C. Nous renvoyons pour ce problème à l'introduction de A.S.F. Gow et A. F. Scholfield, *Nicander* (Cambridge, 1953). Un autre problème, c'est le nombre de livres des *Heteroioumena* (*Métamorphoses*), quatre d'après le scholiaste d'Antoninus Liberalis, cinq d'après la notice de la *Souda*. Pour l'influence des *Heteroioumena* sur les *Métamorphoses* d'Ovide, cf. Kroll, *RE* XVII [1936], 264 sq. ; Kraus, *ibid.*, XVIII [1942], 1938-1943 ; E. Rohde, *Gr. Rom.*[3], p. 135, n. 1. Nous savons par Probus qu'Ovide a suivi, outre Nicandre, Théodoros, qui, avec Didymarchos (cf. *supra*, 7), fait le lien entre Nicandre et Ovide. Comme il est probable qu'Ovide a utilisé en plus un manuel mythographique et que, d'autre part, Nicandre n'est connu que par des utilisateurs tardifs qui ont pu puiser à plusieurs sources, la question est insoluble[3] ;

---

1. *Berliner Klassikertexte*, V, 1, p. 24.
2. *Pseudo-Hesiodeia* (Paris, 1960), p. 407, n. 5.
3. L'exemple du chap. XXIII d'Ant. Lib. est significatif à cet égard : si Ovide (*Mét.*, II, 680 sqq.) dans ce récit suit Nicandre, qui est une de ses sources poétiques ordinaires, on a la preuve que la fable d'Ant. Lib. est *consarcinata a diuersis auctoribus*. Évidemment, comme Ovide n'est pas un imitateur servile, on

12) Pamphilos, grammairien alexandrin du Ier siècle
après J.-C., nommé par la *Souda* Ἀλεξανδρεὺς καὶ
γραμματικὸς Ἀριστάρχειος. La critique que Galien (vol.
XI, p. 792 sqq. Kühn) adresse à l'ouvrage pseudo-
scientifique Περὶ βοτανῶν[1] de Pamphilos indique le
goût de ce dernier pour les légendes de métamorphoses ;

13) Phérécyde, mythographe athénien du début du
ve siècle ; cf. *F. Gr. Hist.* 3, p. 58-104, et 386-430 ;

14) Simmias (ou Simias) de Rhodes, grammairien
et poète, vers 300 avant J.-C. Sur l'orthographe de son
nom (problème non encore résolu) voir Maas, *RE* III
A [1927], 155. Quelques hexamètres de son poème
Apollon ont été conservés par le *P. Michigan* III, 139
(cf. Merkelbach, *Aegyptus*, XXXI, 1951, p. 257-260),
par Étienne de Byzance, *s. v.* ἡμίκυνες et par Tzetzès,
Chil., VII, 693. Les fragments conservés de Simmias
ont été édités et commentés par H. Fränkel, *De Simia
Rhodio* (Göttingen, 1915).

Authenticité et exactitude des « manchettes ». — Les
indications marginales qui accompagnent le texte
d'Antoninus Liberalis et de Parthénios posent un double
problème : celui de leur authenticité et celui de leur
exactitude.

a. *Problème de l'authenticité.* Ces manchettes
remontent-elles respectivement à Antoninus Liberalis

---

ne peut avoir d'assurance. Mais comme, d'un autre côté, les
Minyades (chap. X) prouvent qu'Ant. Lib. a parfois amalgamé
des traditions diverses, les différences fort sensibles constatées
ici entre sa fable et celle d'Ovide ne sont pas en faveur d'un
emprunt exclusif à Nicandre de la part d'Ant. Lib. Peut-être
ici Ovide est-il plus proche de Nicandre, quoiqu'on ne puisse rien
affirmer. Pourtant la richesse en αἴτια de la fable d'Ant. Lib.
plaide en faveur de l'utilisation de Nicandre. Quant au reste,
l'indication des sources donne l'embarras du choix pour rattacher
les variantes à un garant. Malheureusement on est très mal
renseigné sur les auteurs cités (J.-M. Jacques).

1. D'après Wilamowitz, *Antigonos von Karystos*, p. 171, cet
ouvrage de Pamphilos serait la source du Scholiaste d'Antoninus
Liberalis.

et à Parthénios, ou sont-elles l'œuvre d'un scholiaste, par exemple Pamphilos cité dans la manchette du chap. XXIII d'Antoninus Liberalis ? Quelle est la portée de ce dernier renseignement ? Porte-t-il sur l'ensemble des cinq auteurs cités dans cette manchette[1] ?

b. *Problème de l'exactitude.* Les renseignements fournis par ces manchettes signifient-ils que Parthénios et Antoninus 1) ont eu sous les yeux les œuvres citées, 2) qu'ils les ont fidèlement résumées, 3) ou, tout simplement, que ces fables avaient été racontées sous une forme plus ou moins semblable par les auteurs cités ?

Ces problèmes ont suscité les thèses les plus diverses dont aucune n'est entièrement satisfaisante. Elles ont cependant permis d'approfondir cette question qui est de la plus haute importance pour ces œuvres hellénistiques aujourd'hui disparues.

Selon Hercher[2], les manchettes remontent à un même grammairien des environs du IIIe siècle qui les aurait rédigées sous forme de scholies marginales. Oder[3] pense pouvoir identifier ce grammairien avec Pamphilos dans le Λειμών. Quant aux véritables garants d'Antoninus Liberalis, ce seraient tantôt Nicandre, tantôt Boïos, même pour les chapitres dont la manchette ne cite pas ces auteurs. F. Blum[4] distingue deux scholiastes : le premier aurait rédigé les manchettes qui donnent les véritables garants d'Antoninus Liberalis, à savoir Nicandre et Boïos, et peut-être Hermésianax ; le second aurait emprunté au Λειμών de Pamphilos les noms des autres auteurs cités dans les manchettes d'Antoninus Liberalis et dans celles de Parthénios. A l'inverse, Sellheim[5] pense qu'un grammairien des environs du IVe ou du Ve siècle a réuni les deux recueils et rédigé les manchettes du texte d'Antoninus Liberalis

---

1. Il y a là toutefois une formule unique.
2. *Zur Textkritik der Verwandlungen des Ant. Lib.* (*Hermes*, XII, 1877, p. 306-319).
3. *Op. laud.*, p. 42 sqq.
4. *Op. laud.*, p. 51 sqq.
5. *Op. laud.*, p. 62.

à l'imitation de celles du texte de Parthénios, lesquelles sont authentiques. Ce grammairien doit avoir puisé ses renseignements dans des éditions de Nicandre et de Boïos commentées par Pamphilos. La théorie de Sellheim a été repoussée par C. Wendel[1] qui, à la suite de Blum, admet l'existence de deux scholiastes. Le premier cite les *Heteroioumena* et l'*Ornithogonie* qu'Antoninus Liberalis eut comme modèles (les chapitres VI, XIV, XXXIV, XXXVI, XXXVII, XL, XLI, dépourvus d'indications de sources, ainsi que les chapitres XXXIII et XXXIX pour lesquels sont cités d'autres auteurs, bien qu'ils soient tous dérivés également, sans doute, de Boïos et de Nicandre, auraient fait de sa part, à l'origine, l'objet de notes semblables), alors que le second scholiaste donne, non pas des sources, mais des variantes littéraires du même type que les manchettes parthéniennes dont il est probablement le rédacteur. Avant la constitution du *corpus* mythographique, due probablement à ce second grammairien, le texte d'Antoninus Liberalis était donc pourvu des titres remontant peut-être à Antoninus Liberalis lui-même, de la première « table des matières » et des manchettes citant Nicandre et Boïos.

Martini[2] pense que l'auteur des manchettes citant Nicandre ou Boïos est Antoninus Liberalis lui-même, alors que celles du second groupe sont dues à un scholiaste. La thèse de Martini a été combattue par Eitrem[3] et par Knaack[4]. Ce dernier admet la contamination de plusieurs sources même pour les légendes dont seuls Nicandre ou Boïos sont mentionnés comme garants. Quant au Λειμών de Pamphilos, c'est un ouvrage perdu, de sorte que toute hypothèse qui s'appuie sur lui ne peut être que vaine.

1. Compte rendu de la dissertation de Sellheim dans *Gnomon*, VIII, 1932, p. 148-154.
2. Préface de son édition d'Ant. Lib., p. xliv sqq.
3. *De Ovidio Nicandri imitatore* (*Philologus*, LIX, 1900, p. 62-63).
4. *Berl. Philol. Wochenschrift*, XX, 1900, col. 711 sq.

Repoussant une théorie alambiquée de Bethe[1],
G. Pasquali[2] pense[3] aussi que les récits d'Antoninus
Liberalis sont le produit d'une contamination et que
les manchettes sont sujettes aux mêmes suspicions
que les *subscriptiones*[4] dans les scholies homériques du
type ἱστορεῖ ὁ δεῖνα ou ἡ ἱστορία παρὰ τῷ δεῖνα. Tout
ce qu'elles nous apprennent, c'est qu'une certaine
forme de telle légende, parfois même une simple allusion
évasive, se lisait aussi par exemple dans Nicandre :
le frag. 62 Schn. de Nicandre qu'on attribue généralement aux *Heteroioumena* donne une métamorphose
complète, celle d'Hécube, en quatre vers[5].

Même doute de la part de Rohde[6] et de C. Cessi[7]
qui pensent que les manchettes, dues à des lecteurs
successifs du *corpus* mythographique[8] constitué par ces
deux recueils, ne sont qu'un témoignage de la culture

---

1. *Die Quellenangaben zu Parthenios und Ant. Liberalis* (*Hermes*
XXXVIII, 1903, p. 608-617) : Les manchettes du texte de
Parthénios remonteraient directement à cet auteur.

2. *I due Nicandri* (*Studi Ital. di Filol. Class.*, XX, 1913, p. 55
sqq.).

3. Cette idée avait déjà été exprimée par Sakolowski (praef.
ad Parthen., p. xv) et par Knaack (*Berl. Philol. Woch.*, XX, 1900,
col. 711 sq.).

4. Sur ces *subscriptiones* voir E. Schwartz, *De scholiis homericis
ad historiam fabularem pertinentibus* (*Jahrbb. f. kl. Philol.*,
Suppl.-B., XII, 1881, p. 403-463), et M. Van der Valk, *Researches
on the Text and Scholia of the Iliad*, vol. I (Leiden, 1963), chap.
VII (*The mythographical Scholia*), p. 303-413.

5. Les antécédents des métamorphoses chez Nicandre ont pu
être présentés plus sobrement que chez Ant. Lib. Il serait étonnant
qu'un auteur qui procède par allusions à la manière des Alexandrins (cf. Euphorion) ait été aussi détaillé dans la présentation
de ses métamorphoses. D'autant plus que ces détails sont parfois
inconciliables entre eux, sentent la compilation.

6. *Der griechische Roman*[3], p. 123-126 (n. 1).

7. *Gli Indici delle fonti di Partenio e di Ant. Liberale* (*Atti del
Istit. Veneto*, LXXXI, 1921, p. 345 sqq.). Cf. du même auteur
Spigolature alessandrine (Padoue, 1904), p. 7 sqq.

8. Dans trois chapitres de Parthénios (XI, XVIII et XXXIV)
les auteurs cités dans le texte ne se retrouvent pas parmi ceux
qui sont mentionnés dans les manchettes marginales. Ces derniers
se cachent peut-être sous des expressions du type οἱ πλείους,
τινές, etc.

de ces lecteurs et de la survivance des œuvres anciennes. Mais on ne saurait point assurer que les auteurs désignés soient les véritables sources et que dans ces récits nous ayons le résumé fidèle des modèles antiques.

L'opinion de Pasquali et de Cessi a trouvé une confirmation dans un fragment sur papyrus du *Thrax* d'Euphorion découvert récemment[1] et qui ne présente aucune ressemblance avec les récits de Parthénios XIII (Harpalycé) et XXVI (Apriaté) ; celui-ci a donc nécessairement recouru à d'autres modèles, ce qui n'exclut pas le fait fort probable qu'il a connu le *Thrax* d'Euphorion. Étudiant ce papyrus, V. Bartoletti[2] aboutit aux mêmes conclusions : l'indication de sources à ces deux chapitres est due à un lecteur érudit qui voulait simplement indiquer qu'il avait lu ailleurs cette légende ; la mention d'Euphorion, en tant que souvenir personnel de ce lecteur, est donc valable, mais on ne peut pour Parthénios rien en tirer sur son éventuelle dépendance du poète de Chalcis. C'est à cette prudente position que nous nous rallions en pensant que les manchettes des deux recueils sont le travail commun des années 350 et suivantes.

L'abréviation ꝺ. — Les chapitres XIV, XXXIV, XXXVI et XXXVII[3] portent à la place des manchettes marginales le signe ꝺ dont l'interprétation a soulevé de grandes difficultés. Hercher[4] Martini[5] et Cazzaniga[6] interprètent ꝺ comme signifiant οὐ. (= οὐδὲν[7] ἔχω « *videlicet, quod de auctore huius fabulae referam* », ou bien οὐχ εὗρον), et identifient l'auteur de ꝺ avec celui

---

1. Édité par M. Norsa et G. Vitelli, *Frammenti di poemi di Euforione* (*Annali della Scuola Norm. di Pisa*, IV, 1935, p. 3-14).

2. *Euforione e Partenio* (*Riv. di Filol. Class.*, LXXVI, 1948, p. 33-36) ; cf. *Pap. Soc. Ital.*, XIV (1957), n° 1390, p. 39.

3. A comparer avec le chap. X de Parthénios, qui porte également dans la marge ce signe mystérieux.

4. *Op. laud.*, p. 314.

5. *Op. laud.*, p. LIX.

6. Dans son édition d'Ant. Lib., p. 8.

7. Cependant l'abréviation de οὐδέν est simplement o, dont on a fait le zéro, alors qu'il n'y a pas d'exemple de οὐ pour οὐδέν.

des manchettes[1]. C'est C. Wendel[2] qui a donné la
solution de cette question litigieuse en interprétant
Ⴆ comme étant l'abréviation de οὕτω. Il remarque que
si l'on se libère du préjugé que ce signe provient de
l'auteur, ou des auteurs, des manchettes, on comprend
facilement le sens de οὔ = οὕτως. Un copiste antérieur
à celui du *Palatinus* avertit le lecteur de son manuscrit
que ce n'est pas par inadvertance si les manchettes
manquent à ces chapitres, mais qu'elles manquaient
déjà dans son modèle[3] : οὕτως εὗρον, οὕτω κεῖται
ἐν τῷ ἀντιγράφῳ. Ce signe devait figurer dans la marge
de tous les chapitres où le copiste du *Palatinus* n'avait
pas trouvé d'indication de sources.

Les adespota. — Les chapitres VI[4], XL et
XLI[5] sont absolument dépourvus de toute espèce

1. Cette identification est admise par tous les critiques, sauf
par C. Cessi (*Gli Indici...*, p. 345 sqq.) et par C. Wendel, *l. c.*,
qui identifient l'auteur de Ⴆ le premier avec le copiste de *P*, le
second avec le copiste de son archétype.

2. *L. c.* Wendel renvoie à Schol. Théocr. I 52[a] ; Schol. Apoll.
Rh. IV, 1614 (codex *Laur. plut.* XXXII 9) οὔ καὶ ὁλκαία λέγεται
ἡ τοῦ λέοντος οὐρά ; Schol. Soph. *Ichneutai* (*P. Oxy.* IX, 1174/5)
οὔ(τως) ἦν ἐν τῷ Θέω(νος) ; Schol. Apoll. Rh. III, 263-271 (*P. Oxy.*
VI, 874) ἔν τ(ισιν) οὔ(τω) φέρετ[αι]. Voir aussi R. Sellheim,
o. l., p. 37, qui donne quelques autres références. J.-M. Jacques
nous a communiqué les références suivantes : L'*Etym. Genuin.*
B a Ⴆ̇ͨ ss. vv. ἀσελγαίνει, ἀσέληνος, etc., mais parfois simplement
Ⴆͨ ss. vv. ἀσιάτις, ἀσιάδος et très souvent οὔ dans le manuscrit A ;
dans Aristote, *Parties des Animaux*, p. 642[a]31 la graphie fautive de
P οὔ s'explique par la confusion de l'abréviation οὔ(τως). Nous
ajoutons à ces références le *Pap. Soc. Ital.*, IX, 1091, qui porte
dans la marge latérale ο͗ͧην[(= οὔ(τως) ἦν] à comparer avec la
formule de *P. Oxy.* IX, 1174 et 1175.

3. Ce qui n'exclut pas la possibilité pour ces chapitres d'avoir
été pourvus de manchettes à une étape antérieure de la tradition.

4. Le folio sur lequel figurait le chap. VI étant perdu, il se
peut que Xylander, notre unique témoin pour ce passage, n'ait
pas reproduit le signe Ⴆ s'il était écrit au bas de la page.

5. A comparer aux chap. XII, XVII, XX, XXI, XXIII,
XXIV, XXX, XXXII et XXXVI de Parthénios, qui sont
également dépourvus de toute indication.

d'indication. Divers indices ont incité certains critiques à attribuer ces *adespota* ainsi que ceux qui portent l'abréviation Ⴆ soit à Nicandre, soit à Boïos. Ainsi Wulff[1] attribue à Boïos[2] les chapitres VI et XIV à cause des ressemblances qu'il trouve entre VI,3 ; XIV,2 d'une part, et V,5 ; XI,9 ; XIX,3 ; XXI,4 de l'autre. De même, les chapitres XXXIII (attribué par le lemmatiste d'Antoninus Liberalis à Phérécyde[3]), XXXVI et XLI[4], qui finissent tous les trois par une transformation en rocher ou en pierre, évoquent les chapitres IV, XXIII et XXXVIII (attribués par le lemmatiste à Nicandre) qui s'achèvent également par ce genre de métamorphose, et peuvent remonter au même auteur. Le chapitre XXXIV fut attribué à Nicandre par Kalkmann[5] ; le chapitre XXXVII au même auteur, avec beaucoup de vraisemblance, par Oder[6] et R. Holland[7]. Enfin, le chapitre XL, qui finit par un ἀφανισμός typiquement nicandréen, a été assigné à Nicandre par O. Schneider[8].

Les sources secondaires. — On peut voir des traces de diverses sources secondaires, soit d'Antoninus Liberalis, soit de ses modèles, dans des expressions du type μυθολογοῦσι (IV,1 ; XIX,1 et 2 ; XXXI,3), λέγεται (XIX,1 ; XXII,2 ; XXXIV,5), λέγουσι (XXII,3),

---

1. *Notes critiques*, p. 116 sqq.
2. Cette attribution avait déjà été soutenue par Koch, praef. p. XL, et par Knaack, *Analecta...*, p. 3 pour le chap. XIV, par O. Schneider, *Nicandrea*, p. 43 pour le chap. VI, et par Oder, *o. l.*, p. 51 sq. pour les deux chapitres.
3. Pour l'attribution de ce chapitre à Phérécyde cf. aussi F. Jacoby, *F. Gr. Hist.*, I, p. 415 ; Wilamowitz, *Pindaros* (Berlin, 1922), p. 34, n. 3, et *Sitz. B. der Preuss. Ak. zu Berlin*, 1926, p. 125 sqq.
4. Attribué à Nicandre déjà par Bast, *Epist. crit.*[2], p. 200, et par J. G. Schneider ; cf. Pollux, *Onomasticon*, V, 38 sq.
5. *De Hippolyti Euripidei quaestiones novae* (Bonn, 1882), p. 83.
6. *Op. laud.*, p. 54.
7. *Die Heroenvögel in der griech. Mythologie* (Leipzig, 1895), p. 22 sqq. Voir *infra*, chap. XXXVII, n. 1, 25 et 27.
8. *Nicandrea*, p. 43.

λέγονται (II,7), et φασί (*ibid.*). Cette possibilité est
beaucoup plus sûre en ce qui concerne les passages
de Parthénios (cf. chap. XI, XIV, XXI, XXVI,
XXVIII, XXIX, XXXII et XXXIII) où ces expressions sont utilisées[1].

Importance de la Συναγωγή. — Les *Métamorphoses*
d'Antoninus Liberalis présentent un double intérêt,
littéraire et mythographique[2]. En effet, ce recueil est
la seule trace d'œuvres poétiques aujourd'hui presque
complètement disparues[3], même s'il n'est pas sûr
qu'Antoninus Liberalis ait effectivement eu sous les
yeux les œuvres citées par le lemmatiste dans les
manchettes marginales. De plus, comme les auteurs
hellénistiques, parallèlement aux nouvelles légendes
qu'ils inventent, ressuscitent des traditions ensevelies, le
témoignage d'Antoninus Liberalis, modeste mais
combien précieux conservateur de fables antiques,
remonte parfois au-delà de l'époque hellénistique.

La langue d'Antoninus Liberalis. — A cette recherche
des légendes rares qui est un des traits dominants de
la littérature alexandrine fait pendant la recherche du
vocabulaire, dont Antoninus Liberalis nous conserve
comme un écho par l'emploi fréquent de mots rares et
poétiques. La langue et le style de notre auteur ont été
étudiés d'une manière satisfaisante par Verheyk[4],
Oder[5], Blum[6] et Martini[7] auxquels nous renvoyons
notre lecteur. On consultera également avec profit la
dissertation de R. Mayer-G'Schrey, *Parthenius Nicaeen-*

---

1. Cf. Sellheim, *o. l.*, p. 15 sq. et 47.
2. La même constatation s'applique au recueil de Parthénios.
3. Ces œuvres sont généralement considérées comme étant
les modèles ou les sources principales de nombreux poètes latins.
Cf. C. Cessi, *La Poesia Ellenistica*, p. 174, et *Gli Indici...*, p. 346,
n. 3.
4. *Excursus in dialectos Antoninianas* dans son édition d'Ant.
Lib., p. 290-304, repris par Koch dans son édition, p. 328-344.
5. *Op. laud.*, p. 30-41.
6. *Op. laud.*, p. 1-38.
7. Éd. Ant. Lib., p. LII-LV, LXVII-LXXII.

*sis quale in fabularum amatoriarum breviario dicendi
genus secutus sit* (Heidelberg, 1898) et l'ouvrage de
A. Thumb, *Die griechische Sprache im Zeitalter des
Hellenismus* (Strasbourg, 1901), p. 11 sqq.

II

LE TEXTE

A. LE MANUSCRIT

Contenu du Palatinus. — Le *Palatinus gr. 398* est un
manuscrit très précieux, car, indépendamment de sa
vénérable antiquité, il est l'unique témoin d'un nombre
d'œuvres variées dont voici la liste :

I. Géographes mineurs.
II. Chrestomathie de Strabon.
III. Mythographes : Pseudo-Plutarque, *De Fluviis* ;
Parthénios, *Erotika Pathemata* ; Antoninus
Liberalis, *Metamorphoseon Synagoge*, ff. 189[r]-
208[v].
IV. Extraits d'Hésychius.
V. Paradoxographes : Phlégon de Tralles ; Apollo-
nios ; Antigonos.
VI. Lettres d'Hippocrate.
VII. Epistolographes mineurs.

Il apparaît à l'examen de l'écriture, de l'encre, des
cahiers, etc., que les divers ouvrages transmis par le
Palatinus ont été copiés par le même scribe, mais à
des dates différentes et dans un ordre différent de
l'ordre actuel. Le texte des Mythographes doit avoir
été copié le premier[1]. Les deux recueils de Parthénios
et d'Antoninus Liberalis présentent des ressemblances

---

1. Cf. A. Gutschmid, *Die Heidelberger Handschrift der Para-
doxographen* (*Neue Heidelb. Jahrbücher*, I, 1891, p. 236 sq.)
qui traite en détail cette question.

si frappantes que leur association doit remonter assez haut, bien avant la date du *Palatinus*. Ces détails communs sont les scholies donnant les « sources » de ces fables, l'emploi de l'abréviation ♉, l'indication initiale et la souscription qui donnent le nom de l'auteur et le titre de l'ouvrage.

Description paléographique[1]. — Le *Palatinus* gr. *398* est un parchemin de bonne qualité, dont les folios mesurent 25 cm. de hauteur sur 17 cm. de largeur. Il était constitué de 48 cahiers numérotés par des lettres majuscules écrites dans l'angle supérieur droit de chaque cahier. C'est un codex « acéphale », une partie du « corpus » des Géographes mineurs ayant été arrachée au début du manuscrit. Il devait avoir à l'origine 390 ff. A l'époque de Xylander, il comptait 324 ff., mais, depuis cette date, trois folios appartenant au texte d'Ant. Lib. ont disparu[2]. Dix autres folios blancs furent ajoutés au début, et le tout fut numéroté de 1 à 331.

Le codex est écrit à pleine page d'une belle écriture régulière, grosse minuscule pour le texte lui-même, petite capitale pour les notes marginales, sauf pour quelques variantes écrites elles aussi en cursive. Chaque page du codex contient 33 lignes de 30 à 40 lettres suspendues sous les lignes. Les corrections, d'ordre surtout orthographique, sont faites par grattage ou par insertion dans la ligne ou au-dessus d'elle. L'obel est fréquemment employé : sur une lettre il indique qu'elle est condamnée par le copiste-éditeur ; au milieu d'un mot il indique que ce mot est condamné en entier. L'absence d'esprit et d'accent sur un mot semble indiquer que le copiste a tenu ce mot pour suspect, mais qu'il l'a reproduit tel qu'il l'a trouvé dans son modèle. Au chap. XXVI,1, le copiste a encadré le mot obscur

---

1. Pour la description détaillée du *Palatinus gr. 398* voir A. Diller, *The Tradition of the Minor Greek Geographers* (Illinois, 1952), p. 3-10.

2. C'est donc l'édition Xylander qui sert de témoin pour les trois folios perdus.

' ιτυπος ' par des apostrophes inversées, vraisemblablement signe d'athétèse.

Origine et date. — Les caractères codicologiques et
paléographiques de *P* se retrouvent à peu de choses
près dans un groupe de onze manuscrits non datés dont
la liste a récemment été dressée par A. Diller[1]. Voici
cette liste : *Paris. gr. 1807* ; *Palat. gr. 398* ; *Paris. gr.
1962* ; *Laurent. 80,9+Vatic. gr. 2197* ; *Paris. Suppl.
gr. 921* ; *Marc. gr. 196* ; *226* ; *236* ; *246* ; *258*. Le plus
ancien de ces manuscrits, le *Paris. gr. 1807*, est généralement daté de la seconde moitié du IXe siècle, entre
860 et 880. J. Irigoin[2] a montré que les caractéristiques
extrinsèques de ces manuscrits (formats, pliures de la
même feuille, réglures, etc.) sont les mêmes. Aussi *P*
doit-il être daté de la seconde moitié du IXe siècle.

Histoire du manuscrit. — Le *Palatinus gr. 398* a été
transporté de Constantinople au couvent dominicain
de Bâle, vers 1437, par le cardinal Jean Stojkovič de
Raguse[3]. En 1531, il a été utilisé par Ianus Cornarius
pour l'édition *princeps* de Parthénios parue chez
l'imprimeur Jérôme Froben à Bâle. En 1553, il fut
offert par Froben à Ottheinrich, Électeur du Palatinat
et fondateur de la Bibliothèque Palatine d'Heidelberg.
En 1568, il fut utilisé par Wilhelm Holzmann, dit
Xylander, pour son édition *princeps* des *Métamorphoses*
d'Antoninus Liberalis, parue chez l'imprimeur Thomas
Guarini à Bâle. En 1623, Maximilien 1er, duc de Bavière,
conquit le Palatinat et offrit ce codex, avec toute la
Bibliothèque Palatine, au Pape Grégoire XV. En 1797,
après le traité de Tolentino, il a été transféré, avec
500 autres manuscrits du Vatican, à la Bibliothèque
Nationale de Paris, et en 1816 il fut rendu à la Bibliothèque Palatine.

1. *Traditio*, X, 1954, p. 31.
2. *Pour une étude des centres de copie byzantins* (*Scriptorium*,
XII, 1958, p. 208-227 ; XIII, 1959, p. 177-209) ; *L'Aristote de
Vienne* (*Jahrbuch der Oesterr. Byz. Gesellschaft*, VI, 1957, p. 5-10).
3. Cf. A. Vernet, *Les manuscrits grecs de Jean de Raguse*
(*Basler Zeitschrift*, LXI, 1961, p. 75-108).

B. Les éditions

Les éditions antérieures. — Le texte d'Antoninus Liberalis a toujours bénéficié de l'attention des philologues. Treize éditions depuis la *princeps* de Xylander témoignent de cet intérêt. En voici la liste :

G. Xylander, édition *princeps*, Bâle, 1568.

A. Berkel, Leyde, 1674[1] et 1677[2].

Th. Gale, *Historiae Poeticae Scriptores Antiqui* (Paris, 1675), p. 403-480.

Th. Muncker, Amsterdam, 1675.

H. Verheyk, Leyde, 1774.

Édition anonyme, Leipzig, 1790 (parue en 1806).

L. H. Teucher, Leipzig, 1791.

G. A. Koch, Leipzig, 1832.

A. Westermann, *Mythographi graeci* (Brunswick, 1843), p. 200-238.

O. Schneider, *Nicandrea* (Leipzig, 1856), p. 42-70.

E. Martini, Leipzig, 1896.

I. Cazzaniga, Milan, 1962.

En dehors de ces éditeurs, un certain nombre de philologues ont proposé des conjectures. On trouvera ci-dessous leurs noms dans l'ordre alphabétique, avec les indications bibliographiques nécessaires et la mention de l'abréviation utilisée dans l'apparat critique :

Bast = F. J. Bast, *Lettre critique à M. J. F. Boissonade sur Antoninus Liberalis, Parthenius et Aristénète* (Paris, 1805).

Blum = F. Blum, *De Antonino Liberali* (Dissert. Strasbourg 1892).

Castigl. = L. Castiglioni, *Collectanea Graeca* (Pise, 1911), p. 77-101.

Cazz.[1] = I. Cazzaniga, *Osservazioni critiche al testo di Ant. Lib.* (*Studi Classici e Orientali*, IX, 1960, p. 100-105).

Cazz.[2] = *Nuove osservazioni critiche al testo di Ant. Lib.* (*Rend. Istit. Lomb. Sc. Lett.*, XCIV, 1960, p. 68-72).

Cazz.[3] = *Osservazioni ad Ant. Lib.* (*La Parola del Passato*, LXXVI, 1960, p. 446-49).

Hercher = R. Hercher, *Zur Textkritik der Verwandlungen des Ant. Lib.* (*Hermes*, XII, 1877, p. 306-319).

Holland = R. Holland, *Mythographische Beiträge* (*Philologus*, LIX, 1900, p. 344-361).

Jacobs = F. Jacobs, *Sammlung von Verwandlungen* (Stuttgart, 1837).

Knaack[1] = G. Knaack, C. R. de la dissertation d'E. Oder citée *infra* (*Wochenschr. f. Kl. Philol.*, VII, 1890, col. 37-41).

Knaack[2] = G. Knaack, C. R. de l'éd. Martini (*Berl. Philol. Wochenschr.*, XX, 1900, col. 710-712).

Mart.[1] = E. Martini, in *Philologus*, N. S. I, 1891, p. 760-62.

Myer = Myer, C. R. de l'éd. Martini (*Revue Critique d'Histoire et de Littérature*, XLIII, 1897, p. 346 sq.).

Nauck[1] = A. Nauck, *Mélanges Gréco-Romains tirés du Bull. de l'Acad. de St.-Pétersbourg*, II, 1863, p. 482 sq.

Nauck[2] = Conjectures de Nauck *ap.* Martini, éd. Ant. Lib.

Oder = E. Oder, *De Antonino Liberali* (Dissert. Bonn, 1886).

Pap.[1] = M. Papathomopoulos, *Notes critiques au texte d'Ant. Lib.* (*Revue de Philologie*, XXXVI, 1962, p. 245-251).

Pap.[2] = *Une nouvelle édition d'Ant. Lib.* (*Revue de Philologie*, XXXVII, 1963, p. 260-266).

Wulff = H. Wulff, *Notes critiques à Ant. Lib.* (en russe), (*Aleksandriiskie Et.*, 1892, p. 116-124).

A ces travaux il convient d'ajouter une traduction en latin par Xylander, et deux en allemand par F. Jacobs (citée ci-dessus) et par L. Mader (*Griechische Sagen: Apollodoros — Parthenios — Antoninus Liberalis — Hyginus*, Zürich et Stuttgart, 1963). Les notes explicatives qui accompagnaient la plupart des éditions jusqu'à celle de Koch ont été rassemblées par ce dernier aux pages 99 à 340 de son édition. Martini et Cazzaniga ont donné à la fin de leurs éditions des Index assez complets du vocabulaire d'Antoninus Liberalis.

Principes de notre édition. — Conservées par un seul manuscrit, les *Métamorphoses* posent de ce fait un problème d'édition à la fois simple et compliqué : Si l'éditeur n'a pas ici à s'occuper de classement de manuscrits, il est par contre constamment mis, à propos des passages corrompus ou jugés comme tels, devant de véritables cas de conscience. Martini et tous les éditeurs antérieurs ont souvent proposé des corrections ingénieuses mais qui n'étaient pas toujours nécessaires. L'édition récente de Cazzaniga contient plusieurs corrections excellentes, mais elle est souvent trop conservatrice. Pour notre part, nous avons essayé de conserver la leçon de *P* quand elle pouvait se défendre, et nous n'avons adopté ou proposé une correction que quand elle nous paraissait s'imposer. Une lecture que nous avons faite de *P* sur un microfilm fourni par l'Institut de recherche et d'histoire des textes nous a permis de rectifier le texte de nos prédécesseurs sur plusieurs points. Nous avons tâché d'alléger l'apparat critique des conjectures inutiles et de tous les détails d'intérêt mineur (fautes d'orthographe, etc.). En ce qui concerne le ν éphelcystique, nous avons préféré garder partout la leçon de *P*. Il nous semble improbable que, à son propos, Antoninus Liberalis se soit rigoureusement conformé à l'usage classique : dans les inscriptions et les papyrus documentaires de son époque l'emploi « abusif » de ν éphelcystique est assez fréquent. L'usage qu'en fait Antoninus Liberalis (ou son copiste ?) est le suivant : 246 fois il l'emploie normalement ; 189 fois il l'omet normalement ; 34 fois (dont 3 devant une ponctuation) il l'emploie devant une consonne.

Antoninus Liberalis n'avait pas encore été traduit en français. La traduction que nous présentons servira surtout à montrer de quelle façon nous avons compris tel passage difficile.

* *

Il nous reste à remercier ceux qui nous ont aidé dans notre tâche. Notre maître, M. Pierre Chantraine, a dirigé ce travail avec sa bienveillance habituelle. Ses remarques, ainsi que celles de M. F. Chamoux et du regretté A. Dain, nous ont aidé à éviter nombre d'erreurs et à combler des lacunes. M. Grosdidier de Mattons a bien voulu relire notre traduction. MM. M. Detienne, et P. Vidal-Naquet ont bien voulu faire profiter notre commentaire de leur compétence.

Nous avons eu la chance de trouver en M. J.-M. Jacques un réviseur idéal. Il s'est acquitté de cette tâche ingrate avec patience, méthode, goût et science. Il nous avait déjà, durant la préparation de cet ouvrage, fourni, avec une parfaite générosité, un nombre considérable de notes portant sur les *Heteroioumena* de Nicandre. La connaissance unique qu'il a de cet auteur n'a cessé de profiter à notre travail. Qu'il veuille trouver ici l'expression de notre profonde gratitude.

SIGLA

P = Palatinus Heidelbergensis graecus 398, saec. IX.

De uiris doctis quorum coniecturae in apparatu critico memorantur uide paginas XXVI-XXVII Introductionis.

TABVLA FABVLARVM PRIOR

α΄ πελειάς
β΄ μελεαγρίδες
γ΄ ἱέραξ
ε΄ αἰγυπιοί
   πῶυγξ
   αἰγίθαλλος
ς΄ αἰετός
   φήνη
ζ΄ ἄνθος
   ἐρῳδιός
   σχοινεύς
   ἄκανθος
   ἀκανθυλλίς
   ὄκνος
   κορυδός
θ΄ ἠμαθίδες
   κολυμβίς
   ἴυγξ
   κεγχρίς
   κίσσα
   χλωρίς
   ἀκαλανθίς
   νῆσσα

   πιπώ
   δρακοντίς
ι΄ νυκτερίς
   γλαῦξ
   βύσσα
ια΄ ἁλιαίετος
   ἀηδών
   χελιδών
   ἀλκυών
   ἔποψ
   πελεκᾶς
ιβ΄ κύκνοι
ιδ΄ τριόρχης
   πιπώ
   ὀρχίλος
   αἴθυια
ιε΄ γλαῦξ
   βύσσα
   χαραδριός
   νυκτικόραξ
ις΄ γέρανος
ιη΄ ἠέροπος
ιθ΄ λάιος

ια΄ πελεκᾶς Pap.[1] : πελεκάς P edd.

3

κελεός   ἅρπασος
κέρβερος   κα΄ στῦξ
αἰγωλιός   λαγῶς
κ΄ ὑπαίετος   γῦψ
κόραξ   ἵπνη
πίφιγξ   κβ΄ κεράμβυξ
αἰγίθαλλος   κδ΄ ἀσκάλαβος
ἅρπη

κ΄ ὑπαιετός P.

TABVLA FABVLARVM ALTERA

α′ Κτήσυλλα εἰς πελειάδα μετὰ θάνατον.

β′ Αἱ Μελεάγρου ἀδελφαὶ εἰς μελεαγρίδας.

γ′ Ἱέραξ εἰς ἱέρακα.

δ′ Κραγαλεὺς εἰς πέτρον.

ε′ Αἰγυπιὸς καὶ Νεόφρων εἰς αἰγυπιούς, Βουλὶς εἰς πώυγγα, Τιμάνδρη εἰς αἰγίθαλλον.

ϛ′ Περίφας εἰς αἰετόν, ἡ γυνὴ αὐτοῦ εἰς φήνην.

ζ′ ῎Ανθος, ᾿Ερῳδιός, Σχοινεύς, ῎Ακανθος, ᾿Ακανθυλλὶς εἰς ὄρνεα ὁμώνυμα, Αὐτόνοος εἰς ὄκνον, ῾Ιπποδάμεια εἰς κορυδόν, ὁ ἀκόλουθος ῎Ανθου εἰς ἐρῳδιὸν ἕτερον.

η′ Λάμια ἢ Σύβαρις εἰς πηγὴν ὁμώνυμον Σύβαριν.

θ′ Αἱ Πιέρου θυγατέρες εἰς ὄρνιθας ὁμωνύμους ἠμαθίδας · ἔστι δ᾿ αὐτῶν ὀνόματα τάδε · κολυμβίς, ἴυγξ, κεγχρίς, κίσσα, χλωρίς, ἀκαλανθίς, νῆσσα, πιπώ, δρακοντίς.

ι′ Λευκίππη, ᾿Αρσίππη, ᾿Αλκαθόη, Μινύου θυγατέρες, εἰς νυκτερίδα, γλαῦκα, βύζαν.

ια′ Πανδάρεος εἰς ἁλιαίετον, ᾿Αηδὼν καὶ Χελιδονὶς εἰς τὰ ὁμώνυμα ὄρνεα, ἡ μήτηρ τῆς ᾿Αηδόνος εἰς ἀλκυόνα, ἀδελφὸς ᾿Αηδόνος εἰς ἔποπα, Πολύτεχνος ὁ ἀνὴρ αὐτῆς εἰς πελεκᾶντα.

ιβ′ Κύκνος ⟨ὁ⟩ ᾿Απόλλωνος καὶ Θυρίη ἡ μήτηρ αὐτοῦ εἰς κύκνους.

ιγ′ ᾿Ασπαλὶς εἰς ξόανον μετὰ θάνατον.

θ′ Πιέρου Pap. : πίερος P supra ερ scr. PÉ ‖ ια′ πελεκᾶντα Pap.¹ : πελεκᾶνα P ‖ ιβ′ ὁ suppl. Martini.

ιδ' Μούνιχος εἰς τριόρχην καὶ Ληλάντη ἡ γυνὴ αὐτοῦ
εἰς πιπώ, τῶν παίδων αὐτοῦ Ἄλκανδρος εἰς ὀρχίλον,
Μεγαλήτωρ εἰς ἰχνεύμονα, Φιλαῖος εἰς κύνα, Ὑπερίππη
εἰς αἴθυιαν.

ιε' Μεροπὶς εἰς γλαῦκα, Βύσσα εἰς ὁμώνυμον ὀρνιθάριον,
Ἄγρων εἰς χαραδριόν, Εὔμηλος εἰς νυκτικόρακα.

ιϛ' Οἰνόη εἰς γέρανον.

ιζ' Λεύκιππος ἐκ θηλείας εἰς ἄρρενα.

ιη' Ἥεροπος εἰς ὄρνιθα ὁμώνυμον.

ιθ' Λάιος, Κελεός, Κέρβερος, Αἰγωλιὸς εἰς ὁμωνύμους
οἰωνούς.

κ' Κλεῖνις εἰς ὑπαίετον, Λύκιος εἰς κόρακα, Ἀρτεμίχη
εἰς πίφιγγα, Ὀρτύγιος εἰς αἰγίθαλλον, Ἄρπη καὶ
Ἄρπασος εἰς ὁμωνύμους ὄρνιθας.

κα' Πολυφόντη εἰς στύγα, Ὄρειος εἰς λαγῶν, Ἄγριος
εἰς γῦπα, ἡ θεράπαινα αὐτῶν εἰς ἴπνην.

κβ' Κέραμβος εἰς κεράμβυκα.

κγ' Βάττος εἰς πέτρον.

κδ' Ἀσκάλαβος εἰς ζῷον ὁμώνυμον.

κε' Μητιόχη καὶ Μενίππη εἰς ἀστέρας κομήτας.

κϛ' Ὕλας εἰς ἠχώ.

κζ' Ἰφιγένεια εἰς δαίμονα καλούμενον Ὀρσιλόχην.

κη' Τυφὼν εἰς διάπυρον μύδρον, Ἀπόλλων εἰς ἱέρακα,
Ἑρμῆς εἰς ἶβιν, Ἄρης εἰς λεπιδωτὸν ἰχθύν, Ἄρτεμις
εἰς αἴλουρον, Διόνυσος εἰς τράγον, Ἡρακλῆς εἰς
ἐλλόν, Ἥφαιστος εἰς βοῦν, Λητὼ εἰς μυγαλῆν.

κθ' Γαλινθιὰς εἰς γαλῆν.

λ' Βυβλὶς εἰς ἁμαδρυάδα νύμφην ὁμώνυμον.

λα' Μεσσάπιοι παῖδες εἰς δένδρα.

λβ' Δρυόπη εἰς αἴγειρον.

κ' Κλεινὶς P ‖ Ἀρτιμίχη P ‖ κβ' Τέραμβος P ‖ κη' αἴλουρον P
supra αἲ scr. σί ‖ ἔλλον P.

λγ' Ἀλκμήνη εἰς λίθον μετὰ θάνατον.

λδ' Σμύρνα εἰς δένδρον ὁμώνυμον.

λε' Βουκόλοι εἰς βατράχους.

λϛ' Πανδάρεος εἰς πέτρον.

λζ' Δωριεῖς οἱ μετὰ Διομήδους εἰς ὄρνιθας μετὰ θάνατον.

λη' Λύκος εἰς πέτρον.

λθ' Ἀρσινόη εἰς λίθον.

μ' Βριτόμαρτις εἰς ξόανον Ἀφαίαν.

μα' Ἀλώπηξ καὶ κύων εἰς λίθους.

μ' ἄφαιαν P.

ANTONINUS LIBERALIS
LES MÉTAMORPHOSES

I

CTÉSYLLA*

Nicandre raconte cette histoire au livre III
des Métamorphoses

1 Ctésylla, fille d'Alcidamas[1], naquit à Céos d'une
famille d'Ioulis[2]. Hermocharès d'Athènes la vit danser
aux fêtes Pythiques[3] autour de l'autel d'Apollon à
Carthaia[4] et la désira ; il écrivit[5] quelques mots sur une
pomme[6] qu'il lança[7] dans le sanctuaire d'Artémis.
Ctésylla la ramassa et lut l'inscription à haute voix[8].
2 C'était une formule de serment : « je jure par
Artémis[9] d'épouser Hermocharès d'Athènes. » Ctésylla
rejeta la pomme loin d'elle en rougissant[10] et se mit en
colère ; c'est ce qui était arrivé à Cydippé, lorsqu'
Acontios[11] s'était joué d'elle. **3** Hermocharès fit sa
demande et le père de Ctésylla consentit au mariage : il
en fit serment par Apollon en touchant[12] le laurier[13].
Mais lorsque les fêtes Pythiques furent passées,
Alcidamas oublia le serment qu'il avait prêté et prépara
à sa fille d'autres fiançailles. **4** La jeune fille offrait
justement le sacrifice[14] dans le sanctuaire d'Artémis[15].
Affligé de voir échouer son mariage, Hermocharès

---

* On trouvera les notes de ce chapitre aux pages 71-73.

ΑΝΤΩΝΙΝΟΥ ΛΙΒΕΡΑΛΙΣ
ΜΕΤΑΜΟΡΦΩΣΕΩΝ ΣΥΝΑΓΩΓΗ

I

ΚΤΗΣΥΛΛΑ

[Ἱστορεῖ Νίκανδρος Ἑτεροιουμένων γ´]

1 Κτήσυλλα ἐγένετο Κεία τὸ γένος ἐξ Ἰουλίδος
Ἀλκιδάμαντος θυγάτηρ. Ταύτην ἰδὼν Ἑρμοχάρης
5 Ἀθηναῖος χορεύουσαν Πυθίοις περὶ τὸν βωμὸν τοῦ
Ἀπόλλωνος ἐν Καρθαίᾳ ἐπεθύμησεν αὐτῆς καὶ ἐπιγράψας
μῆλον ἔρριψεν ἐν τῷ ἱερῷ τῆς Ἀρτέμιδος, ἡ δὲ ἀνείλετο
καὶ ἀνέγνω. 2 Ἐγέγραπτο δὲ ὅρκος κατὰ τῆς Ἀρτέμιδος ἦ μὴν γαμηθήσεσθαι Ἑρμοχάρει Ἀθηναίῳ. Ἡ μὲν
10 οὖν Κτήσυλλα ἀπέρριψε τὸ μῆλον αἰδεσθεῖσα καὶ χαλεπῶς
ἤνεγκεν, ὥσπερ ὅτε Κυδίππην Ἀκόντιος ἐξηπάτησεν.
3 Ἑρμοχάρει δὲ αἰτησαμένῳ κατήνεσε τὸν γάμον ὁ πατὴρ
ὁ τῆς Κτησύλλης καὶ ὤμοσεν τὸν Ἀπόλλωνα τῆς δάφνης
ἁψάμενος. Ἐπεὶ δὲ διῆλθεν ὁ τῶν Πυθίων χρόνος, Ἀλκι-
15 δάμας ἐκλαθόμενος τὸν ὅρκον ὃν ὤμοσεν ἑτέρῳ συνῴκιζε
τὴν θυγατέρα. 4 Καὶ ἡ παῖς ἔθυεν ἐν τῷ τῆς Ἀρτέμιδος
ἱερῷ. Χαλεπῶς δὲ φέρων Ἑρμοχάρης ἐπὶ τῷ τοῦ γάμου

---

5 περὶ Verheyk : παρὰ P ‖ 8 ἐγέγραπτο P, cf. Pap.² : ἐπεγέγραπτο
Mart. ‖ 11 ὥσπερ... ἐξηπάτησεν secl. Hercher ‖ in mg. adscr.
P ση ‖ 16 μὲν ante παῖς suppl. Castigl. cl. IV 3, μὲν pro παῖς
coni. Fontein ut repetitionem uitaret (cf. p. 2, l. 1) ‖ 17 τοῦ γάμου
Mart. errorem ita interpretans ΤΟΥΓΟΥ͞ᴬᴹ : τούτου P ταύτης
dub. Oder γάμου Nauck² τοῦ νοῦ Holland.

accourut dans l'Artémision. A sa vue, la jeune fille fut saisie d'amour pour lui (ainsi le voulut la divinité) ; elle s'entendit avec lui par l'intermédiaire de sa nourrice et, pendant la nuit, trompant la vigilance de son père, s'embarqua pour Athènes[16] où elle épousa Hermocharès. **5** Ses couches la rendirent gravement malade et elle mourut par la volonté de la divinité[17], car son père avait trahi le serment qu'il avait prêté[18]. On soigna son cadavre et on l'emportait pour lui rendre les derniers devoirs, lorsqu'une colombe[19] s'envola du lit funèbre[20] : le corps de Ctésylla avait disparu[21]. **6** Hermocharès consulta l'oracle : le dieu répondit qu'il devait fonder à Ioulis un sanctuaire portant le nom de Ctésylla ; et il donna le même ordre aux habitants de l'île de Céos. Ces derniers continuent aujourd'hui encore à lui offrir des sacrifices : les habitants d'Ioulis l'invoquent sous le nom d'Aphrodite Ctésylla et les autres Céiens sous celui de Ctésylla Hécaergé[22].

διαμαρτεῖν εἰσέδραμεν εἰς τὸ Ἀρτεμίσιον· καὶ ἡ παῖς
αὐτὸν ἰδοῦσα κατὰ θεῖον ἠράσθη· καὶ συνθεμένη διὰ τῆς
τροφοῦ, διαλαθοῦσα τὸν πατέρα, νύχιος ἀπέπλευσεν
εἰς τὰς Ἀθήνας καὶ γάμος ἐπράχθη τῷ Ἑρμοχάρει.
5 5 Τεκοῦσα δ' ἡ Κτήσυλλα καὶ χαλεπῶς ἐκ τοῦ τόκου
διατεθεῖσα ἐτελεύτησε κατὰ δαίμονα, ὅτι ὁ πατὴρ αὐτῆς
ἐψεύσατο τὸν ὅρκον. Καὶ τὸ μὲν σῶμα κομίσαντες ἔφερον
ὅπως κηδεύσωσιν, ἐκ δὲ τῆς στρωμνῆς πελειὰς ἐξέπτη καὶ
τὸ σῶμα τῆς Κτησύλλης ἀφανὲς ἐγένετο. 6 Χρωμένῳ
10 δ' Ἑρμοχάρει ὁ θεὸς ἀνεῖπεν ἱδρύσασθαι ἱερὸν παρὰ τοῖς
Ἰουλιήταις ἐπώνυμον [Ἀφροδίτης] Κτησύλλης· ἔχρησε
δὲ καὶ τοῖς Κείοις. Οἱ δὲ θύουσιν ἄχρι νῦν, Ἰουλιῆται
μὲν Ἀφροδίτην Κτήσυλλαν ὀνομάζοντες, οἱ δὲ ἄλλοι
Κτήσυλλαν Ἑκαέργην.

2 θεῖον P (quod def. Bast [cl. Arrian., *De Venat.* 36 οὐκ
ἀγαθὸν ἀπειθεῖν τῷ θείῳ] et Cazz. [cl. Aen. Gaz., *Theophr.*
p. 37 B et 4 B]) : θεὸν Muncker plerique edd. ‖ 3 νύχιος Nauck²
et Blum : νύχιον P νυμφίον Holland qui ante hoc uerbum καὶ
τὸν suppleuit ‖ 7 κομίσαντες P : κομήσαντες Berkel κοσμήσαντες
idem Berkel probante Jacobs κομίσοντες Holland ‖ 8 ὅπως
κηδεύσωσιν secl. Holland ‖ 10 ἀνεῖπεν P (quod def. Blum cl. Poll.,
Onom. I 17 et 19 ; Thom. Mag., *Ecl.* p. 62 ed. Jacobitz ; Nauck
in Jambl., *Vit.* p. 9, n. 12) : ἀνεῖλεν Nauck¹ ‖ 11 Ἀφροδίτης
secl. Schneider ‖ 13 Ἀφροδίτην Perizonius ad Ael. *VH* IV 15 :
ἀφροδίτη P Ἀφροδίτῃ ante Ἰουλιῆται transposuit Bast.

II

LES MÉLÉAGRIDES*

Nicandre raconte cette histoire¹ au livre III
des Métamorphoses

1 Oineus, fils de Portheus², lui-même fils d'Arès³,
fut roi de Calydon ; Althéa, fille de Thestios, lui donna
comme fils Méléagre⁴, Phèreus⁵, Agéléos⁶, Toxeus,
Clyménos, Périphas, et, comme filles, Gorgé, Eurymédé,
Déjanire⁷, Mélanippé. **2** Un jour qu'il offrait le
sacrifice des prémices⁸ au nom du pays tout entier,
Oineus oublie⁹ Artémis. Celle-ci irritée lance un sanglier
sauvage qui ravagea les champs et massacra beaucoup
de gens. Alors Méléagre et les fils de Thestios¹⁰ rassemblèrent les héros les plus braves¹¹ de la Grèce pour le
combattre ; ceux-ci¹² vinrent et le tuent. **3** Méléagre
distribua aux héros la chair de la bête, saisissant¹³ pour
lui-même comme part d'honneur la tête et la peau.
Cependant, le ressentiment d'Artémis s'accrut encore,
lorsqu'elle vit qu'ils avaient tué son sanglier sacré, et
elle provoqua la discorde parmi eux. En effet, les fils
de Thestios et les autres Courètes¹⁴ mettent la main
sur la peau sous prétexte¹⁵ qu'ils avaient droit à la
moitié de la part d'honneur. **4** Méléagre la leur
enlève de force et tue les fils de Thestios¹⁶. Pour ce
motif, une guerre survint entre Courètes et Calydoniens.
Méléagre n'allait pas à la guerre : il reprochait¹⁷ à sa
mère de l'avoir maudit¹⁸ pour le meurtre¹⁹ de ses frères.
5 Les Courètes étaient déjà sur le point de prendre la
ville, lorsque Cléopâtre²⁰, la femme de Méléagre, le
persuada de défendre les Calydoniens. Méléagre se leva
contre l'armée des Courètes, et trouve lui aussi la

* Voir les notes aux p. 73-76.

II

ΜΕΛΕΑΓΡΙΔΕΣ

[Ἱστορεῖ Νίκανδρος Ἑτεροιουμένων γ']

1 Οἰνεὺς ὁ Πορθέως τοῦ Ἄρεως ἐβασίλευσεν ἐν
Καλυδῶνι καὶ ἐγένοντο αὐτῷ ἐξ Ἀλθαίας τῆς Θεστίου
5 Μελέαγρος, Φηρεύς, Ἀγέλεως, Τοξεύς, Κλύμενος, Περίφας,
θυγατέρες δὲ Γόργη, Εὐρυμήδη, Δηιάνειρα, Μελανίππη.
2 Ἐπεὶ δ' ἔθυεν ἀπαρχὰς ὑπὲρ τῆς χώρας, ἐκλανθάνεται
τῆς Ἀρτέμιδος. Αὕτη κατὰ μῆνιν ἐφορμᾷ σῦν ἄγριον,
ὃς κατέφθειρε τὴν γῆν καὶ πολλοὺς ἀπέκτεινεν. Ἔπειτα
10 Μελέαγρος καὶ οἱ Θεστίου παῖδες συνήγειραν τοὺς ἀριστέας
ἐκ τῆς Ἑλλάδος ἐπὶ τὸν σῦν, οἱ δὲ ἀφικόμενοι κτείνουσιν
αὐτόν. 3 Ὁ δὲ Μελέαγρος, διανείμας τὰ κρέα αὐτοῦ
τοῖς ἀριστεῦσιν, τὴν κεφαλὴν καὶ τὸ δέρος ἐξαίρει γέρας
ἑαυτῷ. Ἄρτεμις δέ, ἐπεὶ τὸν ἱερὸν σῦν ἔκτειναν, ἔτι μᾶλλον
15 ἐχολώθη καὶ νεῖκος ἐνέβαλεν αὐτοῖς. Οἱ γὰρ παῖδες
οἱ Θεστίου καὶ οἱ ἄλλοι Κουρῆτες ἅπτονται τοῦ
δέρους φάμενοι μετεῖναι τὰ ἡμίσεια τῶν γερῶν ἑαυτοῖς.
4 Μελέαγρος ⟨δ'⟩ ἀφαιρεῖται κατὰ βίαν καὶ κτείνει τοὺς
Θεστίου παῖδας. Ἐκ ταύτης τῆς προφάσεως πόλεμος
20 ἐγένετο Κουρῆσι καὶ Καλυδωνίοις · καὶ ὁ Μελέαγρος εἰς
τὸν πόλεμον οὐκ ἐξῄει, μεμφόμενος ὅτι αὐτῷ κατηράσατο
ἡ μήτηρ διὰ τὸν τῶν ἀδελφῶν θάνατον. 5 Ἤδη δὲ
τῶν Κουρήτων μελλόντων αἱρεῖν τὴν πόλιν, ἔπεισε τὸν
Μελέαγρον ἡ γυνὴ Κλεοπάτρα τοῖς Καλυδωνίοις ἀμῦναι · ὁ
25 δὲ ἀναστὰς ἐπὶ τὸν στρατὸν τῶν Κουρήτων καὶ αὐτὸς

4 υἱοὶ μὲν post Θεστίου suppl. Oder sed cf. Wilamowitz,
Berl. Kl. Texte V, 1, 23, n. 1 ‖ 13 ἐξαίρει P : ἐξαιρεῖ Koch ‖
17 ἡμίσεια P (quod def. Blum) : ἡμίσεα Schaefer ‖ 18 δὲ suppl.
Westermann ‖ 23 Κουρήτων Koch : κουρητῶν P κουρήτων
a. corr. ‖ 25 τοὺς λοιποὺς κτείνει τῶν Θεστίου παίδων post
Κουρήτων suppl. Wulff (cl. Apollod. I 8, 3) sed cf. supra § 4.

mort[21] dans le combat, parce que sa mère brûla le tison[22] que les Moires lui avaient donné ; en effet, elles lui avaient filé comme sort de vivre aussi longtemps que durerait le tison.   **6** Les autres fils d'Oineus moururent également dans le combat. La mort de Méléagre plongea dans un très grand deuil les Calydoniens. Et ses sœurs[23] se lamentaient auprès du tombeau sans répit[24], jusqu'au moment où Artémis, les touchant de sa baguette[25], les transforma en oiseaux[26] ; elle les installa dans l'île de Léros et les nomma méléagrides. **7** On dit qu'encore actuellement elles portent, à la belle saison, le deuil[27] de Méléagre[28]. Cependant, deux filles d'Althéa, Gorgé, et Déjanire, conservèrent, dit-on, la forme humaine grâce à la bienveillance de Dionysos à qui Artémis[29] accorda cette faveur.

ἀποθνήσκει τῆς μητρὸς ἐμπρησάσης τὸν παρὰ τῶν Μοιρῶν αὐτῇ δοθέντα δαλόν · ἐπέκλωσαν γὰρ ἐπὶ τοσοῦτον αὐτὸν ἔσεσθαι χρόνον ἐφ᾽ ὅσον ἂν ὁ δαλὸς διαμένῃ. 6 Ἀπέθανον δὲ καὶ οἱ ἄλλοι παῖδες ⟨οἱ⟩ Οἰνέως μαχόμενοι. Καὶ
5 πένθος ἐπὶ Μελεάγρῳ μέγιστον ἐγένετο παρὰ Καλυδωνίοις. Αἱ δὲ ἀδελφαὶ αὐτοῦ παρὰ τὸ σῆμα ἐθρήνουν ἀδιαλείπτως ἄχρις αὐτὰς Ἄρτεμις ἁψαμένη ῥάβδῳ μετεμόρφωσεν εἰς ὄρνιθας καὶ ἀπῴκισεν εἰς Λέρον τὴν νῆσον ὀνομάσασα μελεαγρίδας. 7 Αἱ δὲ ἄχρι νῦν
10 ἔτι καθ᾽ ὥραν ἔτους λέγονται πένθος ἐπὶ Μελεάγρῳ φέρειν. Δύο δὲ τῶν Ἀλθαίας θυγατέρων Γόργην καὶ Δηιάνειράν φασιν κατ᾽ εὐμένειαν Διονύσου μὴ μεταβαλεῖν, ὅτι τὴν χάριν αὐτῷ Ἄρτεμις διδοῖ.

---

3 διαμένῃ Teucher : διαμένει P διαμένοι Bast ‖ 3-4 ἀπέθανον...
μαχόμενοι secl. Oder sed cf. Knaack[1] ‖ 4 οἱ suppl. Mart. cf.
Pap.[2] ‖ 6 πάρα P : secl. Oder ‖ 10 ἔτι secl. Mart. ‖ φέρεσθαι
Oder ‖ 11 δηιάνειραν, φάσιν P ‖ 13 ταύτην post χάριν suppl.
Muncker sed cf. xx 6.

III

HIÉRAX*

*Boïos raconte cette histoire[1] dans l'*Ornithogonie

1 Au pays des Mariandyniens[2] vécut Hiérax, homme juste et distingué[3]. Il fonda des sanctuaires[4] en l'honneur de Déméter qui lui accorda d'excellentes récoltes. **2** Mais comme les Teucriens[5] n'offraient pas de sacrifices[4] à Poséidon le moment venu, mais les omettaient par négligence, le dieu en fut fâché, détruisit les fruits de Déméter et fit sortir des flots un monstre funeste[6] qu'il lança contre les Teucriens. **3** Ceux-ci, ne pouvant résister au monstre marin et à la famine, envoyaient messages sur messages à Hiérax et le suppliaient de les sauver de la disette ; lui, leur faisait parvenir de l'orge, du froment et d'autres vivres. **4** Mais Poséidon, courroucé[7] de voir Hiérax abolir ses honneurs, lui donna la forme de l'oiseau qui encore maintenant porte le nom de faucon, et en le faisant disparaître d'entre les hommes il lui modifia le caractère : alors que les hommes avaient pour lui la plus grande affection, il le fit détester des oiseaux[8], et, lui qui avait empêché de mourir bien des gens, il lui fit tuer un très grand nombre d'oiseaux.

* Voir les notes aux p. 76-77.

III

ΙΕΡΑΞ

[Ἱστορεῖ Βοῖος Ὀρνιθογονίᾳ]

1 Ἱέραξ ἐγένετο ἐν τῇ Μαριανδυνῶν γῇ δίκαιος ἀνὴρ
καὶ ἐπιφανής. Οὗτος ἱερὰ Δήμητρος ἱδρύσατο καὶ πλεῖσ-
5 τους αὐτῆς καρποὺς ἔλαβεν. 2 Ἐπεὶ δὲ Τευκροὶ
κατὰ χρόνον τὸν ἱκνούμενον οὐκ ἀπεδίδοσαν ἱερὰ Ποσει-
δῶνι, ἀλλὰ ὑπ' ὀλιγωρίας ἐξέλειπον, χαλεπήνας Ποσειδῶν
τοὺς μὲν ἐκείνης καρποὺς ἔφθειρε, κῆτος δ' ἐξαίσιον ἐκ
τῆς θαλάσσης ἐφώρμησεν αὐτοῖς. 3 Οὐ δυνάμενοι
10 δὲ πρὸς τὸ κῆτος καὶ τὸν λιμὸν ἀντέχειν, ἀπέστελλον οἱ
Τευκροὶ πρὸς τὸν Ἱέρακα καὶ ἐδέοντο πρὸς τὸν λιμὸν
ἐπαμῦναι κἀκεῖνος ἔπεμπε ⟨κριθήν⟩ τε καὶ πυρὸν καὶ
ἄλλην τροφήν. 4 Ποσειδῶν δὲ μηνίσας, ἐπεὶ κατέλυεν
αὐτοῦ τὰς τιμάς, ἐποίησεν ὄρνιθα, ὃς ὀνομάζεται ⟨ἔτι⟩
15 νῦν ἱέραξ, καὶ τὸ ἦθος ἤλλαξεν ἀφανίσας· μέγιστα γὰρ
ὑπ' ἀνθρώπων φιληθέντα πλεῖστ⟨ον αὐτ⟩ὸν ἐποίησεν
ὑπὸ τῶν ὀρνέων μισηθῆναι καὶ πολλοὺς ἀνθρώπους
ἀποθανεῖν κωλύσαντα πλείστους ἐποίησεν αὐτὸν ὀρνίθων
ἀποκτεῖναι.

4 suppl. πλεῖστα post ἱδρύσατο Blum, πρῶτος post uel ante
ἱδρ. Castigl. ‖ 5 et 11 Τευκροὶ Pap². : τεῦκροι P ‖ 8 ἐκείνης
καρποὺς P (quod def. Cazz.²) : τῆς γῆς post ἐκείνης suppl.
Mart. ‖ 12 κριθήν suppl. Pap.¹ ‖ τε P (quod def. Bast) : δὲ
Muncker ‖ 14 suppl. ἔτι Oder ἔτι καὶ Blum ‖ 16 αὐτὸν suppl.
Castigl. ‖ 18 αὐτὸν secl. Oder.

IV

CRAGALEUS*

*Histoire[1] racontée par Nicandre au livre I
des* Métamorphoses *et par Athanadas dans
les* Ambrakika

1 Cragaleus[2], fils de Dryops[3], habitait en Dryopide[4]
près des Bains d'Héraclès[5] que, d'après la légende, fit
jaillir Héraclès en frappant[6] de sa massue les rochers
plats[7] de la montagne. **2** Ce Cragaleus était déjà
un vieillard et ses compatriotes le considéraient comme
un homme juste et plein de sens. Un jour qu'il faisait
paître ses vaches, Apollon, Artémis et Héraclès l'abor-
dèrent pour le prendre comme arbitre[8] de leur différend
à propos d'Ambracie[9], ville d'Épire. **3** Apollon
disait que la ville lui revenait, parce qu'il avait pour
fils Mélaneus[10] qui régna sur les Dryopes[11], conquit
par les armes l'Épire tout entière et eut comme enfants
Eurytos et Ambracie[12], à qui la ville d'Ambracie doit
son nom[13]. Lui-même, Apollon, avait rendu d'immenses
services à cette ville. **4** C'est, en effet, sur son ordre
que les Sisyphides[14] vinrent donner une issue heureuse
à la guerre que les Ambraciotes soutinrent contre les
Épirotes ; c'est pour obéir à ses oracles[15] que Gorgos,
le frère[16] de Cypsélos, emmena de Corinthe un peuple
de colons[17] pour les conduire à Ambracie ; c'est d'après
ses oracles que les Ambraciotes se soulevèrent contre
Phalaecos devenu tyran de la ville, et c'est durant cette
révolte que Phalaecos perdit un grand nombre de ses
partisans[18] ; pour tout dire, c'est lui-même, Apollon,

* Voir les notes aux p. 77-81.

IV

ΚΡΑΓΑΛΕΥΣ

[Ἱστορεῖ Νίκανδρος Ἑτεροιουμένων α΄ καὶ
Ἀθανάδας Ἀμβρακικοῖς]

1 Κραγαλεὺς ὁ Δρύοπος ᾦκει ⟨τῆς⟩ γῆς τῆς Δρυοπίδος
5 παρὰ τὰ Λουτρὰ τὰ Ἡρακλέους, ἃ μυθολογοῦσιν Ἡρακλέα
πλήξαντα τῇ κορύνῃ τὰς πλάκας τοῦ ὄρους ἀναβαλεῖν.
2 Ὁ δὲ Κραγαλεὺς οὗτος ἐγεγόνϊι γηραιὸς ἤδη καὶ τοῖς
ἐγχωρίοις ἐνομίζετο δίκαιος εἶναι καὶ φρόνιμος. Καὶ
αὐτῷ νέμοντι βοῦς προσάγουσιν Ἀπόλλων καὶ Ἄρτεμις
10 καὶ Ἡρακλῆς κριθησόμενοι περὶ Ἀμβρακίας τῆς ἐν
Ἠπείρῳ. 3 Καὶ ὁ μὲν Ἀπόλλων ἑαυτῷ προσήκειν
ἔλεγε τὴν πόλιν, ὅτι Μελανεὺς υἱὸς ἦν αὐτοῦ ⟨ὁ⟩ βασι-
λεύσας μὲν Δρυόπων καὶ πολέμῳ λαβὼν τὴν πᾶσαν
Ἤπειρον, γεννήσας δὲ παῖδας Εὔρυτον καὶ Ἀμβρακίαν,
15 ἀφ᾽ ἧς ἡ πόλις Ἀμβρακία καλεῖται· καὶ αὐτὸς μέγιστα
χαρίσασθαι ταύτῃ τῇ πόλει. 4 Σισυφίδας μὲν γὰρ
αὐτοῦ προστάξαντος ἀφικομένους κατορθῶσαι τὸν πόλεμον
Ἀμβρακιώταις τὸν γενόμενον αὐτοῖς πρὸς Ἠπειρώτας,
Γόργον δὲ τὸν ἀδελφὸν Κυψέλου κατὰ τοὺς αὐτοῦ χρησ-
20 μοὺς λαὸν ἔποικον ἀγαγεῖν εἰς Ἀμβρακίαν ἐκ Κορίνθου,
Φαλαίκῳ δὲ τυραννοῦντι τῆς πόλεως αὐτοῦ κατὰ μαντείαν
Ἀμβρακιώτας ἐπαναστῆναι καὶ παρὰ τοῦτο πολλοὺς
ἀπολέσθαι τ⟨ῶν περὶ τ⟩ὸν Φάλαικον, τὸ δὲ ὅλον αὐτὸς

4 τῆς suppl. Cazz.³ ‖ 5 Λουτρὰ scripsit Pap. : λουτρὰ P ‖
12 ὁ suppl. Blum ‖ 15 ἀφ᾽ ἧς Muncker cf. Pap.² : ἐφ᾽ ἧς P ‖
16 ταύτῃ Muncker : τοῦτο P, ante τοῦτο suppl. διὰ Blum παρὰ
Cazz. ‖ 19 Γόργον Koch : τόργον P ‖ ἀδελφὸν P : secl. Blum
υἱὸν coni. Boeckh, CIG I, p. 58 ‖ 22 ἐπαναστῆναι Pap.¹ : ἐπα-
ναστῆσαι P ‖ πολλοὺς secl. Koch τοὺς πολλοὺς ἀπολέσαι coni.
Bast πολλοὺς ⟨...⟩ τέλος δὲ ἀπολέσθαι coni. Knaack² ‖ 23 τῶν
περὶ suppl. J. G. Schneider (Bibl. Phil. Gott. III 5, p. 416) :
καὶ post ἀπολέσθαι suppl. Cazz.‖ αὐτὸν Berkel.

4

qui très souvent mit un terme à la guerre civile, aux
discordes et aux factions[19] auxquelles il substitua
l'ordre, l'équité et la justice[20] ; c'est pour cela qu'
aujourd'hui encore chez les Ambraciotes on le célèbre
dans les fêtes et les festins sous les noms de Sauveur
Pythien[21]. **5** Artémis, de son côté, était prête à
apaiser sa querelle avec Apollon, mais prétendait
obtenir Ambracie avec l'agrément du dieu ; voici
l'argument qu'elle avançait pour justifier ses prétentions
sur la ville : Au temps où Phalaecos régnait en tyran
sur Ambracie, personne n'osait le tuer ; or, un jour que
Phalaecos était à la chasse, Artémis fit paraître devant
lui un lionceau ; il ne l'avait pas plutôt pris dans ses
mains que sa mère[22] accourut de la forêt, tomba sur
Phalaecos et lui déchira la poitrine[23]. Les Ambraciotes
parce qu'ils avaient échappé à la servitude lui vouèrent
un culte sous le nom d'Artémis Reine[24] et érigèrent une
statue à la Chasseresse[25], auprès de laquelle ils placèrent
une statue en bronze[26] de la bête. **6** Quant à
Héraclès, il s'efforçait de prouver qu'Ambracie et
l'Épire tout entière étaient son fief. Tous les peuples
qui lui avaient fait la guerre, Celtes[27], Chaones[28],
Thesprôtes, tous les Épirôtes[29], Héraclès faisait bien
voir qu'il les avait domptés, quand ils s'étaient unis et
avaient formé le projet de lui enlever[30] les vaches[31]
de Géryon. Quelque temps après, un peuple de colons

ἐν τῇ πόλει παῦσαι πλειστάκις ἐμφύλιον πόλεμον καὶ
ἔριδας καὶ στάσιν, ἐμποιῆσαι δ' ἀντὶ τούτων εὐνομίαν
καὶ θέμιν καὶ δίκην, ὅθεν αὐτὸν ἔτι νῦν παρὰ τοῖς
'Αμβρακιώταις Σωτῆρα Πύθιον ἐν ἑορταῖς καὶ εἰλαπίναις
5 ᾄδεσθαι. 5 Ἄρτεμις δὲ τὸ μὲν νεῖκος κατέπαυε τὸ
πρὸς τὸν 'Απόλλωνα, παρ' ἑκόντος δ' ἠξίου τὴν 'Αμβρακίαν
ἔχειν · ἐφίεσθαι γὰρ τῆς πόλεως κατὰ πρόφασιν τοιαύτην ·
ὅτε Φάλαικος ἐτυράννευε τῆς πόλεως, οὐδενὸς αὐτὸν
δυναμένου κατὰ δέος ἀνελεῖν αὐτὴ κυνηγετοῦντι τῷ
10 Φαλαίκῳ προφῆναι σκύμνον λέοντος, ἀναλαβόντος δὲ εἰς
τὰς χεῖρας ἐκδραμεῖν ἐκ τῆς ὕλης τὴν μητέρα καὶ προσπε-
σοῦσαν ἀναρρῆξαι τὰ στέρνα τοῦ Φαλαίκου, τοὺς δ'
'Αμβρακιώτας ἐκφυγόντας τὴν δουλείαν Ἄρτεμιν Ἡγεμόνην
ἱλάσασθαι καὶ ποιησαμένους 'Αγροτέρης εἴκασμα παραστή-
15 σασθαι χάλκεον αὐτῷ θῆρα. 6 Ὁ δὲ Ἡρακλῆς ἀπεδείκνυεν
'Αμβρακίαν τε καὶ τὴν σύμπασαν Ἤπειρον οὖσαν ἑαυτοῦ ·
πολεμήσαντας γὰρ αὐτῷ Κελτοὺς καὶ Χάονας καὶ Θεσπρω-
τοὺς καὶ σύμπαντας 'Ηπειρώτας ὑπ' αὐτοῦ κρατηθῆναι,
ὅτε τὰς Γηρυόνου βοῦς συνελθόντες ⟨ἐβούλευον⟩ ἀφελέσ-
20 θαι, χρόνῳ δ' ὕστερον λαὸν ἔποικον ἐλθεῖν ἐκ Κορίνθου

1 παῦσαι Xylander : ποιῆσαι P κοιμίσαι Jacobs ‖ 2 δ' ἀντὶ
τούτων Oder : ἀντὶ τούτων δ' P ‖ 8 sqq. Φάλαικος P (quod def.
Bast) : Φαῦλος Burmann ad Valesii *Emendd.* p. 132 prob. Jacobs
(cl. Ael., *N. A.* XII 40) et Knaack² ‖ in mg. P litt. mai. περὶ
Φαλαίκου ‖ 13 et 14 Ἡγεμόνην et 'Αγροτέρης Cazz. : ηγ- et αγρ-
P et uulgo ‖ 14 παραστῆσαι Oder sed cf. Blum p. 11 ‖ 17
πολεμήσαντας γὰρ αὐτῷ Koch : πολεμήσαντας γὰρ αὐτο P sed
αὐτῶι a. corr. πολεμήσαντος γὰρ αὐτοῦ O. Schneider ‖ Κελτοὺς
P : Κελαίθους Berkel probante Oberhummer, *Akarnanien,*
p. 62, n. 1 (cl. Steph. Byz. s. u. Κέλαιθοι · ἔθνος Θεσπρωτικόν,
προσεχὲς τῇ Θετταλίᾳ, Ῥιανὸς δ' [cf. Meineke, *An. Alex.,*
p. 187]. Λέγονται καὶ Κελεθεῖς [Κελαιθεῖς Meineke, *l. l.*])
Σελλοὺς Hemsterhuys Μολοττοὺς Rhode et E. Dittrich ap.
Mart. ‖ 19 post συνελθόντες suppl. ἐβούλευον Mart. (cl. V, 4
et XXI, 4) ἔμελλον Blum ἤθελον Hemsterhuys ; συνῆλθον propos.
Berkel et J. Le Paumier, *Graeciae ant. descr.,* p. 303 συνήθελον
correxit anonymus, cf. Mart.¹ ‖ συνῆλθον τοῦ ἀφελέσθαι coni.
Berkel σ. τὸ ἀ. Muncker συνέλθον (forma ionica) θέλοντες ἀφελέσθαι Bernard ad Synes. *de febr.* p. 267.

vint de Corinthe, expulsa les premiers occupants et
fonda Ambracie. **7** Or, tous les Corinthiens
descendent d'Héraclès[32]. Cragaleus écouta jusqu'au
bout ces discours[33] et reconnut que la ville appartenait
à Héraclès. Mais Apollon courroucé le toucha de sa
main[34] et le transforma en rocher[35] à l'endroit même[36]
où il se tenait. Les Ambraciotes offrent des sacrifices à
Apollon Sauveur, mais ils reconnaissent comme patrons
de la ville Héraclès et ses enfants. Quant à Cragaleus,
on lui offre aujourd'hui encore des sacrifices funéraires[37]
après la fête d'Héraclès.

καὶ τοὺς πρόσθεν ἀναστήσαντας Ἀμβρακίαν συνοικίσαι.
7 Κορίνθιοι δὲ πάντες εἰσὶν ἀφ' Ἡρακλέους. Ἃ διακούσας
ὁ Κραγαλεὺς ἔγνω τὴν πόλιν Ἡρακλέους εἶναι. Ἀπόλλων
δὲ κατ' ὀργὴν ἁψάμενος αὐτοῦ τῇ χειρὶ πέτρον ἐποίησεν,
5 ἵναπερ εἱστήκει. Ἀμβρακιῶται δὲ Ἀπόλλωνι μὲν Σωτῆρι
θύουσι, τὴν δὲ πόλιν Ἡρακλέους καὶ τῶν ἐκείνου παίδων
νενομίκασι, Κραγαλεῖ δὲ μετὰ τὴν ἑορτὴν τὴν Ἡρακλέους
ἔντομα θύουσιν ἄχρι νῦν.

2 Ἃ δὴ ἀκούσας Schaefer ad Dion. Hal. de comp. uerb.
p. 124 ‖ 7 εἶναι ante νενομίκασι suppl. Mart., sed cf. Myer,
o. l., p. 346 (cl. Krüger, Griech. Sprachlehre, I [Berlin, 1862],
2, p. 36, § 47, 6, 11).

V

AEGYPIOS[*]

*Boïos raconte cette histoire[1] au livre I de l'*Ornithogonie

1 Antheus, fils de Nomion, eut comme fils Aegypios ;
celui-ci habitait aux confins de la Thessalie et fut chéri
des dieux[2] pour sa piété et des hommes pour sa générosité et son équité[3]. **2** Un jour, il vit Timandré et
en tomba amoureux. Apprenant qu'elle était veuve, il la
séduisit avec de l'argent[4], et il lui rendait de fréquentes
visites à la maison pour s'unir à elle. Néophron[5], fils
de Timandré, prenait mal cette liaison (il était du même
âge qu'Aegypios) et cherchait à tendre un piège à ce
dernier. **3** Il offrit maints présents à Boulis, la mère
d'Aegypios, la séduisit, l'amena chez lui et en fit sa
maîtresse ; ayant appris auparavant l'heure à laquelle
Aegypios rendait d'habitude visite à Timandré, il
trouva un prétexte quelconque pour éloigner sa propre
mère de la maison ; à sa place, il fit venir secrètement
la mère d'Aegypios en lui promettant de revenir auprès
d'elle et trompa mère et fils. **4** Sans rien soupçonner
de ce que Néophron manigançait contre lui, Aegypios
s'unit à sa mère, croyant que c'était Timandré ; lorsqu'il fut pris par le sommeil, Boulis reconnut en lui
son propre fils et, saisissant une épée, elle songeait à
lui arracher les yeux et à se donner la mort[6]. Mais, par
la volonté d'Apollon, le sommeil quitta Aegypios. Celui-ci, comprenant l'horrible machination que Néophron
avait ourdie contre lui, leva ses regards au ciel et
souhaita[7] que tout le monde disparût avec lui. **5** Et

V

ΑΙΓΥΠΙΟΣ

[Ἱστορεῖ Βοῖος Ὀρνιθογονίας α′]

1 Ἀνθέως τοῦ Νομίονος ἐγένετο παῖς Αἰγυπιός·
ᾤκει δὲ παρὰ τὴν ἐσχατιὰν τῆς Θεσσαλίας καὶ αὐτὸν
5 ἐφίλησαν θεοὶ ὁσιότητος ἔνεκα καὶ ἄνθρωποι ὅτι ἦν
μεγαλόφρων καὶ δίκαιος. 2 Οὗτος ἰδὼν Τιμάνδρην
ἠράσθη· μαθὼν δ᾽ ὅτι ἀνδρὸς ἦν χήρα, πείσας χρήμασιν
ἐμίγνυτο φοιτῶν εἰς τὰ ἐκείνης οἰκία. Πρὸς δὲ τοῦτο
Νεόφρων ὁ παῖς τῆς Τιμάνδρης χαλεπῶς εἶχε (τῷ Αἰγυπιῷ
10 δ᾽ ἦν ἡλικιώτης) κἀκείνῳ δόλον ἐβούλευε. 3 Δοὺς
⟨δὲ⟩ πλεῖστα δῶρα καὶ ἀναπείσας Βουλίδα τὴν Αἰγυπιοῦ
μητέρα καὶ ἀγαγὼν εἰς τὰ οἰκία εὐνάζεται σὺν αὐτῇ·
προμαθὼν δὲ τὴν ὥραν ἣν εἰώθει παρὰ Τιμάνδρην ὁ
Αἰ|γυπιὸς φοιτᾶν, τὴν μὲν αὐτοῦ μητέρα καθ᾽ ἥντινα
15 πρόφασιν ἐκ τῆς οἰκίας μετέστησεν, ἀντὶ δ᾽ ἐκείνης τὴν
Αἰγυπιοῦ μητέρα παρήγαγεν εἰς τὸν οἶκον ὡς ἐπανήξων
πρὸς αὐτὴν καὶ ἀμφοτέρους ἐξηπάτησεν. 4 Αἰγυπιὸς
δ᾽ οὐδὲν ἐπιλεξάμενος ὧν εἰς αὐτὸν ἐμηχανᾶτο Νεόφρων
μίγνυται τῇ μητρὶ δοκῶν εἶναι Τιμάνδρην· καὶ ἐπεὶ αὐτὸν
20 ὕπνος ἔλαβεν, ἡ Βουλὶς ἔγνω τὸν παῖδα τὸν ἑαυτῆς.
Καὶ ἀναλαβοῦσα ξίφος ἐβούλευεν ἐκείνου μὲν τὰς ὄψεις
ἀφελέσθαι, ἑαυτὴν δὲ κτεῖναι· βουλῇ δ᾽ Ἀπόλλωνος
ἀνίησι τὸν Αἰγυπιὸν ὁ ὕπνος· ὁ δὲ γνοὺς οἷον ἔργον
ἐμηχανήσατο Νεόφρων ἐπ᾽ αὐτῷ καὶ εἰς τὸν οὐρανὸν
25 ἀναβλέψας ηὔξατο σὺν ἑαυτῷ πάντας ἀφανισθῆναι.

---

3 Ἀνθέως anon. ap. Bast : ἀνθέος P ‖ 8 οἰκία Berkel : οἰκεῖα
P ‖ 11 δὲ suppl. Mart. : δ᾽ οὖν suppl. Castigl. ‖ 12 οἰκία Blum :
οἰκεῖα P ‖ συνευνάζεται αὐτῇ Castigl. ‖ 14 Nunc deest P ab
-γυπιὸς usque ad VIII p. 15, l. 12 ; legit tunc Xylander ‖ 17
ἀμφοτέρας Nauck² ‖ 25 πάντας Oder : πάντα P Xylandro teste.

Zeus les transforma en oiseaux : Aegypios et Néophron
devinrent des vautours du même nom, mais de couleur
et de grandeur différentes[8] : Néophron devint un
vautour moins grand[9]. Boulis devint un *poynx*[10] et
Zeus lui assigna de ne rien manger de ce qui pousse sur
la terre mais de se nourrir d'yeux de poissons, d'oiseaux
ou de serpents parce qu'elle avait voulu arracher les
yeux à son fils Aegypios. De Timandré il fit une mésange.
Et depuis ce temps on ne vit jamais ces oiseaux
ensemble.

5 Ζεὺς δὲ μετέβαλεν εἰς ὄρνιθας · καὶ ἐγένοντο Αἰγυπιὸς
μὲν καὶ Νεόφρων αἰγυπιοὶ ὁμώνυμοι, χρόαν δὲ καὶ μέγεθος
οὐχ ὅμοιοι, ἀλλὰ ἐλάττων ὄρνις αἰγυπιὸς ἐγένετο Νεόφρων ·
ἡ δὲ Βουλὶς ἐγένετο πῶυγξ καὶ αὐτῇ τροφὴν ἔδωκεν ὁ
5 Ζεὺς μηδὲν ἐκ γῆς φυόμενον, ἀλλὰ ἐσθίειν ὀφθαλμοὺς
ἰχθύος ἢ ὄρνιθος ἢ ὄφεως, ὅτι ἔμελλεν Αἰγυπιοῦ τοῦ
παιδὸς ἀφελέσθαι τὰς ὄψεις · Τιμάνδρην δὲ ἐποίησεν
αἰγίθαλλον · καὶ ἐφάνησαν ἐπὶ ταὐτὸν οὐδέποθ᾽ οἱ ὄρνιθες
οὗτοι.

1 αὐτοὺς post μετέβαλεν suppl. Wulff cl. VII, 6 ; XI, 9 ;
XIV, 2 ; XIX, 3 (quibus locis adde IX, 3 ; XV, 4 ; XX, 6 ;
XXI, 4 ; XXXIV, 5 ; XXXV, 4) ‖ 3 Αἰγυπιοῦ Hemsterhuys ‖
5 ἐσθίειν secl. Mart. (sed. cf. XI, 1) ‖ 8 αἰγίθαλλον Mart.
cl. Herodian. I 158, 21 Lentz : αἰγιθαλλόν P Xylandro teste
αἰγίθαλον uel αἰγιθαλόν Muncker.

VI

PÉRIPHAS*

1 Périphas[1], un autochthone[2], vécut en Attique avant que n'apparût[3] Cécrops, fils de la Terre[4]. Il régna sur les hommes d'antan et fut juste, riche et pieux ; il offrit de très nombreux sacrifices à Apollon et arbitra une foule de procès. Nul homme ne se plaignit jamais de lui, **2** mais son gouvernement était accepté de tout le monde. Par égard pour le haut mérite de ses œuvres[5], les hommes changèrent les honneurs destinés à Zeus et décidèrent qu'ils revenaient à Périphas : ils fondèrent en son honneur des sanctuaires et des temples et le saluèrent du nom de Zeus[6] Sauveur[7] Épopsios[8] Meilichios[9]. **3** Zeus vit avec dépit[10] ces honneurs : il voulait d'un coup de sa foudre[11] réduire en cendres la maison tout entière de Périphas, mais Apollon le pria de ne pas anéantir Périphas parce que celui-ci l'honorait magnifiquement[12] ; Zeus céda à la prière d'Apollon ; il se rendit chez Périphas, et le surprit au moment où il avait commerce avec sa femme[13] ; il le pressa de ses deux mains[14] et le transforma en oiseau, en aigle ; la femme de Périphas pria le dieu de la transformer elle aussi en un oiseau pour vivre avec son mari et Zeus fit d'elle une orfraie. **4** Pour le récompenser de la piété qu'il avait montrée lorsqu'il vivait parmi les hommes, Zeus accorde des honneurs à Périphas : il lui confère la royauté[15] sur tous les oiseaux, lui confie la garde du sceptre sacré[16] et lui donne le droit d'approcher de son trône[17]. A la femme de Périphas qu'il avait transformée en orfraie il accorde de se manifester aux hommes comme un bon présage pour toutes leurs actions[18].

* Voir les notes aux p. 81-83.

ΠΕΡΙΦΑΣ

1 Περίφας ἐγένετο ἐν τῇ Ἀττικῇ αὐτόχθων πρόσθεν
ἢ φανῆναι Κέκροπα τὸν Γῆς. Οὗτος ἐβασίλευσε τῶν
ἀρχαίων ἀνθρώπων καὶ ἐγένετο δίκαιος καὶ πλούσιος καὶ
5 ὅσιος καὶ ἱερὰ πλεῖστα ἐποίησεν Ἀπόλλωνι δίκας τε
πλείστας ἐδίκασε καὶ αὐτὸν ἐμέμψατ᾽ ἄνθρωπος οὐδείς,
2 ἀλλὰ ἑκόντων ἡγεῖτο πάντων καὶ πρὸς ὑπερβολὴν
αὐτοῦ τῶν ἔργων μετέβαλον οἱ ἄνθρωποι τὰς τιμὰς τοῦ
Διὸς καὶ ἔγνωσαν αὐτὰς εἶναι Περίφαντος καὶ ἱερὰ καὶ
10 ναοὺς ἐποίησαν αὐτοῦ καὶ Δία Σωτῆρα προσηγόρευσαν
καὶ Ἐπόψιον καὶ Μειλίχιον. 3 Ζεὺς δὲ νεμεσήσας
ἐβούλετο μὲν σύμπασαν αὐτοῦ τὴν οἰκίαν κεραυνῷ συμ-
φλέξαι, δεηθέντος δ᾽ Ἀπόλλωνος μὴ αὐτὸν ἀπολέσαι
πανώλεθρον, ἐπεὶ περισσῶς αὐτὸν ἐτίμα, τοῦτο μὲν
15 Ἀπόλλωνι δίδωσι Ζεύς, ἐλθὼν δ᾽ εἰς τὰ οἰκία τοῦ Περίφαντος καὶ καταλαβὼν ὁμιλοῦντα τῇ γυναικί, πιέσας
ἀμφοτέραις ταῖς χερσὶν ἐποίησεν ὄρνιθα αἰετόν, τὴν δὲ
γυναῖκα αὐτοῦ δεηθεῖσαν καὶ αὐτὴν ὄρνιθα ποιῆσαι
σύννομον τῷ Περίφαντι ἐποίησε φήνην. 4 Καὶ τῷ μὲν
20 Περίφαντι δωρεῖται τιμὰς ἀντὶ τῆς ἐν ἀνθρώποις ὁσιότητος ·
ποιεῖ γὰρ αὐτὸν ἐν πᾶσι τοῖς ὄρνισι βασιλέα καὶ διδοῖ
φυλάσσειν τὸ ἱερὸν σκῆπτρον καὶ προσιέναι πρὸς τὸν
ἑαυτοῦ θρόνον · τῇ γυναικὶ δὲ τοῦ Περίφαντος, ἣν ἐποίησε
φήνην, διδοῖ πρὸς ἅπασαν πρᾶξιν ἀνθρώποις αἰσίαν
25 ἐπιφαίνεσθαι.

7 ἡγεῖτο d'Orville ad Char. p. 570, plerique edd. : ἡρεῖτο
P Xylandro teste ‖ 8 εἰς αὐτὸν post μετέβαλον suppl. Nauck²,
sed cf. Pap.² ‖ 13 ἀπολέσαι Oder : ἀπολέσθαι P Xylandro
teste ‖ 14 ἐπεὶ περισσῶς corr. Bast et Jacobs : ἐπείπερ ἴσος
P Xylandro teste ‖ 15 δίδωσι Ζεύς, ἐλθὼν δ᾽ εἰς Oder et Nauck² :
δίδωσιν · ἐλθὼν δ᾽ εἰς item Nauck² et Blum δίδωσι · Ζεὺς δ᾽ ἐλθὼν
εἰς P Xylandro teste ‖ 16 αὐτὸν post καταλαβὼν suppl. Castigl. ‖
17 ἀμφοτέρους Verheyk sed cf. Pap.¹ ‖ αὐτὸν post χερσὶν
suppl. Mart. ‖ 22 τὸ ἱερὸν σκῆπτρον Xylander : τὸν ἱερὸν σκῆπτον
P Xylandro teste ‖ 23-24 τοῦ Περίφαντος... φήνην secl. Knaack².

VII

ANTHOS[*]

Boïos raconte cette histoire[1] au livre I de l'Ornithogonie

1 Autonoos[2], fils de Mélaneus, et Hippodamie[3] eurent comme fils Érodios, Anthos, Schoeneus, Acanthos et comme fille Acanthis à qui les dieux donnèrent une très grande beauté. **2** Autonoos acquit de très nombreux troupeaux de chevaux que faisaient paître sa femme Hippodamie et leurs enfants. **3** Or, la terre d'Autonoos, malgré son étendue considérable, ne donnait aucun fruit parce qu'elle manquait de soins ; elle ne lui rapportait que des joncs et des chardons ; c'est pourquoi il nomma[4] ses enfants du nom de ces plantes : Acanthos, Schoeneus et Acanthis[5], et son fils aîné Érodios, car ses terres avaient trahi ses espérances[6]. **4** Érodios eut une véritable passion pour les troupeaux de chevaux qu'il faisait paître dans la prairie. Mais un jour qu'Anthos le fils d'Autonoos les avait poussés hors de leur pâturage[7], les chevaux[8] qui se voyaient empêchés de manger s'emballèrent[9], se jetèrent sur Anthos et se mirent à le dévorer[10] alors qu'à grands cris il appelait les dieux à son secours. **5** Son père ainsi que son serviteur, saisis par l'angoisse, furent trop lents à chasser les chevaux ; sa mère ne cessa de lutter avec acharnement contre eux mais la faiblesse

[*] Voir les notes aux p. 83-86.

VII

ΑΝΘΟΣ

['Ιστορεῖ Βοῖος 'Ορνιθογονίας α']

1 Αὐτονόου τοῦ Μελανέως καὶ 'Ιπποδαμείας ἐγένοντο
υἱοὶ μὲν 'Ερῳδιός, [καὶ] Ἄνθος, Σχοινεύς, Ἄκανθος,
5 θυγάτηρ δὲ 'Ακανθίς, ᾗ κάλλιστον εἶδος ἔδωκαν οἱ θεοί.
2 Τῷ δὲ Αὐτονόῳ τούτῳ ἐγένοντο ἵππων ἀγέλαι πλεῖσται
καὶ ἔνεμον αὐτὰς 'Ιπποδάμεια ⟨ἡ⟩ τούτου γυνὴ καὶ οἱ
παῖδες αὐτῶν. 3 'Επεὶ δὲ Αὐτονόῳ γῆν ἔχοντι πλείστην
οὐδεὶς καρπὸς ἐφαίνετο κατ' ὀλιγωρίαν ἔργων, ἀλλ' ἔφερεν
10 αὐτῷ σχοίνους ὁ χῶρος καὶ ἀκάνθας, ἀπ' αὐτῶν ὠνόμασε
τοὺς παῖδας Ἄκανθον καὶ Σχοινέα καὶ 'Ακανθίδα καὶ τὸν
πρεσβύτατον 'Ερῳδιόν, ἐπεὶ † αὐτὸν ἠρώησεν ὁ χῶρος †.
4 Οὗτος ὁ 'Ερῳδιὸς πλεῖστον ἐφίλησε τὰς ἀγέλας τῶν
ἵππων καὶ ἔτρεφεν αὐτὰς ἐν τῷ λειμῶνι. 'Επεὶ δὲ Ἄνθος
15 τοῦ Αὐτονόου παῖς ἐξήλασε τὰς ἵππους ἐκ τοῦ λειμῶνος,
αὗται εἰργόμεναι τροφῆς ἐξεθύμηναν καὶ τὸν Ἄνθον
ἐπιστᾶσαι κατεβίβρωσκον πλεῖστα ἐπιβοώμενον ἀμῦναι
τοὺς θεούς. 5 Ὁ μὲν οὖν πατὴρ ὑπὸ ἄχους ἐκπλαγεὶς
ὤκνησεν ἀπελάσαι τὰς ἵππους καὶ ὁ θεράπων τοῦ παιδός,
20 ἡ δὲ μήτηρ διεμάχετο πρὸς τὰς ἵππους, ἀλλὰ διὰ τὴν

4 'Ερῳδιός passim Mart. : 'Ερῳδιός P Xylandro teste ‖ καὶ
secl. Westermann ‖ 5 'Ακανθίς P Xylandro teste : 'Ακανθυλλίς
Mart. (cl. § 7, tab. I sub ζ' et Hesych. s.u. ἀκανθυλλίς) 'Ακανθυλλίς
Nauck² (cl. tab. II sub ζ') ‖ 7 ἡ suppl. Blum ‖ 11 'Ακανθίδα
P Xylandro teste : 'Ακανθυλλίδα Mart. 'Ακανθυλίδα Nauck² ‖
12 ἐπεὶ αὐτὸν ἠρώησεν ὁ χῶρος Xylander (codicis P lectio
non scitur) : ἐπεὶ Αὐτόνοον ἠρώησεν ὁ χῶρος Blum ἐπεὶ ἐλώδης ἦν ὁ
χῶρος Jacques dub. ἐπεὶ αὐτὸς ἠρώησε τοῦ χώρου uel τὸν
χῶρον Oder ἐπεὶ Αὐτόνοος ἠρώησε τὸν χῶρον Knaack¹ ἐπεὶ
καρπὸν ἠρώησεν ὁ χῶρος Kaibel apud Blum p. 44 ‖ 14 ἔτρεφον
P Xylandro teste ‖ λειμῶνι Xylander : χειμῶνι P Xylandro
teste ‖ 15 τοῦ Αὐτονόου παῖς secl. Oder ‖ 18 Ὁ μὲν Ἄνθου
πατὴρ coni. Toussaint ‖ 19 καὶ ὁ θεράπων τοῦ παιδός secl. Oder
sed cf. XVIII 3 ‖ post παιδός lacunam subodorauit Knaack².

de son corps[10] ne lui permit point de repousser le
désastre. **6** Alors que ces gens pleuraient Anthos
mort dans des circonstances aussi tragiques, Zeus et
Apollon, pris de pitié, les transformèrent tous en
oiseaux : d'Autonoos ils firent un butor (ὄκνος)[11] car,
bien que père d'Anthos, il hésita (ὤκνησεν)[12] à chasser
les chevaux ; de sa mère, une alouette huppée, car elle
se dressait en luttant contre les chevaux pour sauver
son enfant. **7** D'Anthos lui-même, d'Érodios, de
Schoeneus, d'Acanthos et d'Acanthyllis, transformés
en oiseaux[13], les dieux firent en sorte qu'ils aient les
mêmes noms qu'ils avaient avant leur métamorphose.
Du serviteur d'Anthos ils firent un héron de même que
du frère de l'enfant mais pas tout à fait pareil : cette
espèce de héron (le λευκερῳδιός) est considérablement
plus petite[14] que le héron noir et ne s'associe jamais
à l'*anthos*, de même que l'*anthos* évite le cheval car
Anthos souffrit des maux atroces du fait des chevaux.
8 De nos jours encore, quand il entend un cheval[15]
hennir, il s'enfuit tout en imitant les cris de ce dernier.

τοῦ σώματος ἀσθένειαν οὐδὲν ἐδυνήθη πρὸς τὸν ὄλεθρον
ἐπαμῦναι. 6 Κἀκεῖνοι μὲν οὕτω τεθνεῶτα τὸν Ἄνθον
ἔκλαιον, Ζεὺς δὲ καὶ Ἀπόλλων οἰκτείραντες πάντας
αὐτοὺς ἐποίησαν ὄρνιθας, τὸν μὲν Αὐτόνοον ὄκνον, ὅτι
5 Ἄνθου ὢν πατὴρ ὤκνησεν ἀπελάσαι τὰς ἵππους, τὴν δὲ
μητέρα κορυδόν, ὅτι ἐκορύσσετο πρὸς τὰς ἵππους μαχομένη
περὶ τοῦ παιδός· 7 αὐτὸν δὲ τὸν Ἄνθον καὶ τὸν
Ἐρῳδιὸν καὶ Σχοινέα καὶ Ἄκανθον καὶ Ἀκανθυλλίδα
γενομένους ὄρνιθας τῷ αὐτῷ ἐποίησαν ὀνόματι καλεῖσθαι
10 καθὰ καὶ πρὶν ἢ μεταβαλεῖν αὐτοὺς ὠνομάζοντο, τὸν δὲ
[θεράποντα τὸν] ὀπηδὸν τοῦ Ἄνθου κατὰ ταὐτὰ τῷ
ἀδελφῷ τοῦ παιδὸς ἐποίησαν ἐρῳδιόν, ἀλλ᾿ οὐχ ὅμοιον·
ἥσσων γάρ ἐστιν ἱκανῶς τοῦ πελλοῦ καὶ οὐ γίνεται
σύνεδρος οὗτος ὁ ἐρῳδιὸς ἄνθῳ, καθάπερ οὐδ᾿ ὁ ἄνθος
15 τῷ ἵππῳ, ὅτι μέγιστα κακὰ ἔπαθεν ὁ Ἄνθος ὑπὸ τῶν
ἵππων. 8 Καὶ ἔτι νῦν, ὅταν ἀκούσῃ φωνοῦντος ἵππου,
φεύγει μιμούμενος ἅμα τὴν φωνήν.

2 οὕτω Xylander : οὔπω P Xylandro teste ‖ 4 τὸν μὲν
Αὐτόνοον ὄκνον Blum : Αὐτόνοον μὲν εἰς τὸν ὄκνον P Xylandro
teste Αὐτόνοον μὲν εἰς τὸν ὄκνον ἤλλαξαν uel Αὐτ. μὲν τὸν
ὄκνον uel Αὐτ. μὲν ὄκνον Verheyk Αὐτ. μὲν εἰργάσαντο ὄκνον
Bast ‖ 5 Ἄνθου ὢν πατὴρ Jacobs ad Philostr. Imag. p. 537 : αὐτοῦ
ὁ πατὴρ P Xylandro teste quae uerba secl. Oder Ἄνθου ὁ πατὴρ
Kuhn ad Paus. X 28 ‖ 8 Ἀκανθυλλίδα P Xylandro teste : Ἀκαν-
θίδα Oder Ἀκανθυλίδα Nauck² ‖ 10 αὐτοὺς ὠνόμαζον uel
ὠνομάζοντο secluso αὐτοὺς Castigl. ‖ καθὰ... ὠνομάζοντο secl.
Oder ‖ 11 θεράποντα τὸν secl. Oder ‖ ταὐτὰ Muncker : ταῦτα P
Xylandro teste ‖ 12-13 ἀλλ᾿ οὐχ ... πελλοῦ secl. Oder ‖ 14-15
καθάπερ... ἐφίππῳ secl. Oder ‖ 15 ἵππῳ Xylander : ἐφίππῳ P
Xylandro teste ἐφιππίῳ coni. Pap.¹ φίλος τῷ ἵππῳ uoluit Blum.

VIII

LAMIA OU SYBARIS*

Nicandre raconte cette histoire[1] au livre IV
des Métamorphoses

1 Près des contreforts du Parnasse, vers le Sud, il
est une montagne voisine de Crisa[2], que l'on appelle
Cirphis[3]. Sur cette montagne il y a encore de nos jours
une grotte immense dans laquelle gîtait un monstre
d'une grosseur prodigieuse[4] ; on l'appelait Lamia[5] ou
Sybaris. **2** Ce monstre faisait des incursions quoti-
diennes dans les champs où il enlevait hommes et
bêtes[6]. Les Delphiens délibéraient déjà pour savoir
s'ils allaient s'expatrier et demandaient à l'oracle[7] de
leur dire dans quel pays ils devaient émigrer, quand le
dieu leur signifia qu'ils seraient délivrés du fléau, si,
au lieu de s'en aller, ils acceptaient d'exposer auprès
de la grotte un jeune homme choisi dans une famille
de la cité. **3** Les Delphiens firent comme le dieu le
leur avait dit. Le tirage au sort désigna Alcyoneus, fils
de Diomos et de Méganeiré ; son père n'avait pas d'autre
enfant que lui et il était beau autant par son caractère
que par son physique. **4** Les prêtres le couronnèrent[8]
et l'emmenèrent en procession à la grotte de Sybaris.
Eurybatos, fils d'Euphémos[9], de la race du fleuve
Axios, un jeune homme vaillant, était parti, à l'instigation divine[10], du pays des Courètes et croisa la troupe
qui emmenait l'enfant. **5** Saisi d'amour pour
Alcyoneus, il demanda aux Delphiens le motif de cette

* Voir les notes aux p. 86-87.

VIII

ΛΑΜΙΑ Η ΣΥΒΑΡΙΣ

[Ἱστορεῖ Νίκανδρος Ἑτεροιουμένων δ']

1 Παρὰ τὰ σφυρὰ τοῦ Παρνασσοῦ πρὸς νότον ὄρος ἐστίν, ὃ καλεῖται Κίρφις, παρὰ τὴν Κρῖσαν, καὶ ἐν αὐτῷ 5 ἐστιν ἔτι νῦν σπήλαιον ὑπερμέγεθες, ἐν ᾧ θηρίον ᾤκει μέγα καὶ ὑπερφυές, καὶ αὐτὸ Λάμιαν, οἱ δὲ Σύβαριν ὠνόμαζον. 2 Τοῦτο καθ' ἡμέραν ἑκάστην τὸ θηρίον ἐπιφοιτῶν ἀνήρπαζεν ἐκ τῶν ἀγρῶν τὰ θρέμματα καὶ τοὺς ἀνθρώπους. Ἤδη δὲ τῶν Δελφῶν βουλευομένων ὑπὲρ 10 ἀναστάσεως καὶ χρηστηριαζομένων εἰς ἥντινα παρέσονται χώραν, ὁ θεὸς ἀπόλυσιν ἐσήμανε τῆς συμφορᾶς, εἰ μένοντες ἐθέλοιεν ἐκθεῖναι παρὰ τῷ σπηλαίῳ ἕνα κοῦρον τῶν πολιτῶν. 3 Κἀκεῖνοι καθάπερ ὁ θεὸς εἶπεν ἐποίουν. Κληρουμένων δ' ἔλαχεν Ἀλκυονεὺς ὁ Διόμου καὶ Μεγα-15 νείρης παῖς, μονογενὴς ὢν τῷ πατρὶ καὶ καλὸς καὶ κατὰ τὴν ὄψιν καὶ ⟨κατὰ⟩ τὸ τῆς ψυχῆς ἦθος. 4 Καὶ οἱ μὲν ἱερεῖς τὸν Ἀλκυονέα στέψαντες ἀπῆγον εἰς τὸ τῆς Συβάριδος σπήλαιον, Εὐρύβατος δὲ κατὰ δαίμονα ἐκ τῆς Κουρήτιδος ἀπιὼν ὁ Εὐφήμου παῖς, γένος μὲν ἔχων 20 ⟨ἀπ'⟩ Ἀξιοῦ τοῦ ποταμοῦ, νέος δ' ὢν καὶ γενναῖος, ἐνέτυχεν ἀγομένῳ τῷ παιδί. 5 Πληγεὶς ⟨δ'⟩ ἔρωτι καὶ πυθόμενος καθ' ἥντινα πρόφασιν ἔρχονται, δεινὸν

1 Λάμια Mart. : Λαμία P Xylandro teste ‖ 4 Κίρφις et Κρῖσαν Schneider : Κιρφὶς et Κρίσαν P Xylandro teste ‖ 6 οἱ μὲν suppl. ante Λάμιαν Mart. ‖ Λάμιαν Mart. : Λαμίαν P Xylandro teste ‖ 7 τὸ θηρίον secl. Nauck[2] ‖ 12 μένοντες P Xylandro teste : ἑκόντες Nauck[2] ‖ 16 κατὰ suppl. Sakolowski apud Mart. ‖ 17 ἀπῆγον Castigl. cl. l. 21 : ἀπήγαγον P Xylandro teste ‖ 20 ἀπ' suppl. Berkel cf. Pap.[1] : ἐξ suppl. Castigl. ‖ Ἀξιοῦ Mart. : Ἀξίου P Xylandro teste ‖ 21 ἀπαγομένῳ Cazz.[2] ‖ δ' suppl. Westermann.

procession, et se révolta à l'idée de ne pouvoir défendre
le jeune homme dans la mesure de ses forces, mais de
le laisser périr d'une mort lamentable.   **6** Il arracha
donc à Alcyoneus ses couronnes, les mit sur sa propre
tête et il invitait les prêtres à l'emmener à la place de
l'enfant. Quand les prêtres l'eurent conduit dans la
grotte, il y courut, arracha Sybaris de son gîte, la traîna
au grand jour et la précipita du haut des rochers.
7 En tombant Sybaris se cogna la tête près des
contreforts de Crisa. Elle mourut de sa blessure et
disparut[11]. De la roche où elle s'écrasa jaillit une source[12]
que les gens du pays appellent Sybaris ; c'est du nom
de cette source que les Locriens appelèrent la ville[13]
qu'ils fondèrent en Italie.

ἐποιήσατο μὴ οὐκ ἀμῦναι πρὸς δύναμιν, ἀλλὰ περιιδεῖν
οἰκτρῶς ἀναιρεθέντα τὸν παῖδα. 6 Περισπάσας οὖν
ἀπὸ τοῦ Ἀλκυονέως τὰ στέμματα καὶ αὐτὸς ἐπὶ τὴν
κεφαλὴν ἐπιθέμενος ἐκέλευεν ἀπάγειν ἑαυτὸν ἀντὶ τοῦ
5 παιδός. Ἐπεὶ δὲ αὐτὸν οἱ ἱερεῖς ἀπήγαγον εἰς ⟨τὸ σπήλαιον, εἰσ⟩δραμὼν καὶ τὴν Σύβαριν ἐκ τῆς κοίτης
συναρπάσας παρήνεγκεν εἰς ἐμφανὲς καὶ κατὰ τῶν πετρῶν
ἔρριψεν. 7 Ἡ δὲ καταφερομένη προσέκρουσε τὴν
κεφαλὴν παρὰ τὰ σφυρὰ τῆς Κρίσης. Καὶ αὐτὴ μὲν ἐκ
10 τοῦ τραύματος ἀφανὴς ἐγένετο, ἐκ δὲ τῆς πέτρας ἐκείνης
ἀνεφάνη πηγή, καὶ αὐτὴν οἱ ἐπιχώριοι καλοῦσι Σύβαριν·
ἐκ δὲ ταύτης καὶ Λοκροὶ πόλιν ἐν Ἰ|ταλίᾳ Σύβαριν ἔκτισαν.

3 αὐτὸς P Xylandro teste : αὐτοῦ Mart. ‖ 5-6 τὸ σπήλαιον,
εἰσ- suppl. Pap.² secutus Castigl. (qui εἰς τὸ σπήλαιον post
εἰσδραμὼν suppl.) : ἐπ᾽ ἄντρον ante οἱ ἱερεῖς suppl. Mart.
secutus Jacobs (qui haec uerba pro αὐτὸν coni.) ‖ 9 Κρίσης P
Xylandro teste : Κίρφεως Berkel ‖ 12 a -ταλίᾳ rursus incipit P.

LES ÉMATHIDES[1]

Nicandre raconte cette histoire[2] au livre IV
des Métamorphoses

1 Zeus s'unit à Mnémosyne en Piérie[3] et engendra
les Muses. Vers ce temps-là régnait en Émathie[4]
Piéros[5], un autochthone, qui eut neuf filles[6]. Celles-ci
formèrent un chœur pour rivaliser avec les Muses et
un concours de chant[7] eut lieu sur l'Hélicon[8]. **2** Or,
toutes les fois que les filles de Piéros[9] se mettaient à
chanter[10], toute la nature s'assombrissait et rien ne
prêtait attention à leur chœur ; en revanche, au chant[11]
des Muses, le ciel et les astres et la mer et les fleuves
se tenaient immobiles, et l'Hélicon charmé[12] du plaisir
d'entendre les Muses croissait au point d'atteindre le
ciel, jusqu'au moment où, sur l'ordre de Poséidon[13],
Pégase[14] l'arrêta en frappant le sommet de son sabot[15].
3 Pour avoir, elles mortelles, cherché querelle à des
déesses[16], les Émathides furent transformées par les
Muses qui firent d'elles neuf oiseaux[17]. Les hommes les
appellent encore de nos jours grèbe[18], torcol[19], cenchris[20],
pie[21], verdier, chardonneret, canard, pic-vert et *dra-
contis*[22].

IX

ΗΜΑΘΙΔΕΣ

[Ἱστορεῖ Νίκανδρος Ἑτεροιουμένων δ′]

1 Ζεὺς Μνημοσύνῃ μιγεὶς ἐν Πιερίᾳ Μούσας ἐγέννησεν. Ὑπὸ δὲ τὸν χρόνον τοῦτον ἐβασίλευε Πίερος αὐτόχθων 5 Ἡμαθίας· καὶ αὐτῷ θυγατέρες ἐγένοντο ἐννέα· καὶ χορὸν ἐναντίον ἔστησαν αὗται Μούσαις καὶ ἀγὼν ἐγένετο μουσικῆς ἐν τῷ Ἑλικῶνι. 2 Ὅτε μὲν οὖν αἱ θυγατέρες ᾄδοιεν τοῦ Πιέρου, ἐπήχλυεν πάντα καὶ οὐδὲν ὑπήκουεν πρὸς τὴν χορείαν, ὑπὸ δὲ Μουσῶν ἵστατο μὲν οὐρανὸς 10 καὶ ἄστρα καὶ θάλασσα καὶ ποταμοί, ὁ δ᾽ Ἑλικὼν ηὔξετο κηλούμενος ὑφ᾽ ἡδονῆς εἰς τὸν οὐρανόν, ἄχρις αὐτὸν βουλῇ Ποσειδῶνος ἔπαυσεν ὁ Πήγασος τῇ ὁπλῇ τὴν κορυφὴν πατάξας. 3 Ἐπεὶ δὲ νεῖκος ἤραντο θνηταὶ θεαῖς, μετέβαλον αὐτὰς αἱ Μοῦσαι καὶ ἐποίησαν ὄρνιθας 15 ἐννέα· καὶ ἔτι νῦν ὀνομάζονται παρ᾽ ἀνθρώποις κολυμβάς, ἴυγξ, κεγχρίς, κίσσα, χλωρίς, ἀκαλανθίς, νῆσσα, πιπώ, δρακοντίς.

---

8 τοῦ Πιέρου Berkel : τοῦ Πίερος P cf. tab. II sub θ′ (quod def. Bast et Verheyk) ‖ 9 ᾠδῆς post Μουσῶν suppl. dub. Mart. ‖ 14 ἡμαθίδας post ὄρνιθας suppl. Cazz.² sed cf. Pap.³ ‖ 15 κολυμβάς P : κολυμβίς utraque tab. sub θ′ ‖ 16 νῆσσα Mart. : νήσσα P.

X

LES MINYADES[*]

Histoire[1] racontée par Nicandre au livre IV
des Métamorphoses *et par Corinne*

1 Minyas[2], fils d'Orchoménos[3], eut comme filles
Leucippé, Arsippé et Alcathoé[4] qui devinrent absurdement[5] laborieuses. Elles n'eurent que reproches[6] pour
les autres femmes qui désertaient leur ville pour faire
les bacchantes[7] dans les montagnes[8], jusqu'au jour où
Dionysos, prenant les traits d'une jeune fille[9], exhorta
les Minyades à ne pas manquer[10] le culte ou les mystères[11] du dieu. **2** Mais elles n'y prêtaient pas
attention. Irrité de cette attitude, Dionysos se changea[12]
non plus en jeune fille mais successivement en taureau[13],
en lion[14] et en léopard[15] et, des montants des métiers à
tisser[16], il coula en son honneur du nectar et du lait.
3 Devant ces prodiges[17] les jeunes filles furent saisies
d'épouvante[18]. Sans perdre un moment, elles mirent
toutes les trois des sorts[19] dans un vase qu'elles
secouèrent[20]; c'est le sort de Leucippé qui en tomba ;
celle-ci fit le vœu d'offrir une victime au dieu et, avec
l'aide de ses sœurs, elle mit en pièces[21] Hippasos son
propre fils[22]. **4** Puis, quittant[23] la maison de leur
père, elles faisaient les bacchantes dans les montagnes,
broutant le lierre, les liserons et le laurier[24], jusqu'au
moment où Hermès[25], les touchant de sa baguette[26],
les transforma en oiseaux : l'une d'elles devint une
chauve-souris, l'autre une chouette, la troisième un
hibou[27]. Et elles fuirent[28] toutes les trois la lumière du
soleil[29].

[*] Voir les notes aux p. 90-93.

X

ΜΙΝΥΑΔΕΣ

[Ἱστορεῖ Νίκανδρος Ἑτεροιουμένων δ΄ καὶ Κόριννα]

1 Μινύου τοῦ Ὀρχομενοῦ ἐγένοντο θυγατέρες Λευκίππη, Ἀρσίππη, Ἀλκαθόη καὶ ἀπέβησαν ἐκτόπως
5 φιλεργοί. Πλεῖστα δὲ καὶ τὰς ἄλλας γυναῖκας ἐμέμψαντο,
ὅτι ἐκλιποῦσαι τὴν πόλιν ἐν τοῖς ὄρεσιν ἐβάκχευον,
ἄχρι Διόνυσος εἰκασθεὶς κόρῃ παρήνεσεν αὐταῖς μὴ
ἐκλείπειν τελετὰς ἢ μυστήρια τοῦ θεοῦ. 2 Αἱ δὲ οὐ
προσεῖχον. Πρὸς δὴ ταῦτα χαλεπήνας ὁ Διόνυσος ἀντὶ
10 κόρης ἐγένετο ταῦρος καὶ λέων καὶ πάρδαλις καὶ ἐκ τῶν
κελεόντων ἐρρύη νέκταρ αὐτῷ καὶ γάλα. 3 Πρὸς δὲ
τὰ σημεῖα τὰς κόρας ἔλαβε δεῖμα. Καὶ μετ᾽ οὐ πολὺ
κλήρους εἰς ἄγγος αἱ τρεῖς ἐμβαλοῦσαι ἀνέπηλαν · ἐπεὶ
δ᾽ ὁ κλῆρος ἐξέπεσε Λευκίππης, εὔξατο θῦμα τῷ θεῷ
15 δώσειν καὶ Ἵππασον τὸν ἑαυτῆς παῖδα διέσπασε σὺν
ταῖς ἀδελφαῖς. 4 Καταλιποῦσαι δὲ τὰ οἰκία τοῦ
πατρὸς ἐβάκχευον ἐν τοῖς ὄρεσι καὶ ἐνέμοντο κισσὸν καὶ
μίλακα καὶ δάφνην, ἄχρις αὐτὰς Ἑρμῆς ἁψάμενος τῇ
ῥάβδῳ μετέβαλεν εἰς ὄρνιθας · καὶ αὐτῶν ἡ μὲν ἐγένετο
20 νυκτερίς, ἡ δὲ γλαῦξ, ἡ δὲ βύξα. Ἔφυγον δὲ αἱ τρεῖς τὴν
αὐγὴν τοῦ ἡλίου.

2 Γεροίοις (i. e. Ϝεροίοις) post Κόριννα suppl. dub. Sellheim,
De Parthen. p. 51, n. 1, cl. XXV ‖ 5 καὶ secl. Mart. sed
cf. Castigl. p. 83 ‖ 8 ἢ μυστήρια secl. Knaack[1] ‖ 11 ταῦτα post δὲ
suppl. Mart. sed cf. Pap.[2] ‖ 16 οἰκία Blum : οἰκεῖα P ‖ 17 ἐνέμοντο
P (quod def. Pap.[1]) : ἐδρέποντο Knaack[1] ἐστέφοντο Oder ‖ 19
αὐτ̣ῶν P ‖ 20 βύξα P : βύσσα tab. I βύζα tab. II βύας Berkel.

XI

AÉDON*

Boïos   raconte   cette   histoire[1]   *dans*   l'Ornithogonie

1 Pandaréos[2] habitait la région d'Éphèse, là où se
trouve actuellement la roche escarpée[3] près de la ville.
Déméter[4] lui avait accordé le don de n'avoir jamais
l'estomac alourdi[5] par les aliments, quelle qu'en fût la
quantité absorbée. **2** Pandaréos avait une fille,
Aédon. Il la donna en mariage à Polytechnos[6] le charpentier qui vivait à Colophon[7], en Lydie. Le couple
jouit longtemps d'une heureuse union. Ils n'avaient
eu qu'un seul enfant, Itys. **3** Tant qu'ils honoraient
les dieux, ils étaient heureux ; mais un jour il leur
échappa le propos insolent[8] qu'ils s'aimaient plus
qu'Héra et Zeus[9]. Héra en fut mécontente[10] et leur
envoya la Discorde qui suscita la rivalité[11] dans leurs
travaux. Comme Polytechnos allait achever la caisse
d'un char et Aédon un tissu[12], ils convinrent que celui
des deux qui aurait achevé plus vite son ouvrage
recevrait de l'autre une servante. **4** Or, Aédon finit
la première de tisser sa toile (Héra en effet lui avait
prêté son aide). Polytechnos, vexé de la victoire de sa
femme, se rendit chez Pandaréos et feignit d'avoir été
envoyé par Aédon pour lui ramener sa sœur Chélidon.
Pandaréos ne soupçonna aucune mauvaise intention

* Voir les notes aux p. 93-98.

XI

ΑΗΔΩΝ

[Ἱστορεῖ Βοῖος Ὀρνιθογονίᾳ]

1 Πανδάρεως ᾤκει τῆς γῆς τῆς Ἐφεσίας, ἵν' ἐστὶ
νῦν ὁ πρηὼν παρὰ τὴν πόλιν· ᾧ διδοῖ Δημήτηρ δῶρον
5 μηδέποτε βαρυνθῆναι τὴν γαστέρα ὑπὸ σιτίων, ὁπόσον
ἂν πλῆθος εἰσενέγκηται. 2 Ἐγένετο δὲ τῷ Πανδάρεῳ
θυγάτηρ Ἀηδών· ταύτην Πολύτεχνος ὁ τέκτων ἔγημεν,
ὃς ᾤκει ἐν Κολοφῶνι τῆς Λυδίας, καὶ πλεῖστον χρόνον
ἐτέρποντο συνοικοῦντες ἀλλήλοις. Ἐγένετο δ' αὐτοῖς
10 παῖς μονογενὴς Ἴτυς. 3 Ἄχρι μὲν οὖν θεοὺς ἐτίμων,
εὐδαίμονες ἦσαν· ἐπεὶ δὲ λόγον ἀχρεῖον ἀπέρριψαν, ὅτι
πλέον ἀλλήλους Ἥρας καὶ Διὸς φιλοῦσιν, καὶ Ἥρα
μεμψαμένη τὸν λόγον Ἔριν αὐτοῖς ἔπεμψεν, ἡ δὲ νεῖκος
ἐνέβαλεν εἰς τὰ ἔργα. Καὶ Πολυτέχνῳ μὲν ὀλίγον ἦν
15 ἔτι δίφρον ἁρμάτειον ἐκποιῆσαι, Ἀηδόνι δὲ τὸν ἱστὸν
ἐξυφῆναι καὶ συντίθενται εἰς ἀλλήλους ὅπως, ⟨ὁποτέρῳ⟩
ἂν τάχιον ἀνυσθῇ τὸ ἔργον, τούτῳ θεράπαινα παρὰ τοῦ
ἑτέρου γένηται. 4 Καὶ ἐπειδὴ θᾶσσον ἡ Ἀηδὼν τὸν
ἱστὸν ἐξύφηνεν (Ἥρα γὰρ αὐτῇ συνελάμβανεν), ὁ Πολύ-
20 τεχνος ἀχθόμενος τῇ νίκῃ τῆς Ἀηδόνος ἀφίκετο πρὸς
τὸν Πανδάρεων καὶ ὑπὸ τῆς Ἀηδόνος προσεποιήσατο
πεμφθῆναι, ὅπως αὐτῇ Χελιδόνα τὴν ἀδελφὴν [ἂν]
ἀπαγάγῃ. Καὶ ὁ Πανδάρεως οὐδὲν ὑπονοήσας πονηρὸν

---

3 Πανδάρεος Mart. et tab. II ‖ 4 ἔτι ante νῦν suppl. Mart.
sed cf. Castigl., p. 88-89 ‖ Πρηὼν Oder ‖ δῶρον secl. Nauck² ‖
6 Πανδαρέῳ Mart. ‖ 11 ἔπειτα Unger, *Theb. Parad.* I 438 ‖
ἄχαριν Nauck¹ ‖ 12 alt. καὶ secl. Westermann ‖ 15 ἁρμάτιον P,
corr. LSJ⁹ s. u. ‖ 16 suppl. ὁποτέρῳ Blum ὅτῳ Muncker ᾧ
Schaefer in adp. ad Bast. *Ep. crit.*, p. 280 ‖ 19 ἐξύφηνεν Mart.¹ :
ἐξύφαινε P ‖ 21 πανδάρεων (ων in ras.) P : Πανδάρεον Mart. ‖
22 Χελιδονίδα Oder ‖ ἂν secl. Koch ‖ 23 Πανδάρεος Mart. ‖
πονηρὸν secl. Nauck².

et lui donna sa fille à ramener. **5** Polytechnos ayant pris la jeune fille avec lui la déshonora[13] dans le fourré ; puis il l'habilla d'autres vêtements[14], lui rasa les cheveux[15] et la menaça de mort au cas où elle raconterait sa mésaventure à Aédon. **6** Revenu à la maison, il remit à Aédon sa sœur au titre de servante[16], d'après ce qui était convenu entre eux. Aédon l'accabla de travail. Or, un jour Chélidonis[17] tenant une cruche[18] exhalait maintes lamentations près de la fontaine. Aédon prêta l'oreille à ces lamentations. Après s'être reconnues et embrassées elles méditaient une vengeance contre Polytechnos. **7** Elles dépecèrent l'enfant[19], mirent sa chair dans un chaudron[20] et la firent cuire. Puis Aédon fit dire par un voisin à Polytechnos de goûter à cette viande, s'en fut avec sa sœur chez leur père Pandaréos et lui révéla les malheurs qu'elles avaient subis. Polytechnos comprit qu'il avait mangé la chair de son enfant[21] et poursuivit[22] les deux femmes jusqu'à la maison de leur père, où les gens de Pandaréos le prirent et l'attachèrent par des liens infrangibles[23], parce qu'il cherchait à faire outrage à la famille de leur maître. Puis, ils l'enduisirent de miel[24] et le jetèrent dans la bergerie. **8** Les mouches[25] se posaient sur Polytechnos et le faisaient souffrir, mais Aédon, prise de pitié au souvenir de leur ancien amour[26], écartait[27] les mouches. Ses parents et son frère s'en rendirent compte et, pris de haine, ils voulurent la tuer. **9** Mais avant qu'un plus grand malheur ne s'abattît sur la famille de Pandaréos, Zeus en eut pitié et les transforma tous

δίδωσιν ἀπάγειν. 5 Ὁ δὲ Πολύτεχνος παραλαβὼν
τὴν κόρην ᾔσχυνεν ἐν τῇ λόχμῃ καὶ ἄλλοις ἠμφίεσεν
αὐτὴν ἐσθήμασι κἀκ τῆς κεφαλῆς ἀπέκειρε τὴν κόμην
καὶ ἠπείλησε θάνατον, εἰ ἐξερεῖ ποτε ταῦτα πρὸς τὴν
5 Ἀηδόνα. 6 Καὶ ὁ μὲν ἐλθὼν εἰς τὰ οἰκία παραδίδωσι
τῇ Ἀηδόνι κατὰ τὰ συγκείμενα ὡς θεράπαιναν τὴν ἀδελφήν,
ἡ δὲ αὐτὴν διέφθειρε πρὸς τὰ ἔργα, μέχρις ἡ Χελιδονὶς
ἔχουσα κάλπιν πλεῖστα παρὰ τὴν κρηνίδα κατωδύρετο
καὶ αὐτῆς ἐπηκροάσατο τὸν λόγον ἡ Ἀηδών. Ἐπεὶ δὲ
10 ἀλλήλας ἔγνωσαν καὶ ἠσπάσαντο, ἐπεβούλευον τῷ
Πολυτέχνῳ συμφοράν. 7 Καὶ τὸν παῖδα κατακόψαι
⟨καὶ⟩ τὰ κρέα ἐν λέβητι συνθεῖσαι ταῦτα μὲν ἧψον,
Ἀηδὼν δὲ φράσασα πρὸς ἑαυτῆς γείτονα εἰπεῖν Πολυτέχνῳ δαίσασθαι τῶν κρεῶν ἀφίκετο σὺν τῇ ἀδελφῇ πρὸς
15 τὸν πατέρα Πανδάρεων καὶ ἐδήλωσεν οἷᾳ ἐχρήσαντο
συμφορᾷ. Πολύτεχνος δὲ μαθὼν ὅτι τοῦ παιδὸς ἐδαίσατο
τὰ κρέα μετεδίωξεν αὐτὰς ἄχρις πρὸς τὸν πατέρα · καὶ
αὐτὸν οἱ θεράποντες οἱ τοῦ Πανδάρεω συνέλαβον καὶ
ἔδησαν ἀφύκτῳ δεσμῷ, ὅτι ἐνελωβᾶτο εἰς τὸν οἶκον τοῦ
20 Πανδάρεω, καὶ τὸ σῶμα ἐναλείψαντες μέλιτι κατέβαλον
εἰς τὰ ποίμνια. 8 Καὶ Πολύτεχνον μὲν αἱ μυῖαι προσί-
ζουσαι ἐλυμαίνοντο, Ἀηδὼν δὲ οἰκτείρασα πρὸς τὴν
παλαιὰν φιλίαν ἀπεῖργεν ἐκ τοῦ Πολυτέχνου τὰς μυίας.
Ἐπεὶ δὲ αὐτὴν κατεφράσθησαν οἱ γονεῖς τε καὶ ὁ ἀδελφός,
25 μισήσαντες ἐνεχείρησαν ἀποκτεῖναι. 9 Ζεὺς δὲ πρὸ
τοῦ μεῖζον κακὸν ἐμπεσεῖν τῷ οἴκῳ τοῦ Πανδάρεω οἰκτείρας

---

4 ἐξερ //// in ras. cognosci possunt litt. ει Mart. teste ‖
5 οἰκία ex οἰκεῖα effect. P : οἰκεῖα Nauck² ‖ 12 καὶ suppl.
Muncker ‖ 14 δαίσασθαι P : πάσασθαι E. Dittrich ap. Mart. ‖
15 Πανδάρεον Mart. ‖ ἐχρήσαντο Mart. : ἐχρήσατο P ‖ 17 ἄχρι
Oder ‖ 18 et 20 Πανδάρεω Cazz. : πανδαρεου P ‖ 23 ἐκ secl.
Mart. ‖ 24 αὐτὴν Bast : αὐτη P αὐτὸ edd. uett. ‖ κατεφωρά-
θησαν uel κατεφωράσαντο Muncker ‖ 25-26 πρὸ τοῦ Xylander :
πρὸς τὸ P ‖ 26 τοῦ Πανδάρεω Oder : τοῦ Πανδαρέου Mart.
τὸν Πανδάρεον P.

en oiseaux dont les uns s'envolèrent jusqu'à la mer, les autres dans le ciel. C'est ainsi que Pandaréos devint un aigle de mer et la mère d'Aédon un alcyon ; ils voulurent se précipiter sur le champ dans la mer[28], mais Zeus les en empêcha. **10** Ces oiseaux sont de bon augure[29] pour les marins. Polytechnos fut transformé en pivert[30] car Héphaïstos[31] lui avait donné une hache[32] au temps où il était charpentier ; cet oiseau est de bon augure pour les charpentiers. Le frère d'Aédon devint une huppe[33], oiseau de bon augure[34] aussi bien pour les voyageurs de mer que pour ceux de terre, surtout quand il apparaît en compagnie de l'aigle de mer et de l'alcyon. **11** Quant à Aédon et à Chélidonis, la première pleure son fils Itys[35] près des rivières et des fourrés ; Chélidonis[36], elle, vit en la compagnie des hommes selon la volonté d'Artémis : c'est, en effet, sous le coup de la violence qu'elle fut privée de sa virginité, et à ce moment elle n'avait cessé d'appeler Artémis à son secours.

ἐποίησε πάντας ὄρνιθας· καὶ οἱ μὲν αὐτῶν ἐξέπτησαν
ἄχρι πρὸς τὴν θάλασσαν, οἱ δὲ εἰς τὸν ἀέρα. Πανδάρεως
μὲν οὖν ἐγένετο ἁλιαίετος, ἡ δὲ μήτηρ τῆς Ἀηδόνος
ἀλκυών, καὶ εὐθὺς ἐβούλοντο καταβαλεῖν ἑαυτοὺς εἰς
5 τὴν θάλασσαν, ἀλλὰ Ζεὺς ἐκώλυσεν. 10 Οὗτοι τοῖς
πλέουσιν οἱ ὄρνιθες αἴσιοι φαίνονται. Πολύτεχνος δὲ
μεταβαλὼν ἐγένετο πελεκᾶς, ὅτι Ἥφαιστος αὐτῷ πέλεκυν
ἔδωκεν τεκταίνοντι· καὶ ἔστιν ἀγαθὸς οὗτος ὁ ὄρνις
φανεὶς τέκτονι. Ὁ δὲ τῆς Ἀηδόνος ἀδελφὸς ἐγένετο
10 ἔποψ, ⟨ὄρνις⟩ αἴσιος καὶ πλέουσι καὶ ἐπὶ γῆς φανείς,
σὺν ἁλιαίετῳ δὲ ἢ ἀλκυόνι μᾶλλον. 11 Ἀηδὼν δὲ
καὶ Χελιδονίς, ἡ μὲν παρὰ ποταμοὺς καὶ λόχμας τὸν
παῖδα τὸν Ἴτυν θρηνεῖ, Χελιδονὶς δ' ἐγένετο σύνοικος
ἀνθρώποις Ἀρτέμιδος βουλῇ, διότι κατ' ἀνάγκας ἐκλι-
15 ποῦσα τὴν παρθενίαν πλεῖστα τὴν Ἄρτεμιν ἐπεβοήσατο.

2 Πανδάρεως Oder : -ρεος P ‖ 7 πελεκᾶς Pap.[1] : πελεκᾶν
P πελεκάς tab. I sub ια', πελεκάν Mart. cl. tab. II sub ια' πελεκᾶνα ‖ in mg. adscr. P ση ‖ 8 οὗτος ex αὐτὸς corr. P teste
Mart. ‖ 10 ὄρνις suppl. Castigl. ‖ 11 σὺν ἁλιαιέτῳ... μᾶλλον
secl. Oder ‖ 12 post Χελιδονίς frustra suppl. εἰς ὄρνιθας μετα-
βαλοῦσαι Pap.[1] τῷ αὐτῷ ὀνόματι λέγονται καὶ Muncker ‖ 14 ὄρνις
post ἀνθρώποις suppl. Berkel.

XII

CYGNOS[*]

Histoire[1] *racontée par Nicandre au livre III
des* Métamorphoses *et par Areus de Laconie
dans le poème* Cycnos

1 Apollon et Thyrié[2], la fille d'Amphinomos[3], eurent
un enfant, Cycnos[4]. Celui-ci était de belle apparence,
mais de caractère rustre et désagréable[5] ; il montrait
une passion extraordinaire pour la chasse et habitait
à la campagne à mi-distance de Pleuron et de Calydon[6].
Nombreux furent ceux qui l'aimèrent pour sa beauté.
2 Mais Cycnos par vanité n'agréait aucun d'entre
eux[7], et devint très vite un objet de haine pour ses
autres amoureux qui l'abandonnèrent ; Phylios était
le seul à lui rester fidèle. Cependant Cycnos le traita lui
aussi avec une violence démesurée. C'est qu'en ce temps-
là il était apparu en Étolie un énorme lion qui sévissait
contre les hommes et les troupeaux[8]. **3** Cycnos
donna l'ordre à Phylios de tuer cette bête sans se servir
d'une arme ; Phylios le promit, et voici le stratagème
qu'il employa pour en venir à bout. Sachant l'heure à
laquelle le lion viendrait de nouveau sur les lieux, il
s'emplit l'estomac d'aliments et de vin et, quand le
fauve l'approcha, Phylios vomit sur lui les aliments.
4 Le lion affamé mangea cette nourriture et fut hébété
par le vin[9] ; alors Phylios entoura son bras du vêtement
qu'il portait[10] et obstrua la gueule du lion ; il le tua, le
mit sur son épaule, le porta à Cycnos et il acquit une
large célébrité à cause de ce succès[11]. **5** Mais Cycnos

[*] Voir les notes aux p. 98-100.

XII

ΚΥΚΝΟΣ

['Ιστορεῖ Νίκανδρος Ἑτεροιουμένων γ' καὶ Ἀρεὺς ὁ
Λάκων ἐν ἄσματι Κύκνῳ]

1 Ἀπόλλωνος καὶ Θυρίης τῆς Ἀμφινόμου παῖς
5 ἐγένετο Κύκνος. Οὗτος ἦν εὐσχήμων τὴν ὄψιν, τὸ δὲ
ἦθος ἄχαρις καὶ ἀγροῖκος, πρὸς κυνηγέσια ⟨δ'⟩ ἐκτόπως
φιλότιμος. Ὤκει δ' ἐπὶ τῶν ἀγρῶν τὸ μέσον Πλευρῶνος
καὶ Καλυδῶνος. Ἐγένοντο δ' αὐτοῦ καὶ ἐρασταὶ πλεῖστοι
διὰ τὸ κάλλος. 2 Ὁ δὲ Κύκνος καθ' ὑπεροψίαν προ-
10 σίετο αὐτῶν οὐθένα· τάχιστα δὲ διαμισηθεὶς ὑπὸ μὲν
τῶν ἄλλων ἐραστῶν καταλείπεται, Φύλιος δὲ μόνος αὐτῷ
συνέμενεν. Ὁ δὲ καὶ τοῦτον οὐ μετρίως ἐξύβρισεν. Ἐφάνη
γὰρ ἐν ἐκείνῳ τῷ χρόνῳ μέγα τι χρῆμα λέοντος ἐν Αἰτωλοῖς,
ὃς αὐτούς τε καὶ τὰ θρέμματα διελυμαίνετο. 3 Τοῦτον
15 οὖν τῷ Φυλίῳ προσέταξεν ὁ Κύκνος ἄνευ σιδήρου κτεῖναι
κἀκεῖνος ὑπέσχετο καὶ ἀνεῖλε μηχανῇ τοιαύτῃ. Εἰδὼς
ἥντινα ὥραν ἔμελλεν ὁ λέων ἐπιφοιτήσειν ἐνέπλησε τὴν
γαστέρα πολλῶν σιτίων καὶ οἴνου· κἀπεὶ προσεπέλασεν
ὁ θήρ, ἐξήμεσεν ὁ Φύλιος τὰ σιτία. 4 Καὶ ὁ λέων ὑπὸ
20 λιμοῦ ⟨τῇ⟩ τροφῇ ταύτῃ χρησάμενος ἐκαρώθη ὑπὸ τοῦ
οἴνου, ὁ δὲ Φύλιος περιβαλὼν τὸν βραχίονα τῇ ἐσθῆτι,
ᾗ ἐφόρει, ἔφραξε τὸ στόμα τοῦ λέοντος· ἀνελὼν δὲ αὐτὸν
καὶ ἀναθέμενος ἐπὶ τὸν ὦμον ἀπήνεγκε πρὸς τὸν Κύκνον καὶ
διεβοήθη παρὰ πολλοῖς ἐπὶ τῷ κατορθώματι τούτῳ.

6 δ' suppl. Knaack² : καὶ ante πρὸς suppl. Mart. ‖ 7 τὸ ante
μέσον secl. Oder ‖ τῶν μέσων coni. Verheyk ‖ 10 ὑπὸ Nauck² :
ἀπὸ P ‖ 11 Phyllius Ov. Met. VII 372 ‖ 20 τῇ τροφῇ ταύτῃ
Oder (cl. l. 24 ἐπὶ τῷ κατορθώματι τούτῳ) : τροφῇ ταύτῃ P τροφῇ
τοιαύτῃ Cazz.² ‖ ἐκαρώθη Xylander : ἐχαρακώθη P (quod
frustra def. Cazz.²) ἀπεχαρακώθη Saumaise ad Fl. Vopiscum,
p. 475 A.

lui imposa une autre épreuve plus bizarre que la première. Il était apparu dans ce pays des vautours d'une taille prodigieuse qui massacraient beaucoup de gens ; Cycnos lui ordonna de les prendre vivants et de les lui rapporter en usant de n'importe quelle ruse[12]. **6** Phylios se demandait comment exécuter cet ordre, quand un aigle qui avait saisi un lièvre[13] le laissa, à l'instigation divine, tomber à demi-mort sur le sol avant de l'emporter dans son aire. Phylios le déchira, se souilla de son sang et restait étendu à terre. Alors les oiseaux se précipitèrent sur lui, croyant avoir affaire à un cadavre, et Phylios en serra deux par les pattes, les captura et les porta à Cycnos. **7** Et celui-ci de lui ordonner une troisième épreuve encore plus difficile : enlever, en le saisissant avec les mains[14], un taureau à son troupeau et le conduire jusqu'à l'autel de Zeus. Ne sachant comment s'acquitter de cet ordre, Phylios pria Héraclès[15] de lui venir en aide. Il était en train d'adresser cette prière à Héraclès, lorsque parurent deux taureaux qui, en rut autour d'une vache, se frappaient à coups de cornes et finirent par se jeter à terre. Phylios, les voyant écroulés, en attacha l'un par les jambes et le porta jusqu'à l'autel, mais sur l'injonction d'Héraclès...... il renonça à obéir aux ordres du jeune homme. **8** Une pensée affreuse s'empara de Cycnos, parce qu'il se croyait méprisé contre son attente. Démoralisé, il se précipita dans le lac[16] nommé Cônôpé et disparut[17].

5 Ὁ δὲ Κύκνος ἕτερον ἆθλον ἐπέταττεν ἀτοπώτερον. Ἐγένοντο γὰρ ἐν τῇ γῇ ταύτῃ γῦπες, ὑπερφυές τι καὶ μέγα χρῆμα, καὶ πολλοὺς ἀπεκτίννυον ἀνθρώπους· τούτους ἐκέλευε συλλαβεῖν ζῶντας καὶ ἀπενεγκεῖν ἔξω πάσῃ 5 μηχανῇ. 6 Ἀποροῦντι δὲ τῷ Φυλίῳ πρὸς τὸ ἐπίταγμα κατὰ θεὸν ἀετὸς ἡρπακὼς λαγωὸν ἡμιθνῆτα κατέβαλε πρὶν ἀπενεγκεῖν εἰς τὰ οἰκεῖα. Ὁ δὲ Φύλιος ἀναρρήξας τὸν λαγωὸν καὶ τοῦ αἵματος ἑαυτὸν ἀναπλήσας ἐπὶ τῆς γῆς ἔκειτο. Οἱ μὲν οὖν ὄρνιθες ὡς ἐπὶ νεκρὸν ὥρμησαν, 10 ὁ δὲ Φύλιος πιέσας τῶν σφυρῶν δύο καὶ κατασχὼν ἀπήνεγκεν πρὸς τὸν Κύκνον. 7 Ὁ δὲ αὐτῷ τρίτον ἔτι χαλεπώτερον ἆθλον ἐπέταττεν· ἐκέλευε γὰρ ἀπαγαγεῖν ταῦρον ἐκ τῆς ἀγέλης ταῖς χερσὶ λαβόντα μέχρι πρὸς τὸν βωμὸν τὸν τοῦ Διός. Ὁ δὲ Φύλιος ἀμηχανῶν ὅ τι 15 χρήσεται πρὸς τὸ ἐπίταγμα εὔξατο συλλαβέσθαι αὐτῷ τὸν Ἡρακλέα. Καὶ πρὸς τὴν εὐχὴν ταύτην ἐφάνησαν δύο ταῦροι περὶ μίαν οἰστρήσαντες βοῦν καὶ τοῖς κέρασι τύπτοντες ἀλλήλους κατέβαλον εἰς τὴν γῆν. Ὁ δὲ Φύλιος, ἐπειδὴ παρείθησαν, τὸν ἕτερον ταῦρον ἀναψάμενος ἐκ 20 τοῦ σκέλους ἀπήγαγεν ἄχρι πρὸς τὸν βωμόν, βουλήσει δὲ τοῦ Ἡρακλέους ⟨...⟩ ἀμελῆσαι τῶν ἐπιταγμάτων τοῦ παιδός. 8 Τῷ δὲ Κύκνῳ παρέστη δεινὸν ἀτιμωθέντι παρὰ τὴν δόξαν, ἀθυμήσας δὲ κατέβαλεν ἑαυτὸν εἰς τὴν Κωνώπην λεγομένην λίμνην καὶ ἠφανίσθη. Πρὸς δὲ τὸν

1 ἔτι ante ἀτοπώτερον suppl. Mart. sed cf. Pap.¹ ‖ 3 ἀπεκτίννυον Xylander : ἀπεκτείννυον P ἀπέκτεινον Nauck² ‖ 4-5 πάσηι μηχανῆι P : πάσης μηχανῆς Koch ‖ 6 αἰετὸς Nauck² ‖ 7 οἰκία Blum ‖ 8 ἀναπλήσας P (quod def. Bast) : ἀναπλάσας uel ἀναπάσας Berkel καταπλάσας Muncker (sed cf. Plut. Περὶ φιλοπλ. 525ᵉ) ‖ 20 βουλῇ coni. Fontein ‖ 21 post ἀμελῆσαι lacunam statuit Muncker uerbo ἠνέσχετο explendam ; ante ἀμελῆσαι proposuerunt ἔγνω τὸ λοιπὸν Mart. (cl. XX, 5) φασὶν Cazz. dub.‖ ἀμελῆσαι P : ἠμέλησε Fontein ἀμέλησε (forma ionica) Bast ‖ ἄλλων ante ἐπιταγ- suppl. Wulff ‖ 22 τὸν ταῦρον αἰτοῦντος δῶρον post τοῦ παιδὸς suppl. Oder ‖ ἀτιμωθέντι P (quod def. Bast) : ἀτιμασθέντι Nauck² cl. XXI, 2 ἀτιμηθέντι Gale ‖ 24 Κωνωπίην uel Κωνωπείην uel κυκνείην Verheyk.

Le voyant mourir, sa mère Thyrié se précipita elle aussi
dans le même lac[18] que son fils ; et la volonté d'Apollon[19]
fit de tous les deux des oiseaux vivant dans le lac.
9 Après leur disparition le lac changea de nom et prit
celui de *Lac des Cygnes*[19] ; ces oiseaux[20] y apparaissent
nombreux au temps du labour. Près du lac se trouve
la tombe de Phylios.

θάνατον αὐτοῦ καὶ Θυρίη ἡ μήτηρ κατέβαλεν ἑαυτὴν εἰς
τὴν αὐτὴν ἐκείνῳ λίμνην · καὶ ἐγένοντο βουλῇ Ἀπόλλωνος
ὄρνιθες ἀμφότεροι ἐν ⟨τῇ⟩ λίμνῃ. 9 Ἀφανισθέντων
δὲ καὶ ἡ λίμνη μετωνομάσθη καὶ ἐγένετο Κυκνείη καὶ
5 πολλοὶ ἐν τῇ ὥρᾳ τοῦ ἀρότου ἐνταῦθα φαίνονται κύκνοι.
Πλησίον δὲ κεῖται καὶ τὸ τοῦ Φυλίου σῆμα.

3 κύκνοι post ὄρνιθες suppl. Oder cl. V, 5, VI, 3, XV, 4 ‖
τῇ suppl. Oder ‖ 4 pr. καὶ secl. Oder ‖ Θυρίη ante μετων. suppl.
Oder ‖ Κυκνείη Cazz.² cl. Pind. *Ol.* X 15 Κύκνεια μάχα : κυκνείη
P edd. ‖ 5 ἀρότου Schneider : ἀροτοῦ P (ἀρότου a. corr.).

XIII

ASPALIS*

*Nicandre raconte cette histoire[1] au livre II
des Métamorphoses*

1 Zeus et la nymphe Othréis eurent un fils, Méliteus,
que sa mère exposa[2] dans la forêt : elle avait peur
d'Héra, parce que Zeus s'était uni à elle. Par la volonté
de Zeus, l'enfant ne mourut pas mais il grandissait
nourri par des abeilles[3]. Un jour Phagros, fils d'Apollon
et de la nymphe Othréis — celle qui avait également mis
au monde Méliteus, l'enfant de la forêt — le trouva par
hasard sur son chemin, alors qu'il faisait paître ses
moutons. **2** Frappé d'étonnement devant cet enfant
qui était si grand, et encore plus devant ces abeilles, il
le prit dans ses bras, l'emporta chez lui et l'éleva avec
une sollicitude particulière ; il l'appela Méliteus car il
avait été nourri par des abeilles[4] ; d'ailleurs cet oracle
lui était revenu à l'esprit, par lequel jadis le dieu lui
avait prescrit de sauver l'enfant de même naissance
nourri par les abeilles. **3** Dès que l'enfant eut
atteint l'âge d'homme, il se montra digne de sa noble
naissance, soumit plusieurs peuples du voisinage et
fonda en Phthie une ville qu'il nomma Mélité[5]. Là,
vécut un tyran violent et arrogant dont les gens du
pays tiennent pour impie de prononcer même le nom[6]
et que les étrangers nommaient *Tartaros*[7]. Toutes les
fois qu'il entendait vanter la beauté d'une jeune fille
du pays, il la faisait enlever et la prenait de force avant
son mariage[8]. **4** Un jour il avait ordonné à ses
hommes d'enlever pour lui Aspalis, la fille d'Argaeos,
un des notables du pays. Aussitôt qu'elle l'eut appris,
Aspalis se pendit avant l'arrivée des soldats qui venaient
la chercher. Le bruit de sa mort ne s'était pas encore

---

* Voir les notes aux p. 100-103.

XIII

ΑΣΠΑΛΙΣ

[Ἱστορεῖ Νίκανδρος Ἑτεροιουμένων β΄]

1 Διὸς καὶ νύμφης Ὀθρηίδος ἐγένετο παῖς Μελιτεύς.
Τοῦτον ἡ μήτηρ ἐξέθηκεν εἰς τὴν ὕλην κατὰ δέος Ἥρας,
5 ὅτι αὐτῇ Ζεὺς ἐμίχθη. Ὁ δὲ παῖς Διὸς βουλῇ οὐκ ἠφανίσθη,
ἀλλ᾽ ηὔξετο τρεφόμενος ὑπὸ μελισσῶν. Ἐνέτυχε δὲ αὐτῷ
ποιμαίνων πρόβατα Φάγρος ὁ Ἀπόλλωνος καὶ Ὀθρηίδος
νύμφης, ἥτις ἔτεκε Μελιτέα τὸν ἐν τῇ ὕλῃ παῖδα. 2 Θαυ-
μάσας δὲ πρὸς τὸν ὄγκον τοῦ σώματος καὶ ἔτι πλέον
10 πρὸς τὰς μελίσσας ἀνείλετο καὶ ἀπήνεγκεν εἰς τὰ οἰκία
καὶ ἔτρεφεν ἐν πολλῇ σπουδῇ θέμενος αὐτῷ Μελιτέα
ὄνομα, διότι ὑπὸ μελισσῶν ἐτράφη· ὑπῆλθε ⟨δ᾽⟩ αὐτὸν
καὶ ὁ χρησμός, ἐν ᾧ ποτε θεὸς εἶπε σῴζειν ὁμόγνιον ὄντα
τὸν ὑπὸ τῶν μελισσῶν τρεφόμενον. 3 Ὁ δὲ παῖς,
15 ἐπεὶ τάχιστα ἠνδρώθη, ἀνὴρ ἐγένετο γενναῖος καὶ πλείστων
ἦρξε περιοίκων καὶ πόλιν ἔκτισεν ἐν τῇ Φθίᾳ προσαγορεύσας Μελίτην. Ἐν ταύτῃ τῇ Μελίτῃ τύραννος ἐγένετο
βίαιος καὶ ὑβριστής, ὃν οἱ μὲν ἐπιχώριοι οὐδ᾽ ὀνομάζουσιν,
ὑπὸ δὲ τῶν ξένων Τάρταρος ἐκαλεῖτο. Οὗτος εἴ τις δια-
20 βοηθείη παρθένος ἐπὶ κάλλει τῶν ἐγχωρίων, ἀπῆγεν αὐτὴν
καὶ ἐμίγνυτο πρὸ γάμου κατὰ βίαν. 4 Ποτὲ δ᾽ οὖν
εἴρητο πρὸς τοὺς θέραπας ἀπάγειν Ἀσπαλίδα τὴν
θυγατέρα τὴν Ἀργαίου τῶν οὐκ ἀσήμων. Ἡ δὲ παῖς, ὡς
ἔκπυστος ὁ λόγος ἐγένετο, πρὶν ἀφικέσθαι τοὺς ἀπάξοντας
25 ἀνήρτησεν ἑαυτήν. Τῆς δὲ πράξεως οὔπω διαβοηθείσης

---

8 καὶ ante Μελιτέα suppl. Mart. ‖ Μελιτέα secl. Myer ‖
10 οἰκεῖα Nauck² ‖ 11 ἐν P (quod def. Pap.³) : secl. Westermann σὺν coni. Nauck² ‖ 12 δ᾽ suppl. Pap. γὰρ suppl. Castigl. ‖
19 in mg. adscr. P ση ‖ 21 πρὸ γάμου secl. Nauck² ‖ ποτὲ
Oder : τότε P.

répandu que son frère Astygitès, jurant de châtier le
tyran avant de dépendre le cadavre de sa sœur[9],
5 revêtit précipitamment les habits d'Aspalis[10], dissimula une épée le long de son flanc gauche et passa
inaperçu, étant encore presque un enfant. Arrivé chez
le tyran, il le trouva sans armes[11] et sans gardes et le
tua. 6 Les habitants de Mélité couronnèrent[12]
Astygitès et lui firent cortège en chantant des péans[13] ;
quant au cadavre du tyran, ils le jetèrent dans un
fleuve[14] qu'on appelle Tartare[15] depuis cette époque.
Puis ils cherchèrent en vain le cadavre d'Aspalis pour
lui faire des funérailles solennelles[16], mais ne purent le
retrouver : il avait disparu[17] par la volonté divine ;
au lieu du cadavre, il était apparu une statue auprès
de celle d'Artémis. 7 Les gens du pays donnent à
cette statue le nom d'*Aspalis Ameilété*[18] *Hécaergé*[19] ;
et tous les ans les vierges du pays y suspendaient[20] une
jeune chèvre ignorante du mâle en souvenir d'Aspalis
qui était vierge quand elle se pendit.

ἀδελφὸς ὁ τῆς Ἀσπαλίδος Ἀστυγίτης ὤμοσεν, ὅτι
πρότερον τίσεται τὸν τύραννον ἢ τὸ σῶμα καθαιρήσει
τὸ τῆς ἀδελφῆς. 5 Ἐνδὺς δὲ τάχιστα τὴν στολὴν
τῆς Ἀσπαλίδος καὶ κρύψας παρὰ τὴν εὐώνυμον πλευρὰν
5 τὸ ξίφος ἔλαθε πρὸς τὴν ὄψιν ἀντίπαις ὤν· παρελθὼν
δ' εἰς τὰ οἰκία γυμνὸν ὄντα καὶ ἀφύλακτον τὸν τύραννον
κτείνει. 6 Οἱ δὲ Μελιτεῖς τὸν μὲν Ἀστυγίτην ἐστεφά-
νουν καὶ μετὰ παιάνων προέπεμπον, τὸ δὲ σῶμα τοῦ
τυράννου κατεπόντωσαν εἰς ποταμὸν ἐμβαλόντες, ὃν
10 ἔτι νῦν ἐξ ἐκείνου τοῦ χρόνου Τάρταρον καλοῦσι. Τὸ δὲ
σῶμα τὸ τῆς Ἀσπαλίδος ἐξερευνῶντες πάντα τρόπον,
ὅπως κηδεύσωσιν ἐπισήμως, οὐκ ἠδυνήθησαν εὑρεῖν· ἀλλὰ
τοῦτο μὲν ἠφανίσθη κατὰ θεόν, ἀντὶ δὲ τοῦ σώματος
ἐφάνη ξόανον παρὰ τὸ τῆς Ἀρτέμιδος ἑστηκός. 7 Ὀνο-
15 μάζεται δὲ παρὰ τοῖς ἐγχωρίοις τοῦτο τὸ ξόανον Ἀσπαλὶς
Ἀμειλήτη Ἑκαέργη, ᾧ καθ' ἕκαστον ἔτος αἱ παρθένοι
χίμαρον ἄθορον ἐκρήμνων, ὅτι καὶ ἡ Ἀσπαλὶς παρθένος
οὖσα ἑαυτὴν ἀπηγχόνισεν.

6 οἰκεῖα Nauck² ‖ 10 τοῦ χρόνου secl. Nauck² ‖ in mg. adscr.
P ση ‖ 12 ἐδυνήθησαν Oder ‖ 16 ἀμειλήτη P : ἐν Μελίτῃ Schneider
ἀμείλικτος E. Jacobi Lex. Myth., p. 148 ἀμείδητος Oder et
Nauck² ‖ 17 ἐκρήμνων P p. corr. (ἐκρίμνων a. corr.) : ἐκρίμνων
def. Oder et Blum.

XIV

MOUNICHOS[*]

Sic

1 Mounichos[1], fils de Dryas, régna sur les Molosses[2] et fut un bon devin[3] et un homme juste[3]. Il eut de sa femme Lélanté[4] trois fils, Alcandros qui était meilleur devin que lui, Mégalétor et Philaeos[5], et une fille Hypérippé. **2** Ses enfants furent tous bons et équitables et les dieux les chérirent[6]. Or, une nuit qu'ils étaient aux champs, des brigands firent une razzia[7] et tentèrent de les faire prisonniers ; eux leur lançaient des traits du haut de leurs tours[8] (car ils n'étaient pas de force à se mesurer avec eux corps à corps) ; les voleurs mirent alors le feu aux bâtiments. Par égard pour leur piété, Zeus[9] se refusa à les laisser périr d'une mort aussi lamentable, et il les transforma tous en oiseaux[10]. **3** Hypérippé qui avait fui le feu en plongeant dans l'eau[11] devint un plongeon ; les autres s'envolèrent pour échapper au feu, Mounichos sous la forme d'une buse[12] et Alcandros sous celle d'un roitelet ; Mégalétor et Philaeos qui en fuyant le feu s'étaient faufilés à travers le mur et s'étaient tapis sur le sol se changèrent en deux petits oiseaux ; le premier est l'*ichneumon*[13], Philaeos a pris le nom de *chien*[13] ; leur mère devint le pivert gobe-mouches. **4** L'aigle et le héron lui font la guerre car elle brise leurs œufs en frappant le chêne de son bec pour y chercher les moucherons[14]. Ces oiseaux[15] vivent tous ensemble dans les bois et les fourrés, sauf le plongeon qui vit au bord des lacs et de la mer.

---

[*] Voir les notes aux p. 103-104.

ΜΟΥΝΙΧΟΣ

[Οὕ(τως)]

1 Μούνιχος ὁ Δρύαντος ἐβασίλευσε Μολοσσῶν καὶ
ἐγένετο μάντις ἀγαθὸς καὶ ἀνὴρ δίκαιος. Ἔσχεν δὲ παῖδας
5 ἐκ Ληλάντης Ἄλκανδρον, ἀμείνονα μάντιν ἑαυτοῦ, καὶ
Μεγαλήτορα καὶ Φιλαῖον καὶ θυγατέρα Ὑπερίππην.
2 Τούτους γενομένους πάντας ἀγαθοὺς καὶ δικαίους
ἐφίλησαν οἱ θεοί. Ἐπεὶ δὲ αὐτοὺς ἐπὶ τῶν ἀγρῶν νυκτὸς
ἐπελθόντες λησταὶ συνελάμβανον, οἱ δὲ ἐκ τῶν πύργων
10 ἔβαλλον (οὐ γὰρ ἦσαν αὐτοῖς ἰσόμαχοι), πῦρ ἐνέβαλον
οἱ κλῶπες εἰς τὰ οἰκία. Ζεὺς δ' οὐ περιεῖδεν αὐτοὺς
ὁσιότητος ἕνεκα τελευτήσαντας οἰκτίστῳ θανάτῳ, μετέβαλε
δὲ πάντας εἰς ὄρνιθας. 3 Καὶ Ὑπερίππη μέν, ἐπεὶ
φυγοῦσα τὸ πῦρ εἰς ὕδωρ κατέδυ, γέγονεν αἴθυια· οἱ
15 δ' ἄλλοι ἐκ τοῦ πυρὸς ἀνέπτησαν, Μούνιχος μὲν τρίορχης
γενόμενος, Ἄλκανδρος δὲ ὀρχίλος· Μεγαλήτωρ δὲ καὶ
Φιλαῖος, ὅτι τὸ πῦρ φεύγοντες διὰ τοῦ τοίχου παρὰ τὴν
γῆν ἔδυσαν, ἐγένοντο μικροὶ δύο ὄρνιθες· καὶ ἔστιν ὁ μὲν
αὐτῶν ἰχνεύμων, Φιλαῖος δ' ὀνομάζεται κύων· ἡ δὲ
20 μήτηρ αὐτῶν ἐγένετο κνιπολόγος πιπώ. 4 Πρὸς ταύτην
ἀετῷ πόλεμός ἐστι καὶ ἐρῳδιῷ· κατάγνυσι γὰρ αὐτῶν
τὰ ᾠὰ κόπτουσα τὴν δρῦν διὰ τοὺς κνῖπας. Καὶ εἰσὶν οἱ
μὲν ἄλλοι σύννομοι ἐν ὕλῃ καὶ παρὰ κευθμῶνας, αἴθυια
δὲ ἐγένετο πρὸς λίμνας τε καὶ θάλασσαν.

1 Μούνιχος P et tab. II sub ιδ′ (quod def. Mart.) : Μούνυχος
Bast ‖ 2 οὕ(τως) Wendel : ꝶ P ‖ 6 μαγαλήτορα P ‖ φίλαιον
P ‖ 9-10 ἐκ τῶν πύργων ἔβαλλον P (quod def. Myer et Cazz.[1]) :
εἰς τοὺς πύργους ἔφυγον Mart. dub. in app. crit. ἐκ τῶν οἰκίων
ἠμύνοντο Castigl. uoces ΠΥΡΓΩΝΕΒΑΛΛΟΝ ex ΠΥΡΕΝΕ-
ΒΑΛΛΟΝ ortas esse censens ‖ 10 καὶ ante πῦρ suppl. Cazz.[1] ‖
ἐνέβαλον Oder et Myer : ἐνέβαλλον P ‖ 11 οἰκεῖα Nauck[2] ‖ περιεῖδεν
Oder : περιῖδεν P ‖ 14-16 οἱ δ' ἄλλοι... ὀρχίλος post κύων (l. 19)
transposuit Oder, Palatinum def. Cazz.[1] ‖ 15 τρίορχις Nauck[2] ‖
22 τὸν (o in ras.) δρῦν P ‖ 24 ἐγένετο secl. Nauck[2] ‖ λίμναις
Berkel (sed cf. Oder, o. l., p. 17) ‖ θάλασσαν Oder : θαλάσσηι P.

XV

MÉROPIS*

*Boïos raconte cette histoire[1] au livre I de l'*Ornithogonie

1 Eumélos, fils de Mérops[2], eut des enfants hautains et arrogants[3] du nom de Byssa, Méropis et Agron[4]. Ils habitaient Côs l'île Méropide[5] ; la terre[6] leur fournissait des récoltes abondantes, parce que c'était la seule divinité[7] qu'ils honoraient et qu'ils la cultivaient avec soin. **2** Ne fréquentant personne, ils ne descendaient en ville ni ne participaient aux festins publics et aux fêtes des dieux. Au contraire, invitait-on les jeunes filles à l'occasion d'un sacrifice à Athéna[8], leur frère déclinait l'invitation : il n'aimait pas, disait-il, la déesse aux yeux pers[9], car ces mêmes filles avaient les yeux noirs ; d'ailleurs il détestait absolument la chouette[10]. Les invitait-on au culte d'Artémis, le frère répondait qu'il haïssait une déesse qui court la nuit[11]. Était-ce pour offrir des libations à Hermès, il répliquait qu'il n'honorait pas un dieu voleur[12]. **3** Ainsi ne manquaient-ils pas une occasion d'insulter les divinités. Irrités, Hermès, Athéna et Artémis se présentèrent un soir chez eux ; Athéna et Artémis avaient pris les traits de jeunes filles, Hermès portait l'accoutrement d'un berger[13] ; il appela Eumélos et Agron et les invita à un banquet : il offrait, en effet, avec les autres bergers des victimes en l'honneur d'Hermès ; de plus, il essaya de les convaincre d'envoyer Byssa et Méropis auprès des jeunes filles de leur âge au bois sacré d'Athéna et d'Artémis. **4** Voilà ce que dit Hermès ; mais, au

XV

ΜΕΡΟΠΙΣ

[Ἱστορεῖ Βοῖος Ὀρνιθογονίας α']

1 Εὐμήλου τοῦ Μέροπος ἐγένοντο παῖδες ὑπερήφανοι
καὶ ὑβρισταὶ Βύσσα καὶ Μεροπὶς καὶ Ἄγρων. Καὶ ᾤκουν
5 Κῶν τὴν Μεροπίδα νῆσον, ἡ δὲ γῆ πλεῖστον αὐτοῖς
ἐξέφερε καρπόν, ὅτι μόνην θεῶν ἐτίμων καὶ ἐπιμελῶς αὐτὴν
ἠργάζοντο. 2 Οὗτοι ἀνθρώπων οὐδενὶ συνῆλθον οὔτε
εἰς ἄστυ κατιόντες οὔτε πρὸς εἰλαπίνας καὶ θεῶν ἑορτάς,
ἀλλ' εἰ μὲν Ἀθηνᾷ τις ἱερὰ ποιῶν καλέσειε τὰς κόρας,
10 ἀπέλεγεν ὁ ἀδελφὸς τὴν κλῆσιν· οὐ γὰρ ἀγαπᾶν ἔφη
γλαυκὴν θεόν, ὅτι ταῖς αὐταῖς κόραις ὀφθαλμὸς ἐνῆν
μέλας, ἐχθαίρειν δὲ παράπαν γλαῦκα τὴν ὄρνιν· εἰ δὲ
καλοῖεν παρὰ τὴν Ἄρτεμιν, νυκτίφοιτον ἔλεγεν μισεῖν
θεόν· εἰ δὲ πρὸς Ἑρμοῦ σπονδάς, κλέπτην ἔλεγεν οὐ
15 τιμᾶν θεόν. 3 Καὶ οἱ μὲν πλειστάκις ἐκερτόμουν.
Ἑρμῆς δὲ καὶ Ἀθηνᾶ καὶ Ἄρτεμις χολούμενοι νυκτὸς
ἐπέστησαν αὐτῶν τοῖς οἴκοις, Ἀθηνᾶ μὲν καὶ Ἄρτεμις
ἐοικυῖαι κόραις, Ἑρμῆς δὲ ποιμένος ἔχων στολήν· καὶ
τὸν Εὔμηλον καὶ τὸν Ἄγρωνα προσαγορεύσας παρεκάλει
20 παρατυχεῖν εἰς δαῖτα· διδόναι γὰρ ἱερὰ μετὰ τῶν ἄλλων
ποιμένων Ἑρμῇ· Βύσσαν δὲ καὶ Μεροπίδα πρὸς τὰς
ὁμήλικας ἔπειθεν ἐκπέμπειν εἰς τὸ τῆς Ἀθηνᾶς καὶ
Ἀρτέμιδος ἄλσος. 4 Καὶ ταῦτα μὲν εἶπεν Ἑρμῆς·

---

5 κών P : secl. Oder ‖ τὴν Μεροπίδων νῆσον uel τὴν Μεροπίδα
λεγομένην νῆσον Berkel τὴν Μερόπων νῆσον Muncker sed cf.
Thucyd. VIII, 41 et Strab. XV 1, 3 ‖ 6 τὴν Δήμητρα ante
μόνην suppl. Berkel ‖ 9 καλέσειε Nauck² : ἐκάλεσεν P ‖ 11-12
ὅτι... ὄρνιν secl. Oder ‖ 11 ταῖς αὐταῖς κόραις P : ταῖς κόραις
Jacobs in *Anim. in Eur.*, p. 50 ταῖς αὐτῶν κόραις (scil. *Coorum
puellis*) Cazz. alii alia ‖ 13 καλοῖεν Bast : καλῶίεν P καλῷεν uel
καλῷη Gale ‖ 20 παρατυχεῖν secl. Nauck².

seul nom d'Athéna, Méropis se prit à l'insulter, et la
déesse la transforma en un oiselet, la chouette ; Byssa
qui garda le même nom est l'oiseau de Leucothéa[14] ;
aussitôt qu'Agron eut appris cette métamorphose, il
saisit une broche et courut dehors, mais Hermès le
transforma en pluvier ; Eumélos invectiva contre
Hermès, lui reprochant d'avoir métamorphosé son fils ;
Hermès transforma aussi Eumélos et en fit un corbeau
de nuit[15], messager de malheurs[16].

Μεροπὶς δ' ὡς ἤκουσεν, ἐξύβρισε πρὸς τὸ ὄνομα τῆς
Ἀθηνᾶς, ἡ δὲ αὐτὴν ἐποίησεν ὀρνίθιον γλαῦκα · Βύσσα
δὲ τῷ αὐτῷ ὀνόματι λέγεται καὶ ἔστι Λευκοθέας ὄρνις ·
Ἄγρων δ' ὡς ἐπύθετο, ἁρπάσας ὀβελὸν ἐξέδραμεν, Ἑρμῆς
5 δ' αὐτὸν ἐποίησε χαραδριόν · Εὔμηλος δὲ τὸν Ἑρμῆν
ἐνείκεσεν, ὅτι μετεμόρφωσεν αὐτοῦ τὸν υἱόν, ὁ δὲ κἀκεῖνον
ἐποίησεν νυκτικόρακα κακάγγελον.

6 post κἀκεῖνον suppl. μεταβαλὼν Castigl. μετέβαλε καὶ Mart.

XVI

ŒNOÉ[*]

*Boïos raconte cette histoire au livre II de l'*Ornithogonie

1 Chez les hommes qu'on appelle Pygmées[1] naquit une enfant du nom d'Œnoé[2] ; elle était d'une beauté irréprochable mais d'un caractère désagréable et orgueilleux[3]. Elle ne faisait aucun cas d'Artémis ni d'Héra. **2** Devenue la femme d'un Pygmée, appelé Nicodamas, homme sage et modéré, elle en eut un enfant, Mopsos. Par courtoisie, tous les Pygmées lui apportèrent de très nombreux cadeaux pour célébrer la naissance de son fils. Mais Héra, reprochant à Œnoé de n'avoir pas d'égards pour elle[4], la transforma en grue ; elle lui allongea le cou, fit d'elle un oiseau volant haut et provoqua la guerre entre elle et les Pygmées. **3** Prise du désir de revoir son enfant Mopsos, Œnoé survolait les maisons des Pygmées et ne s'en allait point ; les Pygmées s'armèrent tous et ils s'efforçaient de la chasser. De là vient qu'encore maintenant il y a la guerre entre les Pygmées et les grues[5].

[*] Voir les notes aux p. 105-106.

XVI

ΟΙΝΟΗ

['Ιστορεῖ Βοῖος 'Ορνιθογονίας β']

1 Παρὰ τοῖς λεγομένοις ἀνδράσι Πυγμαίοις ἐγένετο παῖς ὄνομα Οἰνόη τὸ μὲν εἶδος οὐ μεμπτή, ἄχαρις δὲ τὸ
5 ἦθος καὶ ὑπερήφανος. Ταύτῃ φροντὶς οὐδεμία ἐγίνετο τῆς 'Αρτέμιδος οὐδὲ "Ηρας. 2 Γαμηθεῖσα δὲ Νικοδάμαντι τῶν πολιτῶν ἑνὶ μετρίῳ καὶ ἐπιεικεῖ ἔτεκε παῖδα Μόψον. Καὶ αὐτῇ Πυγμαῖοι πάντες κατὰ φιλοφροσύνην πλεῖστα δῶρα πρὸς τὴν γένεσιν τοῦ παιδὸς ἀπήνεγκαν.
10 "Ηρα δὲ μεμφθεῖσα τὴν Οἰνόην, ὅτι αὐτὴν οὐκ ἐτίμα, γέρανον [αὐτὴν] ἐποίησεν καὶ τὸν αὐχένα μακρὸν εἵλκυσε καὶ ἀπέδειξεν ὑψιπετῆ ὄρνιθα· καὶ πόλεμον ἐνέβαλεν αὐτῇ τε καὶ τοῖς Πυγμαίοις. 3 Οἰνόη δὲ διὰ τὸν πόθον τοῦ παιδὸς Μόψου περιεπέτετο τὰ οἰκία καὶ οὐκ ἐξελίμ-
15 πανε, Πυγμαῖοι δὲ καθοπλισάμενοι πάντες ἐδίωκον αὐτήν. Καὶ ἐκ τούτου ἔτι καὶ νῦν Πυγμαίοις καὶ γεράνοις πόλεμος ἐνέστηκεν.

11 αὐτὴν secl. Knaack, *Anal. Alex. Rom.* p. 5 ‖ 13 in mg. litt. mai. adscr. Ρ ση αἰτία δι' ἣν γέρανοι τοῖς Πυγμαίοις πολέμιαι‖ 14 οἰκεῖα Nauck².

XVII

LEUCIPPOS*

*Nicandre raconte cette histoire¹ au livre II
des* Métamorphoses

1 Galatée², fille d'Eurytios, lui-même fils de Sparton,
épousa Lampros, fils de Pandion, qui vivait à Phaestos
en Crète ; c'était un homme de bonne famille, mais sans
fortune³. **2** Lorsque Galatée fut enceinte, Lampros
souhaita avoir un garçon et ordonna à sa femme, si
elle donnait naissance à une fille, de la faire disparaître.
Lampros s'en alla de chez lui et, pendant qu'il gardait
son troupeau, Galatée mit au monde une fille. **3** Elle
eut pitié d'elle et pensa à la solitude de sa maison ; les
songes et les devins vinrent aussi à son aide en lui
prescrivant d'élever sa fille comme un garçon : elle
finit par mentir à Lampros en lui soutenant qu'elle
avait eu un garçon et elle l'éleva comme tel⁴, lui ayant
donné le nom⁵ de Leucippos. **4** La fille grandit et
devint d'une indicible beauté : Galatée, craignant de
ne plus pouvoir tromper Lampros, chercha refuge au
sanctuaire de Léto⁶ et supplia la déesse⁷ de changer le
sexe de sa fille : la même chose était survenue⁸ à Caenis,
fille d'Atrax⁹, qui, par la volonté de Poséidon¹⁰, devint
Caeneus le Lapithe ; **5** à Tirésias qui, d'homme
qu'il était, devint femme¹¹ pour avoir rencontré au carre-
four des serpents enlacés et les avoir tués¹² ; et qui
changea ensuite de sexe pour avoir de nouveau tué
un serpent¹³ ; à Hypermestre¹⁴ qui, à plusieurs reprises,

* Voir les notes aux p. 106-110.

XVII

ΛΕΥΚΙΠΠΟΣ

['Ιστορεῖ Νίκανδρος Ἑτεροιουμένων β΄]

1 Γαλάτεια ἡ Εὐρυτίου τοῦ Σπάρτωνος ἐγήματο ἐν
Φαιστῷ τῆς Κρήτης Λάμπρῳ τῷ Πανδίονος, ἀνδρὶ τὰ μὲν
5 εἰς γένος εὖ ἔχοντι, βίου δὲ ἐνδεεῖ. 2 Οὗτος, ἐπειδὴ
ἐγκύμων ἦν ἡ Γαλάτεια, ηὔξατο μὲν ἄρρενα γενέσθαι
αὐτῷ παῖδα, προηγόρευσε δὲ τῇ γυναικί, ἐὰν γεννήσῃ
κόρην, ἀφανίσαι. Καὶ οὗτος μὲν ἀπιὼν ἐποίμαινεν τὰ
πρόβατα, τῇ δὲ Γαλατείᾳ θυγάτηρ ἐγένετο. 3 Καὶ
10 κατοικτείρασα τὸ βρέφος καὶ τὴν ἐρημίαν τοῦ οἴκου
λογισαμένη, συλλαμβανόντων δ᾽ ἔτι καὶ τῶν ὀνείρων καὶ
τῶν μάντεων, οἳ προηγόρευον τὴν κόρην ὡς κόρον
ἐκτρέφειν, ἐψεύσατο τὸν Λάμπρον ἄρρεν λέγουσα τεκεῖν
καὶ ἐξέτρεφεν ὡς παῖδα κοῦρον ὀνομάσασα Λεύκιππον.
15 4 Ἐπεὶ δὲ ηὔξετο ἡ κόρη καὶ ἐγένετο ἄφατόν τι κάλλος,
δείσασα τὸν Λάμπρον ἡ Γαλάτεια, ὡς οὐκ ἐνῆν ἔτι λαθεῖν,
κατέφυγεν εἰς τὸ τῆς Λητοῦς ἱερὸν καὶ πλεῖστα τὴν θεὸν
ἱκέτευσεν, εἴ πως αὐτῇ κόρος ἡ παῖς ἀντὶ [τῆς] θυγατρὸς
δύναιτο γενέσθαι, καθάπερ ὅτε Καινὶς μὲν Ἄτρακος
20 οὖσα θυγάτηρ βουλῇ Ποσειδῶνος ἐγένετο Καινεὺς ὁ
Λαπίθης · 5 Τειρεσίας δὲ γυνὴ μὲν ἐξ ἀνδρός, ὅτι
τοὺς ἐν τῇ τριόδῳ μιγνυμένους ὄφεις ἐντυχὼν ἀπέκτεινεν,
ἐκ δὲ γυναικὸς αὖτις ἀνὴρ ἐγένετο διὰ τὸ δράκοντα πάλιν
κτανεῖν · πολλάκις δὲ καὶ Ὑπερμήστραν πιπρασκομένην

---

12 κοῦρον Nauck² ‖ 14 κοῦρον P : κόρον Muncker ‖ 18 τῆς secl.
Castigl. ἀντὶ τῆς θυγατρὸς secl. Hercher ‖ 19 - p. 31, l. 4 καθάπερ
ὅτε... Ἄρτεμιν secl. Hercher ‖ Ἐλάτου ante Ἄτρακος suppl.
Heinsius ap. Verheyk ‖ Ἄτρακος P : τοῦ Ἀρκάδος coni. Verheyk ‖
23-24 πάλιν κτανεῖν · πολλάκις δὲ Pap.¹ : πολλάκις πάνακτα δὲ
P alii aliter.

7

se prostituant sous sa forme de femme, se faisait payer,
et devenant homme rapportait de quoi vivre à son père
Aethon ; au Crétois Siproïtès qui changea de sexe pour
avoir vu, lors d'une chasse[15], Artémis au bain[16].
6 Léto eut pitié de Galatée qui se lamentait et la
suppliait sans répit, et elle changea le sexe de la jeune
fille. Les Phaestiens se souviennent encore de ce changement et sacrifient à Léto *Phytié*[17] qui fit pousser[18] des
parties viriles à la jeune fille, et ils donnent le nom
d'*Ekdysia*[19] à cette fête, car la vierge avait quitté le
péplos[20]. Et dans les mariages, les femmes du pays ont
coutume, avant leur nuit de noces, de se coucher au
flanc de la statue de Leucippos[21].

ἐπὶ γυναικὶ μὲν αἴρεσθαι τῖμον, ἄνδρα δὲ γινομένην
Αἴθωνι τροφὴν ἀποφέρειν τῷ πατρί· μεταβαλεῖν δὲ καὶ
τὸν Κρῆτα Σιπροίτην, ὅτι κυνηγετῶν λουομένην εἶδεν
τὴν Ἄρτεμιν. 6 Ἡ δὲ Λητὼ συνεχῶς ὀδυρομένην καὶ
5 ἱκετεύουσαν ᾤκτειρε τὴν Γαλάτειαν καὶ μετέβαλε τὴν φύσιν
τῆς παιδὸς εἰς κόρον. Ταύτης ἔτι μέμνηνται τῆς μεταβολῆς
Φαίστιοι καὶ θύουσι Φυτίῃ Λητοῖ, ἥτις ἔφυσεν μήδεα
τῇ κόρῃ, καὶ τὴν ἑορτὴν Ἐκδύσια καλοῦσιν, ἐπεὶ τὸν
πέπλον ἡ παῖς ἐξέδυ. Νόμιμον δ' ἐστὶν ἐν τοῖς γάμοις
10 πρότερον παρακλίνεσθαι παρὰ τὸ ἄγαλμα τοῦ Λευκίππου.

1 αἴρεσθαι Pap.¹ : αἱρασθαι P ἄρασθαι Koch ‖ τῖμον
Schneider : τιμον P ‖ γινομένην Pap.¹ : γενομένην P edd. ‖
3 εἶδε Oder : ἴδεν P ‖ 7 Φυτίῃ P : Φυσιμήδῃ Valckenaer ‖
10 παρακλίνεσθαι Pap.¹ : παρακλίνασθαι P edd.

XVIII

AÉROPOS[*]

*Boïos raconte cette histoire[1] au livre II de l'*Ornithogonie

1 Eumélos, fils d'Eugnôtos, résida à Thèbes en Béotie et eut un fils du nom de Botrès[2]. Cet Eumélos rendait des honneurs magnifiques à Apollon. **2** Un jour qu'il offrait un sacrifice, son fils Botrès qui y assistait dévora la cervelle[3] du mouton avant que la victime ne fût consacrée sur l'autel. Eumélos s'en aperçut et, irrité, saisit sur l'autel un brandon enflammé et l'asséna[4] sur la tête de Botrès. Le sang commença à couler abondamment et le jeune homme tomba en s'agitant convulsivement. **3** A ce spectacle, sa mère, son père et leurs gens furent accablés de chagrin. Apollon eut pitié d'eux, car Eumélos lui rendait des honneurs, et transforma le jeune homme en guêpier[5] qui aujourd'hui encore pond ses œufs sous la terre[6] et s'exerce toujours à voler.

XVIII

ΗΕΡΟΠΟΣ

['Ιστορεῖ Βοῖος 'Ορνιθογονίας β']

1 Εὔμηλος ὁ παῖς ὁ Εὐγνώτου κατῴκησεν ἐν Θήβαις
ταῖς Βοιωτίαις καὶ αὐτῷ παῖς ἐγένετο Βότρης ὄνομα.
5 Οὗτος ὁ Εὔμηλος ἐτίμα μεγαλομερῶς τὸν 'Απόλλωνα.
2 Καί ποτε θύοντος αὐτοῦ παρὼν ὁ παῖς Βότρης ἐδαίσατο
τὸν ἐγκέφαλον τοῦ ἀρνὸς πρὶν ἐπὶ τὸν βωμὸν καταθῦσαι.
Μαθὼν δὲ τὸ γεγονὸς Εὔμηλος προσέκρουσε κατ' ὀργὴν
πρὸς τὴν κεφαλὴν αὐτοῦ τὸν δαλὸν ἀφελὼν ἐκ τοῦ
10 βωμοῦ · καὶ ὁ παῖς καταρρυέντος τοῦ αἵματος καταπεσὼν
ἤσπαιρεν. 3 Ἡ δὲ μήτηρ ὡς εἶδε καὶ ὁ πατὴρ καὶ οἱ
θέραπες μέγιστον ἐποιήσαντο πένθος. 'Απόλλων δὲ
οἰκτείρας, ἐπεὶ αὐτὸν Εὔμηλος ἐτίμα, ὄρνιθα ἐποίησεν
τὸν παῖδα ἠέροπον, ὃς ἔτι νῦν τίκτει μὲν ὑπὸ γῆς, αἰεὶ
15 δὲ μελετᾷ πέτεσθαι.

4 τῆς Βοιωτίας Verheyk ταῖς Βοιωτίας Teucher ‖ 8 προσέκρουσε Muncker cl. VIII, 7 : προέκρουσε P ‖ 11 εἶδε Oder : ἴδεν P.

LES VOLEURS*

*Boïos raconte cette histoire[1] au livre II de l'*Ornithogonie

1 On raconte qu'en Crète[2] il existe une grotte
sacrée[3] habitée par des abeilles dans laquelle, dit-on,
Rhéa mit Zeus au monde. Personne n'a le droit[4] d'y
pénétrer, qu'il soit dieu ou mortel. Tous les ans[5], à un
moment déterminé, on voit jaillir de la grotte un feu
éclatant. **2** On raconte que ce phénomène se produit
au moment où bouillonne[6] le sang de Zeus qui coula
lors de l'accouchement[7]. Dans cette caverne habitent
les abeilles sacrées[8], nourrices de Zeus[9]. Laïos, Céléos,
Cerbéros[10] et Aegolios eurent l'audace de pénétrer dans
cette grotte, en espérant y recueillir une très grosse
quantité de miel ; ils s'étaient complètement couverts
d'airain[11] et prirent du miel des abeilles ; ils virent les
langes de Zeus et leur armure d'airain se fendit[12] autour
de leur corps. **3** Zeus fit entendre un coup de
tonnerre[13] et brandit le foudre, mais les Moires et
Thémis[14] le retinrent, car il était interdit de mourir[15]
dans cet endroit sacré ; alors Zeus les transforma tous
en oiseaux ; c'est d'eux que descend la race des oiseaux
porteurs de présages, les grives[16], les piverts[17], les
cerbères[18] et les effrayes[19] ; ils fournissent, par leur
apparition, des présages heureux et véridiques mieux
qu'aucun autre oiseau, car ils ont vu le sang de Zeus[20].

---

* Voir les notes aux p. 111-114.

XIX

ΦΩΡΕΣ

['Ιστορεῖ Βοῖος 'Ορνιθογονίας β']

1 Ἐν Κρήτῃ λέγεται εἶναι ἱερὸν ἄντρον μελισσῶν,
ἐν ᾧ μυθολογοῦσι τεκεῖν 'Ρέαν τὸν Δία καὶ ἔστιν
5 ὅσιον οὐδένα παρελθεῖν οὔτε θεὸν οὔτε θνητόν. Ἐν δὲ
χρόνῳ ἀφωρισμένῳ ὁρᾶται καθ' ἕκαστον ἔτος πλεῖστον
ἐκλάμπον ἐκ τοῦ σπηλαίου πῦρ. 2 Τοῦτο δὲ γίνεσθαι
μυθολογοῦσιν, ὅταν ἐκζέῃ τὸ τοῦ Διὸς ἐκ τῆς γενέσεως
αἷμα. Κατέχουσι δὲ τὸ ἄντρον ἱεραὶ μέλιτται, ⟨αἱ⟩ τροφοὶ
10 τοῦ Διός. Εἰς τοῦτο παρελθεῖν ἐθάρρησαν Λάιος καὶ
Κελεὸς καὶ Κέρβερος καὶ Αἰγωλιός, ὅπως πλεῖστον
ἀρύσωνται μέλι· καὶ περιθέμενοι περὶ τὸ σῶμα πάντῃ
χαλκὸν ἀρύσαντο τοῦ μέλιτος τῶν μελισσῶν καὶ τὰ τοῦ
Διὸς εἶδον σπάργανα καὶ αὐτῶν ὁ χαλκὸς ἐρράγη περὶ
15 τὸ σῶμα. 3 Ζεὺς δὲ βροντήσας ἀνέτεινε τὸν κεραυνόν,
Μοῖραι δὲ καὶ Θέμις ἐκώλυσαν· οὐ γὰρ ἦν ὅσιον αὐτόθι
θανεῖν οὐδένα· καὶ ὁ Ζεὺς πάντας αὐτοὺς ἐποίησεν
ὄρνιθας· καὶ ἔστιν ἐξ αὐτῶν τὸ γένος τῶν οἰωνῶν, λάιοι
καὶ κελεοὶ καὶ κέρβεροι καὶ αἰγωλιοί· καὶ εἰσὶν ἀγαθοὶ
20 φανέντες καὶ ἐπιτελεῖς παρὰ τοὺς ἄλλους ὄρνιθας, ὅτι
τοῦ Διὸς εἶδον τὸ αἷμα.

---

4 οὐκ ante ἔστιν suppl. Muncker cl. § 3 et XXXII, 5,
sed cf. XXI, 3 et XLI, 10 ‖ 9 αἱ suppl. Mart.: αἱ ante ἱεραὶ
et ante τροφοὶ suppl. Oder ‖ 11 Κελεὸς P : Κολοιὸς Meursius,
Cret., p. 75 Κολιὸς Muncker ‖ 13 ἀρύσαντο P (quod def.
Pap.¹) : ἠρύσαντο Oder ‖ 14 et 21 εἶδον Oder : ἴδον P ‖ 19
κελεοὶ Oder cl. tab. I et II sub ιθ' : κολοιοὶ P κολιοὶ Muncker.

XX

CLEINIS[*]

*Histoire[1] racontée par Boïos au livre II de l'*Ornithogonie
*et par Simmias de Rhodes[2] dans l'*Apollon

1 Au pays appelé Mésopotamie[3], dans les environs
de la ville de Babylone, vécut Cleinis, homme riche et
pieux[4], qui avait beaucoup de bœufs, d'ânes et de
petit bétail[5]. Apollon et Artémis l'aimèrent extrêmement et il avait très souvent[6] accompagné[7] ces dieux
au temple d'Apollon Hyperboréen[8] ; là, il avait vu que
l'on offrait des ânes en sacrifice[9] au dieu. **2** Rentré
à Babylone, il voulut lui aussi offrir à Apollon ce genre
de sacrifice pratiqué chez les Hyperboréens et fit placer
l'hécatombe des ânes auprès de l'autel. Mais Apollon
survint et le menaça de mort, s'il n'arrêtait pas les
préparatifs de ce sacrifice et s'il ne s'en tenait pas aux
victimes ordinaires, chèvres, moutons et bœufs.
3 En effet, ce n'est que chez les Hyperboréens que le
sacrifice des ânes[10] lui était agréable. Effrayé par cette
menace, Cleinis écarta les ânes de l'autel et rapporta à
ses enfants les paroles qu'il avait entendues. Il avait eu
de sa femme Harpé trois fils, Lycios[11], Ortygios[12] et

XX

ΚΛΕΙΝΙΣ

[Ἱστορεῖ Βοῖος ⟨Ὀρνιθογονίας⟩ β' καὶ Σιμμίας ὁ
Ῥόδιος Ἀπόλλωνι]

1 Τῆς λεγομένης Μεσοποταμίας περὶ Βαβυλῶνα πόλιν
5 ᾤκησεν ἀνὴρ θεοφιλὴς καὶ πλούσιος ὄνομα Κλεῖνις,
ἔχων πολλοὺς βοῦς καὶ ὄνους καὶ πρόβατα. Τοῦτον
ἐκτόπως ἐφίλησεν Ἀπόλλων καὶ Ἄρτεμις καὶ πλειστάκις
ὁμοῦ τοῖς θεοῖς τούτοις ἀφίκετο πρὸς τὸν ναὸν τοῦ
Ἀπόλλωνος τοῦ ἐν Ὑπερβορέοις καὶ εἶδεν ἱερουργουμένας
10 αὐτῷ τὰς θυσίας τῶν ὄνων. 2 Παραγενόμενος δὲ εἰς
Βαβυλῶνα καὶ αὐτὸς ἐβούλετο καθάπερ ἐν Ὑπερβορέοις
ἱερεύειν τῷ θεῷ καὶ τὴν ἑκατόμβην τῶν ὄνων ἔστησεν
παρὰ τὸν βωμόν. Ἀπόλλων δὲ παραγενόμενος ἠπείλησεν
ἀποκτενεῖν αὐτόν, εἰ μὴ παύσαιτο τῆς θυσίας ταύτης καὶ
15 κατὰ τὸ σύνηθες αἶγας αὐτῷ καὶ πρόβατα καὶ βοῦς
ἱερεύσειεν · 3 τὴν γὰρ τῶν ὄνων θυσίαν ἐν Ὑπερβορέοις
ἀγομέ⟨νην μό⟩νην αὐτῷ καθ' ἡδονὴν εἶναι. Καὶ ὁ Κλεῖνις
δείσας τὴν ἀπειλὴν ἀπῆγεν ἀπὸ τοῦ βωμοῦ τοὺς ὄνους
καὶ τὸν λόγον, ὃν ἤκουσεν, ἐξέφερεν πρὸς τοὺς παῖδας.
20 Ἦσαν δὲ αὐτῷ παῖδες Λύκιος καὶ Ὀρτύγιος καὶ Ἅρπασος καὶ θυγάτηρ Ἀρτεμίχη παῖδες ἐκ μητρὸς Ἄρπης.

1 Κλεινὶς tab. II sub κ' ‖ 2 Ὀρνιθογονίας suppl. Mart. ‖ 4 παρὰ
Bast ‖ 7 ἐφίλησεν P (quod def. Pap.¹) : ἐφίλησαν Mart. ‖ 8 τοῦ
Ἀπ. P (quod def. Pap.²) : τὸν Ἀπ. Muncker et Oder ‖ 9 τὸν
ἐν Ὑπερβορέοις Castigl. ‖ εἶδεν Oder : ἴδεν P ‖ 11 ποτε post
ἐβούλετό suppl. Mart. ‖ 14 ἀποκτενεῖν « ex ἀποκτείνειν in P
corr. » (Mart.) ‖ 16 ἱερεύσειεν Nauck² : ἱερεύσει P ἱερεῦσαι
Verheyk ‖ in mg. P ση adscr. ‖ 17 μόνην post ἀγομένην suppl.
Fontein : suppl. μόνοις (ante ἀγομένην) Oder, μόνον (post
θυσίαν) Verheyk ‖ 21 παῖδες P (quod def. W. Bannier,
Wiederholungen bei älteren Griechischen und Lateinischen Autoren,
Rhein. Mus. LXIX, 1914, p. 508): πάντες Fontein secl. Knaack¹
et Pasquali apud H. Fränkel, *De Simia Rhodio,* p. 25 ‖ ἐκ μητρὸς
Ἄρπης ante Λύκιος transp. Pasquali cl. Brinkmann, *Rh. Mus.,*
LVII, 1902, p. 481.

Harpasos, et une fille, Artémiché[13]. **4** Or, Lycios et
Harpasos, après avoir entendu leur père, l'invitèrent à
sacrifier les ânes et à célébrer allégrement la fête, tandis
qu'Ortygios et Artémiché lui recommandaient d'obéir
à Apollon. Comme Cleinis se laissait plutôt convaincre
par ces derniers, Harpasos et Lycios délièrent par la
force les ânes de leurs entraves et essayèrent de les
traîner vers l'autel. **5** Le dieu rendit furieux les
ânes, qui se mirent à dévorer[14] les jeunes gens, leurs
serviteurs et Cleinis ; les victimes invoquaient à grands
cris les dieux. Poséidon eut pitié d'Harpé[15] et
d'Harpasos[16] et les transforma en oiseaux que l'on
appelle du même nom qu'auparavant ; Léto et Artémis
décidèrent de sauver Cleinis, Artémiché et Ortygios,
car ils n'étaient pas responsables de ces actes impies.
6 Apollon accorda cette faveur à Léto et à Artémis et,
avant qu'ils ne mourussent, il les transforma tous en
oiseaux. Cleinis devint un *hypaète*[17] : il occupe parmi les
oiseaux la deuxième place après l'aigle dont il est
facile à distinguer : celui-ci est un tueur de faons[18],
sombre, grand et puissant, alors que l'*hypaète* est plus
noir et plus petit que lui. **7** Lycios fut transformé
en un corbeau blanc[19], mais, ensuite, sur l'ordre
d'Apollon[20], il devint noir[21], parce qu'il fut le premier à
annoncer[22] l'union[23] de Coronis, la fille de Phlégyas[24],
avec Alcyoneus[25]. **8** Artémiché devint une *piphinx*[26]
chère aux dieux et aux hommes, Ortygios une mésange
(αἰγίθαλλος)[27], parce qu'il avait essayé de persuader
son père de sacrifier à Apollon des chèvres (αἶγας)[28]
au lieu d'ânes.

4 Λύκιος μὲν οὖν καὶ Ἅρπασος ἀκούσαντες ἐκέλευον
ἱερεύειν τοὺς ὄνους καὶ τέρπεσθαι τῇ ἑορτῇ, Ὀρτύγιος
δὲ καὶ Ἀρτεμίχη πείθεσθαι τῷ Ἀπόλλωνι προσέτασσον,
κἀπεὶ τούτοις ὁ Κλεῖνις ἐπείθετο μᾶλλον, Ἅρπασός τε
5 καὶ Λύκιος κατὰ βίαν ἐκλύσαντες τῶν δεσμῶν τοὺς ὄνους
ἀπήλαυνον παρὰ τὸν βωμόν.   5 Καὶ ὁ θεὸς ἐνέβαλεν
τοῖς ὄνοις λύσσαν · οἱ δὲ τούς τε παῖδας καὶ τοὺς θέραπας
αὐτῶν καὶ τὸν Κλεῖνιν κατήσθιον. Οἱ δὲ ἀπολλύμενοι
τοὺς θεοὺς ἐπεβοῶντο. Καὶ Ἅρπην μὲν καὶ Ἅρπασον
10 ᾤκτειρε Ποσειδῶν καὶ ἐποίησεν αὐτοὺς ὄρνιθας τῷ αὐτῷ
λεγομένους ὀνόματι, Λητὼ δὲ καὶ Ἄρτεμις ἔγνωσαν
ἀνασῶσαι τὸν Κλεῖνιν καὶ τὴν Ἀρτεμίχην καὶ τὸν Ὀρτύ-
γιον, ὅτι οὐκ αἴτιοι τῶν ἀσεβημάτων ἦσαν ·   6 Ἀπόλλων
δὲ Λητοῖ καὶ Ἀρτέμιδι δίδωσι τὴν χάριν καὶ πρόσθεν ἢ
15 ἀποθανεῖν μεταβαλὼν ἐποίησεν πάντας ὄρνιθας. Καὶ
ἐγένετο Κλεῖνις μὲν ὑπαίετος · οὗτός ἐστι δεύτερος ὀρνίθων
μετὰ τὸν αἰετόν, διαγνῶναι δ᾽ οὐ χαλεπός · ὁ μὲν γάρ ἐστι
νεβροφόνος ἐρεμνὸς μέγας τε καὶ ἄλκιμος, ὁ δ᾽ ὑπαίετος
μελάντερος καὶ ἐλάσσων ἐκείνου.   7 Λύκιος δὲ μετα-
20 βαλὼν ἐγένετο κόραξ τὸ χρῶμα λευκός, αὖτις δὲ βουλῇ
Ἀπόλλωνος ἐγένετο κυάνεος, ὅτι πρῶτος ἤγγειλε Κορω-
νίδα τὴν Φλεγύου θυγατέρα γαμηθεῖσαν Ἀλκυονεῖ.
8 Ἀρτεμίχη δ᾽ ἐγένετο πίφιγξ, θεοῖς τε καὶ ἀνθρώποις
προσφιλὴς ὄρνις, Ὀρτύγιος δὲ αἰγίθαλλος, ὅτι τὸν
25 πατέρα Κλεῖνιν ἀνέπειθεν αἶγας ἀντὶ τῶν ὄνων ἱερεύειν
Ἀπόλλωνι.

3 τῷ Muncker : τ᾽ P ‖ 4 κἀπεὶ τούτοις... μᾶλλον, Ἅρπασός
τε (Bücheler) καὶ Λύκιος Oder : καἰπὶ (sup. pr. ι eras. acc.
grauis) τούτοις... ἅρπασος δὲ etc. P καὶ δὴ τούτοις... μᾶλλον.
Ἅρπασος δὲ etc. Mart. ‖ 16 ὑπαίετος Fränkel cf. tab. I
(ὑπαιετός) et II : ὑψιαίετος P edd. ‖ 17 αἰετὸς post ὁ μὲν γὰρ
suppl. dub. Castigl. ‖ 18 ὑπαίετος uel ὑψιαίετος Castigl. :
ἀετὸς P edd.

XXI

POLYPHONTÉ[*]

Boïos raconte cette histoire[1] au livre II
*de l'*Ornithogonie

1 Thrassa, fille d'Arès et de Téreiné, elle-même fille de Strymon[2], épousa Hipponoos, fils de Triballos[3]. De ce mariage naquit une fille nommée Polyphonté[4]. Celle-ci dédaigna les œuvres d'Aphrodite, alla dans la montagne et se fit la compagne d'Artémis et sa camarade de jeux. **2** Aphrodite, dont Polyphonté avait méprisé les œuvres, lui inspira une passion pour un ours et l'en rendit folle[5]. Et Polyphonté saisie, par la volonté divine, d'un transport furieux s'unit à l'ours[6]. Artémis la vit et, prise d'une horreur extrême, déchaîna contre elle toutes les bêtes féroces. **3** De peur d'être tuée par ces bêtes, Polyphonté prit la fuite[7] et se réfugia chez son père où elle mit au monde[8] deux enfants[9], Agrios et Oreios[10] ; c'étaient des géants[11] doués d'une force prodigieuse, mais ils n'honoraient[12] ni les dieux ni les hommes et usaient de violence contre tout le monde. Toutes les fois qu'ils rencontraient un étranger, ils l'emmenaient de force chez eux et le dévoraient. **4** Zeus[13] finit par les prendre en horreur et envoya Hermès leur infliger un châtiment dont il lui laissait le choix. Hermès songea à leur couper les pieds et les mains ; mais Arès, auquel remontait la famille de Polyphonté, voulut les soustraire à ce destin et, de concert avec Hermès, il les transforma en oiseaux. **5** Polyphonté devint une sorte de hibou[14] qui fait entendre ses cris la nuit, ne mange pas, ne boit pas et tient sa tête[15] tournée en bas et ses pattes en haut[16]. Cet oiseau est un présage de guerre et de sédition[17]

---

[*] Voir les notes aux p. 116-118.

XXI

ΠΟΛΥΦΟΝΤΗ

[Ἱστορεῖ Βοῖος Ὀρνιθογονίας β']

1 Τερείνης τῆς Στρυμόνος καὶ Ἄρεως ἐγένετο θυγάτηρ
Θρᾷσσα. Ταύτην δ' ἔγημεν Ἱππόνους ὁ Τριβαλλοῦ παῖς
καὶ αὐτοῖς ἐγένετο θυγάτηρ ὄνομα Πολυφόντη. Αὕτη τὰ
5 μὲν ἔργα τῆς Ἀφροδίτης ἐξύβρισεν, ἐλθοῦσα δ' εἰς τὸ
ὄρος Ἀρτέμιδος ἐγένετο συμπαίκτρια καὶ συνήθης.
2 Ἀφροδίτη δέ, ὅτι αὐτῆς ἠτίμασε τὰ ἔργα, ἔρωτα ἐνέβαλεν
ἄρκτου καὶ ἐξέμηνεν αὐτήν · ἡ δὲ κατὰ δαίμονα οἰστρήσασα
ἐμίγνυτο τῇ ἄρκτῳ. Καὶ αὐτὴν ἡ Ἄρτεμις ἰδοῦσα ἐκτόπως
10 ἐμίσησεν καὶ πάντα εἰς αὐτὴν ἔτρεψε τὰ θηρία. 3 Πολυφόντη δὲ δείσασα μὴ θῆρες αὐτὴν διεργάσωνται φεύγουσα
ἐξίκετο εἰς τὰ οἰκία τοῦ πατρός · καὶ ἔτεκε δύο παῖδας
Ἄγριον καὶ Ὄρειον, μεγίστους καὶ δύναμιν ἔχοντας
ἄπλετον. Οὗτοι ἐτίμων οὔτε θεὸν οὔτε ἄνθρωπον, ἀλλ' ἐξύ-
15 βριζον εἰς πάντας καί, εἴ τῳ ξένῳ ἐντύχοιεν, ἀπάγοντες
εἰς τὰ οἰκία κατήσθιον. 4 Ζεὺς δὲ μισήσας αὐτοὺς
ἀπέστειλεν Ἑρμῆν, ὅπως ἣν ἐθέλει δίκην αὐτοῖς ἐπιβάλῃ.
Καὶ ὁ μὲν Ἑρμῆς ἐβούλευσεν ἀποκόψαι τοὺς πόδας αὐτῶν
καὶ τὰς χεῖρας · Ἄρης δ', ἐπεὶ τὸ γένος εἰς αὐτὸν ἀνέφερε
20 Πολυφόντη, τούτου μὲν ἐξείλετο τοῦ μόρου τοὺς παῖδας,
ἤλλαξε δὲ μετὰ Ἑρμοῦ τὴν φύσιν αὐτῶν εἰς ὄρνιθας.
5 Καὶ ἐγένετο Πολυφόντη μὲν στὺξ φθεγγομένη νυκτὸς
ἄτερ σίτου καὶ ποτοῦ, τὴν κεφαλὴν ἴσχουσα κάτω, τοὺς
δὲ πόδας ἄκρους ἄνω, πολέμου καὶ στάσεως ἀνθρώποις

9 τῇ P (quod def. Pap.¹) : τῷ Westermann ‖ 12 οἰκεῖα
Nauck² ‖ 13 post μεγίστους suppl. ὄντας Mart. sed cf. Pap.¹ ‖
15 ξένῳ Mart. : ξένων P ‖ 16 οἰκία Blum : οἰκεῖα P ‖ 22 στὺξ
Mart. (cl. tab. II εἰς στύγα et Hesych. στύξ · ὁ σκώψ) : στῦξ
P στρὺξ Vossius mg. edit. Xylandri (teste Verheyk) στρὶξ
uel στρὶγξ Verheyk.

pour les hommes. Oreios devint un *lagos*[18] qui ne présage
rien de bon[19] ; Agrios devint un vautour, l'oiseau de
tous le plus détesté des dieux et des hommes ; Hermès
et Arès lui inspirèrent un désir insatiable de la chair et
du sang des hommes[20]. **6** Quant à leur servante, ils
la transformèrent en pic-vert[21] : elle leur avait demandé
lors de sa métamorphose de devenir un oiseau favorable
aux hommes. Hermès et Arès exaucèrent sa prière
parce que c'est par contrainte qu'elle avait exécuté
les ordres de ses maîtres. Cet oiseau offre à ceux qui se
rendent à la chasse et aux festins des présages favo-
rables[22].

ἄγγελος · Ὄρειος δ᾿ ἐγένετο λαγῶς, ὄρνις ἐπ᾿ οὐδενὶ
φαινόμενος ἀγαθῷ · Ἄγριος δὲ μετέβαλεν εἰς γῦπα,
πάντων ὀρνίθων ἔχθιστον θεοῖς τε καὶ ἀνθρώποις · καὶ διὰ
παντὸς ἵμερον αὐτῷ κρέως καὶ αἵματος ἐνέβαλον ἀνθρω-
5 πείου. 6 Τὴν δὲ θεράπαιναν αὐτῶν ἐποίησαν ἴπνην,
ἡ δὲ μεταβάλλουσα τὴν φύσιν ηὔξατο θεοῖς μὴ κακὸς
ὄρνις ἀνθρώποις γενέσθαι · καὶ αὐτῆς ὑπήκουσαν Ἑρμῆς
καὶ Ἄρης, ἐπεὶ κατ᾿ ἀνάγκας ἔδρασεν ἃ προσέτασσον
οἱ δεσπόται · καὶ ἔστιν ἀγαθὸς οὗτος ὁ ὄρνις ἐπὶ θήραν
10 ἰόντι καὶ δαῖτα.

1 λαγῶς P Mart. Cazz. : λαγώς cett. edd. ‖ 2 γῦπα
Berkel : γύπα P ‖ 7 αὐτῇ Nauck².

XXII

CÉRAMBOS*

*Nicandre raconte cette histoire[1] au livre I
des Métamorphoses*

1 Cérambos[2], fils d'Euseiros, lui-même fils de
Poséidon, et d'Eidothée, la nymphe Othréis, habitait
au pied de cette montagne, dans le pays des Maliens[3].
Il avait de grands troupeaux qu'il gardait lui-même.
2 Les nymphes lui prêtaient leur assistance, car il
les divertissait en chantant sur la montagne. C'était le
meilleur chanteur de son temps et il fut célèbre par ses
chants bucoliques ; vivant dans les montagnes il inventa
la syrinx[4] des bergers, fut le premier[5] mortel à jouer de
la lyre[6] et composa nombre de très belles chansons.
3 Tous ces talents lui valurent, dit-on, l'honneur de
voir un jour danser[7] les nymphes aux sons de sa lyre.
Pan, qui lui était favorable, lui conseilla de quitter
l'Othrys[8] et de faire paître ses troupeaux dans la plaine,
car l'hiver devait être d'une âpreté incroyable.
4 Cérambos avec la jactance propre à la jeunesse,
comme frappé de démence par les dieux[9], ne se décidait
pas à ramener les troupeaux de l'Othrys dans la plaine
et adressa aux nymphes des propos désobligeants et
stupides, prétendant[10] qu'elles n'étaient point filles de
Zeus, mais que Deinô[11] les avait enfantées de Spercheios;
il racontait aussi qu'un jour Poséidon[12], amoureux de
l'une d'entre elles nommée Diopatra, avait enraciné
ses sœurs et les avait transformées en peupliers[13] ;

---

* Voir les notes aux p. 118-120.

XXII

ΚΕΡΑΜΒΟΣ

[Ἱστορεῖ Νίκανδρος ἐν α′ Ἑτεροιουμένων]

1 Κέραμβος ⟨ὁ⟩ Εὐσείρου τοῦ Ποσειδῶνος καὶ Εἰδο-
θέας νύμφης Ὀθρηίδος ᾤκει ἐν τῇ γῇ τῇ Μηλιέων παρὰ
5 τὴν ὑπώρειαν τῆς Ὄθρυος. Ἐγένετο δὲ αὐτῷ θρέμματα
πλεῖστα καὶ αὐτὰ ἐποίμαινεν αὐτός. 2 Νύμφαι δὲ
συνελάμβανον αὐτῷ, διότι αὐτὰς ἐν τοῖς ὄρεσιν ᾄδων
ἔτερπεν· λέγεται γὰρ μουσικώτατος τῶν τότε γενέσθαι
καὶ ἐπὶ βουκολικοῖς ᾄσμασι διαβοηθῆναι καὶ σύριγγα
10 ποιμενικὴν ἐν τοῖς ὄρεσι συνθεῖναι καὶ λύρᾳ πρῶτος
ἀνθρώπων κεχρῆσθαι πλεῖστά τε καὶ κάλλιστα μέλη
ποιῆσαι. 3 Τούτων οὖν χάριν λέγουσιν ὀφθῆναι αὐτῷ
ποτε νύμφας καὶ χορεῦσαι πρὸς τὰ κρούματα τοῦ Κεράμβου, Πᾶνα δὲ τοῦτο κατ᾽ εὐμένειαν αὐτῷ παραγγεῖλαι
15 καταλιπόντι τὴν Ὄθρυν ἐν τῷ πεδίῳ τὰ πρόβατα ποιμαί-
νειν· ἐξαίσιον γάρ τι καὶ ἄπιστον χρῆμα χειμῶνος ἐπεῖναι
μέλλειν. 4 Ὁ δὲ Κέραμβος ὑπὸ μεγαλαυχίας ἐκ
νεότητος οἷα θεοβλαβὴς ἀπελαύνειν μὲν ἐκ τῆς Ὄθρυος
εἰς τὸ πεδίον οὐκ ἐγίνωσκεν, ἀπέρριψεν δὲ λόγον ἄχαρίν
20 τε καὶ ἀνόητον εἰς τὰς νύμφας, ὅτι γένος μέν εἰσιν οὐκ
ἀπὸ Διός, ἀλλ᾽ ἔτεκεν αὐτὰς ἡ Δεινὼ τῷ Σπερχειῷ,
Ποσειδῶν δὲ πόθῳ μιᾶς αὐτῶν Διοπάτρης τὰς ἀδελφὰς
ἐρρίζωσε καὶ ἐποίησεν αἰγείρους, ἄχρι αὐτὸς κορεσθεὶς

1 Κέραμβος passim in hac fab. Berkel cl. Ov. Met. VII
353 : Τέραμβος P ‖ 3 ὁ suppl. Oder ‖ 4 ὀθρηίδος P : Ὀθρυίδος
Sakolowski apud Martini : ὀρειάδος Oder ‖ 10 in marg. P litt.
mai. adscr. ση τίς ποιμενικὴν (ΠΟΙΜΕΝΙ) σύριγγα συνέθηκεν·
καὶ λύρᾳ ἐχρήσατο πρῶτος ‖ 14 κατ᾽ εὐμέλειαν Cuper, Apoth.
Hom., p. 37 ‖ 21 ἡ Δεινὼ τῷ Σπερχειῷ Oder : ἡ δεῖνα τοῦ
σπερχειοῦ P ἡ Δεινὼ τοῦ Σπερχειοῦ Berkel ἡ δεῖνα τῶν Σπερχειοῦ
Muncker ‖ 23 ἄχρις Oder.

puis, une fois rassasié de sa passion, il les avait déliées[14] et leur avait rendu leur forme première.   5   Voilà le genre d'insultes que Cérambos adressa aux nymphes. Mais, bientôt, le froid survint à l'improviste, les torrents gelèrent, une neige abondante tomba et les troupeaux de Cérambos disparurent ainsi que les sentiers et les arbres. Dans leur colère d'avoir été insultées par Cérambos, les nymphes le transformèrent en un *cérambyx*[15] mangeur de bois ;   6   on le voit sur les arbres[16], il a les dents crochues[17] et ne cesse de remuer les mâchoires[18] ; il est noir et allongé, il a les ailes[19] dures et ressemble aux grands scarabées[20]. On l'appelle bœuf lignivore[21] et, chez les Thessaliens, *cérambyx*. Les enfants se servent de cet insecte comme d'un jouet[22] et lui coupent la tête pour la porter à leur cou[23] ; celle-ci ressemble avec ses cornes à la lyre que l'on fait avec la carapace de la tortue[24].

τῆς εὐνῆς ἀνέλυσε καὶ πάλιν αὐταῖς ἀπέδωκε τὴν ἐξ
ἀρχῆς φύσιν. 5 Τοιαῦτα μὲν ὁ Κέραμβος ἐκερτόμησεν
εἰς τὰς νύμφας. Μετὰ δὲ χρόνον ὀλίγον ἐξαίφνης ἐγένετο
κρυμὸς καὶ ἐπάγησαν αἱ χαράδραι καὶ πολλὴ κατέπεσε
5 χιὼν καὶ τὰ ποίμνια τοῦ Κεράμβου σὺν αὐταῖς ἀτραποῖς
καὶ δένδρεσιν ἠφανίσθη. Νύμφαι δὲ μετέβαλον κατ᾽
ὀργὴν τὸν Κέραμβον, ὅτι αὐταῖς ἐλοιδόρησε, καὶ ἐγένετο
ὑλοφάγος κεράμβυξ· ϐ φαίνεται δὲ ἐπὶ τῶν ξύλων
καὶ ἔστιν ἀγκύλος ἐκ τῶν ὀδόντων καὶ συνεχῶς τὰ γένεια
10 κινεῖ, μέλας, παραμήκης, πτέρυγας στερεὰς ἔχων, ἐοικὼς
τοῖς μεγάλοις κανθάροις. Οὗτος ξυλοφάγος βοῦς καλεῖται,
παρὰ δὲ Θετταλοῖς κεράμβυξ. Τοῦτον οἱ παῖδες παίγνιον
ἔχουσι καὶ τὴν κεφαλὴν ἀποτέμνοντες φέρουσιν, ἡ δὲ
ἔοικε σὺν τοῖς κέρασι λύρᾳ τῇ ἐκ τῆς χελώνης.

5 σὺν secl. Mart. sed cf. Myer *l. c.* p. 346 (cl. T. Mommsen,
Beitr. zu... griech. Präpos., p. 188, 219, 232, etc.) ‖ 7 αὐτὰς
Oder ‖ 8 ὑλοφάγος P : ξυλοφάγος dub. Xylander συκοφάγος
Berkel secl. Cazz. ‖ ξύλων P : συκῶν Berkel ‖ 9 τὰ γένεια
P : τὰς γένυας Muncker ‖ 10 κινῶν Verheyk ‖ 11-12 Οὗτος...
κεράμβυξ in mg. unde peruerse irrepserint reicienda esse
existimat Castigl. ‖ ξυλοφάγος P : ὑλοφάγος Cazz. συκοφάγος
Berkel ‖ 12 Θεσσαλοῖς Oder.

XXIII

BATTOS[*]

Histoire[1] *racontée par Nicandre au livre I des* Métamorphoses, *par Hésiode dans les* Grandes Éhées, *par Didymarque au livre III des* Métamorphoses, *par Antigonos dans ses* Métamorphoses *et par Apollonios de Rhodes dans ses* Épigrammes, *ainsi que le rapporte Pamphilos au livre I*

1 Argos[2], fils de Phrixos, et Périmélé[3], elle-même fille d'Admète, eurent un fils du nom de Magnès[4]. Celui-ci vécut près de la Thessalie et c'est d'après son nom[5] que les habitants appelèrent ce pays Magnésie. Il eut un fils, Hyménaeos, célèbre pour sa beauté. **2** Apollon le vit et s'en éprit[6] ; et comme il ne quittait pas la maison de Magnès, Hermès[7] médite une entreprise contre le troupeau des vaches d'Apollon[8] qui paissaient avec les vaches d'Admète[9]. Il commence par endormir[10] les chiens[11] qui les gardaient et par leur donner l'esquinancie[12] ; ceux-ci oublièrent les vaches et négligèrent de les garder[13]. **3** Puis il pousse hors de leur pâturage douze génisses, cent vaches qui n'avaient pas connu le joug et un taureau qui couvrait les vaches[14]. Il attacha à la queue de chacun des animaux des branchages pour rendre leurs traces invisibles[15] et, les poussant devant lui, il les emmenait à travers le pays des Pélasges[16], l'Achaïe Phthiotide[17], la Locride[18], la Béotie et la Mégaride ; de là, gagnant le Péloponnèse, il traversa Corinthe et Larissa[19] et alla jusqu'à Tégée ; puis, il vint à passer aux environs du mont Lycée[20] et du Ménale

[*] Voir les notes aux p. 120-122.

ΒΑΤΤΟΣ

[Ἱστορεῖ Νίκανδρος Ἑτεροιουμένων α΄ καὶ Ἡσίοδος ἐν
Μεγάλαις Ἠοίαις καὶ Διδύμαρχος Μεταμορφώσεων γ΄
καὶ Ἀντίγονος ἐν ταῖς Ἀλλοιώσεσι καὶ Ἀπολλώνιος ὁ
5 Ῥόδιος ἐν Ἐπιγράμμασιν, ὥς φησι Πάμφιλος ἐν α΄]

1 Ἄργου τοῦ Φρίξου καὶ Περιμήλης τῆς Ἀδμήτου
θυγατρὸς ἐγένετο Μάγνης. Οὗτος ᾤκησεν ἐγγὺς Θεσσαλίας
καὶ τὴν γῆν ταύτην ἀπ' αὐτοῦ Μαγνησίαν προσηγόρευσαν
οἱ ἄνθρωποι. Ἐγένετο δ' αὐτῷ παῖς περίβλεπτος τὴν
10 ὄψιν Ὑμέναιος. 2 Ἐπεὶ δὲ Ἀπόλλωνα ἰδόντα ἔρως
ἔλαβε τοῦ παιδὸς καὶ οὐκ ἐξελίμπανε τὰ οἰκία τοῦ
Μάγνητος, Ἑρμῆς ἐπιβουλεύει τῇ ἀγέλῃ τῶν βοῶν τοῦ
Ἀπόλλωνος. Αἱ δὲ ἐνέμοντο ἵναπερ ἦσαν αἱ Ἀδμήτου
βόες. Καὶ πρῶτα μὲν ἐμβάλλει ταῖς κυσίν, αἳ ἐφύλαττον
15 αὐτάς, λήθαργον καὶ κυνάγχην, αἱ δὲ ἐξελάθοντο τῶν
βοῶν καὶ τὴν φυλακὴν ἀπώλεσαν. 3 Εἶτα δ' ἀπελαύνει
πόρτιας δώδεκα καὶ ἑκατὸν βοῦς ἄζυγας καὶ ταῦρον, ὃς
ταῖς βουσὶν ἐπέβαινεν. Ἐξῆπτε δὲ ἐκ τῆς οὐρᾶς πρὸς
ἕκαστον ὕλην, ὡς ἂν τὰ ἴχνη τῶν βοῶν ἀφανίσῃ, καὶ
20 ἦγεν αὐτὰς ἐλαύνων διά τε Πελασγῶν καὶ δι' Ἀχαΐας
τῆς Φθιώτιδος καὶ διὰ Λοκρίδος καὶ Βοιωτίας καὶ Μεγα-
ρίδος καὶ ἐντεῦθεν εἰς Πελοπόννησον διὰ Κορίνθου καὶ
Λαρίσσης ἄχρι Τεγέας καὶ ἐντεῦθεν παρὰ τὸ Λύκαιον
ὄρος ἐπορεύετο καὶ παρὰ τὸ Μαινάλιον καὶ τὰς λεγο-

---

7 παῖς ante ἐγένετο suppl. Castigl. ‖ 8 in mg. litt. mai.
adscr. P ση πόθεν τῆι Μαγνησίαι χώραι τοὔνομα ‖ 9 περιβόητος
Nauck² ‖ 11 οἰκεῖα Nauck² ‖ 16 φυλακὴν P (quod def. Cazz.³) :
ὑλακὴν Jacobs, *Exerc.* in *scr. uet.* II, p. 89 ‖ 20-21 Ἀχαΐας
καὶ Φθιώτιδος Berkel ‖ 23 Λαρίσσης P : Λυρκείας West (in
appar.) ‖ Λύκαιον P : Λύρκειον West (in appar.) ‖ 24 παρὰ τὸ
Μαινάλιον ὄρος ἐπορεύετο καὶ παρὰ τὸ Λύκαιον transp. Oder.

et à l'endroit qu'on appelle les *Guettes de Battos*[21].
4 Ce Battos[22] habitait sur la cime du rocher ; lorsqu'il
entendit les mugissements des génisses qui passaient
par là, il sortit de son logis ; ayant compris qu'on
emmenait des vaches volées, il demanda une
récompense pour garder le secret. Hermès la lui promit
à ces conditions et Battos jura de ne parler des vaches
à personne. **5** Hermès dissimula les animaux en les
faisant entrer dans la grotte[23] qui est sur la colinne
voisine du Coryphasion[24], face à l'Italie et à la Sicile ;
puis, il se déguisa, revint trouver Battos et le mit à
l'épreuve[25] pour voir s'il était résolu à rester fidèle à son
serment ; lui offrant un manteau de laine[26] en récompense, il lui demanda s'il n'avait pas vu passer par là
un troupeau de vaches volées. **6** Battos accepta le
vêtement et révéla ce qu'il savait au sujet des animaux.
Indigné de le voir tenir deux langages[27], Hermès le
frappa de sa baguette[28] et le transforma en rocher[29].
Ce rocher, ni le froid ni la chaleur[30] ne le quittent jamais
et les passants appellent encore de nos jours cet endroit
les *Guettes de Battos*[31].

μένας Βάττου Σκοπιάς. 4 Ὤκει δὲ ὁ Βάττος οὗτος
ἐπ' ἄκρῳ τῷ σκοπέλῳ· καὶ ἐπεὶ τῆς φωνῆς ἤκουσε
παρελαυνομένων τῶν μόσχων, προελθὼν ἐκ τῶν οἰκίων
ἔγνω περὶ τῶν βοῶν, ὅτι κλοπιμαίας ἄγει, καὶ μισθὸν
5 ᾔτησεν, ἵνα πρὸς μηδένα φράσῃ περὶ αὐτῶν. Ἑρμῆς δὲ
δώσειν ἐπὶ τούτοις ὑπέσχετο καὶ ὁ Βάττος ὤμοσε περὶ
τῶν βοῶν πρὸς μηδένα κατερεῖν. 5 Ἐπεὶ δὲ αὐτὰς
Ἑρμῆς ἔκρυψεν ἐν τῷ πρηῶνι παρὰ τὸ Κορυφάσιον εἰς
τὸ σπήλαιον εἰσελάσας ἄντικρυς Ἰταλίας καὶ Σικελίας,
10 αὖθις ἀφίκετο πρὸς τὸν Βάττον, ἀλλάξας ἑαυτὸν καὶ
πειρώμενος, εἰ αὐτῷ συμμένειν ἐπὶ τοῖς ὁρκίοις ἐθέλει·
διδοὺς δὲ μισθὸν χλαῖναν ἐπυνθάνετο παρ' αὐτοῦ, μὴ
κλοπιμαίας βοῦς ἔγνω παρελασθείσας. 6 Ὁ δὲ Βάττος
ἔλαβε τὴν χλαμύδα καὶ ἐμήνυσε περὶ τῶν βοῶν. Ἑρμῆς
15 δὲ χαλεπήνας, ὅτι διχόμυθος ἦν, ἐρράπισεν αὐτὸν τῇ
ῥάβδῳ καὶ μετέβαλεν εἰς πέτρον· καὶ αὐτὸν οὐκ ἐκλείπει
κρύος οὐδὲ καῦμα. Λέγεται δὲ καὶ ὁ τόπος ⟨ὑπὸ τῶν⟩
παροδευόντων ἄχρι νῦν Σκοπιαὶ Βάττου.

---

1 Σκοπιάς Cazz. : σκοπιάς P edd. ‖ 2 τῷ P : τω Schneider ‖
3 οἰκίων Blum : οἰκείων P ‖ 10 αὖτις Schneider ‖ 13 παρελασθείσας (pr. σ in ras.) P : παρελαθείσας edd. omnes‖ 15 ἐρράπισεν
Muncker : ἐράπισεν P, Merkelbach-West ‖ 16 ἐκλείπει P (quod
def. Cazz.² et Pap.¹) : ἐκλέπει Charitonides, Coll. crit. (Platon,
II, 1950, p. 93 sq.) et Terzaghi teste Cazz. ‖ 17-18 ὑπὸ
τῶν παροδευόντων Oder : παροδευόντων P παρ' ὁδευόντων
Bast παρὰ τῶν παροδευόντων dub. Pap.¹ ‖ 18 Σκοπιαὶ Cazz. :
σκοπιαὶ Schneider σκοπιὰ P.

XXIV

ASCALABOS[*]

Nicandre raconte cette histoire au livre IV des
Métamorphoses

1 Du temps où Déméter parcourait, errante, la
terre entière[1] à la recherche de sa fille, elle fit halte en
Attique[2]. Elle avait la bouche desséchée par la grande
chaleur quand Mismé la reçoit[3] et lui donne à boire de
l'eau[4] à laquelle elle avait mélangé du pouliot[5] et du
gruau d'orge[6]. **2** Déméter assoiffée[7] but[8] ce breuvage
d'un seul trait. A ce spectacle, Ascalabos[9], fils de Mismé,
se mit à rire[10] et ordonna d'apporter à nouveau à la
déesse une profonde bassine ou une jarre. **3** Déméter
irritée déversa[11] aussitôt sur lui ce qui restait du
breuvage[12]. Et Ascalabos fut transformé[13] et devint
un gecko[14] au corps moucheté[15], objet de haine[16] pour
les dieux et pour les hommes. Il passe sa vie près des
canaux, et qui le tue se fait bien voir de Déméter[17].

[*] Voir les notes aux p. 122-125.

XXIV

ΑΣΚΑΛΑΒΟΣ

['Ιστορεῖ Νίκανδρος 'Ετεροιουμένων δ']

1 Δημήτηρ, ὅτε πλανῆτις ἐπῄει γῆν ἅπασαν κατὰ
ζήτησιν τῆς θυγατρός, ἀνεπαύσατο ἐν τῇ 'Αττικῇ. Καὶ
5 αὐτὴν ⟨αὖην⟩ ὑπὸ πολλοῦ καύματος ὑποδέχεται Μίσμη
καὶ διδοῖ ποτὸν ὕδωρ ἐμβαλοῦσα γλήχωνα καὶ ἄλφιτον
εἰς αὐτό. 2 Καὶ ἡ Δημήτηρ ἐξέπιε κατὰ τὸ δίψος τὸ
ποτὸν ἀθροῦν. Ὁ δὲ παῖς ὁ τῆς Μίσμης 'Ασκάλαβος
ἰδὼν ἐποιήσατο γέλωτα καὶ αὖτις ἐκέλευεν ὀρέγειν αὐτῇ
10 λέβητα βαθὺν ἢ πιθάκνην. 3 Δημήτηρ δὲ κατ' ὀργὴν
ὡς εἶχε τὸ ποτὸν αὐτῷ τὸ καταλειπόμενον προσέχεεν.
Ὁ δὲ μεταβαλὼν ἐγένετο ποικίλος ἐκ τοῦ σώματος
ἀσκάλαβος καὶ ὑπὸ θεῶν καὶ ὑπὸ ἀνθρώπων μεμίσηται.
Καὶ ἔστιν αὐτῷ δίαιτα παρ' ὀχετόν. Ὁ δ' ἀποκτείνας
15 κεχαρισμένος γίνεται Δήμητρι.

---

3 τὴν ante γῆν suppl. Mart. ‖ 5 αὐτὴν αὖην Bast : αὐτὴν P
(quod def. Cazz.²) αὖην Pierson, *Verisim.*, p. 37 ‖ 8 ἀθρόως
Muncker ‖ 'Ασκάλαβος Muncker : ἀσκαλαβός semper P ‖ 12
μεταβαλὼν Lennep ad Phal., p. 273 : μεταλαβὼν P.

XXV

MÉTIOCHÉ ET MÉNIPPÉ*

Histoire[1] *racontée par Nicandre au livre IV*
des Métamorphoses *et par Corinne au livre I*
des Eroïa[2]

1 Orion[3], fils d'Hyrieus[4], eut en Béotie deux filles, Métioché et Ménippé. Lorsqu'Artémis fit disparaître[5] Orion d'entre les hommes, ses filles restèrent auprès de leur mère qui les élevait. Athéna[6] leur enseignait à tisser la toile à la perfection et Aphrodite[7] leur donna une grande beauté. **2** Mais la peste[8] s'abattit sur toute l'Aonie[9] et beaucoup de gens en mouraient ; alors on envoya des députés consulter l'oracle d'Apollon de Gortyne[10] et le dieu leur répondit de supplier les deux dieux infernaux[11] : « Ils apaiseront, dit-il, leur colère, si deux vierges se sacrifient volontairement[12] en leur honneur. » **3** Mais, évidemment, pas une vierge de toute la ville n'obéit à l'oracle, jusqu'à ce qu'une servante eût rapporté la réponse du dieu aux filles d'Orion. Celles-ci étaient à côté de leur métier[13] au moment où elles furent mises au courant et, aussitôt, elles acceptèrent la mort pour sauver leurs concitoyens avant que l'épidémie ne s'abattît sur elles et ne les fît périr. Après avoir crié trois fois[14] aux dieux infernaux qu'elles s'offraient à eux comme victimes volontaires, elles se frappèrent de leur navette près de la clavicule

XXV

ΜΗΤΙΟΧΗ ΚΑΙ ΜΕΝΙΠΠΗ

['Ιστορεῖ Νίκανδρος Ἑτεροιουμένων δ' καὶ
Κόριννα Ϝεροίων α']

1 Ὠρίωνος τοῦ Ὑριέως ἐν Βοιωτίᾳ θυγατέρες ἐγένοντο
5 Μητιόχη καὶ Μενίππη. Αὗται, ὅτε Ὠρίωνα ἠφάνισεν ἐξ
ἀνθρώπων Ἄρτεμις, ἐτρέφοντο παρὰ τῇ μητρί. Καὶ Ἀθηνᾷ
μὲν ἐδίδασκεν αὐτὰς ἱστοὺς ἐξυφαίνειν, Ἀφροδίτη δὲ
αὐταῖς ἔδωκε κάλλος. 2 Ἐπεὶ δὲ Ἀονίαν ὅλην ἔλαβε
λοιμὸς καὶ πολλοὶ ἀπέθνῃσκον, θεωροὺς ἀπέστειλαν
10 παρὰ τὸν Ἀπόλλωνα τὸν Γορτύνιον· καὶ αὐτοῖς εἶπεν
ὁ θεὸς ἱλάσσασθαι τοὺς δύο ἐριουνίους θεούς· ἔφη δὲ
καταπαύσειν αὐτοὺς τὴν μῆνιν, εἰ δύο δυσὶν ἑκοῦσαι
παρθένοι θύματα γένοιντο. 3 Πρὸς δὲ δὴ τὸ μαντεῖον
οὐδεμία τῶν ἐν τῇ πόλει παρθένων ὑπήκουσεν, ἄχρι γυνὴ
15 θῆσσα τὸν χρησμὸν ἐξήνεγκε πρὸς τὰς θυγατέρας τοῦ
Ὠρίωνος. Αἱ δ' ὡς ἐπύθοντο παρὰ τὸν ἱστὸν ἔχουσαι τὸν
ὑπὲρ ἀστῶν θάνατον ἐδέξαντο, πρὶν ἢ τὴν ἐπιδήμιον
ἐπιπεσοῦσαν αὐτὰς ἀφανίσαι νόσον· τρὶς δὲ βοησάμεναι
χθονίους δαίμονας, ὅτι αὐτοῖς ἑκοῦσαι θύματα γίνονται,
20 ἐπάταξαν ἑαυτὰς τῇ κερκίδι παρὰ τὴν κλεῖδα καὶ ἀνέρρηξαν

1 Μητι//χη P ‖ 3 Ϝεροίων D. L. Page (cl. *P. Oxy.* 23, 2370) :
γεροίων Hercher ΕΤΕΡΟΙ͞ΩΝ P secl. J. S. Lasso de la Vega
(*Emerita* XXVIII, 1960, p. 135-142)‖ 10 Γρύνειον Jacobs ‖
11 ἱλάσασθαι Oder et Nauck² sed cf. Schneider, p. 63, n. 2 ‖ τοὺς
δύο Schneider : δύο τοὺς P (quod def. Oder) ‖ 12 ἑκοῦσαι Gale :
ἔχουσαι P ‖ 13 δὲ secl. Mart. sed cf. J. D. Denniston, *The
Greek Particles²*, p. 259 ‖ 16 παρὰ P : περὶ Bast ‖ ἔχουσαι
P (quod def. Pap.¹) : ἑκοῦσαι pler. edd. ἔχουσαι, ἑκοῦσαι Mart.‖
17 ἀστῶν Valckenaer : αὐτῶν P ‖ 18 ἐπιβοησάμεναι Ruhnken
sed « uers. hexam. frust. esse uid. τρὶς δὲ βοησάμεναι χθονίους »
(Mart. qui ad Theocr. *Id.* XVII 60 prouocat).

et s'ouvrirent la gorge[15].   **4** Et toutes deux s'écrou-
lèrent sur le sol. Perséphone et Hadès prirent en pitié
les jeunes filles : ils rendirent invisibles[16] leurs cadavres
et, à leur place, ils firent monter du sol deux astres[17]
qui, aussitôt apparus, s'élevèrent au ciel ; les hommes
appelèrent ces astres *comètes*[18].   **5** Et tous les Aones
fondèrent à Orchomène, en Béotie, un sanctuaire
illustre en l'honneur de ces vierges. Tous les ans, des
jeunes gens et des jeunes filles leur apportent des
offrandes expiatoires[19]. Et, de nos jours encore, les
Éoliens[20] les appellent *les Vierges Coronides*[21].

τὴν σφαγήν.   4 Καὶ αὗται μὲν ἀμφότεραι κατέπεσον
ἐς τὴν γῆν · Φερσεφόνη δὲ καὶ Ἅδης οἰκτείραντες τὰ μὲν
σώματα τῶν παρθένων ἠφάνισαν, ἀντὶ δ' ἐκείνων ἀστέρας
ἀνήνεγκαν ἐκ τῆς γῆς · οἱ δὲ φανέντες ἀνηνέχθησαν εἰς
5 οὐρανόν, καὶ αὐτοὺς ὠνόμασαν ἄνθρωποι κομήτας.
5 Ἱδρύσαντο δὲ πάντες Ἄονες ἐν Ὀρχομενῷ τῆς Βοιωτίας
ἱερὸν ἐπίσημον τῶν παρθένων τούτων. Καὶ αὐταῖς καθ'
ἕκαστον ἔτος κόροι τε καὶ κόραι μειλίγματα φέρουσι.
Προσαγορεύουσι δ' αὐτὰς ἄχρι νῦν Αἰολεῖς Κορωνίδας
10 παρθένους.

1 αὐταὶ Cazz. sed cf. Pap.² ‖ 2 εἰς Oder ‖ 6 in mg. P adscr.
ση ‖ οἱ post πάντες suppl. Mart. sed cf. Blass-Debrunner,
Gramm. des NT, § 275 et Demosth. c. Aristog. I 51 ‖ 9 Αἰολεῖς
P (quod def. Pap.²) : Ἄονες Berkel frustra def. Cazz.² ‖
Κορωνίδας Blum : κορωνίδας uett. edd.

HYLAS *

*Nicandre raconte cette histoire[1] au livre II[2]
des Métamorphoses*

1 Lorsqu'Héraclès[3] partit en expédition avec les Argonautes qui l'avaient désigné comme leur chef[4], il emmena avec lui Hylas[5], fils de Céyx[6], jeune homme d'une grande beauté. **2** Ils avaient atteint les détroits du Pont et navigué le long des contreforts d'Arganthone[7], lorsqu'une tempête[8] souleva les flots : ils jetèrent l'ancre en cet endroit et y relâchèrent. Héraclès prépara le dîner pour les héros. **3** Hylas alla[9] avec une cruche[10] au bord du fleuve Ascanios[11] chercher de l'eau pour les chefs. Les nymphes[12], filles du fleuve, le virent, s'éprirent de lui et, au moment où il puisait de l'eau, elles l'entraînèrent dans la source[13]. **4** Hylas disparut et Héraclès, ne le voyant pas revenir, quitta les héros et se mit à fouiller la forêt en tous sens, appelant Hylas à grands cris. Les nymphes, craignant qu'Héraclès ne le trouvât caché parmi elles, transformèrent Hylas en écho[14] qui répondit souvent aux cris d'Héraclès. **5** Celui-ci, après avoir fait l'impossible

---

* Voir les notes aux p. 127-130.

XXVI

ΥΛΑΣ

[Ἱστορεῖ Νίκανδρος Ἑτεροιουμένων β']

1 Ἡρακλῆς, ὅτε μετὰ τῶν Ἀργοναυτῶν ἔπλει στρατηγὸς ὑπ' αὐτῶν ἀποδειχθείς, συνεπήγετο μεθ' αὑτοῦ
5 καὶ Ὕλαν, παῖδα μὲν Κήυκος, † ἴτυπος' † νέον δὲ καὶ καλόν. 2 Ἐπεὶ δὲ πρὸς τὸ στενὸν ἐξίκοντο τοῦ Πόντου καὶ τὰ σφυρὰ παρέπλευσαν τῆς Ἀργανθώνης καὶ ἐγένετο χειμὼν καὶ σάλος, ἐνταῦθα καταβαλόντες ἀγκύρας ἀνέπαυσαν τὴν ναῦν. Καὶ Ἡρακλῆς παρεῖχε τοῖς ἥρωσι τὸ
10 δεῖπνον. 3 Ὁ δὲ παῖς Ὕλας ἔχων κρωσὸν ἦλθε πρὸς τὸν Ἀσκάνιον ποταμὸν ὕδωρ ἀποίσων τοῖς ἀριστεῦσι · καὶ αὐτὸν ἰδοῦσαι νύμφαι, ⟨αἱ⟩ τοῦ ποταμοῦ τούτου θυγατέρες, ἠράσθησαν, ἀρυόμενον δὲ καταβάλλουσιν εἰς τὴν κρήνην. 4 Καὶ ὁ μὲν Ὕλας ἀφανὴς ἐγένετο,
15 Ἡρακλῆς δ', ἐπεὶ αὐτῷ οὐκ ἐνόστει, καταλιπὼν τοὺς ἥρωας ἐξερευνᾷ πανταχοῖ τὸν δρυμὸν καὶ ἐβόησε πολλάκις τὸν Ὕλαν. Νύμφαι δὲ δείσασαι τὸν Ἡρακλέα, μὴ αὐτὸν εὕροι κρυπτόμενον παρ' αὐταῖς, μετέβαλον τὸν Ὕλαν καὶ ἐποίησαν ἠχὼ καὶ πρὸς τὴν βοὴν πολλάκις ἀντεφώ-
20 νησεν Ἡρακλεῖ. 5 Καὶ ὁ μὲν ὡς οὐκ ἐδύνατο πλεῖστα

---

2 Ἐτ. β' ex schol. ad Apoll. Rhod. I 1236 rest. Muncker (cf. etiam Blum, p. 52) : Ἐτ. δ' P ‖ 4 μεθ' αὑτοῦ secl. Oder ‖ 5 'ἴτυπος' P : τοῦ Δρύοπος e confusione duarum Hylae originum dub. coni. Pap.[1] : ἀτόπως in marg. ed. Xylander ἐκτόπως Berkel νέον δὲ καὶ ἐκτόπως καλόν Ruhnken ; fortasse mendosam tantum antecedentis Κήυκος repetitionem esse coni. Türk, De Hyla, p. 31, n. 2, et Cazz.[1] ‖ 6-7 Ἐπεὶ δὲ τὰ σφυρὰ παρέπλευσαν τῆς Ἀργανθώνης καὶ πρὸς τὸ στενὸν ἐξίκοντο τοῦ Πόντου Oder ‖ 10 κρωσὸν P (quod def. Mart. cl. Herodian. I, p. 206, 5 ed. Lentz) : κρωσσὸν plerique edd. ‖ 12 αἱ suppl. Nauck[2] ‖ 16 πανταχῇ (uel -οῦ) Oder ‖ 17 Αἱ ante νύμφαι suppl. Westermann.

pour retrouver Hylas sans y être parvenu, revint auprès
du navire et s'embarqua avec les héros, mais il laissa
Polyphème[15] sur les lieux, pensant que celui-ci pourrait
continuer les recherches et lui retrouver Hylas. Or,
Polyphème[16] mourut[17] avant d'y parvenir. Les gens du
pays[18] offrent encore de nos jours des sacrifices[19] à
Hylas au bord de la source. Le prêtre l'appelle trois
fois[20] par son nom et trois fois l'écho lui répond[21].

πονησάμενος ἐξευρεῖν τὸν Ὕλαν, παρεγένετο πρὸς τὴν
ναῦν καὶ αὐτὸς μὲν ἔπλει μετὰ τῶν ἀριστέων, Πολύφημον
δὲ καταλείπει ἐν τῷ χωρίῳ, εἴ πως δύναιτο ζητῶν ἐξευρεῖν
αὐτῷ τὸν Ὕλαν. Καὶ ὁ μὲν Πολύφημος ἔφθη τελευτήσας,
5 Ὕλᾳ δὲ θύουσιν ἄχρι νῦν παρὰ τὴν κρήνην οἱ ἐπιχώριοι
καὶ αὐτὸν ἐξ ὀνόματος εἰς τρὶς ὁ ἱερεὺς φωνεῖ καὶ εἰς τρὶς
ἀμείβεται πρὸς αὐτὸν ἠχώ.

1 πονησάμενος Nauck² et Otto, De fabulis Propertianis,
p. 48 : ποιησάμενος P.

IPHIGÉNIE*

Nicandre raconte cette histoire au livre IV
des Métamorphoses

1 Thésée et Hélène[1], fille de Zeus, eurent une fille, Iphigénie[2], qu'élevait Clytemnestre[3], la sœur d'Hélène. Clytemnestre avait dit à Agamemnon que c'était elle-même qui l'avait mise au monde ; car Hélène avait affirmé à ses frères qui l'interrogeaient[4] qu'elle était repartie vierge de chez Thésée. **2** Or, tandis que l'armée des Achéens était retenue à Aulis[5] par un temps interdisant la navigation, les devins annoncèrent qu'on pourrait naviguer à condition de sacrifier[6] Iphigénie à Artémis. Les Achéens l'exigèrent et Agamemnon livra sa fille au couteau[7] ; au moment où on l'amenait à l'autel, les chefs, incapables de supporter ce spectacle, détournèrent tous leurs regards. **3** Cependant Artémis fit paraître un jeune taureau[8] près de l'autel à la place d'Iphigénie qu'elle emmena très loin de Grèce, dans la région du Pont dit Hospitalier[9], auprès de Thoas, fils de Borysthène. Elle appela cette nation de pasteurs les *Taures* en souvenir du taureau qu'elle avait fait paraître auprès de l'autel à la place d'Iphigénie. De celle-ci, elle fit une prêtresse d'Artémis Tauropolos[10]. **4** Au temps voulu, elle installa Iphigénie auprès d'Achille[11] dans l'île dite Blanche[12]. La changeant de nature, elle fit d'elle une déesse soustraite à jamais à l'âge et à la mort[13] et l'appela *Orsilochie*[14] au lieu d'Iphigénie. Elle devint l'épouse d'Achille[15].

---

* Voir les notes aux p. 130-131.

ΙΦΙΓΕΝΕΙΑ

[Ἱστορεῖ Νίκανδρος Ἑτεροιουμένων δ′]

1 Θησέως καὶ Ἑλένης τῆς Διὸς ἐγένετο θυγάτηρ
Ἰφιγένεια καὶ αὐτὴν ἐξέτρεφεν ἡ τῆς Ἑλένης ἀδελφὴ
5 Κλυταιμήστρα, πρὸς δὲ τὸν Ἀγαμέμνονα εἶπεν αὐτὴ
τεκεῖν· Ἑλένη γὰρ πυνθανομένων τῶν ἀδελφῶν ἔφη
κόρη παρὰ Θησέως ἀπελθεῖν. 2 Ἐπεὶ δὲ ἡ στρατιὰ
ἡ τῶν Ἀχαιῶν ὑπὸ ἀπλοίας ἐν Αὐλίδι κατείχετο, προεσή-
μαινον οἱ μάντεις, ὅτι ἔσοιτο πλοῦς, ἐὰν Ἀρτέμιδι θύσωσι
10 τὴν Ἰφιγένειαν. Ἀγαμέμνων δὲ διδοῖ σφάγιον αὐτὴν
αἰτούντων τῶν Ἀχαιῶν, πρὸς δὲ τὸν βωμὸν ἀγομένην
οἱ μὲν ἀριστεῖς οὐ προσέβλεψαν, ἀλλὰ πάντες ἔτρεψαν
ἄλλῃ τὰς ὄψεις. 3 Ἄρτεμις δὲ ἀντὶ τῆς Ἰφιγενείας
παρὰ τὸν βωμὸν ἔφηνε μόσχον, αὐτὴν δὲ προσωτάτω
15 τῆς Ἑλλάδος ἀπήνεγκεν εἰς τὸν Εὔξεινον λεγόμενον
Πόντον παρὰ Θόαντα τὸν Βορυσθένους παῖδα. Καὶ τὸ
μὲν ἔθνος ἐκεῖνο τῶν νομάδων ἐκάλεσε Ταύρους, ἐπεὶ
ἀντὶ τῆς Ἰφιγενείας παρὰ τὸν βωμὸν ἔφηνε ταῦρον,
αὐτὴν δ′⟨ ἀπέδειξεν ἱέρειαν Ἀρτέμιδ⟩ος Ταυροπόλου.
20 4 Κατὰ δὲ χρόνον ⟨τὸν⟩ ἱκνούμενον ἀπῴκισε τὴν Ἰφιγένειαν εἰς τὴν Λευκὴν λεγομένην ⟨νῆσον⟩ παρὰ τὸν
Ἀχιλλέα καὶ ἀλλάξασα ἐποίησεν αὐτὴν ἀγήρων καὶ
ἀθάνατον δαίμονα καὶ ὠνόμασεν ἀντὶ [τῆς] Ἰφιγενείας
Ὀρσιλοχίαν. Ἐγένετο δὲ Ἀχιλλεῖ σύνοικος.

4 in mg. adscr. P ση ‖ 6 πυνθανομένων Ruhnken : -ένη P‖
7 στρατιὰ Oder : στρατεῖα P στρατεία plerique edd. ‖ 8 ὑπ᾽ ἀπλοίας
Oder ‖ 8 προ//εσήμαινον P : προὐσήμαινον König ad Greg.
116 et Oder ‖ 10 σφάγι-⸓ον (γι in ras.) P : σφαγὸν Roulez (*Bull.
de l'Acad. de Bruxelles* II, 1835, p. 11) ‖ 16 in mg. litt. mai.
adscr. P Παρὰ τίνα ἦλθεν Ἰφιγένεια ‖ 18 in mg. adscr. P Πόθεν
τῶν Ταύρων τῶι ἔθνει, τὸ ὄνομα ‖ 19 αὐτὴν δ᾽ ἀπέδειξεν
ἱέρειαν Ἀρτέμιδος Ταυροπόλου coni. Muncker : αὐτὴν δ, οσταυρο-
πόλου P αὐτὴν δ᾽ ἡ θεὸς Ταυροπόλου Oder αὐτὴν δὲ Ταυροπόλου
uel αὐτὴν δὲ Ταυροπόλου ἱέρειαν κατέστησε Gale ‖ 20 τὸν suppl.
Oder ‖ ἱκνούμενον Muncker : ἱκούμενον P‖ 21 νῆσον suppl.
Muncker ‖ 23 τῆς secl. Pap.¹ ‖ 18 ὀρ�ει λοχίαν P (cf. Ὀρσιλόχην
tab. II) : Ὀρσιλόχειαν Schneider.

XXVIII

TYPHON*

Nicandre raconte cette histoire au livre IV
des Métamorphoses

1 Typhon[1], fils de la Terre[2], fut un dieu d'une force prodigieuse et d'étrange aspect[3] ; car, il lui avait poussé un très grand nombre de têtes[4], de bras et d'ailes[5], et de ses cuisses sortaient des dragons aux énormes replis[6] ; il faisait entendre toute sorte de cris[7] et rien ne pouvait résister à sa puissance. **2** Le désir le prit de s'emparer du pouvoir de Zeus[8] et il attaqua les dieux : aucun d'eux ne put lui faire face, mais pris de panique ils s'enfuirent tous en Égypte[9]. Seuls restèrent Athéna[10] et Zeus[11]. Typhon se lança sur les traces des dieux qui prirent la précaution de lui échapper en revêtant des formes animales[12]. **3** Apollon devint un milan[13], Hermès un ibis[14], Arès un *lépidôtos*[15], Artémis une chatte[16] ; Dionysos prit la forme d'un bouc[17], Héraclès celle d'un faon[18], Héphaistos celle d'un bœuf[19] et Léto celle d'une musaraigne[20] ; bref, chacun changea d'apparence comme il le put. Mais lorsque Zeus eut frappé Typhon de son foudre, alors celui-ci, en proie aux flammes, se dissimula dans la mer dans laquelle il éteignit le feu. **4** Zeus ne se relâche pas mais lance sur lui une très grande montagne, l'Etna[21], et il établit Héphaistos sur ses sommets pour le surveiller[22]. Celui-ci après avoir installé ses enclumes[23] sur la nuque de Typhon y travaille le fer en fusion[24].

* Voir les notes aux p. 131-134.

XXVIII

ΤΥΦΩΝ

[Ἱστορεῖ Νίκανδρος Ἑτεροιουμένων δ´]

1 Τυφὼν ἐγένετο Γῆς υἱὸς ἐξαίσιος δαίμων πρὸς ἰσχύν,
κατὰ δὲ τὴν ὄψιν παρηλλαγμένος· ἐπεφύκεσαν γὰρ
5 ⟨αὐτῷ⟩ κεφαλαὶ πλεῖσται καὶ χέρες καὶ πτέρυγες, ἐκ
δὲ τῶν μηρῶν μέγισται δρακόντων σπεῖραι, φωνὰς δὲ
παντοίας ἠφίει καὶ αὐτὸν οὐδὲν ὑπέμενεν εἰς ἀλκήν.
2 Οὗτος ἐπεθύμησε τοῦ Διὸς ἔχειν τὴν ἀρχὴν καὶ αὐτὸν
ἐπερχόμενον οὐδεὶς ὑπέμεινε τῶν θεῶν, ἀλλὰ δείσαντες
10 ἔφυγον πάντες εἰς τὴν Αἴγυπτον, Ἀθηνᾶ δὲ καὶ Ζεὺς
ὑπελείφθησαν μόνοι. Τυφὼν δ᾽ ἐκ ποδὸς ἐδίωκεν. Οἱ δὲ
προμηθείᾳ διέφυγον ἀλλάξαντες εἰς ζῷα τὰς ὄψεις.
3 Καὶ Ἀπόλλων μὲν ἐγένετο ἱέραξ, Ἑρμῆς δὲ ἶβις,
Ἄρης δὲ λεπιδωτὸς ἰχθύς, Ἄρτεμις δὲ αἴλουρος, τράγῳ
15 δὲ εἰκάζεται Διόνυσος, ἐλλῷ δ᾽ Ἡρακλῆς, βοῖ δ᾽ Ἥφαιστος,
μυγαλῇ δὲ Λητώ, καὶ ὡς ἕκαστος ἔτυχε τῶν ἄλλων θεῶν
μετέβαλε τὴν ὄψιν. Ἐπεὶ δὲ Τυφῶνα Ζεὺς βάλλει κεραυνῷ,
καιόμενος δὲ ὁ Τυφὼν ἔκρυψεν ἑαυτὸν καὶ ἠφάνισεν τὴν
φλόγα τῇ θαλάσσῃ. 4 Ζεὺς δ᾽ οὐκ ἀνίησιν, ἀλλ᾽ ὃ
20 μέγιστον ὄρος ἐπιβάλλει Τυφῶνι τὴν Αἴτνην καὶ αὐτῷ
φύλακα τὸν Ἥφαιστον ἐπὶ τῶν ἄκρων ἐφίστησιν· ὁ δ᾽
ἐνερείσας τοὺς ἄκμονας αὐτοῦ τῷ τραχήλῳ διάπυρον
ἐργάζεται μύδρον.

5 αὐτῷ suppl. Mart. ‖ 7 ὑπέμεινεν Schneider sed cf. Pap.¹ ‖
9 ὑπέμενε Schneider sed cf. Pap.¹ ‖ 14 αἴλουρος Bochart,
Hieroz. p. 344, cl. tab. II sub κη´ : σίλουρος P ‖ 15 ἐλλῷ
Mart. : ἔλλωι P cf. tab. II sub κη´ κροκοδείλῳ Holland ‖ 17
ἐπεὶ P : ἔπειτα Unger, Theb. parad. I, p. 438 ‖ 20 in marg.
litt. mai. adscr. P ση τὸν καιόμενον ὑπὸ τὴν Αἴτνην τίνα λέγει.

XXIX

GALINTHIAS*

Nicandre raconte cette histoire¹ au livre IV
des Métamorphoses

1 A Proïtos² il naquit une fille à Thèbes³, Galinthias⁴.
Cette vierge était la camarade de jeux et la compagne⁵
d'Alcmène, fille d'Électryon. Alcmène était sur le point
de mettre au monde Héraclès, mais les Moires⁶ et
Ilithyie⁷, pour faire plaisir à Héra⁸, la retenaient⁹ dans
les douleurs. **2** Elles se tenaient assises¹⁰, les mains
enlacées¹¹ ; Galinthias, craignant que les douleurs ne
rendissent son amie folle, accourut vers les Moires et
Ilithyie pour leur annoncer¹² que, par la volonté de
Zeus, Alcmène avait mis au monde un garçon, et que
leurs privilèges¹³ avaient été abolis. **3** A cette
nouvelle, les Moires, frappées de stupeur, levèrent d'un
seul coup les mains¹⁴, et Alcmène, délivrée immédiatement de ses douleurs, donna le jour à Héraclès. Les
Moires en éprouvèrent du dépit et privèrent Galinthias
de sa nature de femme, parce que, mortelle, elle avait
trompé les dieux¹⁵ ; elles la transformèrent en une
belette rusée¹⁶, la firent gîter dans des celliers¹⁷ et
rendirent son approche hideuse ; en effet, elle conçoit par
les oreilles¹⁸ et donne naissance à son petit en le
vomissant par la gorge¹⁹. **4** Ce changement d'aspect
éveilla la pitié d'Hécate²⁰ qui fit de cette bête sa servante
sacrée²¹. Devenu grand, Héraclès se souvint du service
qu'elle lui avait rendu : il érigea une statue²² de
Galinthias auprès de sa maison²³ et lui offrit des sacri-
fices²². Les Thébains gardent le souvenir de cette
cérémonie encore de nos jours et, avant la fête
d'Héraclès²⁴, ils offrent en premier lieu un sacrifice²⁵ à
Galinthias²⁶.

* Voir les notes aux p. 134-138.

XXIX

ΓΑΛΙΝΘΙΑΣ

['Ιστορεῖ Νίκανδρος 'Ετεροιουμένων δ']

1 Προίτου θυγάτηρ ἐν Θήβαις ἐγένετο Γαλινθιάς. Αὕτη ⟨ἡ⟩ παρθένος ἦν συμπαίκτρια καὶ ἑταιρὶς 'Αλκμήνης
5 τῆς 'Ηλεκτρύωνος. 'Επεὶ δὲ 'Αλκμήνην ὁ τόκος ἤπειγεν τοῦ 'Ηρακλέους, Μοῖραι καὶ Εἰλείθυια πρὸς χάριν τῆς "Ηρας κατεῖχον ἐν ταῖς ὠδῖσι τὴν 'Αλκμήνην. 2 Καὶ αὗται μὲν ἐκαθέζοντο κρατοῦσαι τὰς ἑαυτῶν χεῖρας, Γαλινθιὰς δὲ δείσασα μὴ 'Αλκμήνην ἐκστήσωσι βαρυνο-
10 μένην οἱ πόνοι, δραμοῦσα παρά τε τὰς Μοίρας καὶ τὴν Εἰλείθυιαν ἐξήγγειλεν ὅτι Διὸς βουλῇ γέγονε τῇ 'Αλκμήνῃ παῖς κόρος, αἱ δὲ ἐκείνων τιμαὶ καταλέλυνται. 3 Πρὸς δὴ τοῦτ' ἔκπληξις ἔλαβε τὰς Μοίρας καὶ ἀνῆκαν εὐθὺς τὰς χεῖρας, 'Αλκμήνην δὲ κατέλιπον εὐθὺς αἱ ὠδῖνες
15 καὶ ἐγένετο 'Ηρακλῆς. Αἱ δὴ Μοῖραι πένθος ἐποιήσαντο καὶ τῆς Γαλινθιάδος ἀφείλοντο τὴν κορείαν, ὅτι θνητὴ τοὺς θεοὺς ἐξηπάτησεν, καὶ αὐτὴν ἐποίησαν δολερὰν γαλῆν καὶ δίαιταν ἔδωκαν ἐν τῷ μυχῷ καὶ ἄμορφον ἀπέδειξαν τὴν εὐνήν· θορίσκεται μὲν γὰρ διὰ τῶν ὤτων,
20 τίκτει δ' ἀναφέρουσα τὸ κυούμενον ἐκ τοῦ τραχήλου. 4 Ταύτην 'Εκάτη πρὸς τὴν μεταβολὴν τῆς ὄψεως ᾤκτειρεν καὶ ἀπέδειξεν ἱερὰν αὐτῆς διάκονον. 'Ηρακλῆς δ', ἐπεὶ ηὐξήθη, τὴν χάριν ἐμνημόνευσε καὶ αὐτῆς ἐποίησεν ἀφίδρυμα παρὰ τὸν οἶκον καὶ ἱερὰ προσήνεγκε. Ταῦτα
25 νῦν ἔτι τὰ ἱερὰ Θηβαῖοι φυλάττουσι καὶ πρὸ 'Ηρακλέους ἑορτῆς θύουσι Γαλινθιάδι πρώτῃ.

4 ἡ suppl. Oder ‖ ἑταιρὶς Muncker : ἑταίρισα P ‖ 15 δὴ P : δὲ coni. Oder‖ 16 κορείαν P (scil. *pudenda muliebria*, Cazz.[1]) : τὸ χορίον (*uterum*) Jacobs in uers. germ., p. 125 n. *** ‖ 17 τοὺς P (τοῖς a. c.) : τὰς Berkel οὖσα Blum secl. Schneider ‖ 19 εὐνήν P : γονήν Cazz.[1] sed cf. Pap.[2] ‖ θορνύεται Berkel θορεῖται Gale κυΐσκεται Muncker ‖ in mg. adscr. ση ‖ 25 ἔτι νῦν Oder ‖ πρὸ P : πρῷ Schneider (seruato ἑορτῇ) ‖ 26 ἑορτῆς Bast : -τῆι P ‖ Γαλινθιάδι πρώτηι P : Γαλινθιάδια Heringa qui lectionem Palatini ex male distincto Γαλινθιάδι α' ortam esse coniecit.

BYBLIS*

*Nicandre raconte cette histoire¹ au livre II
des Métamorphoses*

1 Apollon et Acacallis², fille de Minos, eurent en
Crète un enfant du nom de Milétos³. Redoutant la
colère de Minos⁴, Acacallis exposa son enfant dans la
forêt où, sur l'ordre d'Apollon, des louves venaient
souvent le trouver pour le protéger et lui offrir à tour
de rôle leur lait⁵. Plus tard, des bouviers trouvèrent
l'enfant, le recueillirent et l'élevèrent chez eux. **2** En
grandissant, il devint un jeune homme beau et énergique.
Minos, saisi de désir pour lui, voulait lui faire violence.
Alors, sur le conseil de Sarpédon⁶, Milétos s'embarqua
de nuit sur un brigantin et s'enfuit en Carie où il fonda
la ville de Milet⁷ et épousa Eidothée⁸, fille d'Eurytos,
roi des Cariens. Il eut d'elle des jumeaux⁹, Caunos, dont
une ville¹⁰ en Carie porte encore aujourd'hui le nom, et
Byblis. **3** Celle-ci eut d'innombrables prétendants,
natifs de son pays ou attirés des villes voisines par sa
renommée. Byblis en faisait peu de cas, parce qu'un
amour indicible l'avait rendue folle de Caunos¹¹. Aussi
longtemps qu'elle put dissimuler sa passion¹², ses parents
demeurèrent dans l'ignorance ; mais elle se sentait
dominée par un démon qui, de jour en jour, devenait
plus difficile à supporter : elle décida alors de se précipiter, la nuit, du haut d'un rocher. **4** Elle se rendit
donc à la montagne voisine et tenta de se jeter dans le
vide¹³, mais les nymphes eurent pitié d'elle et l'en

---

* Voir les notes aux p. 138-140.

XXX

ΒΥΒΛΙΣ

['Ιστορεῖ Νίκανδρος Ἑτεροιουμένων β']

1 Ἀπόλλωνος καὶ Ἀκακαλλίδος τῆς Μίνω θυγατρὸς
ἐγένετο παῖς ἐν Κρήτῃ Μίλητος. Τοῦτον ἡ Ἀκακαλλὶς
5 δείσασα Μίνω ἐξέβαλεν εἰς τὴν ὕλην, καὶ αὐτὸν ἐπιφοι-
τῶντες λύκοι βουλῇ Ἀπόλλωνος ἐφύλαττον καὶ ὤρεγον
παρὰ μέρος γάλα. Ἔπειτα δὲ βουκόλοι περιτυχόντες
ἀνείλοντο καὶ ἔτρεφον ἐν τοῖς οἰκίοις. 2 Ἐπεὶ δὲ ὁ
παῖς ηὔξετο καὶ ἐγένετο καλὸς καὶ δραστήριος καὶ ὁ
10 Μίνως κατὰ πόθον ἐνεχείρει βιάζεσθαι, τότε νυκτὸς ὁ
Μίλητος ἐμβὰς εἰς ἄκατον βουλῇ Σαρπηδόνος εἰς Καρίαν
ἀποδιδράσκει · καὶ πόλιν ἐνταυθοῖ κτίσας Μίλητον ἔγημεν
Εἰδοθέην τὴν Εὐρύτου θυγατέρα τοῦ βασιλέως τῶν Καρῶν.
Καὶ ἐγένοντο δίδυμοι παῖδες αὐτῷ Καῦνος [καὶ Βυβλίς],
15 ἀφ' οὗ πόλις ἐστὶν ἔτι νῦν ἐν Καρίᾳ Καῦνος, καὶ Βυβλίς.
3 Ταύτης ἐγένοντο πλεῖστοι μνηστῆρες ἐπιχώριοι καὶ
κατὰ κλέος ἐκ τῶν πέριξ πόλεων. Ἡ δὲ τῶν μὲν λόγον
ἐποιεῖτο βραχύν, αὐτὴν δὲ ἄφατος ἔρως ἐξέμηνε τοῦ
Καύνου. Καὶ τὸ πάθος ἄχρι μὲν ἐδύνατο κρύπτειν ἐλελήθει
20 τοὺς γονεῖς · ἐπεὶ δὲ καθ' ἡμέραν εἴχετο χαλεπωτέρῳ
δαίμονι, νυκτὸς ἔγνω καταβαλεῖν ἐκ τῆς πέτρας ἑαυτήν.
4 Καὶ ἡ μὲν εἰς τὸ πλησίον ὄρος παρελθοῦσα ῥίπτειν
ἑαυτὴν ἐπεχείρησεν, νύμφαι δὲ κατέσχον οἰκτείρασαι

---

1 Βυβλίς passim rest. Berkel : βιβλίς P excepto uno loco
interpolato (infra l. 14) ubi βυβλίς P ‖ 5 ἐξέβαλεν Nauck² : ἐξέβαλλεν
P ‖ 8 οἰκίοις Berkel : οἰκείοις P ‖ 10 κατὰ φθόνον (cl. schol. Ap.
Rh. I 185-88ª) Verheyk ‖ 12-15 in mg. litt. mai. adscr. P ση
τὸ ὅλον ‖ 14 καὶ Βυβλίς secl. Heringa ‖ 15 ἀφ' οὗ... καὶ Βυβλίς
secl. Oder ‖ Καῦνος secl. Muncker ‖ 21 ἐκ P : κατὰ Nauck²
probante Mart. (cf. p. XLIII suae ed.) secl. Castigl. ‖ τῆς secl.
Nauck².

empêchèrent[14] ; puis, la plongeant dans un profond sommeil, elles la transformèrent, de mortelle qu'elle était, en une nymphe hamadryade qu'elles appelèrent Byblis, et dont elles firent leur amie et compagne. Et l'eau qui coule de ce rocher, les gens du pays l'appellent encore aujourd'hui *larmes de Byblis*[15].

καὶ πολὺν ὕπνον ἐνέβαλον καὶ αὐτὴν ἤλλαξαν ἀπ' ἀνθρώπου εἰς δαίμονα καὶ ὠνόμασαν ἀμαδρυάδα νύμφην Βυβλίδα
καὶ ἐποιήσαντο συνδίαιτον ἑταιρίδα. Καλεῖται δὲ καὶ τὸ
ῥέον ἐκ τῆς πέτρας ἐκείνης ἄχρι νῦν παρὰ τοῖς ἐπιχωρίοις
5 δάκρυον Βυβλίδος.

1 ἀνθρώπου Muncker : ἀνθρώπων P ‖ 5 Δάκρυον Cazz.

LES MESSAPIENS*

*Nicandre raconte cette histoire[1] au livre II
des Métamorphoses*

1 Lycaon[2] l'autochthone[3] eut trois fils[4] : Iapyx[5], Daunios[6] et Peucétios[7]. Ceux-ci rassemblèrent une armée et arrivèrent en Italie, sur la côte adriatique[8] ; ils expulsèrent les Ausones[9] qui habitaient le pays et s'y établirent eux-mêmes. **2** Le gros de leur armée était composé de colons Illyriens conduits par Messapios. Ils partagèrent en trois[10] l'armée aussi bien que la terre et, d'après leurs chefs respectifs, ils prirent le nom de Dauniens, Peucétiens et Messapiens ; le pays qui s'étend de Tarente jusqu'à l'extrémité de l'Italie devint celui des Messapiens, où se trouve la ville de Brindes[11] ; à côté de ce pays, en deçà[12] de Tarente, se forma le royaume des Peucétiens[13], et, encore plus au nord, les Dauniens devinrent, en mer, plus puissants que tous les autres ; et, à leur nation tout entière, ils donnèrent le nom des Iapyges[14]. **3** Ces événements eurent lieu bien avant l'expédition d'Héraclès[15]. Les hommes de ce temps vivaient de l'élevage des troupeaux[16]. On raconte donc[17] qu'au pays des Messapiens, près du lieu dit *les Roches Sacrées*[18], on vit un jour un

* Voir les notes aux p. 140-142.

XXXI

ΜΕΣΣΑΠΙΟΙ

['Ιστορεῖ Νίκανδρος 'Ετεροιουμένων β']

1 Λυκάονος τοῦ αὐτόχθονος ἐγένοντο παῖδες 'Ιᾶπυξ καὶ Δαύνιος καὶ Πευκέτιος. Οὗτοι λαὸν ἀθροίσαντες 5 ἀφίκοντο τῆς 'Ιταλίας παρὰ τὸν 'Αδρίαν· ἐξελάσαντες δὲ τοὺς ἐνταυθοῖ οἰκοῦντας Αὔσονας αὐτοὶ καθιδρύθησαν. 2 *Ην δὲ τὸ πλέον αὐτοῖς τῆς στρατιᾶς ἔποικοι 'Ιλλυριοὶ ⟨οἱ⟩ Μεσσαπίου. 'Επεὶ δὲ τὸν στρατὸν ἅμα καὶ τὴν γῆν ἐμέρισαν τριχῆ καὶ ὠνόμασαν, ὡς ἑκάστοις ἡγεμόνος 10 ⟨ὄνομα⟩ εἶχε, Δαυνίους καὶ Πευκετίους καὶ Μεσσαπίους, τὸ μὲν ἀπὸ Τάραντος ἄχρι πρὸς τὴν ἐσχατιὰν τῆς 'Ιταλίας ἐγένετο Μεσσαπίων, ἐν ᾗ πόλις ᾤκηται Βρεντέσιον, τὸ δὲ παρὰ τὴν ⟨χώραν ταύτην⟩ ἐντὸς τοῦ Τάραντος ἐγένετο Πευκετίων, ἐνδοτέρω δὲ τούτου τῆς θαλάσσης ἐπέ⟨σχον 15 ἐπὶ⟩ πλέον Δαύνιοι· τὸ δὲ σύμπαν ἔθνος ὠνόμασαν 'Ιαπύγων. 3 Καὶ ἐγένετο ταῦτα πολὺ πρὸ τῆς 'Ηρακλέους στρατείας. *Ην δὲ τοῖς τότε βίος ἀπὸ θρεμμάτων καὶ νομῆς. Μυθολογοῦσιν οὖν ἐν τῇ Μεσσαπίων γῇ παρὰ τὰς λεγομένας 'Ιερὰς Πέτρας φανῆναι νύμφας ἐπιμηλίδας

---

3 'Ιᾶπυξ Pap.¹ : 'Ιάπυξ P edd.‖ 5 τὴν 'Αδρίαν Mart. sed cf. Pap.¹‖ 6 ἐνταυθοῖ κοῦντας P : ἐνταῦθ' οἰκοῦντας Oder‖ 7 ἔποικοι Pap.¹ : ἔποικον P‖ 7-8 'Ιλλυριοὶ οἱ Μεσσαπίου Pap.¹ : ἰλλυριοί· μεσσάπιοι P alii alia‖ 8 ἔπειτα Unger, Theb. parad. I 438 prob. Mart.‖ 10 ὄνομα suppl. Bücheler (apud Oder, p. 25) compendium Ṇ suspicatus‖ 11 καὶ ante τὸ μὲν suppl. Mart.‖ 'Ιταλίας P : 'Ιαπυγίας Schneider‖ 12 ᾤκισται Muncker ᾤκηται secl. Cluver, Ital. ant., p. 1209‖ 13 χώραν ταύτην suppl. Cazz. ταύτην (sc. τὴν Μεσσαπίαν) pro τὴν coni. Schneider‖ ἐκτὸς Berkel‖ θάλασσαν ante ἐγέν. suppl. Muncker‖ 14 τῆς θαλάσσης ἐπέσχον ἐπὶ πλέον Pap.¹ monente T. Nicklin, Class. Rev. XVII 1903, p. 387 : τῆς θαλάσσης ἐπέπλεον P τὴν θάλασσαν ἐπέπλεον Berkel τῇ θαλάσσῃ ἐπ. Muncker τῆς θαλάσσης ἐπεκράτησαν uel ἐφήπτοντο Blum.

chœur de nymphes *épimélides*[19] ; les jeunes Messapiens quittèrent leurs troupeaux pour aller les contempler et prétendirent danser mieux qu'elles ;   **4** les nymphes furent piquées au vif par ce propos et l'on organisa un concours de danse. Ignorant qu'ils se mesuraient avec des êtres divins, les jeunes gens dansaient comme s'ils rivalisaient avec des mortelles de leur âge ; leur façon de danser était grossière, parce qu'ils n'étaient que des bergers ; par contre, celle des nymphes fut d'un charme suprême. **5** Elles l'emportèrent sur les bergers et leur dirent ces mots : « Jeunes gens, vous avez voulu rivaliser avec les nymphes *épimélides?* A présent que vous êtes vaincus, vous serez donc punis. » Et les jeunes bergers furent transformés en arbres à l'endroit même où ils se tenaient, auprès du sanctuaire des nymphes. Et, la nuit, on entend encore maintenant sortir des troncs comme des gémissements[20] ; et l'on appelle ce lieu celui *des Nymphes et des Jeunes Gens.*

χορευούσας, τοὺς δὲ παῖδας τῶν Μεσσαπίων καταλιπόντας
τὰ ποίμνια καὶ θεωμένους εἰπεῖν ὅτι βέλτιον αὐτοὶ χορεύου-
σιν. 4 Οὗτος ὁ λόγος ἤλγυνε τὰς νύμφας καὶ τὸ
νεῖκος ἐπὶ πλέον ἐγένετο περὶ τῆς χορείας. Οἱ δὲ παῖδες,
5 ὅτι μὲν ἦν αὐτοῖς ἅμιλλα πρὸς δαίμονας ἠγνόουν,
ἐχόρευον δ᾽ οἷα πρὸς ὁμήλικας θνητάς · καὶ ὁ τρόπος
αὐτοῖς τῆς ὀρχήσεως ἄτε ποιμένων ἄμουσος ἦν, ταῖς δὲ
νύμφαις πᾶν ὅσον [ἢ πλεῖστον] ἐπέδωκεν εἰς κάλλος.
5 Καὶ ἐπεκράτησαν χορεύουσαι τῶν παίδων καὶ ἔλεγον
10 πρὸς αὐτοὺς τάδε · «ὦ κοῦροι, τὸ νεῖκος ἤρασθε πρὸς
ἐπιμηλίδας νύμφας ; οὐκοῦν, ὦ ἄφρονες, νικώμενοι
δώσετε δίκην». Καὶ οἱ παῖδες, ἵναπερ ἑστήκεσαν παρὰ τὸ
ἱερὸν τῶν νυμφῶν, ἐγένοντο δένδρη. Καὶ ἔτι νῦν ἀκούεται
φωνὴ νυκτὸς ἐκ τῆς ὕλης οἷα θρηνούντων, ὁ δὲ τόπος
15 ὀνομάζεται Νυμφῶν τε καὶ Παίδων.

4 ἐπὶ πλέον Xylander : ἐπιπλέον P (sed supra ι acc. grau.
eras.) ‖ 8 πᾶν P : Πὰν uoluit Vollgraff, *Mnemos.* 1905, p. 378 ‖
secl. ἢ πλεῖστον Koch ἢ solum Blum ‖ ἢ πλ. coni. Muncker ‖
15 Νυμφῶν... Παίδων Cazz. : νυμφῶν... παίδων ceteri edd.

XXXII

DRYOPÉ[*]

Nicandre[1] *raconte cette histoire au livre I des* Métamorphoses

1 Dryops[2] était le fils du fleuve Spercheios et de Polydoré, une des filles de Danaos. Il régna dans la région de l'Œta et eut une fille unique, Dryopé[3], qui faisait paître[4] les moutons de son père. Les nymphes hamadryades l'aimaient prodigieusement : elles firent d'elle leur compagne de jeux et lui enseignèrent les chants qui célèbrent les dieux et la danse. **2** Apollon[5] la vit au milieu de leurs chœurs et désira s'unir à elle[6]. Il commença donc par se transformer[7] en tortue[8] ; Dryopé s'en amusa avec les nymphes comme d'un jouet[9] et la mit dans son sein. Alors Apollon changea encore d'aspect, et de tortue il devint un serpent[10]. **3** Frappées d'effroi les nymphes abandonnèrent Dryopé. Apollon s'unit alors à elle et Dryopé s'en alla tout effrayée à la maison de son père, mais ne dit rien à ses parents. Par la suite, Andraemon[11], fils d'Oxylos, l'épousa et Dryopé eut de son union avec Apollon un fils, Amphissos[12]. Celui-ci, à peine arrivé à l'âge viril, surpassa en force tous les hommes ; il fonda au pied de l'Œta une ville[13] à laquelle il donna le nom de la montagne et régna en ces lieux. **4** Il fonda même, en Dryopide, un sanctuaire d'Apollon. Or, un jour que Dryopé se rendait à ce sanctuaire, des nymphes hamadryades l'enlevèrent par amitié pour elle, la cachèrent dans le bois et, à sa place, elles firent pousser du sol un peuplier auprès duquel elles firent jaillir une source.

---

[*] Voir les notes aux p. 142-143.

XXXII

ΔΡΥΟΠΗ

[Ἱστορεῖ Νίκανδρος Ἑτεροιουμένων α΄]

1 Δρύοψ ἐγένετο Σπερχειοῦ παῖς τοῦ ποταμοῦ καὶ
Πολυδώρης μιᾶς τῶν Δαναοῦ θυγατέρων. Οὗτος ἐβασί-
5 λευσεν ἐν τῇ Οἴτῃ καὶ θυγάτηρ αὐτῷ μονογενὴς ἐγένετο
Δρυόπη καὶ ἐποίμαινεν αὐτὴ τὰ πρόβατα τοῦ πατρός·
ἐπεὶ δὲ αὐτὴν ἠγάπησαν ὑπερφυῶς ἁμαδρυάδες νύμφαι
καὶ ἐποιήσαντο συμπαίκτριαν ἑαυτῶν, ἐδίδαξαν ὑμνεῖν
θεοὺς καὶ χορεύειν. 2 Ταύτην ἰδὼν Ἀπόλλων χορεύου-
10 σαν ἐπεθύμησε μιχθῆναι. Καὶ ἐγένετο πρῶτα μὲν κλεμμύς,
ἐπεὶ δ᾽ ἡ Δρυόπη γέλωτα μετὰ τῶν νυμφῶν καὶ παίγνιον
ἐποιήσατο τὴν κλεμμὺν καὶ αὐτὴν ἐνέθετο εἰς τοὺς κόλπους,
μεταβαλὼν ἀντὶ τῆς κλεμμύος ἐγένετο δράκων. 3 Καὶ
αὐτὴν κατέλιπον αἱ νύμφαι πτοηθεῖσαι. Ἀπόλλων δὲ
15 Δρυόπῃ μίγνυται, ἡ δὲ ᾤχετο φεύγουσα περίφοβος εἰς
τὰ οἰκία τοῦ πατρὸς καὶ οὐδὲν ἔφρασε πρὸς τοὺς γονεῖς.
Ἐπεὶ δ᾽ ἔγημεν αὐτὴν ὕστερον Ἀνδραίμων ὁ Ὀξύλου,
γεννᾷ παῖδα ἐξ Ἀπόλλωνος Ἄμφισσον. Οὗτος, ἐπεὶ
τάχιστα ἠνδρώθη, ἀνὴρ ἐγένετο πάντων κρατῶν καὶ
20 ἔκτισε παρὰ τὴν Οἴτην πόλιν ὁμώνυμον τῷ ὄρει καὶ τῶν
ἐκεῖ τόπων ἐβασίλευεν. 4 Ἱδρύσατο δὲ καὶ Ἀπόλλωνος
ἱερὸν ἐν τῇ Δρυοπίδι. Καὶ εἰς τοῦτο παροῦσαν τὸ ἱερὸν
Δρυόπην ἥρπασαν ἁμαδρυάδες νύμφαι κατ᾽ εὐμένειαν
καὶ αὐτὴν μὲν ἀπέκρυψαν εἰς τὴν ὕλην, ἀντὶ δ᾽ ἐκείνης
25 αἴγειρον ἀνέφηναν ἐκ τῆς γῆς καὶ παρὰ τὴν αἴγειρον

M
10 κλεμυς P ‖ in mg. χελώνη P (cf. Hesych. κλεμμύς · χελώνη) ‖
14 κατέλιπον Nauck² : κατέλειπον P ‖ 16 οἰκεῖα Nauck² ‖ 22
παροῦσαν P (quod def. Pap.²) : παριοῦσαν E. Dittrich probante
Cazz.

10

Dryopé se transforma et de mortelle elle devint une nymphe[14]. **5** En reconnaissance de la grâce[15] dont sa mère fut l'objet[16], Amphissos fonda un sanctuaire des nymphes et fut le premier[17] à instituer une épreuve[18] de course à pied. Les hommes du pays maintiennent encore de nos jours ces jeux. Les femmes n'ont pas le droit d'y assister[19], car deux jeunes filles racontèrent aux gens du pays la scène de la disparition de Dryopé[20]. Les nymphes se fâchèrent contre elles et transformèrent les jeunes filles en sapins[21].

ὕδωρ ἀνέρρηξαν. Δρυόπη δὲ μετέβαλε καὶ ἀντὶ θνητῆς
ἐγένετο νύμφη. 5 Ἄμφισσος δὲ ἀντὶ τῆς πρὸς τὴν
μητέρα χάριτος ἱερὸν ἱδρύσατο νυμφῶν καὶ πρῶτος ἀγῶνα
ἐπετέλεσε δρόμου. Καὶ ἔτι νῦν οἱ ἐπιχώριοι τὸν ἀγῶνα
5 διαφυλάσσουσι τοῦτον · γυναικὶ δ' οὐχ ὅσιον παρατυχεῖν,
ὅτι Δρυόπην ἀφανισθεῖσαν ὑπὸ νυμφῶν δύο παρθένοι
τοῖς ἐπιχωρίοις ἐδήλωσαν, πρὸς ἃς ἐχαλέπηναν αἱ νύμφαι
καὶ αὐτὰς ἀντὶ παρθένων ἐλάτας ἐποίησαν.

XXXIII

ALCMÈNE*

Histoire racontée par Phérécyde

1 Après qu'Héraclès eut disparu d'entre les hommes[1], Eurysthée chassa ses enfants de leur pays[2] et y régnait lui-même. Les Héraclides[3] se réfugièrent[4] auprès de Démophon[5], fils de Thésée, et habitèrent la tétrapole d'Attique. Eurysthée envoya un messager à Athènes et menaça de guerre les Athéniens au cas où ils n'expulseraient pas les Héraclides. **2** Les Athéniens ne refusèrent pas la guerre ; Eurysthée envahit l'Attique et, ayant rangé ses troupes[6] en formation de combat, tomba lui-même sur le champ de bataille[7], tandis que le gros des Argiens était mis en déroute. Après la mort d'Eurysthée, Hyllos, les autres Héraclides et leurs partisans s'installèrent de nouveau à Thèbes. **3** En ce temps-là Alcmène mourut de vieillesse et les Héraclides lui firent des funérailles ; ils habitaient près des portes Électres[8] à l'endroit même où Héraclès avait aussi vécu[9]. Zeus envoya Hermès avec l'ordre d'enlever furtivement Alcmène[10], de l'emmener aux îles des Bienheureux[11] et de la donner comme épouse à Rhadamanthe[12]. Hermès obéit, enleva Alcmène[13] et mit une pierre à sa place[14] dans le cercueil. **4** Et comme les Héraclides qui portaient le cercueil le trouvaient trop lourd, ils le posèrent par terre, ôtèrent le couvercle[15] et y découvrirent une pierre[16] à la place d'Alcmène ; ils la prirent et la dressèrent dans le bois sacré[17], à l'endroit même où est situé l'hérôon d'Alcmène à Thèbes[18].

* Voir les notes aux p. 143-146.

XXXIII

ΑΛΚΜΗΝΗ

['Ιστορεῖ Φερεκύδης]

1 Μετὰ τὸν Ἡρακλέους ἐξ ἀνθρώπων ἀφανισμὸν
Εὐρυσθεὺς ἐξελάσας αὐτοῦ ⟨τοὺς παῖδα⟩ς τῆς πατρίδος
5 αὐτὸς ἐβασίλευεν. Οἱ δὲ Ἡρακλεῖδαι καταφυγόντες πρὸς
Δημοφῶντα τὸν Θησέως ᾤκησαν τὴν τετράπολιν τῆς
Ἀττικῆς. Εὐρυσθεὺς δὲ πέμψας ἄγγελον εἰς Ἀθήνας
πόλεμον προέλεγεν τοῖς Ἀθηναίοις, εἰ μὴ τοὺς Ἡρακλεί-
δας ἐξελάσωσιν. 2 Οἱ μὲν οὖν Ἀθηναῖοι τὸν πόλεμον
10 οὐκ ἀπολέγονται, Εὐρυσθεὺς δ' ἐνέβαλεν εἰς τὴν
Ἀττικὴν καὶ παραταξάμενος αὐτὸς μὲν ἀποθνήσκει
μαχόμενος, ἡ δὲ πληθὺς ἐτράπη τῶν Ἀργείων. Ὕλλος
δὲ καὶ οἱ ἄλλοι Ἡρακλεῖδαι καὶ ⟨οἱ⟩ σὺν αὐτοῖς ἀποθανόντος Εὐρυσθέως κατοικίζονται πάλιν ἐν Θήβαις.
15 3 Ἐν δὲ τούτῳ καὶ Ἀλκμήνη κατὰ γῆρας ἀποθνήσκει
καὶ αὐτὴν ἐξεκόμισαν Ἡρακλεῖδαι· ᾤκουν δὲ παρὰ τὰς
Ἠλέκτρας πύλας, ὅθιπερ καὶ Ἡρακλῆς [ἐν τῇ ἀγορᾷ].
Ζεὺς δὲ Ἑρμῆν πέμπει κελεύων Ἀλκμήνην ἐκκλέψαι
καὶ ἀπενεγκεῖν εἰς Μακάρων νήσους καὶ δοῦναι Ῥαδα-
20 μάνθυι γυναῖκα. Ἑρμῆς δὲ πεισθεὶς Ἀλκμήνην ἐκκλέπτει,
λίθον δ' ἀντ' αὐτῆς ἐντίθησιν εἰς τὴν σορόν. 4 Οἱ
δ' Ἡρακλεῖδαι, ἐπεὶ τὴν λάρνακα φέροντες ἐβαρύνοντο,
κατατίθενται καὶ ἀποκαλύψαντες εὗρον ἀντὶ τῆς Ἀλκμήνης
λίθον· καὶ αὐτὸν ἐξελόντες ἔστησαν ἐν τῷ ἄλσει, ὅθιπέρ
25 ἐστιν τὸ ἡρῷον τὸ τῆς Ἀλκμήνης ἐν Θήβησιν.

4 αὐτοῦ τοὺς παῖδας τῆς πατρίδος αὐτὸς Bast dub. et Mart.:
αὐτοὺς τῆς πατρίδος αὐτὸς P αὐτοῦ τοὺς παῖδας αὐτὸς Sturz et
Bast τοὺς ἀπ' αὐτοῦ τῆς πατρίδος αὐτὸς Cazz. ‖ 8 προέλεγεν P:
προύλεγε Oder ‖ 13 οἱ suppl. Abresch ‖ 14 πάλιν Abresch et
Bast: πόλιν P ‖ 17 ἐν τῇ ἀγορᾷ secl. Pap.¹: ἐν τῇ πρώτῃ ὥρᾳ
coni. Wachsmuth post ἀγορᾷ suppl. θάψοντες Holland uirgula
post Ἡρακλῆς posita ‖ 25 Θήβησιν Bast probantibus Lütke
(Pherecydea, 1893, p. 13) et Mart.: θήβ //// P Θήβαις ceteri edd.

XXXIV*

SMYRNA[1]

Sic

1 Sur le mont Liban Théias[2], fils de Bélos, et la nymphe Orithyie eurent une fille, Smyrna. Pour sa beauté, une foule de prétendants venant de cités sans nombre cherchaient à l'épouser, mais celle-ci inventait mille prétextes pour tromper[3] ses parents et différer ce moment ; c'est qu'un amour abominable l'avait rendue folle[4] de désir pour son père. **2** Au début, retenue par la pudeur, elle s'efforçait de dissimuler son mal ; mais comme la passion l'y poussait, elle s'en ouvrit à Hippolyté[5] sa nourrice. Celle-ci lui promit de lui fournir un remède contre sa passion insensée et alla raconter[6] à Théias qu'une jeune fille de riche famille désirait s'introduire en secret dans sa couche. **3** Théias, sans soupçonner ce qu'elle machinait contre lui, accepta la proposition. Et dans l'obscurité il attendit chez lui la jeune fille[7] sur son lit ; la nourrice, dissimulant Smyrna sous son voile, la lui amena secrètement. Cet acte odieux et impie[8] resta ignoré assez longtemps. **4** Lorsque Smyrna fut enceinte, Théias fut pris du désir d'apprendre qui était la mère de son enfant ; il cacha une torche dans son appartement et, dès que Smyrna arriva auprès de lui, il sortit brusquement la torche et la reconnut ; Smyrna accoucha prématurément[9] de son enfant et, levant les bras au ciel, elle implora une faveur : ne plus paraître ni parmi

---

* Voir les notes aux p. 146-148.

XXXIV

ΣΜΥΡΝΑ

[Οὕ(τως)]

1 Θείαντος τοῦ Βήλου καὶ Ὠρειθυίας μιᾶς τῶν νυμφῶν ἐγένετο θυγάτηρ ἐν τῷ ὄρει τῷ Λιβάνῳ Σμύρνα. Ταύτην
5 διὰ κάλλος πλεῖστοι καὶ ἐκ πόλεων πλείστων ἐμνήστευον, ἡ δὲ πολλὰ ἐμηχανᾶτο πρὸς ἀπάτην τῶν γονέων καὶ ἀνάθεσιν τοῦ χρόνου· δεινὸς γὰρ αὐτὴν ἔρως ἐξέμηνεν ἐπὶ τῷ πατρί. 2 Καὶ κατὰ μὲν ἀρχὰς δι' αἰδῶ κατέκρυπτε τὴν νόσον· ἐπεὶ δὲ τὸ πάθος αὐτὴν προῆγεν,
10 ἐξεῖπε τὸν λόγον πρὸς Ἱππολύτην τὴν τροφόν. Ἡ δὲ παραδώσειν αὐτῇ ἄκος τοῦ παραλόγου πάθους ὑποσχομένη λόγον πρὸς τὸν Θείαντα προσέφερεν, ὅτι αὐτῷ κόρη μακαρίων ἀνθρώπων ποθεῖ παραγενέσθαι κρυφαῖος εἰς τὴν κοίτην. 3 Ὁ δὲ Θείας — οὐ γὰρ ἐγίνωσκεν οἷα
15 ἐπ' αὐτῷ ἐμηχανᾶτο — κατήνεσε τὸν λόγον. Καὶ ὁ μὲν ἐν τῷ οἴκῳ σκοταῖος ἐπὶ τῆς στρωμνῆς ἐξεδέχετο τὴν κόρην, ἡ δὲ τροφὸς κατακρύψασα τῇ ἐσθῆτι τὴν Σμύρναν παρήγαγε. Καὶ πλείονα χρόνον ἐλελήθει πρασσόμενον ἄχαρι καὶ ἄθεσμον ἔργον. 4 Καὶ ὡς ἐκύησε μὲν ἡ
20 Σμύρνα, Θείαντα δὲ πόθος ἔλαβεν ἐκμαθεῖν ἥτις ἦν ἡ κύουσα, καὶ ὁ μὲν κατέκρυψε πῦρ εἰς τὸν οἶκον, Σμύρνα δ' ὡς ἐξίκετο πρὸς αὐτόν, ἐπάϊστος ἐγένετο προενεχθέντος ἐξαπίνης τοῦ πυρός· καὶ τὸ βρέφος μὲν ἐξέβαλεν ἐκ τῆς γαστρός, αὐτὴ δ' ἀνασχοῦσα τὰς χεῖρας ηὔξατο μήτε

---

7 τοῦ χρόνου P (quod def. Oder) : τοῦ γάμου Nauck[1] probante Mart. ‖ 18 πρασσόμενος Muncker ‖ 19 ἐκύησε ex ἐκύλισε corr. in P ‖ 20 ἡ κύουσα P : ἡ ἤκουσα coni. Jacobs in uers. germ., p. 133 ἡ φιλοῦσα Mart.[1] (cl. Ov. Met. X 472) ‖ 21 κ'αὶ P : secl. Westermann ‖ 22 προσενεχθέντος Muncker ‖ 24 αὐτὴ Westermann : αὕτη P.

les vivants[10] ni parmi les morts.　**5**　Zeus la transforma
en un arbre qu'il appela du même nom, Smyrna (ou
arbre à myrrhe.) On raconte que chaque année cet
arbre laisse couler de son bois des larmes de myrrhe[11].
Et Théias, père de Smyrna, se donna la mort pour
avoir commis cet acte impie ; quant à l'enfant, il fut
élevé par la volonté de Zeus ; on l'appela Adonis[12].
Pour sa beauté, Aphrodite l'aima extrêmement[13].

παρὰ ζῶσι μήτ' ἐν νεκροῖς φανῆναι. 5 Καὶ αὐτὴν ὁ Ζεὺς μεταβαλὼν ἐποίησε δένδρον καὶ ἐκάλεσεν ὁμώνυμον αὐτῇ σμύρναν. Τοῦτο λέγεται κατ' ἔτος ἕκαστον δακρύειν τὸν ἀπὸ τοῦ ξύλου καρπόν. Καὶ Θείας μὲν ὁ πατὴρ τῆς
5 Σμύρνης διὰ ἔργον ἀθέμιστον ἑαυτὸν ἀνεῖλε, τὸ δὲ βρέφος Διὸς βουλῇ τρεφόμενον ὠνόμασαν Ἄδωνιν καὶ αὐτὸν Ἀφροδίτη πλεῖστον ἠγάπησε διὰ τὸ κάλλος.

6 ἄδωνιν P.

XXXV

LES BOUVIERS*

Histoire racontée par Ménécrate de Xanthos dans les Lykiaka et par Nicandre dans les Métamorphoses[1]

1 Après avoir mis au monde Apollon et Artémis dans l'île d'Astérie[2], Léto vint en Lycie[3], amenant ses enfants aux bains du Xanthos. Aussitôt arrivée dans ce pays, elle rencontra d'abord sur son chemin la fontaine Mélité[4] et elle eut grande envie d'y baigner ses enfants[5] avant d'atteindre le Xanthos. **2** Mais des bouviers l'en chassèrent[6] pour faire boire leurs bœufs à la fontaine, et Léto quitta Mélité[7] et s'en alla ; des loups[8] venus à sa rencontre lui firent fête[9] et, lui servant de guides, l'amenèrent jusqu'au fleuve Xanthos. **3** La déesse but de l'eau et baigna ses enfants, puis elle consacra le Xanthos[10] à Apollon, et, au pays qui jusqu'alors s'appelait Trémilis[11], elle donna le nom de Lycie[12] d'après les loups[13] qui lui avaient montré le chemin. **4** Puis elle revint sur ses pas pour châtier les bouviers qui l'avaient chassée ; à ce moment-là ils étaient encore auprès de la fontaine en train de baigner leurs bœufs ; Léto les transforma tous en grenouilles et, leur frappant d'une pierre rugueuse[14] le dos et les épaules, elle les précipita tous dans la fontaine et les fit vivre dans l'eau. Et maintenant encore ils coassent en bordure des rivières et des marais[15].

* Voir les notes aux p. 148-149.

XXXV

ΒΟΥΚΟΛΟΙ

['Ιστορεῖ Μενεκράτης ⟨ὁ⟩ Ξάνθιος Λυκιακοῖς καὶ Νίκανδρος
⟨'Ετεροιουμένων...⟩]

1 Λητώ, ἐπεὶ ἔτεκεν 'Απόλλωνα καὶ "Αρτεμιν ἐν
5 'Αστερίᾳ τῇ νήσῳ, ἀφίκετο εἰς Λυκίαν ἐπιφερομένη τοὺς
παῖδας ἐπὶ τὰ λουτρὰ τοῦ Ξάνθου. Καὶ ἐπεὶ τάχιστα
ἐγένετο ἐν τῇ γῇ ταύτῃ, ἐνέτυχε πρῶτα Μελίτῃ κρήνῃ
καὶ προεθυμεῖτο πρὶν ἐπὶ τὸν Ξάνθον ἐλθεῖν ἐνταυθοῖ
τοὺς παῖδας ἀπολοῦσαι. 2 'Επεὶ δ' αὐτὴν ἐξήλασαν
10 ἄνδρες βουκόλοι, ὅπως [ἂν] αὐτοῖς οἱ βόες ἐκ τῆς κρήνης
πίωσιν, ἀπαλλάττεται καταλιποῦσα τὴν Μελίτην ἡ Λητώ,
λύκοι δὲ συναντόμενοι καὶ σήναντες ὑφηγήσαντο τῆς
ὁδοῦ καὶ ἀπήγαγον ἄχρι πρὸς τὸν ποταμὸν αὐτὴν τὸν
Ξάνθον. 3 'Η δὲ πιοῦσα τοῦ ὕδατος καὶ ἀπολούσασα
15 τοὺς παῖδας τὸν μὲν Ξάνθον ἱερὸν ἀπέδειξεν 'Απόλλωνος,
τὴν δὲ γῆν Τρεμιλίδα λεγομένην Λυκίαν μετωνόμασεν
ἀπὸ τῶν καθηγησαμένων λύκων. 4 'Επὶ δὲ τὴν κρήνην
αὖτις ἐξίκετο δίκην ἐπιβαλοῦσα τοῖς ἀπελάσασιν αὐτὴν
βουκόλοις · καὶ οἱ μὲν ἀπέλουον τότ' ἔτι παρὰ τὴν κρήνην
20 τοὺς βοῦς, Λητὼ δὲ μεταβαλοῦσα πάντας ἐποίησε βατράχους καὶ λίθῳ τραχεῖ τύπτουσα τὰ νῶτα καὶ τοὺς ὤμους
κατέβαλε πάντας εἰς τὴν κρήνην καὶ βίον ἔδωκεν αὐτοῖς
καθ' ὕδατος · οἱ δ' ἄχρι νῦν παρὰ ποταμοὺς βοῶσι καὶ
λίμνας.

2 ὁ suppl. Mart. ‖ 3 'Ετεροιουμένων... suppl. Sellheim ‖ 10 ἂν
secl. Castigl. qui ex prima alterius uocabuli syllaba natam
hanc uocem esse censuit (cl. XI 3, 4 ; XIX 2 ; XXI 4 ; XXIII 3
ὡς ἂν sensum diuersum habet) ‖ 12 συναντώμενοι Jensius ‖
16 Τρεμιλίδα Berkel : τριμιλίδα P ‖ in mg. litt. mai. adscr. P
πόθεν τῆι Λυκία (sic) χῶραι τὸ ὄνομα ‖ 19 ἀπέλουον τότ' ἔτι
Pap.[1] : ἀπελούοντο ἔτι P ἀπέλουον τότε Oder ἀπέλουον ἔτι Nauck[2].

XXXVI

PANDARÉOS*

Sic

1 Quand Rhéa, par crainte de Cronos[1], eut
caché Zeus dans la grotte[2] de Crète[3], une chèvre[4] le
nourrit en lui offrant son pis. Sur l'ordre de Rhéa un
chien[5] d'or[6] gardait la chèvre. **2** Et lorsque Zeus,
ayant chassé les Titans[7], eut enlevé le pouvoir à Cronos[8],
il métamorphosa la chèvre et la rendit immortelle ;
son image est encore maintenant parmi les astres[9] ;
quant au chien d'or, Zeus lui assigna de garder cet
endroit sacré[10] de Crète. Pandaréos[11], fils de Mérops,
vola ce chien[12], l'emmena sur le mont Sipyle[13] et le
confia à la vigilance de Tantale, fils de Zeus[14] et de
Ploutô[15]. **3** Or, quelque temps après, Pandaréos
vint au Sipyle et réclama le chien ; Tantale jura qu'il
ne l'avait pas reçu[16]. Pour le punir de son larcin, Zeus
transforma Pandaréos[17] en rocher à l'endroit même où
il se tenait ; quant à Tantale, Zeus pour châtier son
parjure[18] l'abattit d'un coup de foudre et posa au-dessus
de sa tête le mont Sipyle[19].

---

* Voir les notes aux p. 149-151.

XXXVI

ΠΑΝΔΑΡΕΟΣ

[Οὕ(τως)]

1 Ἡνίκα Ῥέα φοβουμένη Κρόνον κατέκρυψεν ἐν τῷ κευθμῶνι τῆς Κρήτης τὸν Δία, τότε αὐτὸν ἐξέθρεψεν αἴξ
5 [νύμφη] μαστὸν ὀρέγουσα. Τὴν αἶγα δὲ Ῥέας βουλῇ κύων χρύσεος ἐφύλαττεν. 2 Ἐπεὶ δὲ Ζεὺς Τιτῆνας ἐξελάσας τὸν Κρόνον ἀφείλετο τῆς ἀρχῆς, ἐποίησε τὴν μὲν αἶγα μεταβαλὼν ἀθάνατον· καὶ αὐτῆς ἔτι νῦν εἴδωλόν ἐστιν ἐν τοῖς ἄστροις· τὸν δὲ κύνα τὸν χρύσεον ἀπέδειξε
10 φυλάττειν τὸ ἱερὸν ἐν Κρήτῃ. Τοῦτον Πανδάρεος ὁ Μέροπος κλέψας ᾤχετο φέρων εἰς Σίπυλον καὶ αὐτὸν παρεδέξατο φυλάττειν παρὰ τοῦ Πανδαρέου Τάνταλος ὁ Διὸς καὶ Πλουτοῦς. 3 Ἐπεὶ δὲ μετὰ χρόνον Πανδάρεος ἐλθὼν εἰς Σίπυλον ἀπῄτει τὸν κύνα, Τάνταλος ὤμοσε μὴ λαβεῖν.
15 Ζεὺς δὲ Πανδάρεον μὲν ἀντὶ τῆς κλοπῆς ἐποίησεν ὅθιπερ εἱστήκει πέτρον, Τάνταλον δέ, ἐπεὶ τὸν ὅρκον ἐψεύσατο, κατέβαλε ⟨κεραυνῷ⟩ καὶ ⟨ἐπέθηκεν⟩ αὐτοῦ ὑπὲρ κεφαλῆς τὸν Σίπυλον.

1, 10 et 13 Πανδάρεως Nauck² ‖ 4 αἴξ Blum : αἶξ P Αἶξ Koch sed cf. schol. Arati u. 161 (Nicander, fr. 114 Schn.) ‖ 5 νύμφη secl. Blum cf. Oder, p. 52, n. 8 ‖ 5 et 8 Αἶγα Koch ‖ 12 Πανδάρεω Nauck² ‖ 15 Πανδάρεων Nauck² ‖ 17 κεραυνῷ suppl. Castigl. ‖ ἐπέθηκεν αὐτοῦ Castigl. (cl. XXVIII 3-4 ; cf. etiam XIX 3) : περὶ αὐτὸν P (quod def. Mart. qui αὐτοῦ [secluso περὶ] olim propos.)ἐπηῴρει αὐτῷ Koenig ἐπέρριψεν αὐτοῦ Mehler (Mnemosyne, VI, 1878, p. 404 [cl. Apollod. I 6, 3]) περιαρτῶν (secluso καὶ) E. Dittrich περιέθηκε περὶ αὐτὸν Cazz.

LES DORIENS[1]

Sic

1 De retour à Argos[2] après la prise d'Ilion, Diomède reprocha ses infidélités[3] à sa femme Aegialeia[4] et partit pour Calydon[5] en Étolie. Là, il tua Agrios et ses enfants[6], et rendit la royauté à Oineus[7], son grand-père. **2** Puis il reprit la route pour rentrer à Argos, mais la tempête l'emporta sur la mer Ionienne. Lorsque Daunios[8], roi des Dauniens, eut appris son arrivée[9], il lui demanda de l'aider dans sa guerre[10] contre les Messapiens en lui promettant un lot de terre et la main de sa fille[11]. **3** Diomède accepta la proposition, rangea ses troupes, mit en déroute les Messapiens[12] et reçut la terre[13] qu'il distribua aux Doriens[14], ses compagnons. La fille[15] de Daunios lui donna deux fils, Diomède et Amphinomos[16]. **4** Il mourut de vieillesse[17] au pays des Dauniens, et les Doriens lui rendirent les derniers devoirs dans l'île[18] qu'ils appelèrent *l'île de Diomède*[19] ; quant à eux, ils cultivaient la terre qu'ils s'étaient partagée[20] à côté de celle du roi et qui leur rapportait de riches récoltes, vu leur grande expérience des travaux agricoles[21]. **5** Daunios mort, ils succombèrent aux entreprises de barbares Illyriens. Convoitant leurs terres les Illyriens surgirent à l'improviste et massacrèrent tous les Doriens dans leur île au moment où ils offraient des

ΔΩΡΙΕΙΣ

[Οὕ(τως)]

1 Διομήδης μετὰ τὴν ἅλωσιν Ἰλίου παραγενόμενος
εἰς Ἄργος Αἰγιάλειαν μὲν ἐμέμψατο τὴν γυναῖκα τὴν
5 ἑαυτοῦ χάριν ἔργων Ἀφροδίτης, αὐτὸς δ᾽ εἰς Καλυδῶνα
τῆς Αἰτωλίας ἀφίκετο καὶ ἀνελὼν Ἄγριον καὶ τοὺς παῖδας
Οἰνεῖ τῷ προπάτορι τὴν βασιλείαν ἀποδίδωσιν. 2 Αὖτις
δὲ πλέων εἰς Ἄργος ὑπὸ χειμῶνος εἰς τὸν Ἰόνιον ἐκφέρεται
πόντον. Ἐπεὶ δὲ παραγενόμε|νον αὐτὸν ἔγνω Δαύνιος
10 ὁ βασιλεὺς ὁ τῶν Δαυνίων, ἐδεήθη τὸν πόλεμον αὐτῷ
συμπολεμῆσαι πρὸς Μεσσαπίους ἐπὶ μέρει γῆς καὶ γάμῳ
θυγατρὸς τῆς ἑαυτοῦ. 3 Καὶ Διομήδης ὑποδέχεται
τὸν λόγον. Ἐπεὶ δὲ παραταξάμενος ἐτρέψατο τοὺς
Μεσσαπίους καὶ ἔλαβε τὴν γῆν, ταύτην μὲν Δωριεῦσιν
15 ἔνειμε τοῖς σὺν αὐτῷ· δύο δὲ παῖδας ἐκ τῆς θυγατρὸς
ἔσχε τῆς Δαυνίου, Διομήδη καὶ Ἀμφίνομον. 4 Τελευ-
τήσαντα δ᾽ αὐτὸν κατὰ γῆρας ἐν Δαυνίοις ἐκτέρισαν οἱ
Δωριεῖς ἐν τῇ νήσῳ καὶ ὠνόμασαν αὐτὴν Διομήδειαν,
αὐτοὶ δ᾽ ἐγεώργουν ἣν ἐδάσαντο παρὰ ⟨τὴν⟩ τοῦ βασιλέως
20 γῆν καὶ αὐτοῖς ἐξέφερε πλεῖστον καρπὸν κατ᾽ ἐμπειρίαν
γεωργικῶν ἔργων. 5 Δαυνίου δ᾽ ἀποθανόντος ἐπεβού-
λευσαν Ἰλλυριοὶ βάρβαροι κατὰ φθόνον αὐτῶν τῆς γῆς
καὶ ἀνεῖλον ἐν τῇ νήσῳ πάντας ἔντομα θύοντας ἐπιφανέντες οἱ Ἰλλυριοὶ τοὺς Δωριεῖς· Διὸς δὲ βουλῇ τὰ

9 παραγενόμε|νον desinit P exciso uno folio; legit tunc
Xylander ‖ 12 ἀποδέχεται Nauck² ‖ 15 post αὐτῷ lacunam notauit Oder sic explendam αὐτὸς δὲ τὴν Δαυνίου γήμας νῆσον
πλησίον κειμένην ᾤκησεν ‖ 19 ἐδάσαντο P Xylandro teste :
ἐδέξαντο Oder ‖ τὴν suppl. Pap. ‖ 23-24 καὶ ἐπιφανέντες ἀνεῖλον
ἐν τῇ νήσῳ πάντας ἔντομα θύοντας Fontein uerbis οἱ Ἰλλυριοὶ
τοὺς Δωριεῖς seclusis ‖ 24 ὅτι Ἰλλ- Xylander (err. typ.?).

sacrifices funèbres[22]. Sur l'ordre de Zeus[23], les cadavres[24] des Grecs disparurent[25] et leurs âmes[26] se transformèrent en oiseaux[27].   **6** Et encore maintenant, chaque fois qu'un navire grec aborde l'île, ces oiseaux[28] viennent le trouver, mais devant un navire Illyrien ils s'enfuient[29] et disparaissent tous de l'île.

XXXIX

ARCÉOPHON*

Hermésianax raconte cette histoire[1] au livre II
de la Léontion

1 Arcéophon, fils de Minnyridès, était originaire de la ville de Salamine à Chypre ; bien que né de parents obscurs[2] (ils étaient en effet Phéniciens), il tenait pourtant, de loin, le premier rang par son argent et ses autres formes de richesse. Quand il vit la fille de Nicocréon[3], roi de Salamine, il s'éprit d'elle. **2** La famille de Nicocréon descendait de Teucros[4], qui aida Agamemnon à s'emparer d'Ilion[5] ; cette considération[6] incitait encore davantage Arcéophon à briguer la main de la jeune fille, et il promettait d'apporter beaucoup plus de présents que les autres prétendants. Nicocréon refusa la demande de mariage par mépris pour le lignage d'Arcéophon, ses ancêtres étant Phéniciens. **3** Voyant échouer ses démarches, Arcéophon se sentit encore plus torturé par son amour et, le soir, il allait et venait devant la maison d'Arsinoé et y passait toute la nuit[7] en compagnie de ses camarades. Et comme ses affaires n'allaient pas mieux pour autant, il gagne la nourrice de la jeune fille[8], et, après l'envoi de nombreux cadeaux, il tente de la séduire : ne pourrait-elle s'unir à lui[9] à l'insu de ses parents ? **4** Quand la nourrice lui eut fait part de cette proposition, Arsinoé la dénonça à ses parents qui coupèrent le bout de la langue, le nez et les doigts de la nourrice[10] ;

* Voir les notes aux p. 159-161.

XXXVIII

ΛΥΚΟΣ

['Ιστορεῖ Νίκανδρος 'Ετεροιουμένων α']

1 Αἰακῷ τῷ Διὸς καὶ Αἰγίνης τῆς 'Ασωποῦ παῖδες
ἐγένοντο Τελαμὼν καὶ Πηλεὺς καὶ τρίτος Φῶκος ἐκ
5 Ψαμάθης τῆς Νηρέως. Τοῦτον ἐφίλησε περισσῶς Αἰακός,
ὅτι καλὸς κάγαθὸς ἦν ἀνήρ. 2 Πηλεὺς δὲ καὶ Τελαμὼν
φθονήσαντες αὐτῷ κτείνουσι θανάτῳ κρυφαίῳ · καὶ διὰ
τοῦτ' ἐξελαθέντες ὑπ' Αἰακοῦ τὴν Αἴγιναν ἐξέλιπον.
Ὤκησε δὲ Τελαμὼν μὲν Σαλαμῖνα τὴν νῆσον, Πηλεὺς
10 δ' ἐξίκετο πρὸς Εὐρυτίωνα τὸν Ἴρου καὶ ἱκετεύσας καθαί-
ρεται παρ' αὐτῷ τὸν φόνον · καὶ αὖτις Εὐρυτίωνα ἐν
κυνηγεσίοις ἄκων ἐπὶ συὸς βολῇ κτείνει · 3 καὶ φυγὼν
ἔρχεται παρὰ Ἄκαστον, οὗ ὑπὸ τῆς γυναικὸς πρὸς
ἀφροδίσιον ἔργον ⟨διαβληθεὶς⟩ καταλείπεται μόνος ἐν
15 τῷ Πηλίῳ. Καὶ πλαζόμενος ἐντυγχάνει Χείρωνι τῷ Κεν-
ταύρῳ, ἱκετεύοντα δὲ αὐτὸν ὑποδέχεται ἐκεῖνος εἰς τὸ
ἄντρον. 4 Καὶ Πηλεὺς ἀγείρας πολλὰ πρόβατα καὶ
βοῦς ἄγει πρὸς τὸν Ἴρον κατὰ ποινὴν τοῦ φόνου. Ταύτην
οὐχ ὑποδέχεται τὴν ποινὴν ὁ Ἴρος, ἀλλὰ Πηλεὺς ἀπα-
20 γαγὼν ἀφίησι κατὰ χρησμὸν θεοῦ. 5 Καὶ τὰ πρόβατα
νομέων ἔρημα λύκος ἐπελθὼν κατέδει · καὶ ὁ λύκος οὗτος
κατὰ δαίμονα μεταβαλὼν ἐγένετο πέτρος καὶ ἄχρι πλεί-
στου διέμενε μεταξὺ Λοκρίδος καὶ τῆς Φωκέων γῆς.

---

8 ἐξέλιπον Nauck² : ἐξέλειπον P Xylandro teste ‖ 11 αὐτοῦ
Muncker ‖ 13 παρ' Oder ‖ 14 διαβληθεὶς suppl. Muncker
post γυναικὸς et Schneider post ἔργον ‖ 19 ἀποδέχεται Nauck².

XXXVIII

LE LOUP*

Nicandre raconte cette histoire[1] au livre I
des Métamorphoses

1 Éaque, fils de Zeus et d'Égine, fille d'Asôpos, eut deux fils, Télamon et Pélée[2], et un troisième — Phôcos — de Psamathé[3], fille de Nérée. Phôcos fut singulièrement aimé d'Éaque parce que c'était un homme accompli[4]. **2** Pélée et Télamon en furent jaloux[5] et l'assassinent[6] en cachette[7]. Pour ce crime, ils furent bannis par Éaque et quittèrent Égine[8]. Télamon s'installa dans l'île de Salamine[9], tandis que Pélée se rendit chez Eurytion[10], fils d'Iros ; là, il obtient, par ses prières, la purification du meurtre[11] ; peu après, à la chasse[12], ayant lancé un trait contre un sanglier[13], il tue involontairement[14] Eurytion. **3** Alors, banni[15], il se rend à la cour d'Acaste. La femme[16] de celui-ci accuse calomnieusement Pélée d'avoir voulu la séduire[17], et on l'abandonne seul[18] sur le Pélion. Errant à l'aventure il rencontre le Centaure Chiron[19]. Celui-ci, cédant à ses prières, l'accueille dans sa grotte. **4** Puis Pélée rassemble un grand nombre de moutons et de bœufs et les amène à Iros pour se racheter du meurtre. Iros n'accepte pas le prix du sang et Pélée remmène le troupeau et le lâche en liberté selon l'oracle du dieu. **5** Survient un loup[20] qui, trouvant les moutons sans berger, les dévore[21]. Ce loup fut transformé en rocher par la volonté divine[22], et, pendant très longtemps, il resta entre la Locride et le pays des Phocidiens[23].

* Voir les notes aux p. 155-158.

σώματα μὲν ἠφανίσθη τῶν Ἑλλήνων, αἱ ψυχαὶ δὲ μετέβαλον εἰς ὄρνιθας. 6 Καὶ ἔτι νῦν Ἑλληνικὴ μὲν ἐπὰν
καθορμίζηται ναῦς, φοιτῶσι πρὸς αὐτοὺς οἱ ὄρνιθες,
Ἰλλυρικὴν δὲ φεύγουσι ναῦν καὶ ἀφανίζονται πάντες
5 ἐκ τῆς νήσου.

3 καθορμίζηται d'Orville ad Char., p. 118 : καθορμίσηται
P Xylandro teste ‖ οὗτοι ante οἱ ὄρνιθες suppl. Castigl. (cl. XI
10).

ΑΡΚΕΟΦΩΝ

[Ἱστορεῖ Ἑρμησιάναξ Λεοντίου β']

1 Ἀρκεοφῶν ὁ Μιννυρίδου πόλεως μὲν ἦν Σαλαμῖνος
τῆς ἐν Κύπρῳ, γονέων δὲ οὐκ ἐπιφανῶν (ἦσαν γὰρ ἐκ
5 Φοινίκης), χρήμασι δὲ καὶ τῇ ἄλλῃ εὐδαιμονίᾳ πλεῖστον
ὑπερήνεγκεν. Οὗτος ἰδὼν τὴν θυγατέρα τὴν Νικοκρέοντος
τοῦ Σαλαμινίων βασιλέως ἠράσθη. 2 Γένος δ' ἦν τὸ
Νικοκρέοντος ἀπὸ Τεύκρου τοῦ ξυνελόντος Ἴλιον Ἀγαμέ-
μνονι· παρ' ὃ καὶ μᾶλλον ὁ Ἀρκεοφῶν ἐφίετο τοῦ γάμου
10 τῆς παιδός, καὶ ὑπέσχετο πλεῖστα παρὰ τοὺς ἄλλους
μνηστῆρας ἀποίσειν ἕδνα. Νικοκρέων δ' οὐχ ὑποδέχεται
τὸν γάμον κατ' αἰσχύνην γένους τοῦ Ἀρκεοφῶντος, ὅτι
αὐτῷ πατέρες ἦσαν Φοίνικες. 3 Ἀρκεοφῶντι δ' ἀπο-
τυγχανομένῳ πρὸς τὸν γάμον πολὺ χαλεπώτερος ἦν
15 ὁ ἔρως καὶ νυκτὸς ἐπὶ τὰ οἰκία τῆς Ἀρσινόης ἐφοίτα καὶ
διενυκτέρευε μετὰ τῶν ἡλικιωτῶν. Ἐπεὶ δὲ αὐτῷ πρὸς τὸ
ἔργον οὐδὲν ἐτυγχάνετο, πείθει τροφὸν αὐτῆς καὶ πλεῖ|στα
δῶρα πέμψας ἐπειράθη τῆς παιδός, εἴ πως αὐτῷ δύναιτο
κρύφα μιχθῆναι τῶν γονέων. 4 Ἡ δὲ παῖς, ἐπεὶ τὸν
20 λόγον ἡ τροφὸς αὐτῇ προσήνεγκε, κατεμήνυσε πρὸς τοὺς
γονέας· οἱ δὲ γλῶσσαν ἄκραν καὶ ῥῖνα καὶ δακτύλους

2 Λεοντίου Oder : Λεοντίῳ P Xylandro teste ‖ 7-8 τὸ Νικοκρέοντος Oder : τὸν Νικ- Xylander (err. typ.?) τοῦ Νικ- Berkel ‖
11 ἀποδέχεται Nauck² ‖ 13-14 ἀποτυγχάνοντι πρὸς uel ἀποτυγχάνοντι τῶν πρὸς J. Th. Schneider ‖ 14 πρὸς τὸν γάμον secl. Nauck² ‖
15 οἰκεῖα Nauck² ‖ 16 διενυκτέρευε Pap.¹ : διενυκτέρευσε P ‖
16-17 πρὸς τὸν γάμον οὐδὲν ἐπεραίνετο Nauck² τῶν πρὸς τὸ
ἔργον οὐδὲν ἐπετυγχάνετο J. Th. Schneider πρὸς τὸ ἔ. οὐ.
ἐπετυγχάνετο uel ἐτύγχανε Oder ‖ 17 αὐτῆς Valckenaer :
ἑαυτοῦ P Xylandro teste ‖ πλεῖστα litteris στα rursus incipit
P ‖ 18 αὐτῷ P (quod def. Bast, p. 163) : αὐτῇ Pierson, ad
Moer. Att., p. 310.

après cette mutilation impitoyable ils la mirent à la
porte. Cet acte indigna[11] la déesse. **5** Cependant
Arcéophon, dévoré par sa passion excessive et appréhen-
dant que son mariage n'aboutisse pas, se laisse mourir
d'inanition[12] ; ses concitoyens eurent pitié de cette
mort et prirent le deuil ; et, le troisième jour, ses
parents emportèrent son cadavre sur un lieu découvert.
6 Ils s'apprêtaient à lui rendre les derniers devoirs,
lorsqu'Arsinoé eut l'envie insolente de se pencher[13] à sa
fenêtre pour voir le cadavre se consumer. Elle était
plongée dans sa contemplation, quand Aphrodite,
indignée d'un tel caractère, la métamorphosa en pierre[14]
et lui enracina les pieds dans le sol.

ἀποτεμόντες τῆς τροφοῦ καὶ λωβησάμενοι ἀνοίκτρως
ἐξήλασαν ἐκ τῶν οἰκίων. Καὶ πρὸς τὸ ἔργον ἐνεμέσησεν
ἡ θεός. 5 Ἀρκεοφῶν μὲν οὖν καθ᾽ ὑπερβολὴν πάθους
καὶ ὑποψίαν τὴν πρὸς τὸν γάμον ἑκὼν ἀποθνήσκει κατὰ
5 τροφῆς ἔνδειαν · οἱ δὲ πολῖται τὸν θάνατον οἰκτείραντες
ἐπένθησαν, ἡμέρᾳ δὲ τρίτῃ τὸ σῶμα προήνεγκαν εἰς
ἐμφανὲς οἱ προσήκοντες. 6 Καὶ οἱ μὲν ἔμελλον κηδεύ-
σειν, Ἀρσινόη δὲ πρὸς ὕβριν ἐπεθύμησεν ἐκ τῶν οἴκων
ἐκκύψασα τὸ σῶμα τὸ τοῦ Ἀρκεοφῶντος κατακαιόμενον
10 ἰδεῖν. Καὶ ἡ μὲν ἐθεᾶτο, μισήσασα δὲ τὸ ἦθος Ἀφροδίτη
μετέβαλεν αὐτὴν καὶ ἐποίησεν ἐξ ἀνθρώπου λίθον καὶ
τοὺς πόδας ἐρρίζωσεν ἐπὶ τὴν γῆν.

1 ἀνοίκτρως Bast : ἀνοικτρῶς P ἀνοίκτως L. Dindorf in *Thes.
Gr. L.* s. u. ἄνοικτρος ‖ 2 οἰκίων Koch : οἰκιῶν P ‖ 4 ὑποψίαν P
(quod def. Koch) : ὑπεροψίαν Muncker (cl. XII 2) ἀπορίαν
Mart. (cl. XII 6) ἀποτυχίαν Jacobs in *add. animaduers. in Ath.*,
p. 81.

XL

BRITOMARTIS *

1 Cassiépeia, fille d'Arabios, et Phénix, fils d'Agénor, eurent pour enfant Carmé[1]. Zeus s'unit à elle[2] et engendra Britomartis[3]. Celle-ci, fuyant le commerce des hommes[4], se plut à rester vierge à jamais. **2** De Phénicie, elle se rendit d'abord à Argos auprès de Byzé[5], de Mélité[6], de Maira[7] et d'Anchirhoé, les filles d'Érasinos[8] ; puis, d'Argos, elle remonta jusqu'à Céphallénie ; les Céphalléniens la surnommèrent *Laphria*[9] et lui offrirent des sacrifices comme à une déesse. **3** Ensuite elle vint en Crète où Minos la vit, s'éprit d'elle et se mit à la poursuivre[10]. Britomartis se réfugia auprès de pêcheurs qui l'enfouirent[11] sous leurs filets[12] ; à la suite de cet événement les Crétois la surnommèrent *Dictynna*[13] et lui offrirent des sacrifices[14]. Ayant échappé à Minos, Britomartis gagna Égine sur la barque du pêcheur Andromédès[15]. **4** Celui-ci, brûlant de s'unir à elle, l'attaqua[16] ; mais Britomartis sauta du navire[17] et se réfugia dans un bois[18], à l'endroit même où se trouve maintenant son sanctuaire[19]. Elle y disparut[20] et on l'appela *Aphaia*[21]. Dans le sanctuaire d'Artémis[22]

* Voir les notes aux p. 161-164.

ΒΡΙΤΟΜΑΡΤΙΣ

1 Κασσιεπείας τῆς Ἀραβίου καὶ Φοίνικος τοῦ Ἀγή-
νορος ἐγένετο Κάρμη · ταύτῃ μιγεὶς Ζεὺς ἐγέννησε
Βριτόμαρτιν. Αὕτη φυγοῦσα τὴν ὁμιλίαν τῶν ἀνθρώπων
5 ἠγάπησεν ἀεὶ παρθένος εἶναι. 2 Καὶ παρεγένετο πρῶτα
μὲν ἐπ᾽ Ἄργος ἐκ Φοινίκης παρὰ τὰς Ἐρασίνου θυγατέρας
Βύζην καὶ Μελίτην καὶ Μαῖραν καὶ Ἀγχιρόην, ἔπειτα
δ᾽ ἐκ τοῦ Ἄργους εἰς Κεφαλληνίαν ἀνέβη καὶ αὐτὴν
ὠνόμασαν οἱ Κεφαλλῆνες Λαφρίαν καὶ ἱερ᾽ ἀνήγαγον
10 ὡς θεῷ. 3 Ἔπειτα ἔρχεται εἰς Κρήτην καὶ αὐτὴν ἰδὼν
Μίνως καὶ ἐρασθεὶς ἐδίωκεν · ἡ δὲ κατέφυγε παρ᾽ ἄνδρας
ἁλιέας · οἱ δὲ αὐτὴν κατέδυσαν εἰς τὰ δίκτυα καὶ ὠνόμασαν
ἐκ τούτου Κρῆτες Δίκτυνναν καὶ ἱερὰ προσήνεγκαν.
Ἐκφυγοῦσα δὲ Μίνωα ἐξίκετο ἡ Βριτόμαρτις εἰς Αἴγιναν
15 ἐν πλοίῳ σὺν ἀνδρὶ ἁλιεῖ Ἀνδρομήδει. 4 Καὶ ὁ μὲν
αὐτῇ ἐνεχείρησεν ὀρεγόμενος μιχθῆναι, ἡ δὲ Βριτόμαρτις
ἀποβᾶσα ἐκ τοῦ πλοίου κατέφυγεν εἰς ἄλσος, ὅθιπέρ
ἐστι νῦν αὐτῆς τὸ ἱερόν, κἀνταῦθα ἐγένετο ἀφανὴς καὶ
ὠνόμασαν αὐτὴν Ἀφαίαν. Ἐν δὲ τῷ ἱερῷ τῆς Ἀρτέμιδος

7 Ἀγχινόην Mart. dub. (cl. Wagner ad Apollod., p. 53,13) ‖
9 ἱερ᾽ ἀνήγαγον Pap.² duce Cazz. (qui ἱρ᾽ i. e. ἵρ᾽) : ιρον ἤγαγον
P ἱερὰ ἤγ. Mart. ‖ 12 αὐτὴν καταδῦσαν εἰς τὰ δίκτυα ἔσωσαν καὶ
Holland, Britomartis, p. 60, cl. Callim. h. Art. 197 et schol.
Eur. Hipp. 1130 (ἐσώθη) ‖ 16 ἐνεχείρησεν Verheyk : ἐνεχείρισεν
P ‖ 18 ἔτι ante νῦν suppl. Mart. sed cf. Castigl., Collect. Gr.,
p. 89 ‖ lacunam post ἀφανὴς statuit Fränkel, Rh. Mus. LVII 1902,
p. 547 qui καὶ ξόανον ἐφάνη ἀντ᾽ αὐτῆς · συνέβη δὲ ἐν e. g.
suppleuit sed cf. Furtwängler, Münch. Sitz.-B., 1901, p. 378, 1
et Holland, o. l., p. 61 ‖ 18-19 καὶ ὠν-... Ἀφαίαν secl. Mart.
probante Furtwängler, o. l. p. 377, sed cf. Holland, o. l. p. 60 ‖
19 Ἀφαίαν Schneider : αφαιαν P ἄφαιαν tab. II.

apparut une statue[23]. Les Éginètes consacrèrent le lieu[24] où Britomartis était devenue invisible. Elle-même, ils la surnommèrent *Aphaia* et lui offrirent des sacrifices comme à une déesse[25].

⟨ἐφάνη ξόανον⟩. Τὸν δὲ τόπον, ἐν ᾧ ἀφανὴς ἐγένετο
ἡ Βριτόμαρτις, ἀφιέρωσαν Αἰγινῆται καὶ ὠνόμασαν
⟨αὐτὴν⟩ 'Αφαίαν καὶ ἱερὰ ἐπετέλεσαν ὡς θεῷ.

1 post 'Αρτέμιδος suppl. ἀντὶ τοῦ σώματος ἐφάνη ξόανον (cl.
tab. II sub μ' et cap. XIII, 6) Mart. κατὰ τὸν αὐτὸν χρόνον
ἐφάνη ξόανον · καὶ τὸ ξόανον τοῦτο Schneider ‖ δὲ P : τε
Schneider, sed cf. Furtwängler, Rh. Mus. 1902, p. 258 ‖ 2-3 καὶ...
'Αφαίαν secl. B. Hemmerdinger ‖ 3 αὐτὴν suppl. Pap.[1] duce Mart.
(qui ante ὠνόμασαν suppl.) ‖ 'Αφαίαν Schneider : ἀφάην P
'Αφαίαν Ἄρτεμιν Βριτόμαρτιν Holland (l. l., p. 61 cl. XIII 7)
'Αφαίας (sc. τόπον uel ἱερόν) Verheyk (cl. capitis XXXI fine)
                                          E
'Αφαίην Cazz. ‖ ἱερὰ edd. : ἱρὰ P ἱρὰ Cazz.

XLI

LE RENARD*

1 Céphalos[1], fils de Déion[2], épousa à Thoricos[3] d'Attique Procris, fille d'Érechthée. C'était un jeune homme vaillant et beau ; l'Aurore[4] s'éprit de lui pour sa beauté, l'enleva[5] et en fit son amant............ **2** Alors Céphalos mit Procris à l'épreuve pour voir si elle était disposée à lui rester fidèle. Saisissant le premier prétexte, il feignit d'aller à la chasse, donna beaucoup d'or à un de ses familiers[6] que Procris ne connaissait pas, l'envoya chez elle et lui fit dire qu'un étranger amoureux d'elle lui donnait cet or, à condition qu'elle s'unît à lui. **3** Au début, Procris refuse l'or, mais quand il lui en eut envoyé le double, elle consent et accepte la proposition[7]. Lorsque Céphalos la vit arriver chez lui et se coucher auprès de celui qu'elle croyait être un étranger, il apporta une torche allumée et la surprit en flagrant délit. **4** De honte Procris abandonna Céphalos et se réfugia auprès de Minos, roi des Crétois[8]. Elle le trouva souffrant de n'avoir pas

* Voir les notes aux p. 165-167.

ΑΛΩΠΗΞ

1 Κέφαλος ὁ Δηίονος ἔγημεν ἐν Θορικῷ τῆς Ἀττικῆς Πρόκριν τὴν θυγατέρα τὴν Ἐρεχθέως. Ἦν δὲ ὁ Κέφαλος νέος καὶ καλὸς καὶ ἀνδρεῖος · ἐρασθεῖσα δὲ διὰ τὸ κάλλος 5 ἥρπασεν αὐτὸν Ἠὼς καὶ ἐποιήσατο σύνοικον ⟨...⟩ 2 Τότε δ' οὖν ὁ Κέφαλος ἐπειρᾶτο τῆς Πρόκριδος, εἰ συμμένειν ἀδιάφθορος αὐτῷ ἐθελήσαι. Καὶ αὐτὸς μὲν καθ' ἥντινα πρόφασιν ἐσκήψατο εἰς θήρας ἰέναι, Πρόκριδι δὲ εἰσαπέστελλεν ἄνδρα οἰκιήτην ἀγνῶτα φέροντα χρυσὸν 10 πολὺν καὶ αὐτὸν ἐδίδασκε λέγειν πρὸς τὴν Πρόκριν, ὅτι ἀνὴρ ξένος ἐρασθεὶς διδοῖ τοῦτο τὸ χρυσίον, εἰ αὐτῷ συγγένοιτο. 3 Ἡ δὲ Πρόκρις τὸ μὲν πρῶτον ἀπολέγεται τὸν χρυσόν, ἐπεὶ δὲ διπλάσιον εἰσέπεμψεν, ὁμολογεῖ καὶ προσδέχεται τὸν λόγον. Ὁ δὲ Κέφαλος, ὅτε αὐτὴν ἔγνω 15 παρελθοῦσαν εἰς τὸν οἶκον καὶ κατακλινεῖσαν ὡς παρὰ τὸν ξένον, δᾷδα καιομένην παρήνεγκεν καὶ κατεφώρασεν αὐτήν. 4 Πρόκρις δὲ καταλιποῦσα τὸν Κέφαλον ὑπ' αἰσχύνης ᾤχετο φεύγουσα παρὰ Μίνωα τὸν βασιλέα τῶν Κρητῶν. Καταλαβοῦσα δ' αὐτὸν ἐχόμενον ὑπ' ἀτεκνίας

---

5 post σύνοικον lac. notauit Jacobs in uers. germ., p. 141 not.* (cl. Hyg. *Fab.* 189) ; tentauit Oder (cl. Ov. *Met.* VII, 710 sqq.) πόθῳ δὲ τῆς γυναικὸς ἐχόμενον ἀφῆκεν Ἠώς, τὴν Πρόκριν μὴ πιστὴν εἶναι λέγουσα‖ 7 ἐθελῆσαι Verheyk (cf. infra § 6) : ἐθελῆσαι P ἐθελήσειε Nauck² ‖ 8 ἐσκέψατο Muncker ‖ εἰς θήρας ἰέναι def. Blum, p. 6 sq., et Severyns, *Rech. Chrest. Proclos*, III, p. 204,1 ; cf. Eur. *Suppl.* 885 ἔς τ'ἄγρας ἰών‖ 9 εισαπέστελλεν P («fort. librar. praep. εἰς delere uoluit» Mart.) : εἰσαπέστειλεν Muncker‖ οἰκιήτην Bast probantibus Mart. et Cazz. : οἰκετην P οἰκέτην ceteri edd. ‖ 15 οἶκον P : κοίτην propos. Mart. (cl. XXXIV 2 ποθεῖ παραγενέσθαι... εἰς τὴν κοίτην).

d'enfants[9], lui promit de le guérir et lui enseigna le moyen d'avoir des enfants. Car Minos éjaculait des serpents, des scorpions et des scolopendres[10], et toutes les femmes auxquelles il s'unissait mouraient. **5** Mais Pasiphaé était fille du Soleil et immortelle. Alors Procris imagine le procédé suivant[11] pour faire procréer Minos : elle introduisit une vessie de chèvre[12] dans le sexe d'une femme, Minos émettait d'abord les serpents dans la vessie, puis passait chez Pasiphaé et s'unissait à elle. Et lorsqu'ils eurent des enfants, Minos donna à Procris la javeline et le chien[13] ; pas une bête ne leur échappait, toutes subissaient leur loi. **6** Procris accepta les présents. Elle rentra à Thoricos d'Attique où vivait Céphalos et en fit son compagnon de chasse[14] : elle s'était habillée et coupé les cheveux à la manière masculine si bien que personne en la voyant ne put la reconnaître[15]. Voyant qu'il n'avait aucun succès à la chasse, alors que Procris ne manquait jamais son coup[16], Céphalos désira avoir lui-même cette javeline. Procris promit en outre de lui donner également le chien, s'il voulait lui accorder la faveur de ses charmes. **7** Et Céphalos d'accepter la proposition ; quand ils se furent allongés, Procris révéla son identité et reprocha à Céphalos d'avoir commis une faute bien plus vilaine que la sienne. Et Céphalos prend le chien et la javeline[17].

⟨ἴασιν⟩ ὑπισχνεῖτο καὶ ἐδίδασκεν τὸν τρόπον αὐτῷ, ᾧ γένοιντο παῖδες. Ὁ γὰρ Μίνως οὔρεσκεν ὄφεις καὶ σκορπίους καὶ σκολοπένδρας καὶ ἀπέθνησκον αἱ γυναῖκες ὅσαις ἐμίγνυτο. 5 Πασιφάη δ᾽ ἦν Ἡλίου θυγάτηρ 5 ἀθάνατος. Ἡ δ᾽ οὖν Πρόκρις ἐπὶ τῇ γονῇ τοῦ Μίνως μηχανᾶται τοιόνδε · κύστιν αἰγὸς ἐνέβαλεν εἰς γυναικὸς φύσιν καὶ ὁ Μίνως τοὺς ὄφεις πρότερον ἐξέκρινεν εἰς τὴν κύστιν, ἔπειτα δὲ παρὰ τὴν Πασιφάην εἰσιὼν ἐμίγνυτο. Καὶ ἐπεὶ αὐτοῖς ἐγένοντο παῖδες, ὁ Μίνως διδοῖ τῇ Πρόκριδι 10 τὸν ἄκοντα καὶ τὸν κύνα · τούτους δὲ οὐδὲν ἐξέφευγε θηρίον, ἀλλὰ πάντα ἐχειροῦντο. 6 Καὶ ἡ Πρόκρις δεξαμένη ἀφίκετο εἰς Θορικὸν τῆς Ἀττικῆς, ὅπου ᾤκει ὁ Κέφαλος, καὶ σὺν αὐτῷ ἐκυνηγέτει ἐξαλλάξασα τὴν ἐσθῆτα καὶ τὴν κουρὰν τῆς κεφαλῆς εἰς ἄνδρα καὶ οὐδεὶς 15 αὐτὴν ἰδὼν ἐγνώρισε. Κέφαλος δὲ ἰδὼν ὅτι αὐτῷ μὲν οὐδὲν ἐπετύγχανε τῶν πρὸς τὴν θήραν, ἅπαντα δὲ συνέφερεν πρὸς τὴν Πρόκριν, ἐπεθύμησεν αὐτὸς τὸν ἄκοντα τοῦτον λαβεῖν. Καὶ Πρό⟨κρις μὲν τὸν κύνα προ⟩συπέσχετο δώσειν, εἰ αὐτῇ τῆς ὥρας ἐθελήσαι τῆς ἑαυτοῦ χαρίσασθαι. 20 7 Ὁ δὲ Κέφαλος παραδέχεται τὸν λόγον καί, ὅτε κατεκλίνησαν, ἐξέφηνεν ἑαυτὴν ἡ Πρόκρις καὶ ὠνείδισε τὸν Κέφαλον, ᾗ αὐτὸς πολὺ αἴσχιον ἐξαμάρτοι. Καὶ τὸν μὲν κύνα καὶ τὸν ἄκοντα λαμβάνει Κέφαλος · Ἀμφιτρύων

1 ἴασιν ante ὑπισχνεῖτο suppl. Castigl. (cl. XXXIV 2 ἄκος.... ὑποσχομένη) : ὑπισχνεῖτο θεραπεύσειν Mart. ‖ ᾧ Saumaise : εἰ P ᾗ Jacobs‖ 1-2 uerba εἰ γένοιντο παῖδες · ὁ γὰρ Μίνως οὔρεσκεν litt. minusc. in mg. exarauit librarius, posito supra γένοιντο signo ⸌ quod supra uoces αὐτῶι et σκολυπένδρας (sic) habet P sed erasum ; quae uerba post τρόπον inserenda esse censuit Saumaise‖ 4 ἦν P : ἡ Oder post ἀθάνατος suppleto ἦν ‖ 5 ἡ δ᾽ οὖν Jacques : ἡ γ᾽ οὖν P ἡ γοῦν Oder‖ 10 ἐξέφευγε Pap.¹ : ἐξέφυγε P ‖ 18 suppl. Πρόκρις μὲν τὸν κύνα ante προσυπέσχετο Cazz. τὸν κύνα Πρόκρις ante προσυπ. Mart. τὸν κύνα ante προσυπ. Jacobs in uers. germ., p. 142** Πρὸς (i.e. Πρόκρις) ὑπέσχετο Schaefer ad Long., p. 388 ‖ 19 αὐτῇι (H in ras.) P : αὐτῷ Cazz. sed cf. Pap.²‖ ἐθελήσαι Muncker : ἐθελῆσαι P ‖ 20 παραδέχεται Muncker : παρέχεται P ‖ 22 ᾗ Xylander : ἡ P ἧς Verheyk.

Amphitryon[18] qui avait besoin du chien vint chez Céphalos lui demander s'il voulait l'aider avec son chien à chasser le renard ; il promit de lui donner la part du butin, qu'il prendrait aux Téléboens[19]. **8** Car, en ce temps-là, il était apparu au pays des Cadméens[20] un renard[21], un animal extraordinaire : il faisait des incursions continuelles à partir du Teumessos[22] et s'emparait[23] souvent des Cadméens ; tous les trente jours, on lui exposait un enfant, et l'animal le prenait et le dévorait. **9** Amphitryon alla prier Créon[24] et les Cadméens de faire campagne avec lui contre les Téléboens : mais ils refusaient à moins qu'il ne les aidât à exterminer le renard ; Amphitryon accepte cette condition et conclut l'accord avec les Cadméens. Il vint trouver Céphalos, l'informa de cet accord et tâcha de le convaincre d'aller à Thèbes avec son chien ; Céphalos accepte, arrive sur les lieux et donne la chasse au renard. **10** Mais, ainsi le voulaient les dieux, il n'était pas plus possible de rattraper le renard en le poursuivant que d'échapper à la poursuite du chien. Lorsqu'ils furent dans la plaine de Thèbes[25], Zeus les vit et les transforma[26] tous les deux[27] en rochers[28].

δὲ χρῄζων τοῦ κυνὸς ἐξίκετο παρὰ τὸν Κέφαλον, εἴ γε
ἐθελήσειεν ἅμα αὐτῷ ἐπὶ τὴν ἀλώπεκα βῆναι σὺν τῷ κυνί,
καὶ ὑπέσχετο τῆς λείας Ἀμφιτρύων ἀποίσειν τῷ Κεφάλῳ
τὴν μοῖραν, ἣν ἂν ἐκ τῶν Τηλεβοῶν λάβῃ. 8 Ἐφάνη
5 γὰρ ἐν ⟨τῷ⟩ χρόνῳ τούτῳ Καδμείοις ἀλώπηξ, χρῆμά τι
ἐξηλλαγμένον · αὕτη συνεχῶς ἐκ τοῦ Τευμησσοῦ κατιοῦσα
πολλάκις τοὺς Καδμείους ἡρπάζετο καὶ αὐτῇ προυτίθεσαν
παιδίον διὰ τριακοστῆς ἡμέρας, ἡ δὲ κατήσθιε λαμβά-
νουσα. 9 Καὶ ἐπειδὴ Ἀμφιτρύων Κρέοντος ἐδεήθη
10 ⟨καὶ⟩ Καδμείων ἐπὶ Τηλεβόας αὐτῷ συστρατεῦσαι, καὶ
οἱ δ᾽ οὐκ ἔφασαν εἰ μὴ αὐτοῖς τὴν ἀλώπεκα συνεξέλοι,
συντίθεται Ἀμφιτρύων ἐπὶ τούτοις πρὸς τοὺς Καδμείους.
Καὶ ἐλθὼν πρὸς τὸν Κέφαλον ἔλεγε τὴν συνθήκην καὶ
ἔπειθε βῆναι εἰς Θήβας σὺν τῷ κυνί, ὁ δὲ Κέφαλος ἀποδέχε-
15 ται ⟨τὸν λόγον⟩ καὶ ἐλθὼν κυνηγετεῖ τὴν ἀλώπεκα.
10 Ἦν δὲ θεμιτὸν οὔτε τῇ ἀλώπεκι καταληφθῆναι ὑπό
τινος διώκοντος, οὐδὲ τὸν κύνα ἐκφυγεῖν διωκόμενον
οὐδέν. Ἐπεὶ δὲ ἐγένοντο ἐν τῷ πεδίῳ τῶν Θηβαίων, Ζεὺς
ἰδὼν ἐποίησεν ἀμφοτέρους λίθους.

1 εἴ γε P : εἴ πως Oder ‖ 4 Τηλεβοῶν Oder : τηλεβόων P ‖
5 τῷ suppl. Oder ‖ 7 πολλάκις secl. Nauck³ ‖ ἡρπάζετο καὶ
plerique edd. : ἡρπάζετο (o in ras.) καὶ P ἥρπαζέ τε ‹...›
καὶ («in lacuna fors. addenda καὶ ἀνεῖλεν») Mart. ἥρπαζεν εἰ
μὴ Oder ‖ 9-10 Ἀμφιτρύων Κρέοντος ἐδεήθη καὶ Καδμείων
Pap.¹ secutus Nicklin, Class. Rev. XVII, 1903, p. 387 Ἀμφιτρύων
Κρέοντος ἐδεήθη Καδμείων (genet. partit.) : Ἀμφιτρύωνος ἰόντος
ἐδεήθη Καδμείων P plerique edd. Ἀμφιτρύων ἐσιέναι ἑτοῖμος ἐπὶ
Τηλεβόας ἐδεήθη Καδμείων E. Dittrich apud Mart. ‖ 10 καὶ
secl. Oder ‖ 14 εἰς Θήβας σὺν τῷ κυνί Muncker probante
Cazz.¹ : εἰς ἆσσον τῶι κυνί P εἰς Τευμησσὸν σὺν τῷ κυνί etiam
Muncker ‖ 15 τὸν λόγον suppl. Mart. ‖ κυνηγετεῖ P : ἐκυνηγέτει
Castigl. cl. XIV 2 ‖ ἀλώπεκα P (ϛ signum supra alt. α) ‖
16 οὐκ ante ἦν suppl. Verheyk ‖ ἦν δὲ (ϛ signum supra ε)
θεμιτόν·οὔτε τῆι ἀλώπεκι (ι in ras.) legitur in mg. P litt.
minusc. adscr.: τὴν (τῇ∥P) ἀλώπεκα (alt. α in ras.) legit Mart. et
edd. omnes ‖ 17 οὐδὲ P edd. uett. (cf. Denniston, The Greek
Particles², p. 193) : οὔτε Mart. (per errorem) et Cazz. ‖ 19 in fine
fol. 208ᵛ exstat haec subscriptio litt. mai. adscripta Ἀντωνίνου
Λιβέραλις (sic) Μεταμορφώσεων Συναγωγή.

NOTES

I. CTÉSYLLA

1. Un Siphnien de ce nom est attesté par une inscription d'Ioulis : *IG* XII, 5, 611.

2. L'une des quatre villes de Céos, sur lesquelles voir *IG* XII, 5, 526-650 ; A. Pridik, *De Cei insulae rebus* (Berlin, 1892), p. 3-10; G. Welter, *Keos* (*Arch. Anz.*, LXIX, 1954, p. 48-93).

3. Sur la fête des Pythies cf. Nilsson, *Gr. Feste...*, p. 159 sq. Sur le temple d'Apollon dans cette ville, cf. P. Graindor, *Fouilles de Karthaia* (*Bull. Corr. Hell.*, XXIX, 1905, p. 339-342).

4. Panégyrie locale qui attire les habitants des villes voisines, ce qui explique que la famille de Ctésylla, bien qu'originaire d'Ioulis, se trouvait alors à Carthaia. Sur ces fêtes dans les Cyclades, cf. Callim., *Délos*, 278 sq.

5. O. Schneider, *Nicandrea*, p. 58, rapporte à la légende de Ctésylla le fragment 50 de Nicandre cité par Athénée, III, 82ᵃ : Μνημονεύει δ᾽ αὐτῶν [*sc.* τῶν ἐν Σιδοῦντι μήλων] καὶ Νίκανδρος ἐν Ἑτεροιουμένοις οὕτως · « αὐτίχ᾽ ὅ γ᾽ ἢ Σιδόεντος ἠὲ Πλείστου ἀπὸ κήπων | μῆλα ταμὼν χνοάοντα τύπους ἐνεμάσσετο Κάδμου ».

6. La pomme ou le coing, fruits préférés d'Aphrodite, jouaient un certain rôle dans les rites nuptiaux, car on leur attribuait des vertus aphrodisiaques. Cf. Gruppe, *Gr. Myth.*, p. 384, n. 8.

7. Lancer une pomme (μηλοβολεῖν, μήλοις βάλλειν) équivaut à une déclaration d'amour ou à une invitation galante. Sur ce motif, voir en dernier lieu J. Trumpf, *Kydonische Aepfel* (*Hermes*, LXXXVIII, 1960, p. 14-22).

8. Dans une société où toute lecture se fait à voix haute, lire une formule de serment, c'est la prononcer, c'est aussi se lier de façon définitive.

9. Ctésylla jure par Artémis comme les jeunes filles et les femmes dans la tragédie et la comédie. Cf. Soph., *Él.*, 1239 ; Aristoph., *Lys.*, 435 et *passim ; Thesmoph.*, 569, etc.

10. Cf. Aristénète, *Ép.*, I, 10 τὸν ἐρωτικὸν δόλον ἀπέρριψεν αἰδουμένη.

11. Cette allusion à la légende d'Acontios est due soit à Nicandre lui-même, qui, dans ses *Heteroioumena*, s'est inspiré des *Aitia* de Callimaque, comme le montre l'abondance des traits étiolo-

giques (cf. Schneider, *Nicandrea*, p. 43), soit à Ant. Lib. qui, en grammairien érudit, a pu faire le rapprochement. L'opinion de Hercher (cf. app. crit.), qui tient ces mots pour apocryphes, n'est donc pas justifiée.

12. Dans la cérémonie du serment « il faut distinguer entre deux rites différents, qui, d'ailleurs, peuvent se combiner : la *saisie* d'un objet que le jurant a sous les yeux et qui offre une garantie.... par sa valeur symbolique, et, d'autre part, la *prise à témoin* de forces qui échappent à la vue, dieux ou forces cosmiques... » (J. Bollack, *Styx et serments*, *Rev. Ét. Gr.*, LXXI, 1958, p. 1-35, notamment p. 10-11).

13. Le laurier sacré d'Apollon. Cf. Callim., *Apollon*, 1. On jurait parfois par le nom de certaines plantes. Cf. Athénée, IX, 370ᵃ⁻ᶜ.

14. Il s'agit du sacrifice prénuptial que les jeunes filles offraient à Artémis, déesse de la virginité. Il consistait parfois dans l'offrande de la chevelure. Cf. Eurip., *I.A.*, 1110 sqq.

15. Sur l'Artémision d'Ioulis, cf. *IG* XII, 5, 617-8.

16. L'héroïne de Nicandre est plus audacieuse que Cydippé. De même la fin de l'histoire est plus pathétique. Selon Pasquali (*Studi Ital. di filol. class.*, XX, 1913, p. 106), ces deux traits sont propres à la littérature hellénistique tardive. Ils conviennent mieux à l'auteur des *Thériaques* (IIᵉ siècle av. J.-C.) qu'à son homonyme plus ancien.

17. Sur ce sens du mot δαίμων, cf. Nilsson, *Gesch. Gr. Rel.*, I², p. 216-222 ; G. François, *Le Polythéisme et l'emploi au singulier des mots* δαίμων, θεός *dans la littérature grecque d'Homère à Platon* (Paris, 1957).

18. Le châtiment du parjure pouvait être l'extinction de sa race. Cf. l'histoire de Glaucos dans Hérodote, VI, 86. Il est fréquent que dans les serments on engage non seulement son propre salut mais aussi celui de sa famille. Cf. *Iliade*, III, 299-301 ; IV, 162, etc.

19. Cf. Ov., *Mét.*, VII, 368-370. La colombe est l'oiseau sacré d'Aphrodite, par exemple à Dodone. Elle se trouve représentée sur les monnaies de Sériphos et de Siphnos dans les Cyclades. Sur le caractère sacré de la colombe cf. U. Pestalozza, Λητὼ Φυτία e le 'Εκδύσια (*Memorie del Istit. Lomb.*, XXIV, 6, 1938, p. 275-76).

20. Cf. *IG* XII, 5, 593, ll. 6-7 (loi funéraire d'Ioulis) : ἐχφέρεν δὲ ἐγ κλίνηι σφ[η]νόπο[δ]ι. Le lit funéraire était recouvert ; cf. *ibid.*, l. 11.

21. Dans les légendes d'Aspalis (chap. XIII), des Coronides (XXV), d'Hylas (XXVI), de Dryopé (XXXII) et de Britomartis (XL) nous avons une conclusion semblable : ἀφανισμός d'un jeune homme ou d'une jeune fille, qui constitue l'*aition* d'un culte local en son honneur et la preuve de son immortalisation ou déification. Voir A. S. Pease, *Some Aspects of Invisibility* (*Harv. Stud. Class. Phil.*, LIII, 1942, p. 1-36, notamment p. 12 sqq.).

22. Les ressemblances entre Ctésylla et Aspalis (chap. XIII)

vont jusqu'à l'identité de leur épithète cultuelle : Ctésylla Hécaergé répond à Aspalis Ameilété Hécaergé. Ce sont là probablement des *épiclèses* locales d'une même divinité. Le culte d'Aphrodite Ctésylla à Céos n'est connu que par ce passage d'Ant. Lib., alors que le culte d'Hécaergé, ou plutôt d'Artémis Hécaergé, était répandu un peu partout dans les Cyclades. Cependant Aphrodite avait probablement un temple à Carthaia. Cf. *IG* XII, 5, 551-52.

II. LES MÉLÉAGRIDES

1. Sur la légende de Méléagre, voir Surber, *Die Meleagersage* (Zürich, 1880) ; Van der Kolf, art. *Meleagros, RE* XV [1932], 446-478 ; J. Th. Kakridis, Μελεάγρεια (*Philol.*, XLIV, 1935, p. 1-25) ; E. Valgiglio, *La leggenda di Meleagro nei suoi interessi tradizionali, letterari, morali* (*Riv. Fil. Istr. Class.*, XXXIV, 1956, p. 113-143) ; C. Robert, *Die Antiken Sarcophag-Reliefs* (Berlin, 1904), III, p. 268-360 ; A. Giuliano, *Un sarcofago di Eleusi con il mito di Meleagro* (*Annuario della Scuola Arch. di Atene*, XVIII, 1955-56, p. 183-205) ; F. Brommer, *Vasenlisten zur griechischen Heldensage* (Marburg, 1960²), p. 235-237. Pour la première partie de ce chapitre, qui présente de grandes ressemblances avec Apollodore (I, 7, 10 sqq.), Ant. Lib. doit être tributaire des recueils mythographiques de ce genre plutôt que des *Heteroioumena* de Nicandre pour qui, certes, il ne présentait aucun intérêt de raconter tous les préliminaires trop banals de la transformation des Méléagrides.

2. Πορθάων dans Apollod., *l. c.*

3. D'après Apollodore, le père de Porthaon s'appelait Agénor.

4. Sur le nom de Μελέαγρος « Celui qui se soucie de la chasse » cf. P. Chantraine, *Études sur le Vocabulaire grec* (Paris, 1956), p. 44.

5. Forme éolienne pour Θηρεύς. Θυρεύς (Apollod., I, 8, 1) n'est peut-être qu'une graphie iotacisante pour Θηρεύς.

6. Le plus vaillant des frères de Méléagre ; il fut tué par le sanglier. Cf. Bacchyl., *Épin.*, V, 117 sq. Le nom d'Agéléos rappelle ceux de χθόνιος Ἡγεσίλαος (Nicandre, fr. 74,72) et Ἀγήσανδρος · ὁ Ἅιδης (Hésychius, s. v.). Cf.E. Schwyzer, Ἡγησίλαος *und* ἀγεσίλας (*Rhein. Mus.*, LXXIX, 1930, p. 106). Il a son pendant dans les noms de Clyménos, Gorgé et Mélanippé, noms du frère et des sœurs de Méléagre mais aussi noms divins désignant le roi et la reine de l'Hadès. Voir H. Usener, *Götternamen* (Bonn, 1896), p. 361, 25 ; L. Malten, *Das Pferd im Totenglauben* (*Arch. Jarhb.*, XXIX, 1914, p. 180, n. 1). Sur Mélanippos dieu des Enfers, cf. R. Wünsch, *Zu den Melanippen des Euripides* (*Rhein. Mus.*, XLIX, 1934, notamment p. 108 sq.). Sur Clyménos-Hadès, cf. Pausan., II, 35, 9. 10 ; Drexler *ap.* Roscher, *Lex.*, II, 1228, 43 sqq. ; F. Schachermeyr, *Poseidon und die Entstehung des Griechischen Götterglaubens* (Berne, 1950), p. 137-39.

7. D'après quelques auteurs cités par Stoll *ap.* Roscher, *Lex.*, I, 976,22, Déjanire avait été engendrée par Dionysos, ce qui explique la faveur de ce dernier à son égard (cf. *infra*, § 7). — Les scholies T *Il.*, IX, 584, citent Polyxô et Autonoé à la place d'Eurymédé et de Mélanippé.

8. Sur ce terme cf. Aristote, *Eth. Nic.*, VIII, 9, 1160ª27. Voir H. Beer, Ἀπαρχή *und verwandte Ausdrücke in griech. Weihinschriften* (Munich, 1914) ; J. Rudhardt, *Notions fondamentales de la pensée religieuse et actes constitutifs du culte dans la Grèce classique* (Genève, 1958), p. 219 sqq.

9. Thème de l'oubli d'un sacrifice ou d'un geste rituel, oubli qui est un ἁμάρτημα ou une ἄτη. Cf. *l'oubli* d'Euphamos (Pind., *Pyth.*, IV, 40 sqq.).

10. Apollodore (I, 7, 10) mentionne Iphiclos, Évippos, Plexippos, Eurypylos ; schol. AT *Il.*, IX, 567 leur ajoute Polyphontès et Phanès. Cette relation *neveu* et *oncles maternels* entre Méléagre et les fils de Thestios caractérise aussi la chasse au sanglier d'Ulysse (*Od.*, XIX, 392-466). C'est un cas de fosterage. Cf. S. Pembroke, *Last of the Matriarchs* (*Journal de l'Histoire Économ. et Soc. de l'Orient*, VIII, 3, 1965, p. 244-247).

11. Pour la liste des héros rassemblés à Calydon cf. Surber, *op. laud.*, p. 97 sqq. Sur la Chasse elle-même voir Gruppe, *Gr. Myth.*, p. 348, n. 14, et p. 349, n. 6 ; P. de la Coste-Messelière, *Au Musée de Delphes* (Paris, 1936), p. 120-152. La Chasse de Calydon est le prototype de la chasse collective et héroïque. Elle s'oppose à la chasse solitaire de l'éphèbe.

12. D'après la première version d'Apollodore, ce fut Atalante qui blessa la première le sanglier, et Méléagre qui le tua.

13. L'appropriation de la récompense est une mainmise. Le même geste de préhension est évoqué par les termes ἅπτονται et ἀφαιρεῖται. Cf. L. Gernet, *Droit et Société dans la Grèce Ancienne* (Paris, 1955), p. 10 sq. La correction de Koch (ἐξαιρεῖ) est plausible mais non inévitable.

14. Sur les Courètes en Étolie cf. Schwenn, *RE* XI [1922], p. 2202 sq.

15. Parce que l'un d'eux, Iphiclos, fut le premier à blesser le sanglier (Apollod., I, 8, 3), ou parce que les Thestiades s'étaient indignés à l'idée que le prix de la chasse irait à une femme, Atalante (cf. *supra*, n. 12).

16. Wulff, *Notes critiques*, p. 124 comprend avec la seconde version d'Apollodore, I, 8, 3 « ceux des Thestiades présents à cette dispute », Méléagre n'ayant alors tué que quelques-uns d'entre eux. Cf. Bacchyl., *Épin.*, V, 128 sq. Voir C. Robert, *Die griech. Heldensage*, I, p. 89, n. 6 sur les diverses traditions concernant les Thestiades.

17. Sur le motif de la colère et les rapports de l'*épos de Méléagre* avec l'épisode de la colère d'Achille dans l'*Iliade* cf. Van der Kolf, *l.c.*

18. C'est la version homérique et sophocléenne de la mort de Méléagre suivant laquelle le héros succombe après cette malédiction de sa mère.

19. « Conflit où s'affrontent la conception archaïque de la femme liée au *génos* de sa naissance (parenté utérine) et le système ultérieur, où elle est surtout épouse de son mari et mère de ses enfants » (M. Delcourt, *Oreste et Alcméon*, Paris, 1959, p. 36, 60-62). Cf. aussi le célèbre passage de l'*Antigone* de Sophocle (v. 904 sqq.) sur lequel voir la bibliographie rassemblée par H. F. Johansen dans *Lustrum*, VII, 1963, p. 198 sq. Sur la survivance de la légende de Méléagre dans le folklore grec, voir J. Th. Kakridis, *Homeric Researches* (Lund, 1949), p. 11 sqq., 127 sqq.

20. Après la mort de Méléagre, Cléopâtre et Althéa se pendirent. Sur Cléopâtre cf. *Il.*, IX, 556 et schol. A *ad loc.*; Pausan., IV, 2,7; Apollod., I, 8, 2 sqq.; Kakridis, Μελεάγρεια, p. 9 sq. Le suicide d'Althéa est le motif du *matricide indirect*. Cf. M. Delcourt, *op. laud.*, p. 60 sq., 64.

21. D'après Apollod., *l. c.*, Méléagre était invulnérable, appartenant à la même catégorie de héros que Caeneus, Achille, Ajax fils de Télamon, Cycnos, Nisos, etc. Sur ce thème voir O. Berthold, *Die Unverwundbarkeit in Sage und Aberglaube der Griechen* (*Relig. gesch. Vers. und Vorarb.*, XI, 1, 1911).

22. S. Eitrem, *De Ov. Nic. imit.*, p. 61 voit ici l'indice d'une contamination de diverses sources dans la composition du recueil d'Ant. Lib., le modèle de ce dernier ne pouvant être pour cette légende le seul Nicandre. En effet, Ant. Lib. qui suivait jusqu'ici la version homérique et sophocléenne combine à présent deux traditions diverses : *a)* Méléagre meurt au combat frappé par les flèches d'Apollon : Pseudo-Hésiode, *Ehées*, fr. 25 M.-W* ; Pausan., X, 31, 3 ; Apollod., I, 8, 3 ; ou bien sa mort est causée par la malédiction d'Althéa : Paus., *l. c.* ; c'est le thème de la plupart des bas-reliefs sur les sarcophages. *b)* D'après la version euripidéenne, la vie du héros est attachée au tison magique (motif de l'*âme extérieure*.) La première source en est Phrynichos (fr. 6 Nauck² = Paus., X, 31, 4) qui remporta le premier prix avec son *Méléagre* en 512 ; cf. aussi Frazer, éd. Apollod., I, p. 65, n. 5 ; Gruppe, *Gr. Myth.*, p. 879, n. 6 ; P.-M. Schuhl, *Essai sur la formation de la Pensée Grecque* (Paris, 1949²), p. 81, n. 2. Le motif du tison, négligé par Homère, semble être l'un des plus essentiels et des plus primitifs de la légende de Méléagre ; cf. G. Knaack, *Zur Meleagersage* (*Rh. Mus.*, XLIX, 1894, p. 310-313), et Kakridis, Μελεάγρεια, p. 2. Sur la relation de l'olivier avec l'homme, cf. R. Luyster, *Symbolic Elements in the Cult of Athena* (*History of Religions*, V, 1965, p. 148-150). Sur les traditions relatives à l'âme extérieure, voir Frazer, *Balder le Magnifique*, t. II, trad. P. Sayn (Paris, 1934), p. 83-244.

23. Cf. Surber, *o. l.*, p. 90 sqq. D'après Ant. Lib., Ovide (*Mét.*,

* Les fragments hésiodiques sont cités d'après l'édition récente de R. Merkelbach-M. L. West, *Fragmenta Hesiodea* (Oxford, 1967).

VIII, 542-546) et Hygin (*Fab.*, 174), la métamorphose n'atteint
que les sœurs de Méléagre ; d'après Apollodore (I, 8, 3), qui a
peut-être conservé ici le contenu de la tragédie de Sophocle
(cf. Nauck, *Trag. Gr. Fr.*², p. 219), et sans doute Élien (*N.A.*,
IV, 42), la métamorphose est étendue à toutes les femmes qui
pleurèrent Méléagre.

24. Cette scène rappelle celle des Héliades transformées en
peupliers au moment où elles pleuraient leur frère Phaéthon
(Ov., *Mét.*, II, 340-66) — ressemblance renforcée par un passage
de Pline (*N. H.*, XXXVII, 40) citant Sophocle (le plus ancien
témoignage relatif à la métamorphose des Méléagrides) et d'après
lequel l'ambre naît des larmes des Méléagrides (d'habitude on
le fait naître des larmes des Héliades sous leur forme végétale).

25. Cf. chap. IV, n. 34 ; VI, n. 14 ; X, n. 26.

26. Sur les Méléagrides cf. Surber, *op. laud.*, p. 78 sq. ; 121 sqq. ;
R. Holland, *Die Heroenvögel in der gr. Mythol.*, p. 18, n. 3.

27. La transformation d'un homme en animal, être également
sensible, lui permet de garder certains traits de caractère ou
certaines habitudes de sa vie antérieure. Cf. chap. VII, n. 12 et
15 ; XXI, n. 19 ; XXXIX, n. 14.

28. Castiglioni, *Studi...*, p. 347, n.1, comprend ἐπὶ Μελεάγρῳ
= ἐπὶ τῷ τάφῳ τοῦ Μελεάγρου, et rapproche la légende de la migration annuelle des Méléagrides de Léros en Étolie des légendes
analogues concernant les oiseaux de Memnon, d'Achille, de
Cycnos et de Diomède (pour ces deux derniers cf. Ant. Lib., XII
et XXXVII).

29. Artémis est souvent associée à Dionysos. Cf. Gruppe, *Gr.
Myth.*, p. 1738 (Index, *s. v.*) ; Jeanmaire, *Dionysos* (Paris, 1951),
p. 270 sq. ; Ed. Will, *Korinthiaka* (Paris, 1955), p. 222 sq. ;
W. Borgeaud, *Les Illyriens en Grèce et en Italie* (Genève, 1943),
p. 72-88.

III. HIÉRAX

1. Cette légende n'est connue que par Ant. Lib.

2. En Bithynie, au N.-O. de l'Asie Mineure. Cf. M. Danoff,
art. *Pontos Euxeinos*, RE Suppl. IX [1962], 1020.

3. La justice, la piété et la grandeur caractérisent un certain
nombre de personnages de Boïos : Aegypios (ch. V), Périphas
(VI), Mounichos (XIV). Pour l'attribution de ces deux dernières
légendes à Boïos cf. VI, n. 1 et 18 ; XIV, n. 1, 4 et 6. Sur la
technique de Boïos, cf. Castiglioni, *Studi...*, p. 106 sqq.

4. Le mot ἱερά est ici employé avec deux sens différents.

5. Les Troyens, descendants de Teucros, ancêtre de la famille
royale de Troie.

6. Cette légende rappelle celle de Laomédon qui prit à son
service Poséidon et Apollon (ou Poséidon seul) comme construc-
teurs des murs de Troie et refusa de payer leur salaire. Poséidon
lança alors contre les Troyens un monstre marin et provoqua

un raz de marée qui détruisit leurs champs. Cf. F. Schachermeyr, *Poseidon*, p. 199-203, qui y étudie le *Ketos-Motiv*.

7. Cf. chap. VI, n. 10.

8. Cf. Euphorion, *Thrax* (*Pap. Soc. Ital.*, XIV, 1390, fr. 2, 14) ; Dionysios, *Ixeut.*, II, 15 ; Ov., *Mét.*, XI, 344 sq. ; Servius ad *Georg.*, I, 403 : légendes de métamorphose en oiseaux qui sont haïs par tous les autres oiseaux.

IV. CRAGALEUS

1. Sur cette légende voir E. Oberhummer, *Akarnanien, Ambrakia, Amphilochien, Leukas im Alterthum* (Munich, 1887), p. 61 sqq.

2. Mentionné seulement par Ant. Lib., Cragaleus est l'éponyme des Cragalides, peuple habitant la partie méridionale de la Phocide ; cf. le toponyme Κραγάλιον près de Kirrha (Harpocr., 184,3 Dindorf : Κραυγάλλιον uel Κραυγάλιον codd.).

3. Ce personnage n'est pas nécessairement différent de celui dont il est question au chap. XXXII (cf. *ad loc.*, n. 3).

4. Cf. chap. XXXII, n. 4.

5. La source thermale des Thermopyles près de laquelle habitaient les Dryopes. Hérodote, VII, 176, mentionne l'autel d'Héraclès près de cette source. Cf. aussi Schol. Aristoph., *Nuées*, 1050 (citant Ibycos et Peisandros). — Sur Héraclès et les sources thermales voir R. Ginouvès, Βαλανευτική (Paris, 1962), p. 363 sqq. Sur Héraclès vainqueur et successeur des divinités chthoniennes patronnes des sources thermales voir J. H. Croon, *The Herdsman of the Dead* (Utrecht, 1952), avec la recension de H. Herter, *Gnomon*, XXVI, 1954, p. 158 sqq.

6. Motif des sources que font jaillir dieux et héros d'un coup de leur pied ou de leur arme caractéristique : l'Ἐρεχθηὶς θάλασσα (Apollod., III, 14,1 et Frazer, *ad loc.*) due à Poséidon, la source Hippocrène à Pégase (Paus., IX, 31,3), les sources d'Hermès (Schol. Lycophr., 835), de Cadmos (Sostrate, *F. Gr. Hist.*, 23 F 5), et de Dionysos (Eur., *Bacch.*, 707 éd. Dodds, cf. *ibid.*, p. 163 sq. ; Paus., IV, 36,7 ; Opp., *Cynég.*, IV, 277-79 ; Nonnos, *Dion.*, XLVIII, 575-77).

7. Probablement des roches schisteuses.

8. Les dieux prennent souvent des mortels comme arbitres de pareils différends. Voir les parallèles dans Gruppe, *Gr. Myth.*, p. 995, n. 5. Il s'agit parfois d'un groupe de trois divinités ; cf. le jugement de Pâris, berger lui aussi comme Cragaleus. L'usage de la triade est souvent un élément folklorique ; cf. *infra*, n. 19 et 20 ; X, n. 4,12 et 24 ; XV, n. 4. Voir sur ce motif H. Usener, *Die Dreiheit* (*Rhein. Mus.*, LVIII, 1903, p. 1-47, 161-208, 321-362).

9. Forme plus récente pour Ἀμπρακία (aujourd'hui : Arta).

10. Cf. Paus., IV, 2,2 τοξεύειν ἀνὴρ ἀγαθὸς καὶ διὰ τοῦτο Ἀπόλλωνος εἶναι νομιζόμενος. Sous la forme *Mélas*, il est désigné

par Phérécyde (= *F. Gr. Hist.*, 3 F 82) comme étant le fils d'Arcésilaos et le père d'Eurytos, roi d'Oechalie.

11. Sur l'installation des Dryopes en Épire, cf. Oberhummer, *l. c.* ; J. Miller, art. *Dryopes*, *RE* V [1905], 1748,4 ; Croon, *The Herdsman...*, p. 52, n. 12. Une région d'Épire semble s'être appelée à époque tardive Dryopis ; cf. Dionysios fils de Calliphron, *Descr. Gr.*, 30 (*Geogr. Gr. Min.*, I, 238).

12. Généalogies différentes dans Philéas (*ap.* Stéph. Byz., *s. v.* Ἀμβρακία) qui fait d'Ambracie une fille d'Augéas ou de Phorbas, fils d'Hélios.

13. Suivant d'autres traditions (Stéph. Byz., *ibid.*, et *s. v.* Ἐφύρα ; Eustathe ad Dion. Perieg., 492) l'éponyme de cette ville était Ambrax, fils de Thesprôtos, fils de Lycaon, et père d'Éphyros, l'éponyme d'Éphyre.

14. Nom poétique pour Κορινθίους. Sisyphe, leur éponyme, fut le roi d'Éphyre, nom primitif de Corinthe, cf. Nicandre, *Alex.*, 606. Sur la dynastie mythique des Sisyphides, cf. Will, *Korinthiaka*, p. 242-248.

15. Sur Apollon dieu de la colonisation, cf. H. W. Parke et D.E.W. Wormell, *The Delphic Oracle* (Oxford, 1956), p. 49-81 ; P. Lévêque et P. Vidal-Naquet, *Clisthène l'Athénien* (Paris, 1964), p. 70 sq. ; P. B. Schmid, *Studien zu griechischen Ktisissagen* (Diss. Fribourg, 1947), p. 154-167.

16. A l'exception d'Ant. Lib., les divers auteurs considèrent Gorgos comme l'un des quatre fils de Cypsélos, dont seul Périandre était légitime.

17. Sur les buts des fondations coloniales des Cypsélides, cf. Will, *op. laud.*, p. 527-38. Sur la date de colonisation d'Ambracie, cf. *ibid.*, p. 517 sqq.

18. En adoptant la correction de J. G. Schneider (voir l'apparat critique *ad loc.*) on évite de faire mourir deux fois le même personnage (cf. *infra*, § 5) et l'on comprend mieux qu'Artémis puisse se prévaloir d'avoir fait plus qu'Apollon pour la délivrance des Ambraciotes. Si nous acceptons la conjecture de Cazzaniga, il faut, avec Burmann, corriger *infra*, § 5, Φάλαικος en Φαῦλος (cl. Élien, *N.A.*, XII, 40). Rappelons aussi qu'il y a eu, au milieu du IVe siècle, deux généraux phocidiens, père et fils, portant les noms de Phayllos et de Phalaecos. Enfin, selon Bast, *o. l.*, p. 76, il faut garder Φάλαικος dans les deux passages : il est de l'intérêt d'Apollon, aussi bien que d'Artémis, de faire valoir la mort du tyran.

19. Motif de la triade ; cf. *supra*, n. 8. Sur ces abstractions parfois divinisées cf. C. R. Berge, *De belli daemonibus qui in carminibus Graecorum et Romanorum inveniuntur* (Dissert. Leipzig, 1895), p. 29-40 (Éris), p. 55 (Polémos).

20. Nous avons ici les noms des Heures, à la seule réserve que la place de l'une d'entre elles, Εἰρήνη, est tenue par leur mère commune, Θέμις. Cf. Will, *o. l.*, p. 411 : « Les Ambraciotes, colons de Corinthe et qui avaient eu, eux aussi, leurs tyrans Cypsélides,

Gorgos et Archinos, attribuaient donc à Apollon l'instauration de ces mêmes vertus divinisées dont Pindare (*Ol.*, XIII, 6-8) nous dit (à une petite différence près, qui importe peu) qu'elles étaient les fondements de la constitution post-tyrannique de Corinthe. ‣ Sur l'Eunomie corinthienne selon Pindare cf. Will, *ibid.*, p. 620-624.

21. Sur le culte d'Apollon à Ambracie : cf. Oberhummer, *o. l.*, p. 229 ; en Épire : cf. Élien, *N.A.*, XI, 2.

22. Sur le lion en Épire cf. Callim., *Déméter*, 51. Hérodote (VII, 126) délimite l'aire géographique du lion en Grèce, au Nord avec le Nestos ou Nessos (en Thrace), et au Sud avec l'Achélóos (en Acarnanie). Cf. Arist., *H.A.*, VI, 31, 579ᵇ6 et VIII, 28, 606ᵇ 15. Les légendes du lion de Némée et de celui d'Étolie (cf. *infra*, chap. XII) sont des souvenirs des temps où cette aire était plus étendue.

23. Cf. Ov., *Ibis*, 502, et schol.

24. Le temple d'Artémis Hégémoné à Ambracie est mentionné par Polyen, *Strateg.*, VIII, 52 vers 230 après J.-C. Hégémoné est une ancienne divinité agraire devenue une épithète d'Artémis.

25. Puissance religieuse qui représente une série d'aspects de la nature sauvage du monde de la brousse. L'association d'Artémis avec les fauves rappelle la πότνια θηρῶν de la religion minoenne. Cf. *Il.*, XXI, 470 sq. πότνια θηρῶν | Ἄρτεμις ἀγροτέρη ; Anacréon, fr. 3,3 Page δέσποιν᾽ Ἄρτεμι θηρῶν. Sur l'*Agrotéra* voir O. Weinreich, *Lykische Zwölfgötter-Reliefs (Sitz.-Ber. Akad. Heidelb.*, IV, 1913, 5. Abh., p. 17, et du même auteur, *Triskaidekadische Studien. Ein Beitrag zur Geschichte der Zahlen (Relig. Gesch. Vers. Vorarb.*, XVI, 1, [1916], p. 71) ; Nilsson, *Gesch. Gr. Rel.* I², p. 484. Pour une étude d'ensemble sur Artémis voir K. Hönn, *Artemis* (Zürich, 1946).

26. Une statue de lion était aussi dressée devant le sanctuaire d'Artémis Eukleia à Thèbes (Paus., IX, 17, 2) et, à côté de la déesse, à Théra (cf. Gruppe, *Gr. Myth.*, p. 1277, n. 10). Il se peut que l'épisode de la lionne soit une légende étiologique et que sa statue joue ici un rôle apotropaïque ; cf. l'*aition* de la Lionne sur l'Acropole d'Athènes. Les *Gorgoneia*, les effigies de lions, de sphinx ou de griffons chassaient les mauvais démons qui étaient censés pouvoir revêtir l'aspect de ces monstres. Sur le lion utilisé dans la sculpture funéraire (apparemment comme *apotropaion*) voir L. Robert, *Études Anatoliennes* (Paris, 1937), p. 394-97 ; sur le culte du lion et son emploi comme trophée, cf. A. Reinach, *Trophées Macédoniens (Rev. Ét. Gr.*, XXVI, 1913, p. 353-362).

27. Quoique les Celtes ne soient nulle part mentionnés comme habitant l'Épire, le fait qu'ils jouaient un rôle dans la légende du retour d'Héraclès (cf. Croon, *o.l.*, p. 20, n. 30) a pu entraîner leur rapprochement géographique avec les peuples épirotes impliqués, eux aussi, dans cette affaire. Aussi ne doit-on pas suspecter la leçon Κελτούς. Voir également Strabon, VII, 5, 2, qui considère le peuple des Iapodes comme à la fois Celtique et

Illyrien. En outre, les Celtes ont été des ennemis durables des Épirotes dont les rois Pyrrhos-Néoptolème et Pyrrhos le Jeune les avaient battus. Voir P. Lévêque, *Pyrrhos* (Paris, 1957), p. 566 sq., qui cite l'épigramme de Léonidas (*A.P.*, VI, 130) célébrant la victoire de Pyrrhos le Jeune.

28. Sur la légende de Géryon voir Croon, *o. l.*, p. 13-66 ; localisation de la légende en Chaonie, p. 21, n. 33 ; en Épire et ailleurs, p. 14 et 49-52. Ce même auteur, s'appuyant principalement sur le chap. IV d'Ant. Lib., tente de localiser la légende de Géryon dans la région des Thermopyles (*ibid.*, p. 62 sqq.). Pour les vases représentant cette légende cf. F. Brommer, *Vasenlisten zur gr. Heldensage*[2], p. 48-52.

29. Le premier auteur à placer l'Érythie, le pays de Géryon, en Épire, dans la région d'Ambracie et d'Amphilochie, est Hécatée, *F.Gr.Hist.*, 1 F 26. D'après le Pseudo-Scylax, *Périple*, 26, l'Érythie est en Cestrie (région de Thesprôtie). L'Érythie « la Rouge, le Pays du Couchant » devait être à très haute époque la région la plus occidentale que les Grecs connussent. Puis ce pays a été déplacé toujours plus à l'Ouest, à mesure que s'étendaient la colonisation et les connaissances géographiques des Grecs, pour aboutir à Gibraltar (cf. Gruppe, *Gr. Myth.*, p. 468, et W. Vollgraff, *Rhodos oder Argos* in *N. Jahrbücher*, XXV, 1910, p. 317). Par contre J. Bérard, *La Colonisation grecque* (Paris, 1957[2]), p. 404 pense que « l'Espagne fut dès l'origine le véritable théâtre de la lutte d'Héraclès contre Géryon ».

30. Un certain nombre de personnages mythologiques se livrèrent à de vaines tentatives pour dérober à Héraclès les vaches de Géryon : Alébion, Alcyoneus, Croton, Lacinios, Larinos, Leucaspis, Ligys, etc.

31. Élien (*N.A.*, III, 33 et XII, 11) rapporte que les vaches de l'Épire, surtout celles des Chaones, passaient pour être les plus grandes de toutes et les meilleures laitières, car elles descendaient des vaches de Géryon (cf. l'épisode de Larinos). On appelait ces vaches Λαρινοὶ βόες (cf. la *Souda* et Phot., *s. v.*; Oberhummer, *Phönizier in Akarnanien*, Munich, 1882, p. 44 sq.).

32. La plupart des familles royales ou nobles du Péloponnèse prétendaient descendre d'Héraclès.

33. Le verbe διακούω est dans les inscriptions appliqué aux juges et aux arbitres.

34. Les dieux peuvent agir sur les mortels par le seul contact de leurs mains. La puissance de la main se manifeste souvent pour pratiquer une guérison ou pour imposer un châtiment. Voir O. Weinreich, *Ant. Heilungswunder* (*Relig. gesch. Vers. Vorarb.*, VIII, 1909, p. 49-50).

35. Sur le sens de la pétrification cf. J.-P. Vernant, *Mythe et Pensée chez les Grecs* (Paris, 1966), p. 261 sq.

36. En Dryopide. Cependant Ovide (*Mét.*, XIII, 713-715) place le rocher de Cragaleus à Ambracie.

37. Cf. Schol. Apoll. Rh., I, 587 ἔντομα δὲ τὰ σφάγια κυρίως

τὰ τοῖς νεκροῖς ἐναγιζόμενα, διὰ τὸ ἐν τῇ γῇ αὐτῶν ἀποτέμνεσθαι τὰς κεφαλάς · οὕτω γὰρ θύουσι τοῖς χθονίοις. Sur ἐντέμνω voir Frazer ad Apollod., I, p. 184 sq. ; P. Stengel, *Opferbräuche der Griechen* (Leipzig-Berlin, 1910), p. 103-104 (p. 9-12 sur θύω) ; J. Rudhardt, *Notions Fondamentales...*, p. 320 (index).

V. AEGYPIOS

1. Ant. Lib. est l'unique source de cette légende. Mais cf. *infra*, n. 5.

2. Sur la *théophilia*, cf. chap. XX, n. 4.

3. Les adjectifs ὅσιος et δίκαιος exprimant les notions complémentaires de *piété* à l'égard des dieux et de *justice* dans les relations humaines sont souvent distingués en sens : cf. J. Rudhardt, *Not. Fond.*, p. 30-36.

4. Cf. chap. XLI, 2 et 3 ; Parthén., *Erot.*, XXV, 1.

5. Dans le développement qu'Ovide consacre à la fuite de Médée (*Mét.*, VII, 350-403), cadre commode pour l'évocation de maintes légendes parmi lesquelles dominent les métamorphoses en oiseaux ou êtres ailés (Cerambus, 353-56 ~ Ant. Lib. XXII ; [Ctésylla], 368-70 ~ I ; Cycnus, 371-81 ~ XII ; Phéné et Périphas, 399 sq. ~ VI), on trouve une allusion à ce qui peut être un doublet de l'histoire d'Aegypios (386 sq.) : le lieu de la scène a changé (Cyllène et non plus confins de la Thessalie) et le rôle d'Aegypios est tenu par Ménéphron ; cf. Hygin, *Fab.*, 253 : *Menephron... cum Bulide* (codd. *Bliade*) *matre sua (concubuit)*.

6. Probablement souvenir d'Œdipe qui s'arracha les yeux et de Jocaste qui se suicida.

7. Les dieux sont parfois invoqués pour mettre fin, par la transformation du héros, à une vie trop pénible, ou pour éviter à celui-ci le déshonneur. Cf. *infra*, chap. VI, XXI et XXXIV.

8. Cf. Arist., *H. A.*, VIII, 3, 592b7 ὁ μὲν μικρὸς καὶ ἐκλευκότερος, ὁ δὲ μείζων καὶ σποδοειδέστερος.

9. D'après d'Arcy W. Thompson, *A Glossary of Greek Birds*, p. 26, il s'agit du Vautour Blanc ou Vautour Égyptien, le *Neophron Percnopterus*, grec moderne κούκου ἄλογο.

10. Oiseau non identifié. Cf. Arist., *H. A.*, IX, 18, 617a8 ἡ δὲ καλουμένη φώυξ ἴδιον ἔχει πρὸς τἆλλα · μάλιστα γάρ ἐστιν ὀφθαλμοβόρος τῶν ὀρνίθων. La description d'Ant. Lib. ainsi que celle qu'il donne de l'aegypios repose donc sur l'observation de certaines particularités de ces oiseaux. — D'Arcy W. Thompson dans sa traduction d'Aristote, *H. A.*, *l. c.*, se demande si le *poynx* ne serait pas une variété de héron.

VI. PÉRIPHAS

1. Cette légende est attribuée à Boïos par Schneider (*Nic.*, p. 43), cf. *infra*, n. 18, H. Usener, *Kallone* (*Rhein. Mus.*, XXIII, 1868, p. 357), Plaehn, *De Nicandro aliisque poetis Graecis ab*

Ovidio in Metamorphosibus conscribendis adhibitis (Dissert. Halle, 1882), p. 51, et Castiglioni (*Studi...*, p. 48 sq.), alors que selon M. Wellmann, *Alexander von Myndos* (*Hermes*, XXVI, 1891, p. 507, n. 2) elle est probablement de Nicandre.

2. Certains peuples grecs, tout particulièrement les Athéniens, prétendaient avec fierté « être nés de la terre », façon imagée de dire qu'ils avaient habité leur pays de toute éternité. Cette croyance s'était surtout développée à propos des rois mythiques d'Athènes (Cécrops, Érichthonios, Érechthée, etc.). Sur le motif de l'autochthonie, voir F. Vian, *Les Origines de Thèbes* (Paris, 1963), p. 162-64, 169-71.

3. Expression toute faite servant à dater approximativement un événement mythique en le faisant remonter à un temps extrêmement reculé, l'ancienneté conférant à cet événement plus de « noblesse ». Cf. chap. XXXI, 3. Cook, *Zeus*, II, p. 1122 sqq. voit un jeu étymologique dans l'alliance du nom de Périphas et du verbe φανῆναι, ainsi que dans celle des mots φήνη et ἐπιφαίνεσθαι (§ 4).

4. Cécrops, premier roi d'Athènes, est un personnage ophiomorphe (mi-homme, mi-serpent) dont la forme étrange est évoquée par plusieurs textes. Cf. Apollod., III, 14, 1 et Frazer, *ad loc.* L'ophiomorphie est un trait caractérisant fréquemment les « enfants de la Terre », le serpent étant considéré comme naissant de la terre. Sur les monuments figurés représentant Cécrops voir Daremberg-Saglio, *Dictionnaire des Ant., s. v.*; F. Vian, *La Guerre des Géants* (Paris, 1952), p. 10 et 19; F. Brommer, *Vasenlisten²...*, p. 200.

5. Cf. la devise antique αἱ ἀρεταὶ ἀθανατίζουσι (Philon, *Leg. ad Gaium*, 91). Voir J. Bollack, *L'or des Rois* (*Rev. Philol.*, XXXVII, 1963, p. 244 sq.). Sur la déification comme marque de gratitude à l'égard d'un mortel cf. M. P. Charlesworth, *Some observations on ruler-cult, especially in Rome* (*Harvard Theol. Rev.* XXVIII, 1935, p. 8 sqq.).

6. Cook (*Zeus*, II, p. 1122 sqq.) rattache la légende de Périphas à un groupe de légendes dans lesquelles un roi archaïque se prend pour Zeus et est puni pour cette impiété par le véritable Zeus. Cf. *infra*, chap. XI, n. 9 ; Apollod., I, 7, 4, et Frazer *ad loc.* Cependant c'est par ses sujets que Périphas est pris pour Zeus. Pour une autre explication de cette légende, mais qui nous semble contestable, cf. O. Weinreich, *Menekrates Zeus und Salmoneus* (*Tübinger Beiträge z. Altertumswiss.*, XVIII, 1933, p. 85.)

7. Sur Zeus Sauveur voir Cook, *Zeus*, II, p. 1123.

8. « Qui veille sur les hommes », titre qui a pris un sens plus large : « protecteur des suppliants », « observateur du juste et du faux », « vengeur des actes impies ». Pour les textes, voir Cook, *o. l.*, p. 1130 sq.

9. Cf. Ch. Picard, *Sanctuaires, représentations et symboles de Zeus Meilichios* (*Rev. Hist. Rel.*, CXXVI, 1943, p. 97-127);

Nilsson, *Gesch. Gr. Rel.*, I², p. 411-16 (sur Zeus Meilichios, Zeus Soter).

10. Sur la jalousie divine voir S. Ranulf, *The Jealousy of the Gods and Criminal Law at Athens* (Londres-Copenhague, 1933-34); H. V. Canter, *Ill will of the gods in greek and latin poetry* (*Class. Philol.*, XXXII, 1937, p. 131-143); J. J. Fraenkel, *Hybris* (Dissert. Utrecht, 1941); H. Herter, art. *Nemesis, RE* XVI [1935], 2338-2380; C. del Grande, *Hybris. Colpa e castigo nell' espressione poetica e letteraria degli scrittori della Grecia antica* (Naples, 1947); A. Frenkian, *La jalousie des dieux chez les Grecs anciens* (en roumain), Bucarest, 1945.

11. Zeus, dans son rôle du dieu de la foudre, est sur le point d'infliger à Périphas le même châtiment qu'à Salmoneus coupable d'un pareil crime (cf. Apollod., I, 9, 7). Comme le remarque M. Delcourt, *Pyrrhos et Pyrrha* (Paris, 1965), p. 67 sq., le foudroiement devait signifier l'apothéose de ces élus que la légende présente comme des impies ou des usurpateurs des prérogatives divines.

12. L'intervention d'un dieu est souvent motivée par la piété ou l'impiété du héros. Cf. chap. III, 4; XIV, 2; XVIII, 1 et 3. Ainsi la divinité est-elle présentée en étroite relation avec le héros souffrant.

13. Ce détail saugrenu reflète le goût hellénistique pour la notation des faits de la vie quotidienne, à moins qu'il n'y ait ici le souvenir vague d'une hiérogamie.

14. Dans la plupart des cas, et dans toutes les fables attribuées par le Scholiaste d'Ant. Lib. à Boïos, la métamorphose est opérée par une divinité qui accomplit l'action de ses propres mains, par le contact d'un objet caractéristique de cette divinité ou par le contact de n'importe quel autre objet. Cf. chap. II, 6; IV, 7; X, 4; XXIII, 6; XXIV, 3.

15. Pour les très nombreux textes faisant de l'aigle le roi des oiseaux cf. d'Arcy W. Thompson, *A Glossary...*, *s. v.* ἀετός. Pour son association avec Zeus cf. G. E. Mylonas, *The Eagle of Zeus* (*Class. Journ.*, XLI, 1945-1946, p. 203-207).

16. Cf. Pind., *Pyth.*, 1, 9. Le sceptre est avec le foudre et l'aigle l'un des trois principaux attributs de Zeus.

17. La même faveur a été accordée à Mérops. Cf. Schol. T *Il.*, XXIV, 293.

18. Les oiseaux jouent un rôle augural très important dans les vieilles croyances des Grecs. Ce rôle est constamment rappelé dans le recueil d'Ant. Lib. Comme Boïos insiste d'habitude sur ce point, Schneider *(Nic.*, p. 43) attribue pour cette raison cette fable à Boïos.

VII. ANTHOS

1. Seule légende de ce recueil non localisée. Déjà connue au IVe s. (si du moins le texte de Boïos remonte à cette date), elle

suppose une élaboration bien antérieure. Pleine d'éléments folkloriques, elle a toutes les caractéristiques d'un « conte bleu » populaire et local (cf. P. Lévêque, *Agathon*, Paris, 1955, p. 109, n. 6). S. M. Pitcher (*The Anthus of Agathon, Amer. Journ. Phil.*, LX, 1939, p. 145-169) a échafaudé une théorie subtile pour rattacher cette fable de Boïos à l'*Anthos* d'Agathon. Voir à ce sujet la critique de Lévêque, *o. l.*, p. 109 sq., qui réfute les arguments de Pitcher. Sur une autre exégèse arbitraire voir Tümpel, art. *Erodios*, *RE* VI [1907], 483.

2. Αὐτόνοος « Celui qui pense par lui-même », Ἱπποδάμεια « Celle qui dompte des chevaux » : Pitcher (*o. l.*, p. 156) trouve une pointe d'humour ironique dans le choix de ces deux noms employés κατ᾽ ἀντίφρασιν. En effet, Autonoos administre fort mal son domaine et ne parvient pas à prendre une décision au moment de la crise ; Hippodamie est impuissante à repousser les chevaux emballés.

3. Les poètes hellénistiques ont un goût manifeste pour l'étymologie populaire. Cf. chap. XIII, n. 4 ; Callim., *Délos*, 36 sqq. et 52 sqq. Acanthos, Schoeneus, Acanthis (ou Acanthyllis) et Érodios portent tous des noms d'oiseaux (voir *infra*), ce qui annonce déjà la métamorphose de ces personnages. Anthos n'est pas mentionné dans cette énumération. Pitcher (*o. l.*, p. 163) a supposé qu'Autonoos, usant du même procédé que pour ses autres enfants, a choisi le nom d'Anthos pour suggérer les fleurs de ses champs en friche.

4. Nous pensons devoir garder la double forme du manuscrit pour ce nom (la forme Ἀκανθυλλίς étant le diminutif de la première) ainsi que pour le nom de Chélidon au chap. XI (cf. aussi les doublets αἴγιθος-αἰγίθαλλος, κορυδός-κορυδαλλός). Rien ne prouve, en effet, qu'Ant. Lib. n'ait pas employé les deux formes, ne faisant probablement en cela que suivre l'usage de Boïos.

5. Texte obscur. Xylander traduit : « quod ipsum destituisset terra ». Pitcher, *o. l.*, p. 150 : « because his land went back on him ». Tümpel, *l. c.* « weil ihn sein Gebiet zu sehr in der Bewegungsfreiheit beschränkte ». Mader, *Griechische Sagen*, p. 203 : « weil der Boden ihn im Stich gelassen hatte ». On devine un jeu étymologique. Mais aucun des sens connus du verbe ἐρωέω ne convient au contexte, et l'on ne trouve aucun secours dans les étymologies du mot ἐρῳδιός transmises par la littérature grammaticale : cf. *Et. Genuin.* (*Et. Magn.*, *Et. Gudian.*) *s. v.* Voir également la *Souda, s. v.* Cependant ἕλος est une des étymologies proposées par ces lexiques pour ἐρῳδιός, et l' ἄνθος habite les marais. Cf. Arist., *H.A.*, IX, 609b19 (J.-M. Jacques).

6. Pitcher (*l. c.*, p. 158), rapprochant Aristote, *H.A.*, IX, 609b14, suppose qu'Anthos a obtenu ce résultat en imitant le hennissement des chevaux.

7. « Les chevaux et les juments ». Cf. Schol. Eur., *Phén.*, 3 Ἔθος δὲ τοῖς ποιηταῖς θηλυκῶς λέγειν τοὺς ἵππους, etc.

8. Ce verbe est très rare. Pitcher (*l. c.*, p. 152, 163-164, 167-168) imagine un lien de sympathie magique entre anthos-fleur (plante du genre de celles qui rendent les chevaux furieux comme dans la légende des chevaux de Diomède ?) et Anthos, à la suite de quoi l'aversion des chevaux pour cette plante est reportée sur Anthos lui-même. Stoll (Roscher, *Lex.*, I, 369-370) considère Anthos comme un enfant-fleur *(Blumenkind)*, personnification de la végétation qui meurt, du type de Hyakinthos. Mais voir la critique de Crusius, art. *Anthes*, *RE* I [1894], 2371.

9. Sur les chevaux anthropophages, cf. les légendes de Glaucos-Potnieus, de Rhésos, de Diomède de Thrace et d'Abdéros, qui ont beaucoup de ressemblances avec la légende d'Anthos, cf. Pitcher, *o. l.*, p. 165-168. Ant. Lib. (chap. XX) a également tiré de Boïos la légende de Cleinis dont la famille fut dévorée par des ânes.

10. Pitcher (*o. c.*, p. 158) rapproche ce passage d'un fragment d'Agathon *possibly from the lost Anthus:* γυνή τοι σώματος δι' ἀργίαν | ψυχῆς φρόνησιν ἐντὸς οὐκ ἀργὸν φορεῖ (cité par Athénée, XIII, 548ᵃ).

11. C'est l'ἀστερίας, une sorte de héron ; il y en a deux autres espèces : le πελλός (cf. Hésych., *s. v.* πελλόν · φαιὸν χρῶμα) et le λευκερφδιός (voir *infra*). Cf. Arist., *H.A.*, IX, 609ᵇ21 sq. ; Dion., *De avib.*, II,9 ; Paus., X, 29, 2 ; Pline, *N.H.*, X, 164.

12. Jeu de mots bâti sur le double sens du mot ὄκνος = 1° « paresse, hésitation, crainte, lâcheté », et 2° « nom d'oiseau ». Cf. Arist., *H.A.*, IX, 617ᵃ5 (si l'on peut faire fond sur cette notice d'Aristote) ὁ δ' ἀστερίας ὁ ἐπικαλούμενος ὄκνος μυθολογεῖται μὲν γενέσθαι ἐκ δούλων τὸ ἀρχαῖον● ἔστι δὲ κατὰ τὴν ἐπωνυμίαν τούτων ἀργότατος. Schol. B *Il.*, X, 274... ἀστερίας, ὁ δ' αὐτὸς καλεῖται ὄκνος · οὗτος οὐδὲν ἐργάζεται. Nous avons un autre exemple d'étymologie populaire dans l'expression κορυδόν, ὅτι ἐκορύσσετο où l'auteur joue sur l'association des mots κορυδός « alouette huppée » et κόρυς « crête » mais aussi « casque ». Sur un jeu de mots analogue, voir Aristoph., *Ois.*, 291-293. Le κορυδός est en mauvais termes avec le πελλός, cf. Arist., *H.A.*, IX, 609ᵇ27 ὁ πελλὸς πολεμεῖ κορυδῷ, τὰ γὰρ ᾠὰ αὐτοῦ κλέπτει, et avec l'ἀκανθυλλίς, cf. Philès, *de animal. propriet.*, 683. Par contre, il s'entend bien avec le σχοινίων. Cf. Arist., *H.A.*, IX, 610ᵃ8 (φίλοι) σχοινίων καὶ κορυδός.

13. D'après d'Arcy W. Thompson (*Gloss.*, *s. v.*) le nom *anthos* indique soit un passereau, soit une sorte de héron. Cf. Pline, *N.H.*, X, 42 (116). — ἐρῳδιός : le même savant (*o. c.*, p. 103 sq.) considère que cette légende est liée aux habitudes de l'*Ardea Bubulcus* (espèce de héron) qui accompagne le bétail aux pâturages (cf. l'hippophilie d'Érodios dans notre texte). — σχοινεύς (dérivé apparemment de σχοῖνος« jonc »), connu aussi sous les noms de σχοινίλος, σχοινίλος, σχοινίκλος, σχοίνικος et σχοινίων, est le nom d'un oiseau non identifié. — ἄκανθος : cf. Élien, *N.A.*, X, 32 ἄκανθον τὸν ὄρνιν ἐκ τῶν τρεφουσῶν ἀκανθῶν λαβεῖν

τὸ ὄνομα οἱ σοφοὶ τὰ ὀρνίθων φασί. — ἀκανθίς : Cf. Tzetz. in Cramer, *Anecd. Oxon.*, III, 359,15 ἀκανθίς · ὁ στραγαλῖνος, παρὰ τὸ ἐν ἀκάνθαις διάγειν · λέγεται δὲ καὶ ἄκανθος. Arist., *H.A.*, VIII, 592ᵇ30 sqq. (cf. 610ᵃ4).

14. Cf. Arist., *H.A.*, VIII, 593ᵇ3 ἔστι δ' οὗτος (*scil.* ὁ λευκερῳδιός) τὸ μέγεθος ἐκείνου (*scil.* τοῦ ἐρωδιοῦ) ἐλάττων. Cette ressemblance entre ces deux textes du Ps.-Aristote et d'Ant. Lib. ainsi que les ressemblances signalées plus haut s'expliquent, d'après Pitcher (*o. c.*, p. 151, n. 22 et 152-153), par le fait que tous ces textes remontent à une tradition ornithologique orale, source commune de l'*Ornithogonie* de Boïos, du livre IX de l'*Histoire des Animaux* du Pseudo-Aristote, d'Élien, d'Alexandre de Myndos, etc.

15. Cf. Arist., *H.A.*, IX, 609ᵇ14 ἄνθος δ' ἵππῳ πολέμιος · ἐξελαύνει γὰρ ὁ ἵππος (*an* τὸν ἵππον ?) ἐκ τῆς νομῆς · πόαν γὰρ νέμεται ὁ ἄνθος... μιμεῖται γὰρ τοῦ ἵππου τὴν φωνὴν καὶ φοβεῖ ἐπιπετόμενος · ὁ δ' ἐξελαύνει, ὅταν δὲ λάβῃ (*sc.* ὁ ἵππος) κτείνει αὐτόν (*sc.* τὸν ἄνθον) ; Élien, *N.A.*, VI, 19 ἰδιάζει δὲ ταῖς μιμήσεσι τῶν τοιούτων ὅ τε ἄνθος καλούμενος... καὶ ὁ μὲν ἄνθος ὑποκρίνεται χρεμέτισμα ἵππου; *ibid.* V, 48 μισεῖ δὲ... καὶ ὁ ἄνθος τὸν ἵππον ; Pline, *N.H.*, X, 42 (116) *Est quae boum mugitus imitetur, in Arelatensi agro* taurus *appellata... Equorum quoque hinnitus* anthus *nomine herbae pabulo aduentu eorum pulsa imitatur ad hunc modum se ulciscens.*

VIII. LAMIA OU SYBARIS

1. Sur cette légende voir S. Eitrem, art. *Sybaris, RE* IVA [1931], 1002. Elle rappelle point par point celle d'Euthymos et du héros de Témessa. Voir E. Rohde, *Psyche* (Tübingen, 1925⁹), p. 154, n. 115, qui traite de la ressemblance remarquable entre ces deux légendes, et Fontenrose, *Python* (Berkeley, 1959), p. 44 et 102 sq. qui étudie en détail les « mythes de combat » d'un dieu ou d'un héros contre un monstre et donne une bonne analyse de cette légende. Sur ces mythes cf. aussi F. Vian, *Les Origines de Thèbes*, p. 94-106.

2. Pour un essai d'identification de cette montagne cf. L. Lerat, *Krisa (Mél. Ch. Picard*, vol. II, p. 621-632).

3. Sur le mont Cirphis cf. Bölte, *RE* XI [1921], 507 sq.

4. Cf. Fontenrose, *o. l.*, p. 55.

5. Lamia est une sorte de croque-mitaine femelle, connue sous divers noms : Empousa, Gorgo, Gélo, Mormolycé ou Mormo (appelée aussi Mombro ou Mommo), Karko, Akko, Alphito et Strinx. Cf. Fontenrose, *o. l.*, p. 116-119. On croyait que ces monstres attaquaient surtout les petits enfants. Ces monstres anthropophages sont des personnifications de la Mort dévastatrice. Cf. M. Delcourt, *Tydée et Mélanippé (Studi e Mater. Stor. Relig.*, XXXVII, 1966, p. 140). Sur l'identification de Lamia

avec Gérana ou Œnoé, cf. *infra*, ch. XVI, n. 2. D'après Pausanias, X, 12,1 Lamia, fille de Poséidon, était la mère de la première Sibylle delphienne.

6. Pour une légende analogue, cf. Paus., IX, 26, 7-8.

7. Les Delphiens consultèrent Apollon non seulement en tant que dieu de Delphes mais aussi en tant que patron de la colonisation ; cf. chap. IV, n. 15. Sur le rôle de l'Oracle de Delphes dans les mythes grecs, cf. Parke-Wormell, *The Delphic Oracle*, p. 295-319.

8. On couronnait la tête des victimes. Alcyoneus est donc traité ici comme une victime expiatoire. Sur la signification de la couronne voir L. Deubner, *Die Bedeutung des Kranzes im klass. Altertum* (*Archiv Relig. Wiss.*, XXX, 1933, p. 70-104).

9. L'inscription *IG* IX, I¹, 335 cite le démiurge Εὔφαμος, auteur d'une dédicace à Galaxidi (Locride de l'Ouest). Le nom du fleuve Axios renvoie également à cette région. Cependant la Courétis est une région de l'Étolie ou de l'Acarnanie.

10. Cf. chap. I, n. 17.

11. ἀφανὴς ἐγένετο, lat. *non comparuit*, sont les expressions les plus courantes pour indiquer la disparition d'un être semi-divin ou humain. Cf. L. Deubner, *De Incubatione* (Leipzig, 1900), p. 13, cité par Pease, *Some Aspects of Invisibility* (*Harvard Studies in Class. Philol.*, LIII, 1942, p. 10, n. 72).

12. Cette source était située près de la Locride de l'Ouest. La ville de Sybaris en Italie était également voisine d'une colonie locrienne, Locres Épizéphyrienne.

13. Sybaris était une colonie des Achéens, non des Locriens. L'homonymie entre la source du Parnasse d'une part, et la ville et le fleuve de l'Italie, de l'autre, semble expliquer le rapprochement étiologique qu'en fait ici Ant. Lib., sinon Nicandre lui-même. Cf. J. Bérard, *La Colonisation grecque de l'Italie méridionale* (Paris, 1957²), p. 143, et L. Lerat, *Les Locriens de l'Ouest*, II (Paris, 1952), p. 25. Sur le rôle de l'homonymie dans la création des légendes hellénistiques cf. L. Castiglioni, *Atene e Roma*, XII, 1909, p. 354. Près de la ville de Sybaris en Italie il y avait la ville Lamia, nommée d'après la reine libyenne du même nom, que Zeus avait transférée en Italie (cf. Schol. Aristoph., *Paix*, 758).

IX. LES ÉMATHIDES

1. Ce nom n'est attesté que par Ovide, *Mét.*, V, 669.

2. Cette légende appartient avec celles de Typhon et d'Ascalabos au livre IV des *Heteroioumena* de Nicandre. Ces trois légendes se retrouvent au livre V des *Métamorphoses* d'Ovide, ce qui avec beaucoup d'autres traits communs parle en faveur d'une large utilisation du texte de Nicandre par Ovide. Cf. Bethe, *Hermes*, XXXIX, 1904, p. 8 ; W. Kraus, *RE* XVIII [1942], 1938-1940. Voir aussi *supra*, chap. V, n. 5.

3. Sur les Muses Piérides voir M. Mayer, *RE* XVI [1933], 680 sqq.

4. D'après Eustathe ad *Il.* XIV, 226 sq., p. 980, 32, l'Émathie devait son nom à Émathos, fils de Macédon et frère de Piéros.

5. Piéros, éponyme de la Piérie, introduisit le culte des Muses dans son pays ; cf. Plutarque, *de mus.*, 3 ; Paus., IX, 29, 3 ; Servius ad Virg., *Ecl.*, VII, 21.

6. Les Émathides sont la réplique des neuf Muses.

7. Ant. Lib. ne parle pas des nymphes qui arbitrèrent ce concours et que peut-être Nicandre mentionnait dans son poème. Cf. Ov., *Mét.*, V, 314. Par contre, Ovide ne parle pas de l'effet provoqué par le chant respectif des deux parties rivales, soit qu'il ait trouvé ces détails saugrenus, soit qu'il ait jugé qu'ils faisaient double emploi, la fable d'Orphée utilisant des motifs du même genre. — Le thème du concours artistique, artifice destiné à rattacher ensemble un certain nombre de légendes, était très en vogue à l'époque hellénistique. Cf. Bethe, *Hermes*, XXXIX, 1904, p. 6 sq. ; Ov., *Mét.*, VI, 1-145 : dispute d'Arachné et d'Athéna.

8. Sur la fête des Μουσεῖα, célébrée sur l'Hélicon par les Thespiens, et l'enclos des Muses Héliconiades, voir G. Roux, *Le Val des Muses et les Musées chez les auteurs anciens* (*Bull. Corr. Hell.*, LXXVIII, 1954 p. 22-48).

9. La forme du manuscrit Πίερος, gén. de Πίηρ, pour Πιέρου n'est pas nécessairement fautive ; cf. *Thesaurus Gr. Ling.*, *s. v.* Πιερία et Πίερος.

10. Comparant ce passage à Ovide, *Mét.*, V, 300-678, Plaehn (*De Nic.*, p. 29 sq.) et Bethe (*Hermes*, XXXIX, 1904, p. 1 sqq.) pensent que le chant des Émathides avait pour objet la légende de Typhon, voire sa première partie (fuite et métamorphose des dieux : cf. *infra*, chap. XXVIII). Mais c'est là une hypothèse tout à fait gratuite. L'idée d'utiliser les chants de ce concours pour développer d'autres légendes de métamorphoses appartient plus vraisemblablement à Ovide (cf. *supra*, chap. V, n. 5).

11. Selon Bethe, *ibid.*, p. 13 sq., le chant des Muses racontait peut-être la défaite de Typhon et la métamorphose d'Ascalabos. Mais cf. *supra*, n. 10. Le thème de la croissance permet une autre hypothèse : L'objet du chant des Muses serait l'éloge d'Hélicon, leur montagne sacrée. L'Hélicon loué grandit comme Bṛhaspati dans *Mahābhārata*, V, 9, 8 sqq. cité et commenté par G. Dumézil, *Servius et la Fortune* (Paris, 1943), p. 65 sqq.

12. Personnification de la montagne d'Hélicon. Cf. Callim., *Délos*, 81 sq. ὡς ἴδε χαίτην | σειομένην Ἑλικῶνος. Sur une stèle (*IG*, VII, 4240), trouvée près de Thespies, sur l'emplacement du petit temple des Muses, on lit οὐκ ἀ[δαὴ]ς Ἑλικὼν Μο[υσάω]ν χρη[σ]μὸν ἰαχέω. Sous cette inscription il y a un bas-relief représentant Hélicon avec les traits d'un vieillard.

13. Poséidon est le dieu principal de l'Hélicon : cf. *Il.*, XX, 404 ; *Hymne homér. à Poséidon*, 3. Son antique sanctuaire

à Onchestos, au pied de l'Hélicon, était le sanctuaire fédéral des Béotiens, cf. P. Roesch, *Thespies et la Confédération Béotienne* (Paris, 1965), p. 125, n. 1. Poséidon était le patron de la Béotie et de ses jeux hippiques. Voir Keramopoullos, *Thebaïca* (*Arch. Delt.*, III, 1917, p. 358, n. 1) ; F. Schachermeyr, *Poseidon*, p. 38-42.

14. Poséidon Hippios s'était uni à Méduse Hippia pour engendrer Pégase (et Chrysaôr), ce qui explique le rapprochement de Poséidon et de Pégase dans notre texte. Sur Pégase voir F. Schachermeyr, *op. l.*, p. 174-188.

15. Ce coup de sabot fit jaillir la source Hippocrène. Cf. Hés., *Théog.*, 6 ; Callim., *Bain de Pallas*, 71 ; Paus., IX, 31, 3 ; Strab., VIII, 6, 21 ; Ov., *Mét.*, V, 256-263 ; *Fast.*, III, 456 ; V, 7 sq. ; Prop., III, 3, 2. Voir Sittig, *RE* VIII [1913], 1853-57. Il serait étonnant que Nicandre eût négligé d'en parler. Bethe, *l. c.*, suppose que c'est un détail omis par Ant. Lib., mais qui devait figurer dans les *Heteroioumena* de Nicandre. Si Ovide ne parle pas de la source Hippocrène dans le passage des *Métamorphoses* relatif aux Émathides, mais un peu avant (V, 256 sqq.), ce déplacement a pour but d'établir une transition entre cette légende et celle de Persée : on saisit ici l'adaptateur au travail. — Sur le motif du sabot qui en frappant le sol fait jaillir une source, cf. H. Kees, *RE* XVI [1933], 700, 10 sqq., et Ant. Lib., IV, n. 6.

16. Sur cette expression, cf. *infra*, chap. XXIX, n. 15. C'est le thème du châtiment infligé à des mortels pour avoir voulu se mesurer aux Immortels. Ovide, *Mét.*, V, 664 sqq., motive la transformation des Émathides par les insultes que, vaincues, ces dernières lancèrent contre les Muses, sans doute afin que leur châtiment paraisse moins cruel.

17. Dans le récit d'Ovide, les neuf Émathides sont toutes transformées en pies : autre trait où se manifeste sans doute l'imitation créatrice du poète latin.

18. Nom attesté sous diverses formes. Cf. Athén., IX, 395ᶜ κολυμβάς, mais *ibid.*, 395ᵈ κολυμβίς. Aristophane, *Ois.*, 304 κολυμβίς, mais *Acharn.*, 876, ainsi que Dion., *Ixeut.*, II, 13 ont la forme κόλυμβος.

19. Cet oiseau est mentionné parmi les oiseaux mimétiques par Élien, *N.A.*, VI, 19.

20. Oiseau non identifié.

21. Cf. Apollonidès, *A.P.*, IX, 280 κίτται... | παμφώνων μέλπον ἀπὸ στομάτων ; VII, 191 'Αρχίου ἐπίγραμμα εἰς κίσσαν τὸ ὄρνεον διὰ τὸ εἶναι αὐτὸ ᾠδικόν.

22. Oiseau indéterminé, probablement une sorte de pigeon. Cf. Nicandre, fr. 73 Schn. (*apud* Athén., IX, 395ᵉ) Δρακοντιάδες πελειάδες. — La remarque sur le vain babil des pies, par laquelle Ovide termine son récit (677 sqq.), est évidemment appropriée à son adaptation. Mais elle a pu avoir un équivalent (négligé par Ant. Lib. ou omis par l'un de ses copistes) chez Nicandre qui tire parfois la leçon de la métamorphose (cf. chap. X, XXIV et XXXV).

X. LES MINYADES

1. Autres témoignages relatifs à cette légende : Plut., *Quaest. Gr.*, 38, p. 299^{e-f} ; Élien, *V.H.*, III, 42 ; Ov., *Mét.*, IV, 1-415. Elle servait d'*aition* à la fête des *Agrionia* à Orchomène, sur laquelle voir Eitrem, art. *Minyades*, *RE* XV [1932], 2012 sqq. ; Jeanmaire, *Dionysos*, p. 202 sqq. Sur les *Agrionia* à Thèbes cf. L. Ziehen, art. *Thebai*, *RE* VA [1934], 1543-45.

2. Minyas est l'éponyme des Minyens, nom que se donnaient les habitants d'Orchomène à l'époque homérique.

3. Sur la généalogie d'Orchoménos cf. Schol. Apoll. Rh., I, 230.

4. D'après Plutarque, *l. c.*, les Minyades s'appelaient Λευκίππη, Ἀρσινόη et Ἀλκαθόη ; d'après Élien, *l. c.*, Λευκίππη, Ἀρσίππη, Ἀλκιθόη ; Ovide n'en nomme que deux, *Leuconoe* et *Alcithoe*. Les Minyades sont au nombre de trois, chiffre fréquemment adopté pour les groupes d'héroïnes. Cf. Usener, *Die Dreiheit*, p. 10-11. Dans les mythes dionysiaques, le motif de la triade féminine reflète une réalité cultuelle. Cf. O. Kern, *Inschr. v. Magnesia am Meander* (Berlin, 1900), n° 215.

5. « Absurdement, à l'excès », tout excès étant signe d'orgueil. Il y a une opposition essentielle entre ces femmes travaillant à la maison à des travaux de femme, et les Bacchantes qui, refusant l'espace du dedans, mènent une vie « libre » (cf. Dionysos Eleuthereus) dans la nature sauvage, l'espace ouvert. Cette opposition entre le monde de la décence féminine et, d'autre part, le genre de vie dionysiaque se retrouve par ex. dans les *Xantries* d'Eschyle. D'après la reconstitution de l'intrigue proposée par F. Lasserre (*Mus. Helv.*, VI, 1949, p. 140-156, notamment 150 et 153), Héra aurait joué dans cette tragédie le rôle exactement inverse de celui de Dionysos en exaltant les vertus du foyer et la décence des jeunes épousées contre l'attrait du ménadisme.

6. Même attitude de la part de Penthée dans les *Bacchantes* d'Euripide (v. 216-262).

7. Cf. Eur., *Bacch.*, 35 sqq. ; Nonnos, *Dion.*, XLV, 42-51. Ant. Lib. s'est de toute évidence souvenu des *Bacchantes* d'Euripide. Pour les légendes portant sur la diffusion du culte orgiastique de Dionysos dans les diverses régions de Grèce voir Jeanmaire, *o. l.*, p. 198-219. Sur le ménadisme voir, outre Jeanmaire, le compte rendu de L. Gernet, *Rev. Ét. Gr.*, LXVI, 1953, notamment p. 381 sq., la bibliographie donnée par Nilsson, *Gesch. Gr. Rel.*, I², 569, n. 4, et E. R. Dodds, *Les Grecs et l'Irrationnel* (trad. franç., Paris, 1965), p. 257-269. Pour les monuments figurés cf. H. Philippart, *Iconographie des Bacchantes d'Euripide* (*Rev. Belge de Philol.*, IX, 1930, p. 5-72).

8. Sur le mont Cithéron. Cf. Eur., *Bacch.*, *passim* ; Esch., *Xantries*, fr. 367 Mette ; [Hippon.], fr. 91 Bergk⁴ ; Ov., *Mét.*, III, 702 sqq. ; Nonnos, *Dion.*, XLIV-XLVI *passim*.

9. Sur Dionysos déguisé en femme voir en dernier lieu

C. Gallini, *Il travestismo rituale di Penteo* (*Studi e Mater. di Storia delle Relig.*, XXXIV, 1963, p. 211-228). Sur l'épiphanie divine voir K. J. Mc Kay, *The Poet at Play* (Leiden, 1962), p. 57, n. 2.

10. Sur le motif de la résistance à Dionysos, cf. les légendes de Penthée, de Lycurgue, des Proitides, etc ; voir Guthrie, *The resistance motif in Dionysiac mythology* (*Proc. Class. Philol. Soc.*, nº 179, 1946-47, p. 14-15).

11. Nous préférons garder les deux mots qui pour être presque des synonymes n'en sont pas moins souvent cités ensemble. Cf. Diod., III, 65,2 ; Hippol., *Ref. Haer.*, V, 20 ; Schol. Eur., *Méd.*, 1382 (cod. B).

12. Triple métamorphose (motif de la triade). Ces trois animaux sont des animaux nobles, royaux qui assurent la domination. Dans les *Bacchantes* d'Euripide (v. 1017), le dieu est invoqué sous la forme d'un taureau, d'un serpent et d'un lion. Cf. Dodds, éd. Eur., *Bacchae²*, p. XVIII. Nous avons peut-être dans ces deux textes la trace d'une tradition orphique qui qualifiait Dionysos de τριφυής, lui attribuant une triple essence. Cf. Orph., *H.*, 52,5 ὄργιον ἄρρητον, τριφυές, κρύφιον Διὸς ἔρνος. On peut rapprocher de cette triple métamorphose la *péliké* cyrénéenne du Louvre représentant Dionysos sur un char attelé de trois animaux différents, une panthère, un taureau et, entre les deux, un griffon ailé dont la place est tenue dans notre texte par le lion. Voir L. Heuzey, *Le Char de Bacchus d'après une peinture de vase* (*Monuments grecs publiés par l'Association pour l'Encouragement des Études Grecques en France*, Paris, 1879, p. 55-58.)

13. Le taureau est l'un des avatars zoomorphes les plus fréquents de Dionysos, surtout en Béotie. Cf. Gruppe, *o. l.*, p. 1425 ; H. Grégoire, *Bacchos le taureau et les origines de son culte* (*Mél. Ch. Picard*, 1949, I, p. 401-405) ; Jeanmaire, *Dionysos*, p. 494 ; Nilsson, *Gesch. Gr. Rel.*, I², p. 215 et 571.

14. Sur la transformation en lion cf. l'*hymne homérique à Dionysos*, I, 44 sq. Dans Philostrate, *Imag.*, I, 17, les Bacchantes croient voir en Penthée un lion. Ce même animal est en relation avec les sanctuaires de Dionysos à Lesbos et à Céos. Cf. Gruppe, *Gr. Myth.*, p. 462, n. 2 et 1425, n. 2.

15. La panthère appartient au cycle bacchique. Les Ménades lui donnent le sein. Bien plus, elles se transforment en panthères dans Opp., *Cynég.*, IV, 315. Dionysos lui-même avait eu une panthère comme nourrice. Le dieu chevauchant une panthère est un motif favori des vases, bas-reliefs, fresques, mosaïques et statues.

16. Cf. Élien, *l. c.* ἐκ δὲ τῶν ὀρόφων ἔσταζον οἴνου καὶ γάλακτος σταγόνες. Le texte d'Ant. Lib. est plus vraisemblable, parce qu'il met en cause l'activité des Minyades. Pour une série de miracles analogues cf. l'*hymne homér. à Dionysos*, I, 35 sqq. et Ov., *Mét.*, IV, 391-404. L'épiphanie de Dionysos est souvent accompagnée de pareils prodiges. Cf. H. Usener, *Milch und Honig* (*Rhein. Mus.*, LVII, 1902, p. 177-195) ; Gruppe, *o. l.*, p. 1411,

n. 3 ; K. Wyss, *Die Milch im kultus der Griechen und Römer* (*Rel. Gesch. Vers. Vorarb.*, XV, 2, 1914, p. 39-51).

17. Cf. l'*hymne homér. à Dionysos*, I, 37 ναύτας δὲ τάφος (« terreur ») λάϐε πάντας ἰδόντας.

18. Cette terreur est accompagnée d'une μανία καθαρτική qui aboutit au sacrifice expiatoire d'Hippasos. Voir à ce sujet I. M. Linforth, *Telestic madness in Plato* (*Univ. of Calif. Public. Class. Phil.* XIII, 1950, p. 163 sqq.). Les apparitions de Dionysos, dieu par excellence de la *mania*, sont souvent marquées par la folie de quelqu'un, infligée comme un « châtiment divin », et par le dépècement (διασπαραγμός) d'une victime humaine, qui est souvent l'enfant du détracteur du dieu ou le détracteur lui-même. Cf. Dodds, *Les Grecs et l'Irrationnel*, p. 82-104.

19. Sur un autre exemple de cléromancie, cf. chap. VIII 3. Sur l'origine mystique de la cléromancie cf. P.-M. Schuhl, *Essai sur la Formation...*, p. 64.

20. Cf. *Il.*, III, 316 et XXIII, 861 ; *Od.*, X, 206 sq., etc. L'originalité et l'ancienneté de ce procédé est à noter.

21. Il est probable que ce *diasparagmos* ou *diaspasmos* fut suivi par l'*ômophagie* rituelle. Sur ce rite, voir Jeanmaire, *Dionysos*, p. 252 ; Dodds, Eur., *Bacch².*, p. xvi-xx ; *Les Grecs et l'Irrat.*, p. 263 sqq. ; Nilsson, *Gesch. Gr. Rel.*, I², p. 156 sq. et 575, n. 4 et 5. M. Delcourt, *Tydée et Mélanippé*, p. 141, 159 et 187 remarque que les noms hippophores (cf. aussi plus haut les noms de Leucippé et Arsippé ou Aristippé, ceux des Proitides, Lysippé et Hipponoé) sont nombreux dans les légendes dionysiennes où apparaît le rite de l'ômophagie.

22. Le meurtre du fils unique ainsi que le motif de la fuite (cf. καταλιποῦσαι, etc.) se retrouvent dans la fable d'Aédon (chap. XI, n. 19).

23. Cette φυγή rappelle le rite semblable des *Agrionia*. Les *Oleiai*, membres féminins d'un *génos* d'Orchomène, pratiquaient des rites bacchiques parmi lesquels figuraient la *phygé* et la *diôxis* par le prêtre de Dionysos. Sur cette poursuite cf. W. Borgeaud, *Les Illyriens en Grèce et en Italie*, p. 64-72 ; Jeanmaire, *op. laud.*, index, *s. v.*

24. Consommation de trois plantes (motif de la triade). Sur le sens de cette « communion sacramentelle » cf. *Rev. Philol.*, XXXVI, 1962, p. 246 sq.

25. Dans le texte d'Ovide, c'est Dionysos lui-même qui opère la transformation, ce qui d'ailleurs est plus vraisemblable.

26. Le bâton d'Hermès rappelle la baguette des magiciens dont Hermès est le patron. Sur le bâton magique cf. *Od.*, V, 47, sq., XXIV, 2-5, et la bibliographie donnée par Schuhl, *Essai sur la Formation²...*, p. 72, n. 5. Hermès se sert de son bâton pour opérer une métamorphose au chap. XXIII d'Ant. Lib. et dans Luc., *Dial. Mort.*, 23, 3 ; de même, d'autres divinités, par exemple Artémis (cf. *supra*, chap. II, n. 25), Circé (cf. *Od.*, X,

238 et 319), Athéna (cf. *Od.*, XIII, 429 ; XVI, 172). Voir
J. E. Harrison, *Prolegom.*, p. 43 sqq.

27. Dans le texte d'Élien, cette Minyade devient une κορώνη.
Ovide les fait toutes les trois se transformer en *vespertiliones*,
en simplifiant ici tout comme dans la fable des Émathides (cf.
chap. IX, n. 17). Il est probable que βύξα est le même oiseau
indiqué sous la forme de βύσσα au chap. XV, 4 (= oiseau nocturne). Cf. aussi βύσσα, tab. I sub ι'. La conjecture de Berkel
n'est pas impossible : cf. Arist., *H.A.*, VIII 3, 592ᵇ9 νυκτικόραξ,
γλαῦξ, βύας. Ce dernier oiseau est peut-être le grand-duc.

28. Sur ce trait final, cf. chap. IX, n. 22. Cette simple notation
d'histoire naturelle prend une valeur dramatique dans Ovide :
les Minyades, effrayées par la lumière subite, cherchent à l'éviter.

29. Le récit d'Ant. Lib. comprenant la fureur bacchique, l'oribasie, puis la métamorphose, a un caractère plus archaïque
que celui d'Ovide qui n'en retient que la métamorphose et omet
une partie importante de la légende. Le rapprochement avec la
légende des Proitides dans Apollodore, II, 2, 2 conduit à la
même constatation.

XI. AÉDON

1. Sur cette légende voir en dernier lieu I. Cazzaniga, *La
Saga di Itys* (Varese, 1950-51), notamment vol. I, chap. IX,
p. 79 sqq. : *La novelle di Aedon nella tradizione poetica di Boeo*;
G. Mihailov, *La légende de Térée* (*Annuaire de l'Université de
Sofia*, L, 2, 1955, p. 77-208).

2. Il est probable que ce Pandaréos est le même que celui du
chap. XXXVI, père lui aussi d'une Aédon, héroïne de la même
légende dans sa version thébaine. Cependant ce second Pandaréos
est originaire de Milet (cf. chap. XXXVI, n. 11).

3. Cf. Strab., XIV, 1, 4 ἐκαλεῖτο γὰρ Λεπρὴ μὲν ἀκτὴ ὁ
πρηὼν ὁ ὑπερκείμενος τῆς νῦν πόλεως, ἔχων μέρος τοῦ τείχους
αὐτῆς.

4. En tant que dispensatrice de toute nourriture. Strabon
XIV, I, 3 parle du culte de Déméter Éleusinia à Éphèse. Cf.
aussi Hdt., VI, 16 et Dittenb., *Syll.*³, 820 sur les Thesmophories
célébrées à Éphèse. En Sicile, une statue de Déméter Sitô se
trouvait dans le temple d'*Adephagia*. Cf. Polémon, *FHG*, III, 126,
39, cité par Athénée, X, 416ᵇ⁻ᶜ ; Élien, *V.H.*, I, 27. Déméter (la
Terre qui nourrit) s'oppose (et ainsi se définit) à la Faim Dévo-
rante, p. ex. celle d'Érysichthon-Aethon. Voir *infra*, chap. XVII,
n. 14.

5. La capacité de manger trop était considérée comme une
marque de supériorité et pouvait passer pour un don divin (de
même que la boulimie paraissait être un châtiment divin)
car elle permettait de remporter le prix dans les joutes de poly-
phagie. Pour quelques cas de goinfrerie cf. Athén., X, 411ᵃ sqq. ;
412ᵃ,ᵉ,ᶠ ; 415ᵇ⁻ᵉ ; Paus., V, 5, 4.

6. Nom « parlant » : rapprochement étymologique entre ce nom et l'habileté artisanale de ce personnage. Cf. chap. VII, n. 2 et 3.

7. Sur les liens de parenté entre les habitants d'Éphèse et de Colophon cf. Strab., XIV, 1, 4.

8. Cf. chap. XXII, 4 ; Pind., *Pyth.*, VI, 37 ; *Ol.*, IX, 37. Sur l'impiété des langues arrogantes cf. Tib., *Él.*, I, 2, 79 ; III, 4, 15 et 5,13. Le motif du λόγος ἀχρεῖος est fréquent dans les récits d'Ant. Lib., de Parthénios et d'Hygin. Cette désinvolture à l'égard des dieux, qui s'exprime en paroles ou en actes, est constatée souvent dans les légendes attribuées par le Scholiaste à Boïos. Cf. Hiérax (III), Méropis (XV), Œnoé (XVI), Botrès (XVIII), les enfants de Cleinis sacrifiant des bêtes immondes malgré l'interdiction d'Apollon (XX), Polyphonté désertant le culte d'Artémis pour celui d'Aphrodite (XXI).

9. Leur impiété consiste en ce qu'ils osent se comparer à Zeus et Héra. Même impiété de la part de Périphas (chap. VI, n. 6), de Céyx et Alcyon, qui se faisaient appeler du nom même de Zeus et d'Héra, et de Salmoneus, frère d'Alcyon. Il s'agit de la dégradation bien connue du roi-dieu (incarnation du roi des dieux sur terre) à l'aspect du roi impie, usurpateur du nom de Zeus. A un stade plus ancien de cette légende, Polytechnos et Aédon ont dû se considérer comme Zeus et Héra.

10. Cf. le dicton antique φθονερὸν τὸ θεῖον rapporté par Hérodote, I, 32. Voir Ant. Lib., VI, n. 10. D. M. Pippidi, *Sur la Philosophie de l'Histoire d'Hérodote* (*Eirene*, I, 1960, p. 75-92).

11. Cf. chap. II, 3 ; IX, 3 et XXXI, 5. Éris est la mère de Neikos. Elle prend parfois les apparences de la bonne *Éris*, de l'émulation, avant de révéler son vrai visage de Discorde et de Guerre intestine. Sur l'aspect double d'Éris cf. en dernier lieu J.-P. Vernant, *Rev. Philol.*, XL, 1966, p. 253 sq.

12. Le tissage est une occupation spécifiquement féminine. W. R. Halliday (*Indo-European Folktales and Greek Legend*, Cambridge, 1933, p. 110, cité par Mihailov, *o. l.*, p. 141) suggère qu'Aédon a emprunté ce trait (qui manque dans les autres versions de la légende) à sa voisine, Arachné de Colophon. Le tissage est aussi une occupation des magiciennes ; cf. *infra*, n. 20.

13. Le viol de Chélidon par son beau-frère rappelle la version mégaro-athénienne. Pour les diverses versions de cette légende voir *infra*, n. 33.

14. Naïveté propre au conte populaire : le changement des vêtements suffit à rendre méconnaissable une personne même pour ses proches parents. C'est l'habit qui fait l'homme. Ce trait, avec le trait suivant, se retrouve au chap. XLI, 6 à propos de Procris.

15. Pour la faire ressembler davantage à une esclave.

16. Le thème de l'héroïne réduite à l'état d'esclave est folklorique : les héros des *Romans Grecs* ne manquent jamais, au cours de leurs péripéties, de tomber dans cette condition pitoyable.

17. Diminutif de Chélidon. Cf. 'Ακανθίς et 'Ακανθυλλίς au chap. VII, "Ιτυς dans ce chap. XI, mais "Ιτυλος dans Homère. Nous ne pensons pas devoir éliminer l'un au profit de l'autre comme l'a fait Martini. Le nom de Chélidon (peut-être aussi celui d'Aédon) est gravé sur une métope archaïque de Thermos, en Étolie. Cf. Pfuhl, *Malerei und Zeichnung der Griechen*, Pl. 173 et 481.

18. Cf. chap. XXVI, 3 ἔχων κρωσόν. Κάλπις est un mot poétique correspondant à l'attique ὑδρία. Ces mots désignent tous les deux la cruche à trois anses que les jeunes filles ou les femmes portaient sur la tête pour aller à la source ou à la fontaine.

19. Cf. chap. X, 3. Même réaction chez Médée et Niobé, fille d'Assaon, qui s'acharnent contre leurs enfants pour se venger de l'adultère de leur mari. Cf. aussi Aura dans Nonnos, *Dion.*, XLVIII, 745 sqq. et Didon dans Virg., *Én.*, IV, 601. En cas de rupture du mariage, c'est généralement au père que revenaient le ou les fils.

20. Le λέβης est l'ustensile qui sert aux rites d'immortalisation ou de régénération par cuisson. Cf. les légendes de Pélops, d'Achille, etc. Voir M. Delcourt, *Pyrrhos et Pyrrha* (Paris, 1965), p. 36 ; W. Fauth, *Hippolytos und Phaidra* (*Abh. Akad. Mainz*, X, 1959, p. 445-47). L'intention immortalisante a disparu : Aédon est présentée n'agir que par ressentiment pour son mari. Même dégradation du motif dans toute une série de légendes. Cf. Delcourt, *o. l.*, p. 66 sq.

21. C'est le thème des Θυέστεια δεῖπνα. Cf. Mihailov, *o. l.*, p. 189 sq. qui cite plusieurs légendes analogues. Ce thème est si fréquent que les mythographes avaient établi des listes de personnages qui avaient mangé la chair de leurs enfants. Cf. Hyg., *Fab.*, 246 *Qui filios suos in epulis consumpserunt*. Ces pères cannibales sont en principe trompés par un ennemi humain. Il s'agit en réalité de la captation des forces d'un être jeune. Cf. M. Delcourt, *Tydée et Mélanippé*, p. 141 et 168.

22. Dans la forme la plus ancienne de la légende, la métamorphose devait survenir au moment de cette δίωξις, ce qui justifie la légende du rossignol et de l'épervier (cf. Hyg., *Fab.*, 45).

23. Cet ἄφυκτος δεσμός est un lien magique, *héphaistien*. Cf. M. Delcourt, *Héphaistos ou la légende du Magicien* (Paris, 1957), p. 63, et 65-109.

24. Voir I. Cazzaniga, *Il supplizio del miele e delle formiche : un motivo novellistico nelle Metamorfosi di Apuleio VIII 22* (*Studies in Philology*, LXVI, 1949, p. 1-5). Sur un supplice analogue cf. Liban., *Lettres*, 551 ; Apul., *Mét.*, VI, 31 ; la *Souda*, *s. v.* 'Επίκουρος, et Stith Thompson, *Motif-Index* V (1935), p. 176 pour le caractère populaire de ce motif. Cf. aussi J. B. Bauer, *Novellistisches bei Hieronymus (Vita Pauli 3)*, Wiener Studien, LXXIV, 1961, p. 130-37, cité par I. Cazzaniga, *Temi poetici alessandrini in Nonno Panopolitano: Tradizione diretta ed indiretta* (in *Miscellanea di Studi Alessandrini in memoria di*

A. Rostagni, Turin, 1963, p. 626-629). Cet épisode, qui manque dans les autres versions de la légende d'Aédon-Procné, est, d'après Cazzaniga, un élément nouveau à effet typiquement romanesque. Cazzaniga établit la liste des traits élégico-romanesques existant dans ce chapitre d'Ant. Lib. et qui lui semblent étrangers à la légende d'Aédon-Procné : 1° La félicité de l'amour conjugal qui dure tant que les deux époux respectent les dieux ; 2° le « λόγος ἀχρεῖος » ; 3° la dispute et l'enjeu ; 4° l'*aprosdokéton :* la ruse de Polytechnos ; 5° Chélidon réduite à la condition d'esclave ; 6° la lamentation de Chélidon près de la fontaine et l'*anagnorismos* ; 7° l'intervention du voisin dans l'action ; 8° le châtiment de Polytechnos ; 9° la réconciliation des époux ; 10° la tentative de vengeance de Pandaréos et l'intervention dans l'action d'un nouveau personnage, le frère d'Aédon. La profusion de ces éléments romanesques rappelle les *Contes Milésiens* (1) (impression que renforce la localisation de la légende à Éphèse et Colophon, territoires voisins de Milet) ainsi que les *Romans Grecs.*

25. Dans le récit d'Apulée, ce sont les fourmis que le miel avait attirées.

26. Cette réconciliation *in extremis* rappelle le thème des *époux séparés* dans les *Romans Grecs*, qui, après beaucoup d'aventures, réussissent à se retrouver.

27. Ἀπεῖργεν ἐκ est un vulgarisme qui n'est attesté par aucun autre texte, mais qui n'a rien de choquant à l'époque d'Ant. Lib.

28. Thème du saut dans la mer. Cf. *infra*, chap. XL, n. 11.

29. Sur l'ἁλιαίετος cf. Dion., *Ixeut.*, II, 2. Sur l'alcyon, oiseau favorable aux marins, et les ἀλκυωνίδες ἡμέραι, voir de nombreuses références dans Gruppe, *Gr. Mythol.*, p. 482, n. 7 ; d'Arcy W. Thompson, *Gloss. Gr. Birds*, p. 46-51. — Knaack (*Analecta*, p. 3) souligne l'habitude de Boïos d'indiquer, parmi les oiseaux provenant d'êtres humains, ceux qui sont αἴσιοι et ceux qui ne le sont pas (cf. à ce sujet les chap. XV, XIX et XXI).

30. Nommé ainsi à cause de la forme de son bec, rappelant la hache, et de son activité (calembour intraduisible qu'on retrouve dans Aristoph., *Ois.*, 1155 sq.). Le πελεκᾶς est identique au δρυοκολάπτης. Cf. Aristoph., *Ois.*, 480, Hésychius et la *Souda, s. v.* Cet oiseau était considéré comme le *numen* de l'arbre, surtout du chêne, arbre sacré de Zeus. Sur l'association de l'arbre, de l'oiseau et de la hache cf. Wide, *Baum, Vogel und Axt* (*Sertum philologicum Car. F. Johansson oblatum*, Göteborg, 1910, p. 62-69) (cité par Cook, *Zeus*, II, 692). Sur le δρυοκολάπτης, symbole de Zeus, cf. Harrison, *Themis*, p. 100.

---

(1) Sur les *Contes Milésiens* (recueillis par Aristide, au IIe s. de notre ère), cf. Elisabeth H. Haight, *Essays on Ancient Fiction* (New York, 1936), p. 7-9 et 37.

31. En tant que patron des artisans.

32. Héphaistos porte la hache dans un certain nombre de monuments figurés. Cf. Daremberg-Saglio, *Dictionnaire...*, I, fig. 860 et *Monuments de l'Inst. Arch.*, V, 35. On trouve aussi Héphaistos à la hache représenté à côté de Zeus au moment où il va lui ouvrir le crâne lors de la naissance d'Athéna. D'après Apollodore, III, 14, 8, c'est également la double hache que tient Térée (l'équivalent de Polytechnos dans la version mégaro-athénienne), lorsqu'il poursuit les deux sœurs. Cazzaniga (*Itys*, I, 53 sq. et 101 sqq.) considère que la hache est ici un trait emprunté à la version d'Asie Mineure. Cette assertion est récusée par Mihailov, *o. l.*, p. 194, n. 3. Ce trait de la hache rapproche la légende d'Aédon de la coutume des *Agrionia* suivant laquelle le prêtre, armé d'une hache, poursuivait les Ménades meurtrières de Penthée ou les Minyades meurtrières d'Hippasos. Sur la signification du πέλεκυς, cf. M. Delcourt, *Héphaistos*, p. 63 sq.

33. C'est précisément en cet oiseau que fut transformé Térée. Nous pouvons donc voir dans la création de ce nouveau personnage, le frère d'Aédon, qui manque dans les autres versions de la légende (1), un essai empirique de synthèse des deux versions principales (la thébaine et la mégaro-athénienne) par la juxtaposition des deux oiseaux « concurrents ». D'ailleurs, à Polytechnos -πελεκᾶς, substitut de Zeus, répond ἔποψ-Zeus, l'oiseau en lequel se transforma Zeus pour approcher Lamia. Cf. W. Crönert, *Archiv*, I, 1901, p. 109, n. I : [Ζεὺς] Λαμίας δὲ [ἐρασθεὶς ἐγένετο] ἔ[πο]ψ, et Clément de Rome, *Hom.*, V, 13 (= II, 184 Migne) Λαμίᾳ ἐπεμορφώθη ἔποψ ; Rufin, *Reconnaissances*, X, 22 *Lamiam (sc. stuprat) mutatus in upupam* (cités par Cook, *Zeus*, II, p. 1130). Cook pense que le rapprochement de ἔποψ avec Zeus est dû à une confusion populaire avec son titre de Ἐπόψιος (cf. Ant. Lib., chap. VI, n. 8 ; Hésych. ἔποψ · ἐπόπτης, δυνάστης καὶ εἶδος ὀρνέου ; voir aussi Esch., fr. 609, 1 Mette *ap.* Arist., *H.A.*, IX, 633ᵃ18 τοῦτον δ' ἐπόπτην ἔποπα τῶν αὑτοῦ κακῶν), mais aussi à la belle crête de cet oiseau. Sur le parallélisme qui existe entre la huppe et le pivert dans les mythes anciens cf. d'Arcy W. Thompson, *Gloss.*, p. 93 et 100. D'après E. Oder, *Der Wiedehopf in der gr. Sage* (*Rhein. Mus.*, XLIII, 1888, p. 541 sqq.) l'*épops* a remplacé le κίρκος dans cette légende peu avant Sophocle. Cf. Esch., *Suppl.*, 62 κιρκηλάτου τ' ἀηδόνος « l'*aédon* poursuivie par le *kirkos* ». Ce remplacement doit avoir eu lieu,

---

(1) Mihailov, *o. l.*, p. 161 sqq., distingue : 1º la version thébaine, celle de l'*Odyssée* : une mère, voulant tuer l'enfant de sa rivale, en vient à tuer son propre enfant ; 2º la version mégaro-athénienne : Aédon-Procné se venge de l'adultère de som mari ; 3º la version d'Asie Mineure, celle de Boïos.

parce qu'on mit en relation l'*épops* avec le mot ἐπόπτης rapproché lui aussi du nom de Térée (de τηρεῖν « observer »).

34. Cf. Horap., II, 92 ἐὰν πρὸ τοῦ καιροῦ τῶν ἀμπέλων πολλὰ κράζῃ, εὐοινίαν σημαίνει. Sur l'épops voir la bibliographie citée par d'Arcy W. Thompson, *o. l., s. v.*

35. D'après Servius et Cornutus (cités par Mihailov, *o. l.*, p. 167) l'Itys de la légende thébaine est devenu lui aussi un oiseau (φάσσα). Sur cette « régénération » cf. M. Delcourt, *Tydée et Mélanippé*, p. 144 sq.

36. Pour les textes anciens, cf. d'Arcy W. Thompson, *o. l.*, p. 20 sqq.

XII. CYCNOS

1. Cette légende a été évoquée par Ovide, *Mét.*, VII, 371-381, qui en est, avec Ant. Lib., le seul témoin.

2. K. O. Müller (*Rhein. Mus.*, II, 1847, p. 28) a expliqué la forme Θυρίη du *Palatinus* comme étant une corruption de Οὐρίη (Οὐρία forme béotienne, cf. Οὐρίων). Cf. Strab., X, 2, 21; Stéph. Byz., *s. v.* Ὑρία (= ville Étolienne fondée par Ὑριεύς). Par contre Bölte, art. *Hydra* nº 6, *RE* IX [1914], 51 suivant la schol. Ven. A *Il.*, II, 496 (= Hés., fr. 181 M.-W.) propose d'y voir une faute remontant à des formules du type ὅν θ' Ὑρίη τέκε (cf. *Il.*, II, 496 οἵ θ' Ὑρίην ἐνέμοντο). V. Costanzi, *Antonino Liberale* XII (*Riv. Fil. Istr. Class.*, XLVIII, 1920, p. 351-53) pense également que Ὑρίη est la forme de Nicandre. Dans ce cas la faute est sans doute imputable à Ant. Lib.

3. Nom acarnanien ou étolien. C'est le nom d'un fils de Diomède (cf. chap. XXXVII) et c'est de l'Étolie que ce dernier était parti pour son voyage en Italie.

4. Sur les divers personnages légendaires appelés de ce nom cf. Adler, art. *Kyknos*, *RE* XI [1922], 2435 sqq.

5. Sur l'opposition entre εὐσχήμων et ἀγροῖκος cf. chap. XVI, 1 ; Pseudo-Théocrite, XXIII, 1 sq. ; Bion, fr. XI, 5 (à propos d'Éros) ; Ov., *Mét.*, III, 354. Sur le jeune chasseur rebelle à l'amour cf. C. Gallini, *Katapontismos* (*Studi e Mater. di Storia delle Relig.*, XXXIV, 1963, p. 78).

6. Cette localisation pose un problème, car ces deux villes se trouvaient au Sud du lac Angelocastron dans lequel s'est probablement précipité Cycnos (cf. *infra*, n. 19). Bölte, *l. c.*, pense que l'auteur a peut-être voulu par l'emploi de ces noms riches en souvenirs légendaires éveiller l'intérêt du lecteur. Mais il n'est pas nécessaire de supposer que Cycnos se soit suicidé à proximité de son domaine.

7. La dureté de Cycnos rappelle celle d'Arsinoé à l'égard d'Arcéophon (chap. XXXIX) et celle du bel éphèbe dans le Ps.-Théocr., XXIII.

8. Cf. G. Dumézil, *Horace et les Curiaces* (Paris, 1942), p. 52 :

« Comme il est usuel dans les mythes de combat initiatique,
l'adversaire du héros de la plupart de ces récits indo-européens
est censé constituer un péril majeur pour la collectivité divine
ou humaine à laquelle appartient ledit héros : sa défaite ou sa
mort est donc un service public des plus signalés, une libération
de tous par un. »

9. Cf. J. Aymard, *Essai sur les Chasses romaines* (Paris, 1951),
p. 463 sq. qui cite plusieurs cas de capture de fauves par le vin.
Selon les anciens, les animaux ont un tempérament qui ne leur
permet pas de supporter le vin.

10. Sur cette manœuvre défensive cf. H. Herter, *Den Arm
im Gewande (Eine Studie zu Herakles dem Löwentöter)*, in
Miscellanea Rostagni, p. 322 sq. ; pour des parallèles, cf. *ibid.*,
p. 327. Le prototype de cet exploit de Phylios est Héraclès
étrangleur du lion de Némée ; cf. Brommer, *Vasenlisten*[2], p. 85-111.

11. Cet exploit, ainsi que les deux suivants, est de caractère
typiquement folklorique. Les épreuves triples, caractéristiques
des contes, sont rangées en gradation ascendante. Cf. Dumézil,
o. l., p. 134 : « Dans toutes ces légendes de combat, qu'il s'agisse
d'un monstre dont la tête ou le cœur est triple, ou simplement
de trois frères au destin solidaire, la signification de la triplicité
n'est pas douteuse : c'est un triplement intensif, ainsi que l'a
reconnu M. Vendryes, *L'unité en trois personnes chez les Celtes*
(*Comptes rendus de l'Acad. des Inscr.*, 1935, p. 324-341), adaptant
aux faits celtiques une idée d'Usener et de Deonna. En multi-
pliant les moyens de l'adversaire ou les manches du combat,
on rehaussait la victoire du combattant mythique, du héros
patron de l'initié, on la rendait à la fois plus méritoire et plus
éclatante. N'est-ce pas en vertu du même principe que l'athlète
grec n'était couronné qu'après avoir terrassé par trois fois son
partenaire, et que la langue des jeux a fourni à Eschyle un nom
significatif du vainqueur, τριακτήρ « celui qui a triplé,
celui qui a gagné trois assauts » ? (Esch., *Agam.*, 171 ; *Eum.*,
589) ».

12. La leçon πάσῃ μηχανῇ de *P* est nécessaire: C'est justement
une μηχανή qu'utilisera Phylios. Reste à comprendre le sens de
ἔξω qui fait difficulté : « hors de l'endroit qu'ils infestaient » ?

13. Sur l'aigle hostile au lièvre cf. le fameux tétradrachme
d'Agrigente ; Esch., *Agam.*, 119 ; Orph., *Lith.*, 146 sq. ; Ov.,
Mét., VI, 516 sq.

14. La mythologie mais aussi l'histoire anecdotique connaissent
des héros qui se sont illustrés par un pareil tour de force, comme
par exemple Thésée vainqueur du taureau de Marathon (Plut.,
Thésée, 14), Biton (Paus., II, 19,5), Milon (Athén., X, 412e — 413[a] ;
Cic., *Cat. Mai.*, X, 33). Plusieurs autres textes indiquent qu'il
s'agit d'un geste rituel imposé aux éphèbes lors de certaines
fêtes. Cf. Paus., VIII, 19,2 ; Artémid., *Oneir.*, I, 8, p. 14. D'autres
fois, l'épreuve consiste tout simplement à soulever le taureau
du sacrifice pour lui faire tendre la gorge au couteau. Cf. Eur.,

Hél., 1561 sqq. ; *Él.*, 813 sqq. ; Théophr., *Caract.*, XXVII ; *IG* II² 1028 (Iᵉʳ siècle av. J.-C.) = *Syllogé³*, 717. Voir sur cette question P. Stengel, *Zu den Attischen Ephebenschriften* (*Hermes*, XXX, 1895, p. 339-346) qui cite les textes ci-dessus, et *Opferbräuche...*, p. 105-112 où il commente l'expression αἴρεσθαι τοὺς βοῦς. Cette épreuve s'apparente aux Ταυροκαθάψια, jeu athlétique qui consistait à fatiguer, à cheval, un taureau, puis à sauter sur le taureau et à le maîtriser. Voir M. Mayer *Mykenische Beiträge. Stierfang* (*Arch. Jahrb.*, VII, 1892, p. 72-81) ; L. Robert, *Les Gladiateurs dans l'Orient Grec* (Paris, 1940), p. 318-320.

15. Héraclès, patron des athlètes, porte parmi d'autres épithètes celle de Ταυροφόρος pour avoir exécuté un exploit pareil à celui de Phylios. Cf. F. Brommer, *Vasenlisten²*, p. 146-155 : Héraclès et le taureau ; p. 155 : Héraclès portant le taureau pour le sacrifice. En tant qu'ἐραστής d'Eurysthée, sur l'ordre de qui il accomplit ses exploits, Héraclès semble être le prototype du personnage de Phylios (cf. S. Eitrem, *Die göttlichen Zwillinge bei den Griechen* (Kristiania, 1902), p. 70.

16. Le saut dans la mer par suite d'une déception amoureuse est un motif fréquent. Cf. les légendes de Sappho, de Héro, de Céphalos, etc. On a généralement vu dans ces légendes de noyades comme le reflet mythique d'un rituel initiatique d'immersion. Voir aussi *infra*, chap. XL, n. 11.

17. Chez Ovide, Cycnos se précipite du haut d'un rocher et c'est au cours de sa chute qu'il est transformé en cygne.

18. Costanzi, *l. c.*, p. 352 considère cette version comme un remaniement rationaliste de la version originelle (celle de Nicandre), conservée par Ovide, suivant laquelle Hyrié, à force de pleurer, se transforme en lac. J.-M. Jacques pense au contraire que la *métonomase* du lac (cf. *infra*) est de style parfaitement nicandréen : elle suppose la version d'Ant. Lib., qui est donc celle de Nicandre, et non la version d'Ovide lequel change à son gré, introduisant dans une légende les motifs d'une autre.

19. Sur ce lac à l'Ouest de Trichonis cf. Bølte, *l. c.*, 50 sq., qui l'identifie avec l'étang d'Angelocastron près duquel se trouvait dans l'antiquité la ville de Cônope.

20. Le cygne est l'oiseau préféré d'Apollon. Cf. l'*hymne homér. à Apollon*, II, 1 ; d'Arcy W. Thompson, *Gloss. Gr. Birds*, p. 184.

XIII. ASPALIS

1. Ant. Lib. est l'unique témoin de cette légende.

2. Motif de l'enfant né clandestinement (le plus souvent d'un père divin) et exposé par sa mère ; cf. chap. XXX, 1. Voir Rose, *Handbook of Gr. Myth.*, p. 289 sq. avec les notes *ad loc.* ; M. Delcourt, *Œdipe*, p. 1-65. Ce motif folklorique se retrouve dans plusieurs légendes qui cherchent à expliquer le nom d'un héros ou l'origine d'une ville. Cf. par exemple Callim., *Ait.*, fr. 26 Pf. (Linos) ; Hyg., *Fab.*, 186, 187.

3. Zeus, le père de Méliteus, avait lui aussi été nourri du miel des abeilles (cf. chap. XIX, 1), ce qui explique probablement son épithète de Melissaios ; cf. Hésych., *s. v.*, et G. W. Elderkin, *The Bee of Artemis (Americ. Journ. Philol.*, LX, 1939, p. 204). De même Dionysos, autre fils de Zeus (et « enfant divin » lui aussi), fut nourri de miel par la nymphe Macris (cf. Ap. Rhod., IV, 1134 sqq.) ou par la nymphe *Brisa* (cf. Schol. Pers., *Sat.*, I, 76) ; Iamos, enfant exposé, fut nourri de miel par deux serpents (cf. Pind., *Ol.*, VI, 46 sqq. et schol.). Le motif du nouveau-né nourri par des animaux est souvent associé au motif de l'enfant exposé. Cf. chap. XXX, 1 (légende de Milétos) ainsi que les légendes de Romulus et Rémus, Cyrus, Télèphe, Hippothoos, Égisthe, Antilochos, Pâris, Atalante, Pélias et Nélée, Éole, Boiôtos, etc. Cf. Hyg., *Fab.*, 252 ; Élien, *V.H.*, XII, 42 (cités par Nilsson, *Gesch. Gr. Rel.*, I², p. 320,7). Selon certains savants il s'agirait d'un motif minoen : Nilsson, *Min. Myc. Rel.²*, p. 537-543 ; M. Delcourt, *Œdipe*, p. 39-41.

4. Cf. chap. VII, n. 3.

5. Sur les monnaies de cette ville, située au contrefort septentrional de l'Othrys, on voit représentée une abeille avec, au revers, la tête de Zeus. Cf. Head, *H.N.²* 301. Cook, *The Bee in Greek Mythology (Journ. Hell. Stud.*, XV, 1895, p. 4, n. 21), pense que ce type de monnaie se réfère très probablement à la légende de Méliteus. Sur Μελίτη, plus communément appelée Μελίταια, cf. F. Stählin, *RE* XV [1931], 534-540. — Ici se termine le long préambule de ce chapitre qui, en fait, constitue une légende distincte à intention étiologique, reliée à la légende d'Aspalis par le lieu de l'action, la ville de Mélité. Au chap. XXX il y a également un long préambule, relié à la légende de métamorphose proprement dite par le même lien artificiel. On peut supposer que Nicandre lui-même a étoffé ainsi ses histoires de métamorphoses.

6. Castiglioni, *Collect.*, p. 90, traduit : « *quem nefas esset propter eius horrenda facinora nominari* ». Cf. Ov., *Pont.*, IV, 3, 3, et Paus., VII, 27, 7 Χαίρωνα δὲ... οὐδὲ ἀρχὴν ἐθέλουσιν ὀνομάζειν, ὅτι κατέλυσε πολιτείαν... τὴν ἐν Πελλήνῃ.

7. Ce tyran porte le nom du lieu de châtiment des grands Criminels. C'est un « nom-malédiction », et, toutes les fois qu'on le prononçait, c'était comme si l'on vouait le tyran au Tartare.

8. Cf. Parth., *Erot.*, XXVIII ἣ (*sc.* Λαρίση) ὁ πατὴρ ἐμίγη πρὸ γάμου. Héraclide du Pont (*FHG*, II, 222, fr. 32 M.) raconte une légende analogue.

9. L'expression ὤμοσεν, ὅτι πρότερον...ἤ... rappelle la formule des serments imprécatoires. Cf. Strab., VI, 3, 3 μὴ πρότερον ἐπανήξειν οἴκαδε πρὶν ἢ Μεσσήνην ἀνελεῖν ἢ πάντας ἀποθανεῖν. Sur la descente du cadavre, cf. une loi sacrée retrouvée dans l'Asclépieion de Côs, éditée par R. Herzog, *Heilige Geselze von Kos (Abh. Ak. Berlin*, 1928, nᵒ 6, p. 22, ll. 33-34) : [Αἱ δέ τίς

14

κα ἔν τινι δάμωι ἀπάγξηται σχοι]νιδίωι, ὁ ἰδὼν πράτιστον
καταλυσά|[τω τὸν νεκρὸν καὶ εἴματι κατακαλυψάτω...].

10. Ce travestissement d'Astygitès rappelle celui d'Euthymos
de Locres qui revêt les vêtements de la jeune fille offerte en
victime au Héros de Témessa pour le combattre : Paus., VI, 6, 2 ;
Ant. Lib., VIII, n. 1. Cf. C. Gallini, *Il travestismo rituale di Penteo*,
p. 218 sq. C'est aussi un cas d'ἀπάτη caractéristique ; cf. outre
le travestissement, l'épée ceinte au côté gauche, alors que sa
place est au côté droit dans l'équipement de l'hoplite.

11. Sur ce sens de γυμνός cf. *Il.*, XXI, 50 ; XXII, 124, etc.

12. Les couronnes ont une vertu cathartique. Mais si les
Mélitéens couronnent Astygitès, ce n'est pas pour le purifier du
meurtre de Tartaros, mais pour fêter sa victoire. Le meurtre d'un
tyran avait un caractère ὅσιος. Cf. B. D. Meritt, *Greek inscriptions*
(Athènes, IV s.), *Hesperia*, XXI, 1952, p. 355-356.

13. Le péan est ici l'hymne chanté par la procession des
Mélitéens pour rendre grâces aux dieux. La disparition du tyran
Tartaros déclenche les mêmes manifestations de joie que l'arrêt
d'une épidémie. Sur le péan voir A. Severyns, *Rech. Chrestom.
Proclos*, 1re partie, t. II (Liège-Paris, 1938), p. 125-130.

14. Les Mélitéens évitèrent de souiller leur cité en enterrant
dans son territoire le cadavre du tyran. Car le sol risque de
conserver fermement tout ce qu'on lui confie, impuretés et
souillures, enfouies dans la terre, avec des conséquences funestes
pour la cité. Les Mélitéens jetèrent le cadavre dans le fleuve,
comme on jetait les λύματα dans la mer (cf. *Il.*, I, 313 sq. ; Eur.,
Hél., 1271 ; *I.T.*, 1193), ou dans les fleuves (cf. Callim., *Zeus*,
16 sq. ; Paus., V, 5, 10 et 11 ; VIII, 41, 2). L'élément aquatique
était le lieu de bannissement des génies du mal. Sur la signification
du *Katapontismos* voir en dernier lieu R. Ginouvès, Βαλανευτική
(Paris, 1962), p. 417, et C. Gallini, *Katapontismos*, p. 61-90.

15. Ce fleuve est le moderne Skourisorevma. Cf. F. Stählin,
Das Hellen. Thessalien, p. 187, 4.

16. Ces funérailles solennelles contrastent avec la sévérité des
Anciens à l'égard des suicidés. Cf. Thalheim, art. *Selbstmord*, *RE*
II A [1921], 1134 sq.

17. Cf. chap. I, n. 21.

18. Sens obscur. Oder, *De Ant. Lib.*, p. 15, n. 2 renvoie à Hésychius, μειλεῖν · ἀρέσκειν.

19. Épithète également de Ctésylla (cf. chap. I, n. 22) et
d'Artémis. Sur le culte d'Artémis Aspalis qui est apparentée à
Artémis Apanchoméné cf. Gruppe, *Gr. Myth.*, p. 735, n. 4 ;
Nilsson, *Gr. Feste*, p. 232-237. Le mot ἑκαέργη est encadré dans *P*
par deux points médians qu'Oder, *De Antonino...*, p. 15, avait
considérés comme étant des obels. Mais ils se retrouvent ailleurs,
par exemple au chap. XX, 3, où ils séparent les noms de personnes
et où l'on ne peut pas les interpréter comme des obels.

20. Rite de l'αἰώρα (rite de fécondité) avec substitution de la
chèvre à l'effigie d'Artémis. Sur ce rite, cf. Nilsson, *Gesch. Gr.*

Rel., I², p. 28 et 585 ; P.-M. Schuhl, *Essai sur la Formation²...*, p. 53, n. 6 ; cf. p. 86 et 131 avec la n. 4. Pour motiver le rite de l'*αἰώρα* on a imaginé le thème mythique des ἀπαγχόμεναι du cycle d'Artémis ainsi que de celui de Dionysos.

XIV. MOUNICHOS

1. Plaehn (*De Nicandro...*, p. 51) et Knaack (*Analecta...*, p. 10) attribuent cette légende à Boïos.

2. Les Molosses étaient un peuple épirote. Dodone, le centre oraculaire, dépendait de leur autorité ; cf. Strab., VII, 7, 11 ; Stéph. Byz. *s. v.* Δωδώνη. Cook (*Class. Rev.*, XVIII, 1904, p. 81) remarque que l'« homme-chêne (Δρύας) en tant que père du roi, le roi-devin et la reine-pivert (cf. ce chap. § 3) appartiennent au même cycle d'idées religieuses se rapportant au culte de Zeus.

3. La divination (office sacré) et la justice étaient des fonctions royales.

4. Il y a ici un trait qui rappelle Boïos. Cf. chap. XX, 3 ἦσαν δὲ αὐτῷ... 'Αρτεμίχη. De même, la motivation de l'intervention divine et la métamorphose familiale sont caractéristiques de Boïos.

5. Sur les rapports possibles de cette famille avec l'Attique voir M. Sakellariou, *La migration grecque en Ionie* (Athènes, 1958), p. 58-62, 498 et 533 (index s. v. Mounichia, Mounichos).

6. Tout ce début rappelle celui des chapitres III, V et VI. Sur la *théophilie* cf. chap. XX, n. 4. Sur l'association de la théophilie avec la justice et l'ἀγαθότης cf. Démocrite, fr. 217 D. μοῦνοι θεοφιλέες, ὅσοις ἐχθρὸν τὸ ἀδικέειν ; Hdt., I, 87 Κροῖσος καὶ θεοφιλὴς καὶ ἀνὴρ ἀγαθός.

7. Il s'agit d'une razzia en pleine campagne. Sur ces razzias cf. A. Bon, *Les ruines antiques dans l'île de Thasos et en particulier les tours helléniques* (*Bull. Corr. Hell.*, LIV, 1930, p. 186). Pour un cas semblable d'attaque par des pirates cf. *IG* XII, 5, 653 (Syros).

8. Cf. Hdt., IV, 164, commenté par F. Chamoux, *Cyrène sous la monarchie des Battiades* (Paris, 1953), p. 144 sqq. et 221. Les πύργοι, réduits en pierre (partie basse) et en bois (partie haute), étaient construits dans les fermes pour protéger les gens vivant à la campagne contre les razzias des brigands. On en voit encore aujourd'hui, disséminés un peu partout dans les campagnes grecques et connus sous le nom de πυργάκια. A. Bon, *o. l.*, p. 147-194, notamment p. 178 sqq., mentionne et décrit un grand nombre de ces tours dans les îles de la mer Égée. La plupart furent construites aux ive et iiie siècles, époque où la piraterie sévit le plus. Sur πύργος ainsi que ses synonymes τύρσις et βᾶρις voir D. W. S. Hunt, *Feudal Survivals in Ionia* (*Journal of Hell. Stud.*, LXVII, 1947, p. 68-75). Sur la piraterie voir Ormerod, *Piracy in the ancient World*, chap. III et IV, p. 80-150,

et Ziebarth, *Beiträge zur Geschichte des Seeraubs und Seehandels in Alt-Griechenland*, chap. II-IV, p. 3-43.

9. L'intervention de Zeus est ici particulièrement attendue en faveur d'une famille royale dont le culte était celui de ce dieu à Dodone.

10. Ovide, *Mét.*, XIII, 717 sq., fait une courte allusion « aux enfants du roi des Molosses ».

11. Probablement souvenir des rites du baptême dans le feu immortalisant et du plongeon dans l'eau. Au sortir de ces épreuves, la transformation des membres de cette famille en oiseaux (symbole de l'âme) équivaut à leur apothéose.

12. Cf. Arist., *H.A.*, VIII, 592ᵇ3 et IX, 620ᵃ17 τῶν ἱεράκων κράτιστος.

13. Oiseaux non identifiés.

14. Cf. Arist., *H.A.*, VIII, 593ᵃ5 ; IX, 614ᵃ35 sq.

15. Les membres de la famille de Mounichos.

XV. MÉROPIS

1. Ant. Lib. est le seul témoin de cette légende.

2. Mérops lui aussi est le héros d'une légende ornithologique. Cf. Schol. Vict. à *Il.*, XXIV, 293 ; Hyg., *Astron.*, II, 16 ; Eust. à *Il.*, XXIV, 278 sqq. ; Kruse, art. *Merops, RE* XV [1931], 1065-67.

3. L'*hybris* semble être l'un des traits les plus dominants de la nature héroïque. Elle peut prendre la forme de la vénération exclusive d'une divinité au mépris absolu des autres dieux. Cf. Brelich, *Gli Eroi Greci* (Rome, 1958), p. 261-62 ; J.C. Kamerbeek, *On the Conception of* Θεομάχος *in relation with greek Tragedy* (*Mnemos.*, 4ᵉ série, I-II, 1948, p. 271-83) ; W. Nestle, *Gr. Studien* (Stuttgart, 1948), p. 567-596.

4. Motif de la triade constamment utilisé dans ce chapitre.

5. Pour la distinguer de Κῶς ἡ Ἀστυπάλαια. Cf. Pugliese-Carratelli, *Gli Asclepiadi e il sinecismo di Cos* (*Parola del Passato*, LVI, 1957, p. 336 sqq.), cité par P. Ramat, *Nuove prospettive per la soluzione del problema dei* ΜΕΡΟΠΕΣ *di Cos* (*Atti e Memorie dell'Accad. Toscana*, XXIV, 1959-60, p. 134, n. 1). Sur les Méropes habitants de Côs voir les sources chez Ramat selon qui ce nom serait identique avec mo-ro-qa du mycénien. Les Méropes seraient les propriétaires terriens de Côs (les *cives optimo iure*) avant l'invasion dorienne (*o. l.*, p. 131-157).

6. Le mot γῆ est ici pris avec son double sens de *terre* et de (déesse) *Gé*. L'inscription de Kermétos (du IIᵉ s.) qui contient une loi sacrée des habitants de Côs (cf. Dittenb., *Syll.³*, III, 1000, 14) cite la déesse Gé : ὁ πριάμενος τὰν ὠνὰν κύκλου Γᾶς.

7. Ces Méropes sont des « culs-terreux », tournés vers la terre, comme les guêpiers du même nom (cf. *infra*, chap. XVIII, n. 5 et 6) et sans rapports avec les Olympiens qui sont au-dessus de la terre.

8. Sur le culte d'Athéna à Côs cf. Dittenb., *Syll.*[3], 1025.
Paton-Hicks, *The inscriptions of Cos* (Oxford, 1891), p. 396
(index).

9. γλαυκή ou γλαυκῶπις, épithète traditionnelle d'Athéna,
signifiant probablement « aux regards fixes, donc terribles ».
Cf. K. J. Mc Kay, *The Poet at Play*, p. 64-67.

10. Athéna prend parfois dans l'*Iliade* et l'*Odyssée* la forme
d'un oiseau. La chouette semble être un de ses avatars ornithomorphes. Voir E. Pottier, *La chouette d'Athéné* (*Bull. Corr. Hell.*,
XXXII, 1908, p. 529-548) et E. M. Douglas dans *Journ. Hell.
Stud.*, XXXII, 1912, p. 174-178.

11. Artémis se confond ici avec Hécate-Séléné sous cet aspect
de déesse qui court la nuit dans les rues des villes et aux carre-
fours. Cf. Théocr., II, 35 sq. — Echedemeia, la femme de Mérops,
avait également refusé de rendre un culte à Artémis. Cf. Hyg.,
Astr., II, 16 :... *quae cum desierit colere Dianam, ab ea sagittis
figi coepit.*

12. Cf. chap. XXIII, n. 7.

13. Hermès, déguisé ici en berger, est à proprement parler
un dieu de l'ἀγρός.

14. L'oiseau de Leucothéa est la mouette. Cf. *Od.*, V, 337,
352 où Leucothéa apparaît sous les traits d'une mouette.
Cependant, l'oiseau nocturne βύσσα (probablement le même que
βύξα ou βύζα) sied bien à la divinité chthonienne qu'est
Leucothéa. Celle-ci avait un culte à Côs. Cf. Paton-Hicks, *Inscr.
of Cos*, n° 37ª. Sa rivale Clytie est fille de Pandaréos, fils de
Mérops. Cf. Paus., X, 30, 2.

15. Variété de hibou.

16. Horap., II, 25 νυκτικόραξ θάνατον σημαίνει · ἄφνω γὰρ
ἐπέρχεται τοῖς νεοσσοῖς τῶν κορωνῶν κατὰ τὰς νύκτας, ὡς ὁ
θάνατος ἄφνω ἐπέρχεται. Nicarchos, A. P., XI, 186 νυκτικόραξ
ᾄδει θανατηφόρον · ἀλλ' ὅταν ᾄσῃ | Δημόφιλος, θνήσκει καὐτὸς ὁ
νυκτικόραξ. Virg., *Én.*, IV, 462 *ferali carmine bubo* (cités par d'Arcy
W. Thompson, *Gloss.*, p. 209). La légende du corbeau de nuit est
largement propagée dans le monde.

XVI. ŒNOÉ

1. Sur les Pygmées voir E. Wüst, art. *Pygmaioi*, *RE* XXIII
[1959], 2064-2074.

2. Ant. Lib. est le seul auteur à lui donner ce nom. Élien,
N.A., XV, 29 et Athénée, IX, 393ᵉ qui renvoie à Boïos la nomment
Gérana. Les changements de nom des personnages légendaires ne
sont pas rares, mais ils sont le plus souvent le fait de poètes et non
de grammairiens : les exemples de cette liberté sont fréquents chez
Ovide (cf. *Mét.*, IX, 666-797 ~ Ant. Lib., XVII ; *Mét.*, XIV, 698
-761 ~ Ant. Lib., XXXIX ; sur le changement systématique des
noms dans ces deux fables, voir Plaehn, *De Nic.*, p. 34 sq.) et son cas

n'est pas isolé (cf. la note du Scholiaste ad Parthén., *Erot.*, VIII).
La divergence des témoignages relatifs à Gérana-Œnoé implique
l'existence d'une source intermédiaire. Fontenrose, *Python*,
p. 100 sq., identifie Œnoé-Gérana avec Lamia : Gérana vivait
près du fleuve Sybaris aux environs de la ville homonyme qui,
selon Ant. Lib. VIII, était ainsi nommée d'après la fontaine
Sybaris du Parnasse.

3. Cf. *supra*, chap. XII, n. 5.

4. Les personnages de Boïos sont souvent coupables d'*hybris*.
Cf. chap. XI, n. 8 et 9.

5. Sur les grues cf. d'Arcy W. Thompson, *Gloss.*, p. 68-75.

XVII. LEUCIPPOS

1. Les légendes de Leucippos et de Byblis (chap. XXX),
racontées toutes les deux au livre II des *Heteroioumena* de
Nicandre, figurent à la suite l'une de l'autre au livre IX des
Métamorphoses d'Ovide, mais leur liaison peut être due à Ovide.
Ces deux récits géographiquement rapprochés (la Crète est en
effet le lieu de la scène du premier et le point de départ du second)
sont aussi des légendes antithétiques : à l'amour heureux d'Iphis
décrit par Ovide s'oppose l'amour malheureux de Byblis.

2. Idée de splendeur, d'éclat (cf. aussi le nom de Leucippos,
rac. *leuk-) qui contraste avec la pauvreté de ces personnages.
Sur la signification de ces noms voir R. F. Willetts, *Cretan Cults
and Festivals* (Londres, 1962), p. 178.

3. C'est cette pauvreté qui rendra indésirable à Lampros la
naissance d'une fille. Dans les régions déshéritées de la Grèce on
exposait ou on mettait souvent à mort les nouveau-nés du sexe
féminin, considérés comme une charge trop lourde pour une famille
pauvre. Cf. Ov., *Mét.*, IX, 675 sqq. *quae uoueam...| utque marem
parias ; onerosior altera sors est | et uires fortuna negat... ; si femina...
necetur ;* Tér., *Heaut.*, 626 sq. *Meministin me esse grauidam et
mihi te maxumo opere edicere, | si puellam parerem, nolle tolli?*
Musonius Rufus, XV Εἰ πάντα τὰ γινόμενα τέκνα θρεπτέον (éd.
C. E. Lutz, *Yale Class. Studies*, X, 1947, p. 96 sqq., avec les textes
anciens). Voir G. Glotz, *Infanticidium et Expositio* in Daremberg-
Saglio, *Dictionnaire*. Dans notre texte la pauvreté de Lampros
n'est qu'un *aition* destiné à expliquer le déguisement de l'enfant.

4. Galatée doit avoir habillé sa fille de vêtements de garçon.
Ce travestissement de sexe en rappelle d'autres. D'après une
légende éléenne rapportée par Parthénios, *Erot.*, XV et par
Pausanias, VIII, 20, 2-4, un Leucippos, fils d'Œnomaos, s'était
travesti en jeune fille pour pouvoir s'approcher de la nymphe
Daphné. Découvert, il fut mis à mort par les nymphes. Stace,
Achill., I, 260 sqq. rappelle à propos d'Achille quatre cas de
métamorphose et de travestissement de sexe. Ce dernier semble
être un usage en relation avec des rites de puberté. Voir Jeanmaire,

Couroi et Courètes (Lille, 1939), p. 353 ; A. Brelich, *Gli Eroi Greci*, p. 286 ; M. Delcourt, *Hermaphrodite* (Paris, 1958), p. 9 sqq.

5. En principe, c'est le père qui donne le nom au nouveau-né en le reconnaissant ainsi comme son enfant légitime. Cf. Ov., *Mét.*, IX, 708 *nomen imponit auitum (sc.* le père *graeco more)*. Chez Ovide l'enfant s'appelle Iphis (nom qui présente l'avantage de pouvoir désigner un garçon ou une fille), le père Ligdus, la mère Telethusa (cf. *supra*, XVI, n. 2).

6. Il y a quelques témoignages épigraphiques du culte de Léto à Phaestos à époque historique. Cf. Guarducci, *Inscr. Cret.*, I, XVII 1. 18 (ɪɪɪᵉ siècle avant J.-C.) ; XXIII 2. 6 (ɪɪɪᵉ-ɪɪᵉ siècle avant J.-C.) ; XXIII 6 A (ɪᵉʳ siècle avant-ɪᵉʳ siècle après J.-C.).

7. Dans le récit d'Ovide, c'est Isis qui apparaît en songe à la future mère, et c'est au sanctuaire d'Isis que celle-ci a recours. Cette différence s'explique par la vogue du culte d'Isis Λοχία au temps d'Ovide.

8. L'authenticité de ce passage tenu pour une digression avait été contestée par Hercher suivi par Martini et Wilamowitz. Mais depuis lors, tous les critiques (Rhode, Bethe, Knaack, Castiglioni, etc.) rejettent l'athétèse de Hercher. Les poètes hellénistiques ou les mythographes aiment les digressions (1) aux légendes qu'ils racontent. La ressemblance des situations leur offre un prétexte commode pour introduire d'autres récits et étaler ainsi leur érudition. Cf. Call. *Bain de Pallas*, 110 sqq. : digression sur Actéon ; Ap. Rh., III, 997-1004 : digression sur Ariane et Thésée. D'ailleurs, même si Nicandre (2) n'a pas traité les légendes évoquées ici en parlant de Leucippos, Ant. Lib. peut les avoir glanées dans d'autres passages des *Heteroioumena* ou même chez d'autres poètes hellénistiques.

9. Ant. Lib. est avec la scholie à Platon, *Lois*, XII, 944ᵈ, le seul auteur à donner au père de Caenis le nom d'Atrax. Schol. A *Il.*, I, 264 et Hyg., *Fab.*, 14, 173, 242 l'appellent Élatos (3). Cf. aussi Ov., *Mét.*, XII, 189 *proles Elateia*, et 497 *Elateius*. Seeliger (dans Roscher, *Lex.*, II, 897), reprenant une idée des commentateurs d'Ovide, suppose avec beaucoup de vraisemblance qu'il

---

(1) Cf. Ant. Lib. IV (Nicandre) : digressions fréquentes, chacun des trois rivaux racontant une histoire ; XXII, 4 (Nicandre) : Cérambos raconte une histoire de transformation à l'intérieur de la légende proprement dite. Rohde, *Gr. Roman*³, p. 99, cite plusieurs cas de légendes parallèles dans les auteurs anciens.

(2) Si Ovide ne raconte pas ces légendes dans le passage consacré à la légende d'Iphis, il en parle cependant ailleurs : XII, 169-209 Caeneus ; III, 316-338 Tirésias ; VIII, 738-878 Mestra ; IV, 279 sq. Sithon, personnage que Plaehn (*Nic.*, p. 35) identifie avec Siproïtes, non autrement connu.

(3) Sur Élatos, père de Caenis, probablement une épithète de Poséidon Hippios, cf. Gruppe, *Gr. Myth.*, p. 1161, n. 4.

s'agit d'un contresens commis par Ant. Lib. qui aurait lu dans
Nicandre la forme Καινεύς ᾿Ατρακίδης « Caeneus originaire d'Atrax,
ville de Thessalie » (cf. Ov., *Mét.*, XII, 209 *Atracides*).
Gyrton en Thessalie passait pour être sa patrie (*Il.*, II, 746 ; Ap. Rh., I,
57 ; Hyg., *Fab.*, 14). Pour son origine thessalienne cf. aussi les
épithètes *Perrhaebus* (Ov., *ibid.*, 172) et *Magnesius* (Hyg., *l. c.*).

10. Cacnis enlevée par Poséidon lui demanda en récompense
de la transformer en un homme invulnérable. Cf. Apollod.,
Épit., I, 22. Ant. Lib. ne fait pas mention de l'invulnérabilité de
Caeneus, bien qu'il s'agisse d'une légende suffisamment répandue
pour avoir donné naissance à un proverbe. Cf. Apostol., IV, 19.
La première source de cette légende est Pindare, fr. 128 f Snell[3]
avec Acousilaos, *F. Gr. Hist.* 2 F 22. Voir aussi Apollod., *Ép.*,
I, 22 et Frazer *ad loc.* Sur la légende voir en dernier lieu
Marie Delcourt, *La légende de Kaineus* (*Rev. Hist. Rel.*, CXLIV,
1953, p. 129-150) ; *Hermaphrodite*, p. 51 sqq.

11. Sur la transformation de Tirésias, cf. Apollod., III, 6, 7
et Frazer *ad loc.* ; Buslepp in Roscher, *Lex.*, V, 180-184 ;
Th. Zieliński, *De Tiresiae Actaeonisque infortuniis* (*Eos*, XXIX,
1926, p. 1-7) ; A. H. Krappe, *Teiresias and the Snakes* (*Amer.
Journ. Philol.*, XIL, 1928, p. 267-275) ; M. Delcourt, *Hermaphrodite*, p. 51 sqq. Cette légende très ancienne semble avoir été
traitée dans la *Mélampodie.* Cf. Hés., fr. 275 M.-W. et J. Schwartz,
Ps.-Hesiodeia, p. 220. Krappe (*o. l.*, p. 274) reconnaît une
origine hindoue à ce conte, et apporte des parallèles des
Indes et de l'Europe du Nord sur le changement de sexe
d'un homme puni pour avoir vu une nymphe au bain. Pour
Krappe c'est cette dernière raison qui est la véritable, la vue des
serpentes concumbentes ayant un autre sens déformé. Selon
F. Vian, *Les Origines de Thèbes*, p. 117 les métamorphoses du
« meurtrier » Tirésias ont clairement une valeur initiatique.
C. Gallini, *Il travestismo rituale di Penteo*, p. 224 pense aussi que
« le *changement de sexe* de Tirésias ainsi que les travestissements
rituels dionysiaques peuvent préluder à des expériences mystico-
extatiques et à un éventuel prophétisme ».

12. J.-M. Jacques remarque que ce passage a une résonance
proprement nicandréenne. Cf. *Thér.*, 98 εἴ γε μὲν ἐκ τριόδοιο
μεμιγμένα κνώδαλα, et 128 μὴ σύ γ᾿ ἐνὶ τριόδοισι τύχοις (*sc.* le
mâle de la vipère rescapé d'un accouplement meurtrier). Le rôle
des serpents dans la légende de Tirésias devait attirer Nicandre.
Il est probable qu'il a traité cette légende dans ses *Heteroioumena*.

13. Dans les Enfers, Tirésias apparaît sous l'aspect d'un
hermaphrodite. Ayant été à tour de rôle homme et femme, il
était l'arbitre le plus qualifié pour juger le différend de Zeus et
Héra (cf. Hés., fr. 275 M.-W.).

14. Fille de l'Héliade Aethon, Hypermestre possède, à l'instar
des filles d'Hélios (Hécate, Circé, Pasiphaé, Médée, Agamédé),
le pouvoir de métamorphose et la connaissance des simples. Son
nom, composé de ὑπέρ et *Μήδ-στρα (cf. Μήδεια et μήδομαι), est

d'une formation semblable à ceux de Περιμήδη et 'Αγαμήδη, et signifie probablement « la très avisée » (sc. en sorcellerie). Pour une formation différente Μ(ν)ήστρα, cf. J. Schwartz, *Ps.-Hesiod.*, p. 273, n. 4, et Ed. Will, *Korinthiaka*, p. 122. Hypermestre, séduite par Poséidon, avait reçu en récompense le don de la métamorphose. Elle se transformait soit en homme, soit en animal. La plus ancienne source attestant ses métamorphoses qui ont donné lieu à un proverbe (cf. Apostol., XI, 21 μεταβλητότερος Μήστρας) est Lycophron, *Alex.*, 1391 sqq. C'est également Lycophron qui, le premier, appelle le père d'Hypermestre de son seul surnom Aethon « l'Insatiable », au lieu du nom d'Érysichthon que lui donne Hellanicos (*F.Gr.Hist.* 4 F 7), le plus ancien témoignage de « la faim d'Érysichthon ». Pour l'histoire littéraire de la légende de Mestra voir en dernier lieu J. Schwartz, *o. l.*, p. 273-281 ; K. J. Mc Kay, *Erysichthon, A Callimachean Comedy* (Leiden, 1962).

15. Le motif de la chasse joue un rôle important dans la Mythologie et sert à introduire divers épisodes. Cf. A. Brelich, *Gli Eroi Greci*, p. 179.

16. Thème des jeunes chasseurs mis à mort, rendus aveugles ou transformés en femmes pour avoir aperçu Artémis au bain ou pour avoir attenté à sa chasteté : Tirésias, Actéon (cf. Paus., IX, 2, 3 ; Apollod., III, 4, 4 ; Ov., *Mét.*, III, 138-252 ; Hyg., *Fab.*, 181 ; Myth. Vat., III, 7, 3 ; Fulgent., III, 3), Orion (cf. Ant. Lib., chap. XXV, n. 5), Érymanthos (cf. Ptol. Héph., 1 = Phot., *Bibl.*, p. 146 sq. Bekker), etc. (1). A. Brelich (*l. c.*) pense que ces récits sont des légendes étiologiques auxquelles donna naissance le rite des Πλυντήρια. Quant au châtiment de la cécité, il s'explique par la loi du talion : « *Qua quis corporis parte peccauit, ea poenas pependit* ».

17. Cette épithète inconnue par ailleurs montre que la Léto crétoise est une déesse de la croissance. Voir U. Pestalozza, Λητὼ Φυτίη e le 'Εκδύσια *(Memorie del R. Istit. Lombardo*, XXIV, 6, 1938, p. 273-293) et, du même auteur, *Sulla Rappresentazione di un pithos arcaico beotico* (*Studi e Materiali di Storia delle Relig.*, XIV, 1938, p. 12-32, notamment p. 23 sqq. ; p. 32) ; Nilsson, *Gr. Feste*, p. 370 sq ; *Min. Myc. Rel.*², p. 516, n .29. Sur la Léto crétoise voir en dernier lieu R. F. Willetts, *Cretan Cults and Festivals*, p. 172-179.

18. Interprétation « étymologique » de l'épithète *Phytié* dans le goût alexandrin.

19. Ant. Lib. est le seul garant pour cette fête probablement annuelle.

20. Interprétation « étymologique » manifestement erronée.

---

(1) Pour les traditions néo-helléniques cf. N. Politis, Μελέτη ἐπὶ τοῦ βίου τῶν νεωτέρων 'Ελλήνων (Athènes, 1871), I, p. 102 sq.

Comme l'a remarqué avec beaucoup de bonheur Weicker (art. *Galateia* 2, *RE* VII [1910], 519, 11), un changement de vêtement après la métamorphose était inutile, puisque l'enfant avait été élevée comme si elle était un garçon. Le véritable sens de cette fête du dévoilement semble être un rite de passage qui peut concerner aussi bien les garçons au moment de la puberté que les jeunes filles au moment du mariage. Cf. R. F. Willetts, *o. l.*, p. 175-78. P. Faure, *Fonctions des cavernes crétoises* (Paris, 1964), p. 159, pense qu'il s'agit du « témoignage d'une époque où, après leur initiation, les jeunes guerriers consacraient à la divinité leurs vêtements d'enfants ».

21. Il s'agit d'un νόμιμον répété lors de chaque mariage, d'où le présent de l'infinitif que nous adoptons au lieu de l'aoriste (leçon de *P* conservée par tous les éditeurs). Nous avons très probablement ici un rite magique de défloration (1) symbolique, un mariage sacré entre la vierge avant sa nuit de noces et la statue, peut-être ithyphallique et hermaphrodite, de Leucippos (2), sorte de parèdre de Léto, la grande déesse de la fécondité. Cf. U. Pestalozza, *Sacerdoti e sacerdotesse impuberi nei culti di Athena e di Artemide* (*Studi e Mater. di Stor. delle Rel.*, IX, 1933, p. 173-202), et du même auteur Λητὼ Φυτίη *e le* Ἐκδύσια, p. 284 sqq. Cette coutume peut être rapprochée du rite accompli par Cydippé qui couche la veille de son mariage à côté d'un *amphithalès*. Cf. K. Kuiper, *Le mariage de Cydippé* (*Rev. Ét. Gr.*, XXV, 1912, p. 318-358) ; L. Robert, *Amphithalès* (*Harv. Stud. Class. Phil.*, Suppl., 1940, p. 509).

XVIII. AÉROPOS

1. Sur cette légende voir Ov., *Mét.*, VII, 390 et Lact. Plac., *Fab.*, VII, 15. La forme ionienne ἠέροπος pour ἀέροπος est sans doute empruntée à Boïos. Cf. Rossbach, *Epica* (*Jahrbücher f. Cl. Philol.*, XXXVII, 1891, p. 95).

2. Il n'y a que quatre autres exemples d'emploi de ce nom très rare porté par des Macédoniens. Cf. L. Robert, *Villes d'Asie*

---

(1) La défloration était considérée comme un moment dangereux. On la faisait accomplir magiquement au moyen d'une statue (cf. Vahlert, art. *Mutunus Tutunus*, *RE* XVI [1933], 979 sqq.), ou réellement par un « déflorateur sacré » (cf. P. Gordon, *L'initiation sexuelle et l'évolution religieuse* (Paris, 1946), p. 21 sqq.

(2) D'après H. J. Mette, *Zwei Menandrea* (*Hermes*, XC, 1962, p. 383 sq.) la légende crétoise de Leucippos aurait inspiré la comédie Ἀνδρόγυνος ἢ Κρής de Ménandre (sur cette comédie voir G. Neumann, *Menanders* Ἀνδρόγυνος, *Hermes*, LXXXI, 1953, p. 491-496).

Mineure (Paris, 1962²), p. 249. De même le nom d'Aérops ou Aéropos a des rapports avec la Macédoine. Cf. Hésych. *s. v.*

3. Cf. M. Delcourt, *Tydée et Mélanippé*, p. 141 : « L'animal dévoré encore palpitant était plus capable de transmettre sa vigueur que s'il était consommé en cuisine ». Cela vaut surtout à propos de la manducation de la cervelle ; cf. *ibid.*, p. 169 sqq. La consommation de la cervelle des animaux était prohibée par les Pythagoriciens. Cf. Jambl., *V.P.*, 109 et Athén., II, 65f. Pour d'autres textes parallèles, cf. Böhm, *Symbol. Pythag.* (Dissert. Berlin, 1905), p. 23 sq., et Wächter, *Reinheitsvorschr.*, p. 80, n. 2. Cette interdiction s'explique par la peur qu'inspirait l'âme-démon de l'animal tué. Le cerveau ou le cœur passaient pour être le siège de l'âme. L'infraction de ce tabou par Botrès est doublée de sacrilège : πρὶν ἐπὶ τὸν βωμὸν καταθῦσαι. Sur ce tabou voir en dernier lieu M. Delcourt, *o. l.*, p. 169-180.

4. Cf. la légende de Callipolis, assommé lui aussi par son père Alcathous d'un coup de bûche enflammée prise sur l'autel lors d'un sacrifice (Paus., I, 42,6).

5. D'après d'Arcy W. Thompson, *Gloss.*, *s. v.*, cet oiseau s'identifie sans doute avec le « guêpier », ἀέροψ et μέροψ, oiseau qui mange des abeilles. Voir P. Chantraine, *Homérique* μερόπων ἀνθρώπων (*Mél. Fr. Cumont*, I, 1936, p. 121-128, notamment p. 127) sur la relation possible entre ces trois sortes de « guêpiers ».

6. Cf. Arist., *H.A.*, IX, 615ᵇ24 et VI, 559ᵃ3 (J. Tricot, trad. Arist., *H.A.*, lit, avec d'Arcy W. Thompson, μέροπα et non εἴροπα ou ἀέροπα).

XIX. LES VOLEURS

1. Ant. Lib. est le seul témoin de cette légende. Cf. cependant *infra*, n. 12.

2. Sur la Crète comme lieu d'origine des abeilles cf. Nicandre, fr. 94 Schn., cité par Columelle, *Res Rust.*, IX, 2,4.

3. L'antre du mont Dicté ou celui de l'Ida. Cf. P. Faure, *Fonctions des cavernes crétoises*, p. 94-120.

4. Pour éloigner des sanctuaires et des grottes sacrées les sacrilèges éventuels on mettait en circulation des légendes analogues relatives à la punition de téméraires profanateurs. Cette interdiction rappelle le tabou de la « chambre inaccessible », cher aux contes bleus. Sur les autres ἄβατα de Grèce circulaient aussi de pareilles légendes. Voir Nilsson, *Gesch. Gr. Rel.*, I², 76 sq.

5. Le détail le plus intéressant de cette légende, c'est la croyance existant, semble-t-il, en Crète que le divin enfant y renaissait à la même époque tous les ans (cf. Nilsson, *Min. Myc. Rel.*², p. 542 sq.), ce qui le rapproche des autres enfants divins, comme par exemple Adonis. D'après l'*Hymne des Courètes* de Palaecastro, l'épiphanie de Zeus a lieu chaque année. Miss Harrison pense qu'il s'agit ici de l'ἐνιαυτὸς δαίμων de la végétation, qui chaque année reverdit et meurt. Sur la mort de

Zeus en Crète cf. Nilsson, *Gesch. Gr. Rel.*, I², p. 321 sq. — Les légendes de naissance des dieux sont d'origine pré-hellénique. Cf. *ibid.*, p. 319 sq.

6. Pour une explication naturaliste de ce phénomène, cf. Cook, *The Bee in Greek Mythology* (*Journ. Hell. Stud.*, XV, 1895, p. 6, n. 34). P. Faure (*Fonctions...*, p. 110-120) a trouvé, à l'intérieur de l'antre de Zeus sur l'Ida, un grand foyer, unique dans toutes les cavernes sacrées. Il en conclut qu'on y célébrait des mystères annuels accompagnés de sacrifices par le feu. L'entrée particulièrement large de cette caverne permettait de voir le feu à une grande distance.

7. Image réaliste. Cf. Plut., *de amore prolis*, 3, p. 496ᵇ (cf. aussi *Amator.*, 15, 758ᵃ) qui présente le nouveau-né αἵματι πεφυρμένος καὶ λύθρου περίπλεως καὶ φονευομένῳ μᾶλλον ἢ γεννωμένῳ ἐοικώς (cité par P. Roussel, *Affranchissement et adoption d'enfant*, *Rev. Ét. Anc.*, XLIV, 1942, p. 219, n. 3 et 4).

8. Cf. Pind., fr. 123 Snellᵃ Κηρὸς ὥς...| ἱρᾶν μελισσᾶν ; Pétrone, *Sat.*, LVI *Apes enim ego diuinas bestias puto, quae mel uomunt, etiamsi dicuntur illud a Ioue afferre.*

9. Zeus Krétagénès est en étroites relations avec les abeilles : il avait été nourri de miel par elles (cf. Virg., *Géorg.*, IV, 152 ; Serv., *ad loc.*, et *ad Aen.*, III, 104 ; pour d'autres références voir Cook, *Zeus*, II, p. 928 sq.), ou de lait par la nymphe ou la chèvre Amalthée (cf. Ant. Lib., XXXVI), ou enfin de lait par les nymphes et de miel par les abeilles (cf. Diod., V, 70, 3 ; Apollod., I, 1, 6-7 ; Virg., *Géorg.*, IV, 152 ; Lact., *Div. Inst.*, I, 22, 19, citant Didyme, *Notes sur Pindare*). Les abeilles auraient été attirées dans la grotte sacrée par le bruit des tambours des Courètes (Virg., *Géorg.*, IV, 150). Sur les diverses interprétations proposées au sujet des abeilles nourrices de Zeus, cf. Nilsson, *Min. Myc. Rel.*², p. 542. Les *Mélissai* tireraient leur nom de Mélissa, la première prêtresse de la *Magna Mater*, qui avec sa sœur Amalthée avait nourri l'enfant Zeus. Voir Mom. Marconi, Μέλισσα, *dea cretese* (*Athenaeum*, XVIII, 1940, p. 164-178). Sur le culte préhellénique de la Déesse-Abeille voir encore M. Feyel, Σμῆναι (*Rev. Arch.*, XXV, 1946, p. 14).

10. Noms mythologiques importants. Gruppe, *Gr. Myth.*, p. 61, n. 1, rapproche le Crétois Laïos du Labdacide. Brelich, *Gli Eroi Greci*, p. 238, rappelle l'activité oraculaire de ce dernier (cf. Hérodote, V, 43). Cette activité n'est pas sans rapport avec les oiseaux, donc avec des héros ornithomorphes. Sur Céléos-Pivert voir A. H. Krappe, *Picus who is also Zeus* (*Mnemosyne*, 3ᵉ série, IX, 1940-41, p. 241 sqq.). Selon P. Faure, *Fonctions...*, p. 115, n. 2, les noms de ces oiseaux évoquent à des titres divers le royaume des morts. De même les abeilles, comme souvent les animaux ailés, étaient en contact avec le monde infernal. Sur le rôle important que jouent l'abeille et le miel dans le culte des divinités chthoniennes cf. Ed. Will, *Rev. Hist. Rel.*, CXLIII, 1953, p. 157, n. 2.

11. Pour se protéger des abeilles mais aussi à cause de sa valeur apotropaïque : Cf. Théocr., II, 36 et le commentaire de Gow *ad loc*. Le cuivre jouait un certain rôle dans la grotte Idéenne. Les cymbales des Courètes, instruments traditionnels de leurs exorcismes, étaient en airain (P. Faure, *Fonctions*..., p. 115, pense que les quatre voleurs sont les Courètes). Les Courètes sont appelés Χαλκάσπιδες et Χαλκιδεῖς (Strab., X, 3, 19). Bien plus, les abeilles de Crète elles-mêmes sont appelées χαλκοειδεῖς par Anténor cité par Élien, *N.A.*, XVII, 35. Diodore (V, 70,5) dit que Zeus en souvenir des services que lui avaient rendus les abeilles de Crète ἀλλάξαι τὴν χρόαν αὐτῶν καὶ ποιῆσαι χαλκῷ χρυσοειδεῖ παραπλησίαν. Le même Anténor cité ci-dessus rapporte que sur le mont Ida on trouve encore quelques abeilles caractérisées par une extrême férocité. D'après Cook, *The Bee*, p. 2, le récit d'Anténor à propos de ces abeilles explique en partie cette légende de Boïos : une caverne habitée par des insectes aussi féroces pouvait facilement passer pour un *abaton*. De plus, si le nom local de ces abeilles était χαλκοειδεῖς, le narrateur du mythe était obligé d'armer « ses » voleurs de bronze pour les protéger de leurs adversaires.

12. On a rapproché de ce passage l'amphore de Vulci du British Museum (*CVA* Gr. Brit., fasc. IV, pl. 32) datant du vɪe siècle, qui représente le moment où les plaques de bronze sont tombées du corps des voleurs assaillis par les abeilles. Cf. Cook, *Zeus*, II, p. 929, pl. 42 ; Nilsson, *Min. Myc. Rel.*², p. 543, n. 34 (« perhaps refers to this myth ») ; Guarducci, *Contributi alla topogr. della Creta orient.* (*Riv. Fil. Cl.*, XVIII, 1940, p. 101). Cette amphore suggère à Walter, *RE* XII [1924], 512 sq. que l'histoire racontée dans ce chapitre par Ant. Lib. était déjà depuis plusieurs siècles auparavant une légende populaire.

13. Sur Zeus Brontaios ou Bronton, cf. Willetts, *Cretan Cults*, p. 237.

14. D'après Hés., *Théog.*, 904, Thémis est la mère des Moires. Thémis et les Moires personnifient une norme, une loi immuable supérieure à la puissance de Zeus (cf. l'ancien dicton Ἀνάγκᾳ οὐδὲ θεοὶ μάχονται), elles rappellent les Nornes de la Mythologie Scandinave et le r̥ta « ordre cosmique » de la religion védique.

15. Puisque la mort était sentie comme une souillure, il était interdit de mourir et d'être enterré dans un lieu sacré. Cf. Wächter, *Reinheitsvorschriften im griechischen Kult (Relig. Gesch. Vers. und Vorarb.*, IX, I, 1910, p. 31 sqq., 58 sq.). Sur la souillure de la mort cf. aussi Eur., *I.T.*, 381 sqq. ; Plut., *de Stoicor. repugn.*, XXII, p. 1044 f sq. Sur le terme ὅσιον cf. Ant. Lib., chap. V, n. 3.

16. D'après d'Arcy W. Thompson, *Gloss.*, *s. v.*, cet oiseau est le *Passer solitarius* ou la *Petrocichla cyanus* (Gr. mod. πετρο-κόσσυφος). Il est probablement identique au λαεδός. Cf. Arist., *H.A.*, IX, 610ª10 φίλοι... λαεδὸς καὶ κελεός. A cette amitié entre ces oiseaux répond l'association de Laïos et de Céléos dans notre légende.

17. Sorte de pic, le *Picus viridis*, cf. Arist., *o. c.*, VIII, 593ª10

Ἔστι δὲ ξυλοκόπος σφόδρα καὶ νέμεται ἐπὶ τῶν ξύλων τὰ πολλά, etc. ; Hésych. et *Et. M.*, *s. v.* Sur cet oiseau, dont le nom rappelle celui du roi mystique d'Éleusis, voir Richard Riegler, *Spechtnamen* (*Zeitschrift des Vereins f. Volkskunde*, XXIII, 1913, p. 265-277).

18. Oiseau non identifié.

19. Cf. Arist., *H.A.*, IX, 17, 616ᵇ25 αἰγωλιὸς δ᾽ ἐστὶ νυκτινόμος. Oiseau de proie nocturne ressemblant à l'ἐλεός (ce dernier est peut-être le même que le κελεός, cf. Arist., *H.A.*, VIII, 592ᵇ11. J. Tricot l'identifie à l'effraie ou effraye).

20. Ce détail donne son véritable sens à la légende. Loin d'être des profanateurs, ces quatre personnages sont des initiés (εἶδον) au mystère de la naissance annuelle de Zeus (cf. *supra*, n. 6) : entrés comme de simples mortels dans la grotte sacrée, ils ont été dépouillés de leur corps périssable après s'être initiés, et leur âme éternelle a été libérée sous forme d'oiseau. Cf. P. Faure, *Fonctions...*, p. 116.

XX. CLEINIS

1. Cette légende n'est conservée que par Ant. Lib. Pour le commentaire voir H. Fränkel, *De Simia Rhodio*, p. 25-36.

2. Cf. Tzetz., *Chil.*, VII, 693 sqq. Σιμμίας ἐν ᾽Απόλλωνι κατ᾽ ἔπος οὕτω γράφει : « Τηλυγέτων δ᾽ ἀφνειὸν Ὑπερβορέων ἀνὰ δῆμον, κλπ ». Cf. Fränkel, *o. l.*, p. 13-24 qui pense (p. 17) que, dans ce fragment, le narrateur est Cleinis lui-même.

3. Cette localisation de la légende est de pure invention.

4. Cf. chap. VI, 1 πλούσιος καὶ ὅσιος. L'épithète πλούσιος a elle aussi une valeur « morale », car la richesse est un don du Ciel (cf. Hés., *Trav.*, 320 χρήματα....θεόσδοτα) à l'homme ἀγαθός qui la mérite par son amour du travail ou qui la réhausse par ses vertus. Cf. J. Bollack, *L'or des rois* (*Rev. Philol.*, XXXVII, 1963, p. 239 sqq.). Sur la *théophilia* voir M. Vidal, *La théophilia dans la pensée religieuse des Grecs* (*Recherches de Science Religieuse*, XLVII, 1959, p. 161-184) et F. Dirlmeier, Θεοφιλία, φιλοθεΐα (*Philol.*, XLIV, 1935, p. 57-77 et 176-193) ; J. Bollack, *o. l.*, p. 242.

5. Les chèvres (§ 2) peuvent être impliquées dans le terme πρόβατα désignant le *petit bétail*, bien que ce terme soit pris plus bas avec la valeur particulière de *moutons*.

6. Fränkel, *o. l.*, p. 26, doute que Boïos ou Simmias aient pu parler de nombreux voyages ; cf. l'aoriste παραγενόμενος.

7. Car, seul, un mortel n'aurait jamais pu trouver la route qui y menait. Cf. Pind., *Pyth.*, X, 29-30 (49) et Fränkel, *o. l.*, p. 17.

8. Pour les traditions portant sur la localisation de l'Hyperborée, cf. H. Gallet de Santerre, *Délos primitive et archaïque* (Paris, 1958), p. 167 sqq.

9. Cf. Pind., *Pyth.*, X, 49-55 ; Callim., fr. 492 et 186,10 Pf. ; Apollodore *apud* Clément d'Alexandrie (*Protrept.*, II, 25).

10. Les ânes n'étaient ni mangés ni sacrifiés dans l'antiquité.

Cf. Porph. *De abstin.*, I, 14. Pour les très rares exceptions de sacrifice d'ânes, en dehors de celui de notre texte, cf. P. Stengel, *Quaest. Sacr. (Progr.* Berlin, 1879, p. 24) ; O. Gruppe, *Gr. Myth.*, p. 1901 (Index *s. v. Eselopfer)* ; Olck, art. *Esel, RE* VI [1907], 654 (cités par Wächter, *Reinheitsvorschriften im griech. Kult,* in *Relig. Gesch. Vers. Vorarb.*, IX, I, 1900, p. 91, n. 5). D'après Wächter *(ibid.),* il est possible d'expliquer ce tabou par la nature démoniaque qu'on attribuait à l'âne. On peut également se demander si la localisation de la légende de Cleinis en Mésopotamie (pays où l'âne a le statut noble du cheval) n'explique pas cette interdiction de le sacrifier.

11. Épithète d'Apollon. Cf. chap. XXXV, n. 10, 12 et 13.

12. Ce nom rappelle le nom ancien de Délos, île natale d'Apollon.

13. Ce nom semble être un diminutif du nom d'Artémis.

14. Cf. chap. VII, n. 9.

15. Cf. Schol. D *Il.*, XIX, 350 ἄρπη εἶδος ὀρνέου. Τινὲς ἰκτῖνον καλοῦσιν, ἕτεροι δὲ φήνην ; Arist., *H.A.*, IX, 610ª10 πίφιγξ καὶ ἄρπη καὶ ἰκτῖνος φίλοι.

16. Ce mot, qui est un hapax, désigne un oiseau rapace ; cf. le verbe ἁρπάζω et le nom ἄρπη.

17. Sur cet oiseau cf. Arist., *H.A.*, IX, 618ᵇ32 et Pline, *N.H.*, X, 3. D'Arcy W. Thompson, *A Glossary...*, p. 205, pense que ce mot est d'origine égyptienne.

18. Cf. Arist., *ibid.*, 618ᵇ20.

19. La légende du corbeau blanc est répandue partout dans le monde. L'expression proverbiale λευκὸς κόραξ, équivalente de *cygnus niger,* signifie « une chose rare et inouïe » et appartient à la série des ἀδύνατα de la poésie populaire. Cf. Lucien, *A.P.*, XI, 436 Θᾶττον ἔφη λευκοὺς κόρακας πτηνάς τε χελώνας | εὑρεῖν ἢ δόκιμον ῥήτορα Καππαδόκην ; XI, 417 (d'auteur inconnu) ; Schol. Aristoph., *Nuées,* 133 ; Juvén., VII, 202 *Felix ille tamen coruo quoque rarior albo;* Phot., *Lex., s. v.* ἐς κόρακας ; Athén., VIII, 360ᵉ ; Galien, Περὶ φυσικῶν δυνάμεων, I, 17 (cités par d'Arcy W. Thompson, *o. l.*, p. 163). Voir E. Dutoit, *Le terme de l'ἀδύνατον dans la poésie antique* (Paris, 1936), p. 116.

20. Regrettant d'avoir fait périr Coronis, Apollon reporte sa colère sur le corbeau, son trop fidèle messager. Le châtiment du corbeau par le changement de sa couleur est rapporté par Ps.-Hés., fr. 60 M.-W. ; Callimaque, *Hécalé* (fr. 260, 56 sqq. Pf.); Istros, *F. Gr. Hist.* 334 F 66 (= Hygin, *Astron.*, II, 40) ; Apollod., III, 10, 3 ; Ov., *Mét.*, II, 534-632 ; Hyg., *Fab.*, 202 ; Serv., ad *Én.*, VII, 761 ; Myth. Vat., I, 115 ; II, 22 et 128.

21. Cf. Dion. Per., 586, qui appelle κυανέους les Éthiopiens (Voir aussi schol. *ad loc.*). Les *Roches Noires* sont aussi appelées Κυάνεαι Πέτραι.

22. Cf. Ps.-Hés., fr. 60 M.-W. et d'Arcy W. Thompson, *Glossary, s. v.*, p. 161.

23. La femme qu'un dieu avait rendue grosse n'avait pas le

droit de s'unir à un mortel tant que durait sa grossesse. Pour avoir épousé Alcyoneus (ou Ischys) Coronis s'attira la colère d'Apollon qui la mit à mort. Cependant, dans un autre chapitre d'Ant. Lib. (XXXII, 3), Apollon se montre beaucoup plus tolérant.

24. Phlégyas, qui porte un nom d'oiseau, a pu être le héros d'une légende ornithologique. Cf. A. B. Cook, *Zeus*, II, p. 1134 (à propos des Φλεγύαι « tribu d'aigles »). Sur Phlégyas voir F. Vian, *La triade des rois d'Orchomène (Mél. Dumézil)*, p. 219-221.

25. Le nom de l'époux mortel de Coronis, décédé avec elle, est *Ischys* d'après Ps.-Hés., fr. 60 M.-W. (= schol. Pind., *Pyth.*, III, 14 et 52), Paus., II, 26, 6 et Apollod., III, 10, 3, et *Lycos* d'après Lact. Plac. (ad Stat., *Théb.*, III, 506) et le Myth. Vat. II. De toute façon, Alcyoneus et Ischys sont des synonymes, ce qui parle en faveur de l'identité de ces personnages. Voir là-dessus Wilamowitz, *Isyllos*, p. 82. Rapprochant ce passage d'Arist., *H.A.*, VIII, 593[b] 13, IX, 615[b] 29 et 616[a] 15 où l'ἀλκυών est dit κυανοῦς, Fränkel, *o. l.*, p. 32, voit un jeu de mots entre κυάνεος et ᾿Αλκυονεύς.

26. D'après d'Arcy W. Thompson, *s. v.*, c'est un oiseau inconnu. Hésychius l'identifie avec le κορυδαλλός. Sur l'amitié existant entre la *piphinx* et la *harpé* cf. Arist., *H.A.*, IX, 610[a]10.

27. Nom d'origine non-hellénique.

28. Étymologie populaire. Cf. chap. VII, n. 3.

XXI. POLYPHONTÉ

1. Ant. Lib. est le seul garant pour cette légende.

2. Strymon, dieu-fleuve de Thrace et roi de ce pays, passait lui aussi pour être un fils d'Arès.

3. Nom d'origine thrace.

4. Ce nom semble être une épithète cultuelle d'Artémis dont il est une sorte de synonyme, du moins d'après l'étymologie populaire ἀρταμέω « égorger ». Polyphonté « la Très-Meurtrière » évoque le rôle d'Artémis Chasseresse et d'Artémis Λοχία qui envoie la mort aux femmes en couches.

5. Sur ce motif de la passion perverse présentée comme une θεήλατος νόσος cf. W. Fauth, *Hippolytos und Phaidra (Abh. Akad. Mainz*, IX, 1958, p. 572).

6. Les compagnes d'Artémis conservent un aspect oublié de la Πότνια θηρῶν, qui sous des traits anthropomorphes ou même zoomorphes s'unit à une bête. Cf. la nymphe Taygète, transformée en biche, la nymphe Callisto, transformée en ourse, Pasiphaé, etc. Sur l'identification d'Artémis avec la Grande Mère préhellénique, voir Nilsson, *Gesch. Gr. Rel.*, I², 481 sqq. ; sur Artémis-Ourse, cf. Willetts, *Cretan Cults*, p. 275-77.

7. Le thème de la poursuite se rencontre dans plusieurs légendes comme celle d'Aédon, surtout dans les légendes de

nymphes harcelées par les dieux : Daphné, Pitys, Syrinx, Britomartis, etc.

8. Polyphonté appartient au groupe des nymphes-avatars d'Artémis qui finissent par devenir mères (variantes locales de la Grande Mère minoenne). D'autre part l'épithète κουροτρόφος d'Artémis, son rôle dans les accouchements rappellent singulièrement les attributions de la Grande Mère, plutôt que la déesse vierge du Dodécathéon, et suggèrent que ce dernier aspect est relativement récent.

9. Produits de son union contre nature avec l'ours. Ce sont évidemment des jumeaux, encore un trait caractérisant la Grande Déesse préhellénique. Sur les jumeaux voir F. Chapouthier, *Les Dioscures au service d'une déesse* (Paris, 1935), *passim*.

10. Génies de la campagne et de la montagne ayant des noms « parlants » (« l'Agreste » et « le Montagnard ») convenant à leur sauvagerie. Ὀρεία est aussi une épithète de la Grande Mère.

11. Le gigantisme est un trait fréquent de héros et d'êtres surnaturels. C'est un élément folklorique lié souvent à celui de la force prodigieuse des hommes d'antan. Cf. Hés., *Trav.*, 148 sqq.

12. Thème de l'*hybris*, cf. *supra*, chap. XV, n. 3. Agrios et Oreios ont des traits communs avec les Aloades, jumeaux eux aussi, et géants arrogants et impies dont la mort est due à l'intervention d'Artémis.

13. Zeus est cité ici en tant que garant de la piété, mais aussi en tant que protecteur des ξένοι, cf. le Xénios Zeus.

14. Cf. Hésych. στύξ · ὁ σκὼψ τὸ ὄρνεον, στρίγλος · οἱ δὲ νυκτικόρακα. En latin *strix*, cf. Ov., *Fast.*, VI, 133 *grande caput, stantes oculi, rostra apta rapinae*. Sur cet oiseau, voir Grant Oliphant, in *Trans. Amer., Philol. Assoc.*, XLIV, 1923, p. 27 sq.

15. Sur cette expression cf. Rhian. Crét., I, 13, *ap.* Stob., *Flor.*, IV, 34 κεφαλὴν δ' ὑπὲρ αὐχένας ἴσχει codd. : κ. δ' ὑπέραυχον ἴσχει Meineke.

16. C'est « le monde à l'envers », l'aspect de l'oiseau préfigurant les désordres et bouleversements que provoque la guerre civile.

17. Un fragment anonyme (dans Diehl, *Anth. lyr. gr.* : *Carmina Popularia*, 42) a conservé une incantation apotropaïque contre le strix : στρίγγ' ἀποπομπεῖν, νυκτιβόαν, στρίγγ' ἀπὸ λαῶν / ὄρνιν ἀνωνυμίαν ὠκυπόρους ἐπὶ νῆας (ἔλαυνε).

18. Λαγῶς ou λαγώς ou λαγωΐς : oiseau rapace non identifié, sorte de vautour. Cf. Philetaeros § 89 λαγός · τοὺς πονηροὺς ὁ Κρατῖνος « λαγοὺς » καλεῖ. Le vautour, oiseau de mauvais augure comme le λαγῶς dans notre texte, était l'oiseau sacré d'Arès (cf. Cornutus, chap. XXI) ce qui le rapproche du λαγῶς < Oreios, descendant d'Arès.

19. Les êtres méchants sont souvent transformés en oiseaux de mauvais augure. C'est le contraire qui arrive avec les hommes pieux, cf. *infra* καὶ ἔστιν ἀγαθός, etc. Voir sur cette croyance ancienne F. Cumont, *Lux Perpetua*, p. 353 sq.

20. Cf. chap. II, n. 27.

21. D'après Schneider suivi par d'Arcy W. Thompson *(A Glossary..., s. v.)* cet oiseau est identique avec l'ἵππη ou ἵττα, σίττη ; Hésych. ἵπτα (ἵππα cod., em. Vossius) ὁ δρυοκόλαψ ἐθνικῶς, καὶ "Ηρα.

22. La σίττη est également un bon présage pour les amoureux ; cf. Sch. Aristoph., *Ois.*, 705 et E. Diehl, *Anth. lyr. gr.*³, III, p. 139 : ἐγὼ μέν, ὦ Λεύκιππε, δεξιῇ σίττῃ.

XXII. CÉRAMBOS

1. Ovide *(Mét.*, VII, 353-356) traite brièvement cette légende mais avec certaines différences : Cérambos échappe au déluge de l'époque de Deucalion grâce aux ailes que lui ont fournies les nymphes.

2. Correction de Berkel (Τέραμβος ms.) garantie par la forme du latin *Cerambus* et par le nom du scarabée κεράμβυξ en lequel se transforme le héros de cette fable. C'est en effet une habitude de Nicandre et de Boïos de donner à leurs héros le nom de l'animal ou de l'oiseau dont ils revêtiront par la suite l'aspect, cf. chap. III, V, VII, XI, XII, XV, etc.

3. Entre l'Othrys et l'Œta, dans la vallée du Spercheios.

4. C'est Pan qui passait pour être l'inventeur de la syrinx : il l'aurait fabriquée avec le roseau en lequel s'était transformée la nymphe Syrinx lorsqu'elle était poursuivie par ce dieu. Cf. Théocr., *Syrinx;* Ov., *Mét.*, I, 689-712 ; Westermann, *Myth. Gr.*, p. 347, 29 sqq ; Serv. ad *Ecl.*, II, 31 ; X, 26 ; Ach. Tat., VIII, 6, 8.

5. C'est plutôt Orphée qui s'en servit le premier parmi les mortels ; cf. Ératosth. *ap.* Hyg., *Astr.*, II, 7. Quant à l'inventeur de la lyre, c'est Hermès, le père de Pan, qui la fabriqua avec la carapace d'une tortue, cf. l'*Hymne homér. à Hermès*, 25 et 35 ; Nic., *Alex.*, 562. Sur la lyre, voir Abert, art. *Saiteninstrumente, RE* IA [1920], 1760 sqq.

6. Motif du premier inventeur. On avait établi des catalogues entiers d'heurématologie. Voir Ad. Kleingünther, Πρῶτος εὑρετής, in *Philol.*, Suppl.-B. XXVI/1, 1933, p. 1 sqq ; P. Vidal-Naquet, *Temps des dieux et temps des hommes (Rev. Hist. Rel.*, CLVII, 1960, p. 66). Cependant Linos passait également pour être l'inventeur de l'instrument musical à cordes ; cf. Schol. AV *Il.*, XVIII, 570 citant Philochore, *F. Gr. Hist.* 328 F 207 : κατα-λύσας τὸ λίνον πρῶτος χορδαῖς ἐχρήσατο.

7. Cf. chap. XXXI, 3. Les danses des nymphes sont un motif folklorique.

8. Encore aujourd'hui les troupeaux qui paissent l'été sur l'Othrys descendent en hiver dans la vallée du Spercheios, entre l'Œta au Sud et l'Othrys au Nord. Cf. F. Stählin, art. *Spercheios, RE* III A [1929], 1626, 51 sqq. ; Y. Béquignon, *La Vallée du Spercheios* (Paris, 1937), p. 4 sq.

9. Cf. le dicton : Μωραίνει Κύριος ὃν βούλεται ἀπολέσαι.

Pour d'autres exemples de θεοβλάβεια, cf. Hérodote, I, 127 ;
VI, 135 ; VII, 12-18.

10. Ant. Lib., sinon Nicandre, profite de l'occasion offerte
par la matière du récit pour faire raconter par le protagoniste
lui-même une autre fable se rapportant à l'origine des nymphes
et à leur métamorphose temporaire en peupliers.

11. L'une des trois Grées : celles-ci avaient des noms
« parlants », caractéristiques de leur aspect monstrueux.

12. Poséidon, dieu chthonien, est le maître des eaux vives
et, sous cet aspect, il est souvent mis en relation avec les nymphes.
Cf. F. Schachermeyr, *Poseidon*, p. 140 sqq.

13. Cf. les nymphes hamadryades et la métamorphose de
Dryopé en peuplier au chap. XXXII.

14. Le verbe ἀναλύω est un terme « technique » de la magie ;
le terme contraire est le verbe κατέχω, cf. chap. XXIX, 1 et la
n. 9.

15. Cf. Hésych. *s. v.* κεράμβυξ · ζῷον κανθάρῳ ὅμοιον et κεράμ-
βηλον, κήπου προβασκάνιον καὶ θηρίδιόν τι, ὃ περὶ τὰς συκᾶς
δεσμευόμενον διώκει τῇ φωνῇ τοὺς κνῖπας. Ἔνιοι τοὺς κανθάρους
κέρατα ἔχοντας ὡς ὁ κέραμβος. Hésychius et Ant. Lib. (Nicandre)
sont les seuls garants pour le nom κεράμβυξ qui désigne le
lucane, peut-être analogue à l'espèce décrite par Pline, *N.H.*, XI,
97 (Gossen, art. *Käfer*, *RE* X [1919], 1487, 25 et 34 les distingue)
et non le capricorne (O. Keller, *Die ant. Tierwelt*, II, p. 408) (1).

16. Exposé entomologique de caractère typiquement nicandréen. Oder a cru bon de supprimer ce passage. Cependant les
auteurs Alexandrins ont le goût de la description minutieuse,
reflet de l'engouement pour les sciences positives à leur époque.
Nicandre, poète « naturaliste », se doit de décrire dans le détail
les traits du nouvel insecte, et, en tant que poète des coutumes
et des traditions populaires, il ne manque pas de mentionner
l'usage que font les enfants du cérambyx.

17. Pour cette construction, cf. chap. XXIV *(e Nicandro)*
ποικίλος ἐκ τοῦ σώματος « au corps moucheté » ; *Thér.*, 14 ἐκ
κέντροιο τεθηγμένον « au dard aiguisé » ; Lucien, *Timon*, 26
βαρὺς ἐκ τοῖν σκελοῖν « aux jambes lourdes ».

18. « Les mâchoires », cf. Nic., *Thér.*, 53 ; Aristote emploie le
mot au singulier (Cf. Bonitz, *Ind. Arist.*, 147[b]45).

19. Ant. Lib. prend les élytres pour les ailes.

20. Cf. Hésychius cité *supra*, n. 15.

21. Cette note lexicologique est tout à fait dans la manière
de Nicandre.

22. Cette remarque rappelle deux autres passages de Nicandre :
Thér., 880 σπέρμ' ὀλοὸν κνίδης ἤ θ' ἐψίη ἔπλετο κούροις ; *Géorg.*,
fr. 75 καὶ μορέης ἢ παισὶ πέλει μείλιγμα νέοισι. Le παίγνιον
consistait probablement à faire voler l'insecte attaché à un fil.
Cf. Aristoph., *Nuées*, 763 ; Sch. Aristoph., *Guêpes*, 1341. Encore

---

(1) Je dois les notes 15 à 24 à M. J.-M. Jacques.

actuellement, c'est un jeu favori des petits Grecs dans les campagnes.

23. Ce n'est pas l'explication du παίγνιον. Cf. Pline, *N.H.*, XI, 97, qui rapporte qu'on pendait les cornes du lucane en guise d'amulette au cou des enfants.

24. Cf. Nic., *Alex.*, 559 sqq. (*sc.* la tortue) τ' ἀκάκητα / αὐδήεσσαν ἔθηκεν ἀναυδητόν περ ἐοῦσαν / ῾Ερμείης · σαρκὸς γὰρ ἀπ' οὖν νόσφισσε χέλειον / αἰόλον ἀγκῶνας δὲ δύω παρετείνατο πέζαις. La comparaison avec la lyre, qui caractérise excellemment la tête du lucane, est évidemment à mettre en relation avec le fait que Cérambos fut le premier à se servir de la lyre. La description que fait Pline du lucane (*N.H.*, XI, 97) se rapproche beaucoup de celle du *cérambyx*.

XXIII. BATTOS

1. Sur cette légende voir l'article de R. Holland, *Battos* (*Rh. Mus.*, LXXV, 1926, p. 156-184).

2. Argos est le fils de Phrixos et d'une fille d'Aeétès Chalciopé ou Iophossa, Hés., fr. 255 M.-W. Il y a plusieurs autres personnages qui portent ce nom.

3. Fille d'Admète et d'Alceste, cf. Schol. Eur., *Alc.*, 265 et Tzetz., *Chil.*, II, 787. Son nom ainsi que celui de son frère Εὔμηλος rappellent l'épithète de Phères, riche en troupeaux (cf. Eur., *Alc.*, 588 sq. πολυμηλοτάταν / ἑστίαν ; Ap. Rh., I, 49).

4. Sa généalogie diffère selon les auteurs qui lui donnent encore comme parents Zeus et Thyia ou Éole et Énarété. Sur ces diverses généalogies cf. M. Sakellariou, *La migration grecque en Ionie*, p. 275.

5. Cf. chap. IV, 3.

6. Hyménaeos passait dans les légendes antérieures pour être le fils d'Apollon et l'amant d'autres personnages. D'habitude, les mythographes parlent de l'amour d'Apollon pour Admète, cf. Callim., *Apollon*, 49.

7. Hermès était un dieu important à Phères, lieu probable de l'action dans cette fable. Cf. Gruppe, Gr. *Myth.*, p. 118, 151 sq., 159.

8. Cf. *Hymne homér. à Hermès*, 14 ληϊστῆρ', ἐλατῆρα βοῶν. Hermès avait une solide réputation de voleur de bœufs et de voleur en général ; cf. Ant. Lib. chap. XV, 2. Voir N. Yalouris, ῾Ερμῆς Βοὖκλεψ, in *Arch. Ephem.*, XCII-XCIII, 1953-54, II (paru en 1958), p. 162-184, où l'on trouvera une bibliographie complète sur ce sujet. Hermès est un dieu qui possède de la μῆτις et sait l'art de tromper et de « voler ». Il a aussi des rapports particuliers avec la richesse en troupeaux. Cf. J.-P. Vernant, *Mythe et Pensée chez les Grecs*, p. 97-143.

9. Dans ce passage Apollon apparaît comme berger pour son propre compte, alors que, dans Hésiode, fr. 54 M-W. et dans l'*hymne homérique à Hermès*, il garde les troupeaux d'Admète

ou ses chevaux en qualité de serviteur (motif du dieu serviteur d'un mortel, pendant une durée déterminée, pour l'expiation d'une faute). Cf. *Il.*, 763 sqq. Pour les autres sources voir Wentzel, *RE* I [1894], 377 sqq. Dans notre texte Ant. Lib. *(e Nicandro?)* confond la légende du vol en la localisant en Magnésie avec la légende du séjour d'Apollon dans ce pays. L'auteur de l'*hymne homérique*, Apollodore (III, 10, 2) et Philostrate (*Imag.*, I, 25) la localisent en Piérie, et Ovide (*Mét.*, II, 680 sqq.) en Messénie.

10. En se servant probablement de son bâton magique : cf. *Il.*, XXIV, 343 sq. ; 445 ; *Od.*, V, 47 sq. ; XXIV, 2-4 ; Virg. *Én.*, IV, 244 ; Ov., *Mét.*, II, 735, etc. Cependant le bâton magique est d'après l'*hymne homérique*, 528 sqq. le présent que fit Apollon à Hermès lors de leur réconciliation. Voir aussi Yalouris, *l. c.*, p. 168, n. 1, qui distingue quatre bâtons différents d'Hermès.

11. Sur l'emploi du féminin pour les noms d'animaux, cf. chap. VII, n. 7.

12. Cf. l'épithète Κυνάγχας d'Hermès : Hippon., fr. 3 Masson. Au fr. 32 d'Hipponax (δὸς χλαῖναν Ἱππώνακτι), qui est une invocation à Hermès, il y a peut-être un souvenir de la légende de Battos. Cf. Holland, *o. l.*, p. 174, n. 2.

13. A cause de l'esquinancie.

14. Dans l'*hymne homérique* Hermès n'enlève qu'une cinquantaine de vaches, le taureau étant trop bien gardé par les chiens. Les douze génisses n'y sont pas mentionnées.

15. D'après ce même texte, Hermès pousse les vaches à reculons et se chausse lui-même de raquettes de verdure pour brouiller et effacer les traces. Dans Apollodore, il en chausse seulement les sabots des vaches. Un autre voleur de bœufs, Cacus usa du même stratagème en volant les bœufs d'Héraclès (c'est-à-dire ceux de Géryon, cf. Ant. Lib., chap. IV) : il les fit entrer dans son antre en les faisant marcher à reculons. Cf. Virg., *Én.*, VIII, 209 sqq. ; Ov., *Fast.*, I, 549 sq. ; voir également les ὀπισθονόμοι βόες de Libye dans Hdt., IV, 183 ; Arist., *P. A.*, 659ᵃ19 ; Athén., V, 221ᵉ ; Él., *N.A.*, XVI, 33 ; Pl., *N.H.*, VIII, 178. Sur la valeur magique de la marche à rebours, des pieds retournés, etc., cf. M. Delcourt, *Héphaistos*, p. 130-132 et 213-215.

16. La Thessalie Pélasgiote où se trouvait Phères, le royaume de Magnès.

17. Pays situé près du golfe Maliaque.

18. Le pays des Locriens Opontes.

19. Larissa était l'acropole d'Argos, fondée par Phoroneus, roi des Pélasges. Nous ne suivons pas Merkelbach et West, *Fragmenta Hesiodea*, p. 125 qui suspectent la leçon Λαρίσσης. La conjecture Λυρκείας de West nous semble inutile.

20. Cette erreur géographique peut être imputable à Ant. Lib. lui-même. Aussi Martini (cf. p. xcɪɪɪ de son édition) n'a-t-il pas retenu la suggestion d'Oder (cf. l'apparat critique *ad loc.*). West a proposé Λύρκειον pour Λύκαιον (non Λύκιον), mais le mont

Lyrcée se trouve au nord de Tégée, sur l'axe Larissa-Tégée, par où Hermès a déjà passé.

21. A distinguer de Βάττου σκεπιά · χωρίον Λιβύης ἀπὸ Βάττου (Hésych.). Il semble s'agir d'une simple homonymie. Schirmer in Roscher, *Lex.*, I, 752 pense que ce lieu prit ce nom peut-être à cause d'un écho qui s'y produisait. Il s'agirait de la légende étymologique d'un rocher « bavard » devenu le rocher « du Bavard », jeu de mots, dans le goût alexandrin, entre le verbe βατταρίζειν ou βαττολογεῖν et le nom « parlant » d'un personnage à la langue trop longue. Gruppe, *Gr. Myth.*, 535, 5 pense au contraire que cette relation entre Βάττος et βαττολογῶ est secondaire et que ce nom est en rapport avec un culte oublié d'Hermès (voir les références *ibid.*). Cf. aussi Holland, *o. l.*, p. 178 sq.

22. Dans l'*Hymne homérique à Hermès*, v. 87 sqq. et 186 sqq. le traître est un vieillard anonyme d'Onchestos.

23. Cette grotte à stalactites semble avoir été identifiée, cf. Pieske dans *RE* XI [1922], 1462-64.

24. C'est le moderne Palaeocastro, cap près de l'ancienne Pylos. Cf. Thuc., IV, 3 ; V, 18 ; Xén., *Hell.*, I, 2, 18. La région de Pylos fut également le cadre d'une autre légende, celle des bœufs de Phylacos.

25. Sur la mise en épreuve d'un mortel par un dieu cf. L. Radermacher, *Der homerische Hermeshymnus* (Vienne et Leipzig, 1931), p. 196 ; Holland, *o. l.*, p. 179-181.

26. Cf. Hésych. χλαῖνα · χλαμὺς ἢ ἱμάτιον χειμερινόν. La correction de χλαμύδα en χλανίδα par Muncker est inutile. Cf. E. Degani, *Variae lectiones (Quaderni dell' Istituto di Filol. Class.*, Università di Cagliari, I, 1966, p. 21).

27. Hermès, maître des paroles de tromperie, s'indigne d'un faux serment ! Sur le motif de la trahison cf. Holland, *o. l.*, p. 181-183.

28. Cf. *supra*, n. 10 et X, n. 26.

29. La métamorphose de Battos n'est mentionnée que par Ant. Lib. et Ovide (*Mét.*, II, 687-707), mais celui-ci conte l'histoire d'une manière différente. Cf. Holland, *o. l.*, p. 159.

30. Ou le gel (brûlure par le froid) ?

31. Pour une légende analogue à propos d'Aphrodite cf. Schol. Lycophr., 826 ; Holland, *o. l.*, p. 183.

XXIV. ASCALABOS

1. Sur la quête de Coré par Déméter voir surtout l'*Hymne homér. à Déméter* (I) ; Apollod., I, 5, et Frazer *ad loc.*

2. Variante de la légende officielle. Sans doute Nicandre a-t-il détaché le motif du breuvage qui caractérise l'épisode éleusinien de la légende, avec Céléos et Métanire (cf. *Thér.*, 486 sq.), pour l'introduire dans une légende bien à lui.

3. Nicandre a donné deux versions différentes de l'accueil que la déesse a trouvé en Attique : celle des *Heteroioumena* (à

supposer qu'Ant. Lib. les suive fidèlement) et celle des *Thériaques*
(cf. également *Alex.*, 130-132). Dans la version rapportée par
Ant. Lib., Mismé assume le rôle traditionnellement dévolu à
Métanire : *Hymne homér. à Déméter* I, 161, 206 et *Thér.*, 487
Μετάνειρα θεὴν δείδεκτο. Ovide n'a pas conservé le nom de
Mismé. Cf. par contre Lactance Plac., *Fab.*, V, 7 : *Ceres cum
orbem terrarum peragrasset requirens filiam Proserpinam aestu
torrida ad casam cuiusdam anus, nomine Mismes, deuenit...* De
même que Mismé est ici représentée comme une simple paysanne,
de même dans les *Fastes* d'Ovide (IV, 508 sqq.) Céléos et Métanire
ne sont pas les rois d'Éleusis, mais de pauvres paysans qui
reçoivent la déesse dans leur humble chaumière. Il semble que la
source d'Ovide pour ce dernier passage soit Callimaque, cf.
H. Herter, *Ovids Persephone-Erzählungen und ihre hellenistischen
Quellen* (*Rhein. Mus.*, XC, 1941, p. 236-268). Dans la version
orphique rapportée par Clément, *Protrept.*, II, 20, et Arnobe,
adv. gentes, V, 25 (= *Orphica*, éd. Kern, fr. 52), les hôtes de
Déméter à Éleusis sont également des rustres. Ces textes ainsi
que celui de Nicandre (*apud* Ant. Lib.) nous conservent la version
primitive de cet accueil : le cycéon, boisson des temps très
archaïques, est offert avec plus de vraisemblance par de pauvres
paysans que par la splendide reine d'Éleusis. L'auteur de l'*hymne
homérique à Déméter* semble donner « une version du mythe
nouvelle, idéalisée, conforme à la poétique des aèdes ioniens »
(A. Delatte, *Le Cycéon, breuvage rituel des mystères d'Éleusis*,
Paris, 1955, p. 34 sq.).

4. C'est en buvant le cycéon que Déméter avait rompu son
jeûne à Éleusis : cf. *h. h. à Dém.*, 208-210, et Nic., *Alex.*, 128 sqq.
Alors que dans l'*hymne* et dans la scholie à Eur., *Or.*, 964 c'est
sur les indications de Déméter que Métanire prépara ce breuvage,
Nicandre (*apud* Ant. Lib.) et Ovide (*Mét.*, V, 449 sqq.), qui le
suit d'assez près pour toute cette légende, laissent ce détail dans
l'ombre : *Prodit anus diuamque uidet, lymphamque roganti | dulce
dedit, tosta quod texerat ante polenta.* Quant à l'absorption du
cycéon, c'était un des rites essentiels des mystères Éleusiniens,
et elle a été attribuée à Déméter par le moyen de ce mythe
étiologique de la déesse assoiffée.

5. Sur la nature et la composition du cycéon, voir A. Delatte,
op. laud., p. 23-40 : « Les Grecs appellent de ce nom une mixture
formée par l'association d'un aliment solide, le gruau d'orge,
avec un liquide : son nom vient de ce qu'il faut remuer (κυκᾶν)
le mélange avant de l'absorber pour éviter la formation d'un
dépôt des matières solides » (*ibid.*, p. 23). Le type décrit dans
notre texte est le plus simple, le cycéon à l'eau, assaisonné à
l'aide d'une plante aromatique, le pouliot (Cf. *Alex.*, 128 sq.
γληχὼ ποταμηῆσι νύμφαις | ἐμπλήδην κυκεῶνα... τεύξας : même
préparation, moins le gruau). Il semble que ce soit là le type le
plus archaïque, signe de frugalité et de pauvreté (cf. *supra*, n. 3,
et les auteurs anciens mentionnés par A. Delatte, *o. l.*, p. 27 et 29).

Le pouliot βλήχων ou γλήχων = *Mentha pulegium*, est « une plante fort odorante du genre menthe, dont on se servait, de façon économique, pour aromatiser le mélange naturellement insipide du cycéon » (Delatte, *ibid.*, p. 27). Il semble qu'on l'ait employé frais (cf. Delatte, p. 39, n. 1).

6. Sur la préparation du gruau d'orge, cf. H. Blümner, *Technologie und Terminologie der Gewerbe und Künste bei Griechen und Römern* I (Leipzig, 1912), I, § 3 ; 4 ; 7 ; Galien, Περὶ τροφῶν δυνάμεως, I, 11, p. 506 Kühn. On croyait que la culture de l'orge avait été enseignée par Déméter. Le gruau était considéré comme sacré. Cf. *Il.*, XI, 631 ; XIII, 322 ; XXI, 76 ; Hés., *Tr.*, 466, 597, 805.

7. Le cycéon constitue un rafraîchissement tonifiant pour les personnes épuisées. Cf. *Il.*, X, 624 sqq. ; XVIII, 560 ; Thuc., III, 49. Le pouliot qu'il contenait avait aux yeux des Anciens la vertu de calmer une soif ardente : voir les références dans Delatte, *o. l.*, p. 39, qui récuse toutes les théories des auteurs modernes sur les propriétés de cette plante (cf. *ibid.*, p. 40) en expliquant sa présence dans le cycéon « par une vieille recette culinaire : l'assaisonnement est digne du mets par sa simplicité ».

8. Cf. A. Delatte, *o. l.*, p. 24, n. 2 : « Le cycéon est toujours qualifié de boisson ; Eust. ad *Il.*, XI, 637, p. 870 sq. et ad *Od.*, X, 235, p. 395. On le boit toujours (πίνειν).» Cf. *Corpus Hippocr.*, V, p. 210 éd. Littré ἄλφιτα ἔπιε λεπτὰ ἐφ' ὕδατι(cité *ibid.*, p. 28, n. 6).

9. Cf. *Souda*, *s. v.* Ἀσκαλαβώτης ; *Et. M.*, *s. v.* Γαλεώτης ; Philes, *de anim. propriet.*, 708. Sur Ascalabos voir A. D. Nock, *Magical Texts from a bilingual papyrus* (*Proc. Br. Acad.*, XVII, 1931, p. 274-79) ; K. Barwick, *Ovids Erzählung vom Raub der Proserpina und Nikanders* Ἑτεροιούμενα (*Philol.*, LXXX, 1925, p. 459, 8). Nic., *Thér.*, 484 sq. se contente de faire allusion à ce personnage (παιδός, v. 485), mais il désigne le gecko par son nom (cf. *infra*, n. 13).

10. Sur cette expression cf. chap. XXXII, 2. Nous avons peut-être ici un écho des quolibets et railleries d'Iambé (cf. *h. hom. à Dém.*, 202 χλεύης ; Nic., *Alex.*, 132 Θρηίσσης ἀθύροισιν ὑπὸ ῥήτρῃσιν Ἰάμβης) qui réussit par ce moyen à dérider Déméter, et des grosses plaisanteries qu'on se lançait lors de certaines fêtes de cette déesse, comme les Thesmophories et les *Gephyria*, reflets de rites agricoles à caractère magique.

11. Les divinités peuvent transformer un mortel en l'aspergeant d'eau. Cf. Ov., *Mét.*, III, 190 : Artémis transforme Actéon en un cerf tacheté ; V, 544 : Déméter transforme le traître Ascalaphos en l'aspergeant de l'eau du Phlégéthon ; VI, 138 : Athéna transforme Arachné sa rivale. Sur le rôle de l'eau dans les métamorphoses voir M. Ninck, *Die Bedeutung des Wassers im Kult und Leben der Alten* (*Philol.*, Suppl., XIV, 2, 1921, p. 138-180).

12. Cf. Schol. Nic., *Thér.*, 484, p. 39, 15 Keil τὸ ἐν τῷ κρατῆρι λείψανον, *ib.* l. 24 τὸ ἐν τῷ κρατῆρι ἀπομεῖναν κέρασμα. Il ne

faut pas voir ici une contradiction avec ἐξέπιε τὸ ποτὸν ἀθροῦν.
Il s'agit du dépôt qui se forme dans le fond du vase. Cf. Ov., *Mét.*,
V, 454 *cum liquido mixta perfudit diua polenta* « La déesse répand
sur lui l'orge mêlée au liquide ».

13. L'allusion des *Thér.*, 484 sq. est obscure dans sa concision :
ἀσκαλάβου · .../Δημήτηρ ἔβλαψεν, ὅθ' ἄψεα σίνατο παιδός
(J.-M. Jacques).

14. Cet animal est à distinguer de l'*ascalaphos*, oiseau nocturne,
qui est également en rapport avec la légende de Déméter. Cf. Ov.,
Mét., V, 543 sqq. L'*ascalabos* s'identifie au *stellio* (Pline, *N.H.*,
XXIX, 90) dont Ovide fournit l'explication étiologique. Cf. *Mét.*,
V, 460 sq. *aptumque colori | nomen habet, uariis stellatus corpora
guttis.* Le terme qui le désigne exclusivement chez les naturalistes
et les médecins grecs est (indépendamment de κωλώτης [Arist.,
H.A., IX, 609ᵇ19] et γαλεώτης [Arist., fr. 370], cf. Pline, *l. c.*)
le mot ἀσκαλαβώτης (Arist., *H.A.*, VIII, 607ᵃ27 ; Él., *N.A.*, VI,
22 ; Philum., *De ven. an.*, XIII, 12, etc.). Le terme d'ἀσκάλαβος
choisi par Nicandre (cf. *supra*, n. 9) ne se lit, en dehors des *Thér.*
484 et de notre passage, que sur un vase corinthien autour d'un
grand lézard, cf. *Athen. Mitt.*, IV, 1879, pl. 18 (J.-M. Jacques).

15. Sur cette construction cf. chap. XXII, n. 17. On peut
rapprocher de l'*aition* de la couleur mouchetée du gecko la
transformation d'Actéon dans Ov., *Mét.*, III, 190 et celle de
Lyncus, roi de Scythie, devenu un lynx : *feram uarii coloris ut
ipse uariae mentis exstiterat* (Serv. ad *Aen.*, I, 323).

16. A cause de l'effet nuisible de sa morsure, cf. Arist., *H.A.*,
VIII, 607ᵃ27 ; Nic., *Thér.*, 483 sq. ἀπεχθέα βρύγματ' ἔασιν/ἀσκα-
λάβου, mais aussi à cause du rôle qu'il joue dans les charmes
d'inhibition. Cf. Nock, *l. c.*, et A. J. Festugière, *Hermetica* (*Harv.
Theol. Rev.*, XXXI, 1938, p. 18). Schirmer in Roscher, *Lex.*, I,
610 voit dans le verbe μισέω/ῶ l'explication du nom de Mismé
(Sur la forme de ce nom cf. Bethe, *Hermes*, XXXIX, 1904, p. 9,
n. 1). Par contre A. Dieterich, *Philol.*, N.S. V, 1893, 1 sqq. reconnaît
à ce nom une origine phrygienne, Misé (Μίση) étant une compagne
de Cybélé (cf. Hérodas, *Mim.*, I κάθοδος Μίσης, et Kern in *RE* XV
[1932], 2041, 31 sqq. et 2050), et repousse (p. 3, n. 7) l'opinion de
Förster (*Raub u. Rückkehr der Persephone* [Stuttgart, 1874], p. 82,
n. 4) qui le considère comme un nom « parlant » : Μίσμη de μίγνυμι
= celle qui prépara le mélange du cycéon. Cf. Ov., *Mét.*, V, 454
liquido mixta... polenta « l'orge mêlée [par Mismé] au liquide ».

17. Sur ce trait final, cf. chap. IX, n. 22.

XXV. MÉTIOCHÉ ET MÉNIPPÉ

1. Cette légende n'est attestée que par Ant. Lib. et Ovide,
Mét., XIII, 685-699.

2. Mot de sens obscur.

3. D'après Schol. Nic., *Thér.*, 15, Orion est originaire de
Tanagra, ville de Béotie : Οἱ δὲ πλείους Ταναγραῖον εἶναί φασι τὸν

'Ωρίωνα. Cf. Schol. A *Il.*, XVIII, 486. Au temps de Pausanias (cf. IX, 20, 3) on y montrait encore le tombeau du héros. D'après la même scholie de Nicandre, Corinne l'avait appelé εὐσεβέστατος et avait fait de lui une sorte d'Héraclès Béotien qui allait par le monde en répandant les bienfaits de la civilisation et en le délivrant des bêtes sauvages. La référence du Scholiaste d'Ant. Lib. à Corinne comme garante de cette légende n'a donc rien d'étonnant.

4. Éponyme d'Ὑρία ou Ὑρίαι, Ὑσίαι, village appartenant à Tanagra. Sur la naissance assez insolite d'Orion, cf. Wehrli, art. *Orion, RE* XVIII [1939], 1066-68. Sur le sens du nom Ὑριεύς cf. Elderkin, *The Bee of Artemis (Americ. Journ. Philol.*, LX, 1939, p. 209).

5. Thème du jeune Chasseur (sorte de *πότνιος θηρῶν, compagnon et amant en même temps que rival de la *Dame des Fauves*) mis à mort par Artémis. Cf. Wehrli, *l. c.*, 1072-75 ; M. Sakellariou, *La Migration grecque en Ionie*, p. 191 sq.

6. Les tisseuses douées passaient pour avoir été instruites par Athéna, créatrice de l'art du tissage et patronne de tous les arts de la paix, cf. *Od.*, VII, 109 sqq. ; Théocr., XXVIII, 1-2 ; Gruppe, *Gr. Myth.*, p. 1215 sq. ; R. Luyster, *Symbolic Elements in the Cult of Athena (History of Religions*, V, 1965, notamment p. 138-144).

7. Cette déesse était à Thèbes, et par extension en Béotie, en relation avec Cadmos qui avait épousé sa fille Harmonie. Sur le culte d'Aphrodite à Thèbes cf. Fr. Vian, *Les Origines de Thèbes*, p. 143-147. Pour un récit parallèle cf. *Il.*, XIX, 67-72 et Paus., X, 30, 1 (filles de Pandaréos) ; Hés., *Trav.*, 63-65 (Pandore).

8. Pour la description de cette épidémie cf. Ov., *Mét.*, XIII, 685-691. Sur une épidémie antérieure à l'installation des Aones, cf. Paus., IX, 5, 1 καὶ τούτους (*sc.* τοὺς Ἕκτηνας = les prédécesseurs des Aones) μὲν ἀπολέσθαι λοιμώδει νόσῳ φασίν.

9. Ancien nom de la Béotie, cf. Hellanicos, *F. Gr. Hist.* 4 F 51. Cette dénomination prévaut dans la poésie hellénistique, cf. Hirschfeld, art. *Aones, RE* I [1894], 2657. Les Aones étaient en fait la peuplade la plus fameuse de toutes celles qui ont habité la Béotie, cf. Strab., VII, 7, 1 ; Paus., IX, 5, 1 ; Lycophron, *Alex.*, 1209, etc. Dans Ov., *Mét.*, XIII, 682 le cratère représentant la légende des Coronides, présent d'Anius à Énée, vient *ab Aoniis... oris.*

10. Honoré dans le Pythion de Gortyne, près de Mégalopolis, en Arcadie ; cf. Wernicke, art. *Apollon, RE* II [1896], 66,61 sq.

11. Ἐριούνιος est une épithète d'Hermès. Elle désigne ici les divinités infernales. Sur son sens voir H. Frisk, *Gr. Etym. Wört.*, s. v., avec la bibliographie.

12. Le sacrifice expiatoire de jeunes gens ou de jeunes filles est assez fréquent dans la mythologie. Voir S. Eitrem, *Die göttlichen Zwillinge bei den Griechen*, p. 70-91 qui étudie les légendes de groupes de sœurs sacrifiées pour le salut de leur pays ; Nilsson,

Gesch. Gr. Rel., I², 107-110 ; Fr. Vian, *Les Origines de Thèbes*, p. 214 sq.

13. En bonnes travailleuses, comme les Minyades, les filles d'Orion ne quittent pas leur métier. — Le tissage était l'occupation favorite des femmes de Béotie (cf. R. Unger, *Theb. Parad.*, Halle, 1839, p. 199-203).

14. Motif du nombre trois. Cf. chap. XXVI 5 εἰς τρὶς ὁ ἱερεὺς φωνεῖ. La répétition, triple en principe, est d'usage dans les invocations de dieux et de démons, dans le rituel et les formules magiques.

15. Le suicide est décrit de la même façon par Ovide, *l. c.*, 693-95.

16. Cf. chap. I, n. 21.

17. La confusion de ἀστέρας avec ἀνέρας pourrait expliquer la divergence que l'on constate dans le récit d'Ovide (697-9) où des cendres des deux jeunes filles (le bûcher semble de son invention) naissent deux jeunes hommes « que la renommée appelle les Couronnes ». Il faudrait supposer alors que le contexte ne la rendait pas impossible, ce qui peut être admis, vu la concision parfois obscure du style de Nicandre (cf. chap. XXIV, n. 13). Mais l'utilisation d'une autre source, puisqu'aussi bien le scholiaste cite Corinne à côté de Nicandre comme garant de cette fable, demeure une possibilité (J.-M. Jacques).

18. K. O. Müller (*Rhein. Mus.*, II, 1847, p. 27) suggère qu'il était peut-être apparu en ce temps-là des comètes près de la constellation d'Orion. Plaehn, *o. l.*, p. 47, pense que la mort volontaire de Métioché et Ménippé a été célébrée d'abord à Orchomène, que, par la suite, elles sont devenues filles d'Orion, peut-être à partir de Corinne qui se plaisait à louer ce héros (cf. *supra*, n. 3, et Schol. Nic., *Thér.*, 15) et que, comme telles, elles furent transportées au ciel.

19. Offrandes de miel. Celui-ci était, grâce à ses vertus purificatrices (cf. Usener, *Milch und Honig*, p. 179 sqq.), l'offrande chthonienne par excellence, cf. aussi le μελίκρητον.

20. Métonymie pour « les Béotiens » de même que plus haut à propos des Aones.

21. Il se peut que le serment rapporté par le poète tragique Dionysios Scymnaios ou Scionaios cité par Tzetzès ad Lycophr., 1247 (μὰ τὰς Θεοίνου καὶ Κορωνίδας κόρας) se rapportait à elles. Cf. K. Tümpel in Roscher, *Lex.*, II, 1386, 46 sqq. Sur ce poète, cf. Knaack, *RE* V [1903], 915, 31 sqq.

XXVI. HYLAS

1. Sur cette légende voir Türk, *De Hyla* (*Bresl. philol. Abhandl.*, VII, 4, 1894) et Sittig, art. *Hylas*, *RE* IX [1914], 110-115. La fable d'Hylas transformé en écho n'a pas d'autre source que ce chapitre pour lequel le scholiaste renvoie à Nicandre. Ovide l'a négligée peut-être parce qu'elle aurait fait double emploi avec

celle de la nymphe Écho qu'il est le premier à conter sans doute d'après un poète hellénistique.

2. Oder (*De Ant. Lib.*, p. 50, n. 4) maintient Ἕτερ. δ′ car les chapitres environnants (XXIV, XXV, XXVII, XXVIII et XXIX) sont tous « puisés » au livre IV des *Heteroioumena*.

3. Cf. les textes anciens rassemblés par O. Gruppe, *Gr. Myth.*, p. 49,5. Héraclès est un intrus dans la légende des Argonautes et son admission parmi eux doit être un fait relativement récent. D'après Schol. Apoll. Rhod., I, 1289, Hésiode (Κήυκος γάμος = fr. 263 M.-W.) comptait Héraclès parmi les Argonautes.

4. Le chef de l'expédition était Jason. Mais du moment qu'on avait introduit Héraclès dans cette légende, on ne pouvait plus lui attribuer un rôle de subordonné et on en a fait le chef des Argonautes. Nicandre, s'il faut lui attribuer aussi les prolégomènes de la fable, est le premier à rapporter cette version. Apollodore (I, 9, 17) fait de Jason le chef de l'expédition, mais Dionysios de Mytilène qu'il cite ensuite (I, 9, 19 = *F. Gr. Hist.* 32 F 6ª) tient pour l'autre opinion. Cf. aussi Diod. Sic., IV, 41,3 et Strabon XII, 4,3 qui reconnaît implicitement cette même qualité à Héraclès. D'autres auteurs tâchent de résoudre la difficulté en admettant qu'au début de l'expédition Héraclès en était bien le chef mais que, descendu à terre pour chercher de l'eau et ayant tardé de rentrer, il fut abandonné par les Argonautes. Cf. Hés., fr. 263 M.-W. ; Hérodote, VII, 193, qui placent cette scène à Aphetai en Thessalie, et Schol. Pind., *Pyth.*, IV, 303 ; Diod., IV, 44,5 qui la placent en Mysie ou en Asie. D'autres motivaient cet abandon par le poids excessif du héros. Cf. Schol. Ap. Rh., I, 1168 et Phérécyde *ap.* Apollod., I, 9, 19 = *F. Gr. Hist.* 3 F 111ª. Dans tous ces passages Hylas n'est point mentionné.

5. Cf. Ap. Rh., I, 131. Héraclès et Hylas sont un sujet de prédilection des poètes alexandrins qui opposent la rudesse et la robustesse du premier à la tendre constitution du second. Sur la vogue de la légende d'Hylas cf. Virg., *Géorg.*, III,6 *Cui non dictus Hylas?*

6. Céyx, roi de Trachis, avait offert l'hospitalité à Héraclès. Cf. Athénée, V, 178ᵇ citant Bacchylide (= fr. 4 Snell) ; Diod. Sic., IV, 57 ; Apollod., II, 7,7. Nicandre *ap.* Ant. Lib. (dont le témoignage sur ce point est garanti par Schol. Théocr., XIII, 7/9a, p. 259,10 sq. Wendel Ἀπολλώνιος δὲ ὁ Ῥόδιος Θειοδάμαντος, <Νί>χαν<δρος δὲ> Κήυκος Hemsterhuys : καὶ codd.) est le seul auteur à faire de Céyx le père d'Hylas, peut-être par désir de rendre plus vraisemblable la liaison de ce dernier avec Héraclès (Théiodamas a été tué par le héros).

7. Ant. Lib. n'a pas commis d'erreur géographique, ainsi que l'avait supposé Oder : Arganthoné est une montagne de la Bithynie, dans la Propontide. Les « Détroits du Pont » sont ici l'Hellespont.

8. Nicandre est le seul à introduire ce détail de la tempête dans la légende d'Hylas.

9. Hylas remplit ici une fonction réservée aux jeunes filles et aux esclaves. C'est peut-être un souvenir de la version qui fait d'Hylas le fils de Théiodamas et le serviteur d'Héraclès.

10. Cf. Théocr., XIII, 46 ἤτοι ὁ κοῦρος ἐπεῖχε ποτῷ πολυχανδέα κρωσσόν. Schol. Ap. Rh., I, 1207 rapporte une autre version certainement erronée : Ἀντικλείδης δὲ ἐν Δηλιακοῖς ἱστόρησεν οὐ τὸν Ὕλαν εἰς τὴν ὑδρείαν ἐξεληλυθέναι, ἀλλὰ τὸν Ὕλλον, καὶ ἀνεύρετον γενέσθαι.

11. C'est le fleuve Cios, homonyme de la ville de Cios. Cf. schol. Ap. Rh., I, 1178 ; Dion. Perieg., 805 sqq. et Eust. ad loc. ; Strab., XII, 4,8 ; XIV, 5,29 ; Pline, V, 144.

12. Cf. Sch. Ap. Rh., I, 1236 : Θεόκριτος ἐν τοῖς Βουκολικοῖς ἐν τῷ Ὕλᾳ ἐπιγραφομένῳ (XIII, 48) ὑπὸ πασῶν φησιν αὐτὸν τῶν νυμφῶν ἡρπάσθαι. Ὄνασος δὲ ἐν τῷ α΄ τῶν Ἀμαζονικῶν (= 41 fr. 1ᵇJac.) πεσόντα τὸν Ὕλαν φησὶν ὑποβρύχιον γενέσθαι. Καὶ Νίκανδρος ἐν τῷ β΄ τῶν Ἑτεροιουμένων ὑπὸ πασῶν φησιν αὐτὸν ἁρπαγῆναι νυμφῶν. Ὁ δὲ Ἀπολλώνιος ὑπὸ μιᾶς. La scène charmante de l'enlèvement d'Hylas par les nymphes a été peinte sur les murs de Pompéi et d'Herculanum. Voir Daremberg-Saglio, Diction., s. v.

13. Les sources passaient pour être le séjour favori des nymphes. Les mortels qui venaient déranger leurs jeux risquaient de perdre la raison et la faculté de parler, ou d'être entraînés dans la source. On appelait νυμφόληπτοι ces victimes des nymphes (cf. F. Cumont, Lux Perpetua, p. 325 sqq.). Sur les légendes d'êtres disparus qu'on recherche dans les lacs et les sources, cf. A. S. Pease, Some aspects of Invisibility (Harvard Studies, LIII, 1942, p. 10, n. 78).

14. La transformation d'Hylas en écho semble inventée pour justifier le rituel d'appel mysien.

15. En sa qualité de chef, Héraclès peut donner des ordres à Polyphème qui, de plus, est son ami et son gendre. Cf. Schol. Ap. Rh., I, 1241. Cependant Polyphème serait d'après quelques sources l'amant d'Hylas : Euphorion ap. Schol. Théocr., XIII, 7 (fr. 76 Powell) ; Socratès ἐν τῷ Πρὸς Εἰδόθεον, ap. Schol. Ap. Rh., I, 1207. Apollonios de Rhodes fait chercher Hylas à la fois par Héraclès et par Polyphème, ce qui brise l'unité d'action du récit.

16. Polyphème est le fondateur légendaire de la ville de Cios. Cf. Schol. Ap. Rh., IV, 1470.

17. Cf. Schol. Ap. Rh., IV, 1470 Μαχόμενος πρὸς Χάλυβας οὗτος ἐτελεύτησεν, ὥς φησι Νυμφόδωρος : « ...τέως δ' ἐξίκετο γαῖαν | ἀγχιάλων Χαλύβων · τόθι μιν καὶ Μοῖρ' ἐδάμασσεν » ; Hyg., Fab., 14.... periit apud Chalybas.

18. Les habitants de la région avaient la coutume de s'abandonner au délire bacchique et de parcourir les montagnes en appelant Hylas. Sur cette oribasie, cf. Strab., XII, 4,3, et Türk, o. l., p. 1 sqq.

19. Cf. chap. I, n. 21 ; Türk, o. l., p. 10 sqq.

20. Sur la triple invocation, cf. chap. XXV, n. 14.

21. Pour le culte d'Hylas en Mysie, cf. Sittig, *o. l.*, 113 sq. ; Nilsson, *Gr. Feste*, p. 430. Hylas est sans doute une divinité agraire qui disparaît tous les ans pour revenir sur terre probablement au printemps. Il est à rapprocher de Linos, Bormos, Lityersès, Osiris, Maneros (= nom-cri signifiant « reviens ! ») et Harmonie, ravie par Cadmos, à Samothrace.

XXVII. IPHIGÉNIE

1. Sur l'enlèvement d'Hélène par Thésée voir en dernier lieu L. B. Ghali-Kahil, *Les Enlèvements et le Retour d'Hélène* (Paris, 1955), p. 305-313 ; F. Brommer, *Vasenlisten²...*, p. 168 sq.

2. Sur la légende d'Iphigénie cf. Kjellberg, art. *Iphigeneia*, *RE* IX [1916], 2588-2622 ; H. Grégoire, Introduction à Eur., *I. T.* (éd. Les Belles Lettres) ; L. Séchan, *Le Sacrifice d'Iphigénie* (*Rev. Ét. Gr.*, XLIV, 1931, p. 368-426). Iphigénie passait pour être, selon quelques auteurs, la fille de Thésée et d'Hélène. Cf. Douris de Samos, *F. Gr. Hist.* 76 F 92 ; Paus., II, 22, 7, etc. A la double généalogie d'Iphigénie fait pendant le double rapt d'Hélène par Thésée et par Pâris. Selon Nilsson, *The Mycenaean Origin of Greek Religion*, p. 170 sq., Hélène, déesse préhellénique de la végétation, a comme trait particulier d'être enlevée, comme Perséphone et Ariane. Thésée est le personnage mâle de ce vieux drame sacré et son rôle a été transféré par les envahisseurs grecs à un prince asiatique. Cf. Ghali-Kahil, *op. laud.*, p. 306. Iphigénie, fille de Thésée et Hélène, n'appartient à l'origine ni à la légende des Atrides ni à celle de Troie. Cf. aussi Wilamowitz, *Hermes*, XVIII, 1883, p. 260 sq.

3. Sur la forme Κλυταιμήστρα cf. J. Schwartz, *Pseudo-Hesiodeia*, p. 273.

4. Hélène fut libérée par ses frères Castor et Pollux à Aphidna d'après Hérodote, IX, 73 et Hellanicos, *F. Gr. Hist.* 4 F134 et 168ᵃ), ou à Athènes d'après Alcman, fr. 21 Page et Paus., V, 19,3 (coffre de Cypsélos).

5. Un passage de la Chrestomathie de Proclos (Allen, *Homeri Opera*, V, p. 104) — résumé des *Chants Cypriens* du viiᵉ siècle — complète les omissions de ce chapitre d'Ant. Lib. (ces omissions peuvent être mises au compte de la manière elliptique de Nicandre qui procède par allusions plutôt que par l'exposé systématique des légendes) : le nom du devin, la cause du courroux d'Artémis, la présence de Clytemnestre et le stratagème qui servit à l'attirer avec Iphigénie à Aulis. Sur le rassemblement des Grecs à Aulis et le sacrifice d'Iphigénie voir en dernier lieu Fr. Jouan, *Euripide et les légendes des Chants Cypriens* (Paris, 1966), p. 259-298.

6. On offrait parfois des victimes humaines pour apaiser les vents et les autres éléments adverses de la nature. Cf. Gruppe, *Gr. Myth.*, p. 694 ; S. Wide, *Festschrift für O. Benndorf* (Vienne, 1898), p. 16.

7. Le mot σφάγιον désigne un sacrifice sanglant dont il n'est rien consommé ; cf. P. Stengel, *Opferbräuche der Griechen*, p. 92-102. Pour apaiser la colère divine ou pour s'attirer la faveur des dieux on sentait le besoin de recourir à des procédés de purification exceptionnels, en sacrifiant l'objet ou l'être le plus précieux qu'on pût avoir.

8. Cf. *Et. Magn.* 747 Οἱ δὲ λέγουσιν, ὅτι τῶν Ἑλλήνων βουλομένων ἀνελεῖν τὴν Ἰφιγένειαν ἐν Αὐλίδι ἡ Ἄρτεμις ἀντέδωκεν ἔλαφον, κατὰ δὲ Φανόδημον, ἄρκτον, κατὰ δὲ Νίκανδρον, ταῦρον. Mêmes références à Phanodème et à Nicandre *ap.* Schol. Lycophr. 183 : elles garantissent l'origine de ce chapitre d'Ant. Lib.

9. En Tauride, la moderne Crimée. Pour les monuments figurés voir H. Philippart, *Iconographie de l'Iphigénie en Tauride d'Euripide* (*Rev. Belge de Philol.*, IV, 1925, p. 5-33).

10. Sur les étymologies différentes de cette épithète chez les auteurs anciens cf. Wernicke, art. *Artemis, RE* II [1896], 1399, 53 sqq. Sur les lieux de culte d'Artémis Tauropolos voir aussi L. Lerat, *Les Locriens de l'Ouest*, II, p. 161-167. Ταυροπόλος doit à proprement parler être une épithète cultuelle de la Πότνια Ταύρων, l'une des formes de la Grande Déesse préhellénique. Voir K. Lehmann-Hartleben, *Note on the Potnia Tauron* (*Amer. Journ. Arch.*, XLIII, 1939, p. 669 sqq.), et W. Technau, *Die Göttin auf dem Stier* (*Jahrb. Deutsch. Arch. Inst.*, LII, 1937, p. 95).

11. Sur Achille *Pontarches*, dieu des vents et de la mer, maître de l'*Ile Blanche* voir Cook, *Zeus*, II, p. 925 ; Kruse et E. Diehl, art. *Pontarches, RE* XXII [1953], 1-18. D'après Pindare, *Ol.*, II, 79, Achille y résidait avec Cronos, Rhadamanthe, Pélée et Cadmos.

12. Cf. *infra*, XXXIII, n. 11.

13. Sur ce don de la jeunesse éternelle et de l'immortalité cf. *Od.*, V, 136 ; 209 ; Hés., *Théog.*, 957 ; fr. 25, 28 M.-W. ἀθάνατος καὶ ἄγηρος ἔχων (*sc.* Héraclès) καλλ[ίσ]φυρον Ἥβην ; Hymne homér. à Déméter, 231 sqq.

14. Épithète cultuelle d'Artémis en tant que protectrice des femmes en couches. Cf. L. Séchan, *op. laud.*, p. 369 et 371.

15. Leur mariage avait déjà été consommé à Aulis, car Néoptolème passe parfois pour être le fils d'Iphigénie ; cf. Lyc., *Alex.*, 185 ; 324 ; Schol. BT *Il.*, XIX, 326 (citant Douris de Samos *F. Gr. Hist.* 76 F 88). On donnait également à Achille comme épouses sur l'*Ile Blanche* plusieurs autres héroïnes : Hélène, Polyxène, Diomédé, Médée ; cf. Apollod., *Épit.*, V, 5 et Frazer *ad loc.*

XXVIII. TYPHON

1. Typhon vit le jour en Cilicie, cf. Pind., *Pyth.*, I, 17 ; Esch., *Prom.*, 351 ; Apollod., I, 6,3 et Frazer *ad loc.* Cette origine orientale s'accorde avec son aspect monstrueux, cf. *infra*, n. 5 et 11. Voir F. Vian, *Le mythe de Typhée et le problème de ses origines orientales*

(*Éléments Orientaux dans la religion grecque ancienne*, Paris, 1960), p. 20 sq.; *La Guerre des Géants*, p. 12-16.

2. D'après l'*hymne homérique à Apollon*, v. 307, Typhon était le fils d'Héra, enfanté sans l'aide d'un père. D'après Apollodore, *l. c.*, la Terre l'avait mis au jour pour le dresser contre les Olympiens et venger les Géants.

3. Cf. Apollod., *l. c.*, μεμιγμένην ἔχοντα φύσιν ἀνδρὸς καὶ θηρίου.

4. Cf. Hés., *Théog.*, 824 sqq.; Pind., *Pyth.*, I, 16; Esch., *Prom.*, 353.

5. Cf. Apollod., *l. c.* πᾶν δὲ αὐτοῦ τὸ σῶμα κατεπτέρωτο. Les monstres ailés et pourvus de têtes et de membres multiples qu'on rencontre dans la mythologie grecque sont souvent d'origine orientale.

6. Cf. Apollod., *l. c.* τὰ δὲ ἀπὸ μηρῶν σπείρας εἶχεν ὑπερμεγέθεις ἐχιδνῶν. L'ophiomorphie caractérise les « enfants » de la Terre, en particulier les Géants. Cf. chap. VI, n. 4.

7. Cf. Hés., *Théog.*, 829 sqq. Ce trait rappelle que Typhon était l'origine des vents. Cf. *Théog.*, 869 sq. Un peu plus haut, au vers 307, Typhon est dit ὑβριστής τ' ἄνομος, mais plusieurs manuscrits donnent la leçon ἄνεμος. Cf. Val. Flacc., III, 130.

8. Ce trait rattache Typhon au groupe des θεομάχοι. Cf. *supra*, chap. XV, n. 3.

9. Cf. Ov., *Mét.*, V, 322 sqq. *Caelitibus fecisse metum cunctosque dedisse / terga fugae, donec fessos Aegyptia tellus / ceperit*. Chez Ovide l'histoire de la métamorphose des dieux forme le sujet du chant de la Piéride (321-331) dans le concours musical qui oppose les Piérides aux Muses (cf. chap. IX). Calliope lui réplique par un hymne en l'honneur de Cérès, qui débute par le récit du châtiment de Typhon écrasé sous l'Etna (346-56). La liaison des deux chants garantit l'utilisation de Nicandre de la part du poète romain.

10. Sous son aspect de déesse guerrière, Athéna prend souvent part aux conflits entre dieux et monstres chthoniens. Sur l'association de Zeus et Athéna dans divers cultes locaux, cf. Gruppe, *Gr. Myth.*, p. 1217 sqq.

11. D'après Ovide, *l. c.* (cf. Lactance *ad loc.*) (et peut-être Pindare : πάντας τοὺς θεούς) Zeus se déguisa lui aussi et prit l'aspect d'un bélier. Cette métamorphose exclue par Nicandre (elle l'est implicitement par Apollodore) est probablement une addition d'Ovide à son modèle : elle rend plus agressive encore l'impiété des Piérides (cf. Plaehn, *De Nic.*, p. 30). — La lutte de Typhon et de Zeus remonte à des modèles orientaux de conflits opposant dieux et monstres. Sur cette lutte, cf. Fontenrose, *Python*, p. 70-76.

12. D'après Hygin, *Fab.*, 196 et schol. German. *Arat.*, p. 87 et 156 éd. Breysig (citant Nigidius), c'est à l'instigation de Pan que les dieux se déguisèrent. La source la plus ancienne de ce déguisement serait Pindare cité par Porphyre, *de abstin.*, III, 16

(= Pind., fr. 91 Snell³) : Πίνδαρος δὲ ἐν Προσοδίοις πάντας
τοὺς θεοὺς ἐποίησεν, ὅτε ὑπὸ Τυφῶνος ἐδιώκοντο, οὐκ ἀνθρώποις
ὁμοιωθέντας, ἀλλὰ τοῖς ἀλόγοις ζῴοις. Sur ce passage discuté
fréquemment voir en dernier lieu J. G. Griffiths, *The Flight of
the Gods before Typhon: An unrecognized Myth (Hermes,*
LXXXVIII, 1960, p. 374-76) selon lequel un motif étiologique
a été surajouté par les Grecs à un thème ancien d'origine
égyptienne (rivalité d'Horus et de Seth-Typhon).

13. Apollon est parfois comparé à un épervier. Cf. *Il.*, XV,
237 et Eust. *ad. loc.*, p. 1014,20 sqq. ; Aristoph., *Ois.*, 516. Le
faucon est l'avatar d'Horus, lequel d'après Hérodote, II, 156,
s'identifie à Apollon. Chez Ovide (329) le corbeau remplace le
faucon soit par confusion de ἱέραξ et de κόραξ, soit parce qu'il
est l'oiseau d'Apollon (J.-M. Jacques).

14. Cf. Ovide, *l. c.*, 331. L'ibis était consacré à Isis et à Thoth-
Hermès adoré à Hermopolis Magna. Cf. Platon, *Phèdre*, p. 274ᶜ ;
Élien, *N.A.*, X, 29 ; Plut., *Sympos.*, IX, 3, p. 738ᵉ.

15. Poisson du Nil, à grandes écailles, sorte de barbeau ; cf.
Hérodote, II, 72 et d'Arcy W. Thompson, *A Glossary of Greek
Fishes* (Londres, 1947), p. 148 sq. Ovide ignore cette métamorphose. En revanche, il évoque la transformation de Vénus en
poisson (330, *pisce Venus latuit; cf. Fast.*, II, 461 sqq.) inconnue
d'Ant. Lib. J.-M. Jacques suggère la possibilité d'une lacune
(Ἄρης δὲ λεπ. ἰχθύς, <Ἀφροδίτη δὲ πομπίλος ἰχθύς>), ou d'un
remaniement d'Ovide (cf. *supra*, n. 11). R. Holland, *Myth. Beiträge*,
p. 348, propose une autre explication de cette transformation sans
parallèle dans la mythologie égyptienne : « Nach Hdt. II 59 ist die
heilige Stadt des Ares Papremis. Nun erwähnt Hdt. den ἱερὸς λεπ.
an einer Stelle II 72, der unmittelbar eine Angabe über die Tierver-
ehrung des νομὸς Παπρημίτης voraufgeht ; wohl möglich, dass
hierdurch die Beziehung zu Ares hervorgerufen wurde, wahrschein-
lich hat aber auch sein Schuppenpanzer (λεπίδες Hdt. VII, 61)
mitgewirkt ».

16. Cf. Ovide, *l. c.*, 330. Artémis est ainsi identifiée à Neith
honorée à Bubastis à l'époque saïte, grecque et romaine. Cf. Hdt.,
II, 59, 67, 137. En ce qui concerne la leçon du manuscrit σίλουρος,
on note un exemple de la même confusion dans *Pap. Gr. Mag.*,
XXXVI, 363 Preisendanz (vol. II, p. 175). Voir Hopfner, *Gnomon*,
VIII, 1932, p. 395.

17. Cf. Ovide, *l. c.*, 329. Le rapport de Dionysos avec le bouc
est banal. Encore enfant, il avait été transformé en chevreau
par Zeus pour éviter la colère d'Héra. Cf. Apollod., III, 4, 3.
Voir Gruppe, *Gr. Myth.*, p. 822 sq. ; 824, n. 7.

18. Le rapprochement d'Héraclès et du faon, négligé par
Ovide, demeure obscur.

19. Héphaistos est ici assimilé à Ptah, le dieu-bœuf adoré
à Memphis. Cf. Hdt., III, 37. Chez Ovide, *l. c.*, 330, c'est Héra
qui se transforme en vache.

20. Les Égyptiens momifiaient la musaraigne et la plaçaient

16

à côté d'eux dans leurs tombes. D'après Hdt., II, 67 des musaraignes et des faucons morts étaient portés à Boutô, ville du delta où Léto avait un culte. La musaraigne était l'animal sacré de la déesse à Létopolis (cf. Kees, art. *Letopolis, RE* XII [1925], 2146, 43 sqq.). — Ovide omet de parler de cette transformation.

21. Chez Pindare, *Pyth.*, I, 19 sqq. et Ovide, *Mét.*, V, 346 sqq., Typhon est enfoui sous l'île tout entière de la Sicile. Voir sur cette question H. Herter, in *Rhein. Museum*, XC, 1941, p. 242, n. 12. La localisation de la « prison » de Typhon (légende anatolienne) dans la Grande Grèce semble être un remaniement relativement récent dû aux Grecs de l'Ouest et à leur tendance d'« occidentaliser » les mythes de la Grèce propre ou de l'Orient. D'après certains auteurs anciens (cités par Roscher, *Lex.*, I, 202) c'est Encélade ou même Briarée qui seraient enfouis sous l'Etna. Ces êtres hideux, produits de l'imagination orientale, n'ont jamais été franchement admis par l'esprit grec qui en a fait des monstres naissant de la Terre et y retournant, après une courte période d'existence terrestre, pour être « emprisonnés » sous des régions volcaniques à la suite d'une défaite.

22. Cf. Esch., *Prom.*, 364 sqq. L'Etna passait pour être la forge d'Héphaistos et des Cyclopes, ses auxiliaires. Cf., outre ce texte d'Eschyle, Callim., *Délos*, 141 sqq. ; Virg., *Én.*, III, 570 sqq. ; Cic., *De divin.*, II, 19 ; Lucil., *Aetna*, 41-71 (Sur ce dernier texte cf. Hildebrandt, *Eine römische Gigantomachie, Philol.*, LXVI, 1907, p. 562-589).

23. Cf. Callim., *Artémis*, 48 sqq.

24. Notre traduction est en contradiction avec la *Tabula altera* (*supra*, p. xxxvi). Cf. Bast, *o. l.*, p. 131 qui renvoie à *Él.*, *N.A.*, XV, 23 ἐπιφανεὶς δὲ ὁ Ἀπόλλων τὴν μὲν κόρην ἁρπάζει, τὴν δὲ ναῦν λίθον ἐργάζεται.

XXIX. GALINTHIAS

1. Sur cette légende, racontée de manière identique par Ovide, *Mét.*, IX, 281-323, cf. *Il.*, XIX, 119 et schol. Townl. citant Istros = *F. Gr. Hist.* 334 F 72 ; Lactance ad Ovid., *loc. cit.* ; Élien, *N.A.*, XII, 5 ; cf. XV, 11 ; Liban., *Narr.*, III, 1099 = Westermann, *Myth. Gr.*, p. 360, 19 sqq. ; Paus., IX, 11,3 ; Pline, *N.H.*, XXVIII, 59.

2. Ce Proïtos ne peut pas être le frère d'Acrisios (comme le veut Schol. Eur., *Phénic.*, 1109), car ce héros est antérieur à Héraclès. Pausanias (IX, 8, 4) nous parle d'un Proïtos Thébain qui donna son nom à une des portes de Thèbes mais sans pouvoir l'identifier.

3. Seul Diodore (IV, 10, 2) parmi tous les auteurs anciens fait naître Héraclès à Tirynthe. D'après Albert Winter, *Alkmene und Amphitryon* (*Progr. Magdal. Gymn. Breslau*, 1876, p. 7), Wilamowitz, *Herakles*, I, 296,50 et Wernicke, art. *Alkmene, RE*, I [1894], 1573,32 la mention de Thèbes dans l'*Iliade*, XIX, 99

comme lieu de naissance d'Héraclès est un remaniement posté-
rieur destiné à accorder la légende avec la tradition commune.

4. Son nom est diversement transmis par nos sources : Ovide
l'appelle Galanthis, Libanius Acalanthis, Pausanias Historis
(cf. *infra*) et Élien ne la nomme pas du tout. E. Maass, *Mythische
Kurznamen* (*Hermes*, XXIII, 1888, p. 614) pense que Γαλῆ,
diminutif de Γαλινθιάς, présentait une ressemblance accidentelle
avec le nom de la belette ; c'est peut-être cette homonymie qui
est à l'origine de sa métamorphose en belette. Hiller v. Gaertringen,
art. *Galinthias*, *RE* VII [1910], 607 sq., dérive ce nom de Γάλινθος
formé à l'aide du suffixe — νθ —, d'origine préhellénique, qui a
donné des noms attestés entre autres dans le domaine béotien.
Galinthias serait une héroïne locale d'un toponyme Galinthos
dont le souvenir se serait perdu. Elle serait devenue une belette
par étymologie populaire et se serait annexé alors la légende liée
à cet animal et à ses propriétés merveilleuses.

5. Ovide corrige son modèle, lorsqu'il fait de sa Galanthis
une servante d'Alcmène au zèle empressé, ce qui convient mieux,
comme le note Plaehn (*De Nic.*, p. 36), à la nature vive de la
belette ; il y a dans les va-et-vient de la servante affairée comme
une préfiguration de sa métamorphose.

6. Elles ne sont pas mentionnées par Ovide.

7. Les Moires (ou la Moire) et Ilithyie tendent à former un
groupe : Pind., *Ol.*, VI, 72 ; Plat., *Sympos.*, 206 d ; Kaibel, *Epigr.
Gr.*, 238,1. Cf. B. C. Dietrich, *Death, Fate and the Gods* (University
of London, 1965), p. 81 sqq. Les Moires avaient un sanctuaire
à Thèbes près des portes Néistes (cf. Paus., IX, 25,4) avec,
probablement, Ilithyie comme σύνναος. Cf. Pind., *Ném.*, VII,1
Ἐλείθυια, πάρεδρε Μοιρᾶν βαθυφρόνων. Wilamowitz est d'un
avis différent (*Sitz.-Ber. Berl.*, 1908, 328 sqq.) : en Béotie on
cherche en vain des traces du culte d'Ilithyie (sur les lieux de
culte de cette divinité cf. Jessen, *RE* V [1905], 2106-2110) ;
dans Pindare (*l. c.*) il s'agit tout simplement d'une personnification poétique.

8. Ilithyie est souvent associée à Héra et sert ses haines (cf. la
note suivante). Héra passait pour être la mère d'Ilithyie (cf.
Hés., *Théog.*, 922 ; Pind., *Ném.*, VII, 2 sq. ; Paus., I, 18,5 ; Apollod.,
I, 3,1) ou des Ilithyies (cf. *Il.*, XI, 270 sq. et Crinagoras, *A.P.*,
VI, 244,1). Parfois même elle s'identifie avec Ilithyie. Cf. Hésych.
Εἰλειθυίας... Ἥρα ἐν Ἄργει. A Thoricos, il y avait un temple
d'Héra Ilithyie, cf. Keil, *Philol.*, XXIII, 1865, p. 619.

9. Le verbe κατέχω est un terme « technique » appartenant à
la langue des magiciens. Cf. F. Sokolowski, *Lois Sacrées de l'Asie
Mineure* (Paris, 1955), p. 104. Cette ruse (sur laquelle cf. *Il.*,
XIX, 96-124 et Apollod., II, 4,5) permit à Héra de faire naître
Eurysthée avant Héraclès et d'accorder ainsi au premier la
suprématie que Zeus avait promise au second. Zeus eut sa
revanche lorsqu'il la persuada par des propos fallacieux de donner
son lait à Héraclès (cf. Ps.-Ératosth., *Catast.*, 44), ce qui le rendit

immortel. Même attitude d'Héra lors des couches de Léto : elle retenait Ilithyie sur l'Olympe pour empêcher sa délivrance.

10. Cf. l'*hymne homérique à Apollon*, 98 sqq. (= Ilithyie empêchant l'accouchement de Léto).

11. Chez Ovide, *l. c.*, 298 c'est Ilithyie seule qui fait ce geste. Sur la signification de ce dernier cf. Pl., *N.H.*, XXVIII, 17. C'est de la magie sympathique : les mains enlacées des Moires constituent un nœud magique qui empêche la délivrance d'Alcmène. Cette superstition est encore vivante dans le folklore moderne, cf. N. Politis, Μελ., I, 115. A l'inverse, on croyait faciliter l'accouchement en défaisant tout nœud dans la maison. Le mari devait détacher la ceinture de sa femme (Pline, XXVIII, 9 et 17) ; les cheveux de cette dernière étaient aussi dénoués (Ovide, *Fastes*, III, 257 ; Weinreich, *Antike Heilungswunder*, p. 9).

12. « A rusé, rusé et demi ». La ruse d'Héra est payée de la même monnaie par Galinthias, cf. *infra* τοὺς θεοὺς ἐξηπάτησεν. C'est surtout dans les contes populaires que nous retrouvons ce motif de la ruse qui en déjoue une autre. Selon B. C. Dietrich, *o. l.*, p. 89, n. 4, ce type de moquerie dans les mythes est souvent en rapport avec une contestation entre un ancien et un nouvel ordre de choses. Chez Pausanias (IX, 11,3) c'est la fille de Tirésias, au nom parlant d'Historis « la Savante », qui éloigne les deux *Pharmacides* envoyées par Héra pour contrecarrer par leurs sorcelleries l'accouchement d'Alcmène. Cependant cette version de la légende ne finit par aucune métamorphose. Cf. L. Ziehen, *RE* VA [1934], 1542 sq. B. C. Dietrich, *o. c.*, p. 85, n. 4, pense que ces Pharmacides étaient les Moires.

13. Cf. Hés., *Théog.*, 904. Sur l'expression, cf. chap. III, 4.

14. Cf. Phaidimos, *A.P.*, VI, 271 (cité par Weinreich, *op. laud.*, p. 9). Les peintres de vases représentent souvent les Moires et Ilithyie dans ce geste symbolique de délivrance, qui fait pendant au nœud magique et au geste des mains enlacées. Voir J. Heckenbach, *De nuditate sacra sacrisque vinculis* (*Relig. gesch. Vers. Vorarb.*, IX, 3, 1911, p. 80, n. 1).

15. Sur cette construction cf. *Il.*, XVI, 176 ; Hés., *Théog.*, 405 ; Eschyle, *Prom.*, 29 ; Ach. Tat., V, 17,3.

16. Dans la scholie T à *Il.*, XIX, 119 citant Istros (= fr. 72 J.) c'est une belette réelle qui en courant devant l'accouchée la délivre de ses douleurs (explication rationaliste de la légende). Cf. aussi Eust. *ad loc.*, p. 1175,44 et Clément, *Protrept.*, II, 40. Ce mythe s'accorde avec la croyance populaire en la valeur apotropaïque de la belette, qui explique mainte légende attribuant primitivement une forme humaine à l'animal (cf. E. Rohde, *Rhein. Mus.*, XLIII, 1888, 304) appelé encore νυφίτσα [de νύ-(μ)φη] dans le folklore moderne. Cf. N. Politis, Παραδόσεις, I, n° 333 sq. ; II, p. 926-931. Les deux passages de Clément, *Protrept.*, II, 40 (Θηβαῖοι δὲ [τετιμήκασι] τὰς γαλᾶς διὰ τὴν Ἡρακλέους γένεσιν) et d'Élien, *N.A.*, XII, 5 (καὶ Θηβαῖοι δὲ σέβουσιν, Ἕλληνες ὄντες, ὡς ἀκούω γαλῆν) font penser à un vieux

culte animal. Voir L. Ziehen, art. *Thebai, RE* VA [1934], 1506.

17. Cf. Léto Μυχία, déesse des accouchements, victime elle aussi de la colère d'Héra. Au chap. XXVIII d'Ant. Lib. elle se transforme en μυγαλῆ « musaraigne ». Gaiinthias présente beaucoup de points communs avec Léto.

18. Ce trait est négligé par Ovide qui n'a pas, pour les détails de ce genre, le même goût que Nicandre (cf. *Thér.*, 130 sq.).

19. Ovide, *Mét.*, IX, 322 sq. souligne l'αἴτιον de cette particularité physiologique attribuée à la belette. *Quae quia mendaci parientem iuuerat ore, / ore parit.* — La croyance selon laquelle la belette conçoit par l'oreille et enfante par la bouche remonte jusqu'à Anaxagore (fr. 114 D.), cité par Aristote, *GA*, III, 6, 756ᵇ15 qui a combattu en vain cette tradition largement attestée après lui. Cf. M. Wellmann, *Der Physiologus* (*Philol.*, Suppl. XX,1, 1930, p. 17, 27, 76).

20. Sur le culte d'Hécate en Béotie cf. Nilsson, *Gesch. Gr. Rel.*, I², p. 722-25 ; Th. Kraus, *Hekate* (Heidelberg, 1960), p. 58 sqq. Elle s'y identifie avec Artémis protectrice des accouchements (voir les références dans A. Keramopoullos, Θηβαϊκά, *Arch. Deltion*, III, 1917, p. 372, n. 2) et avec Perséphone dans Soph., *Antig.*, 1199 et schol. *ad loc.*

21. La belette vivant dans la terre et les égouts passait facilement pour être un animal chthonien, en rapport donc avec la déesse chthonienne Hécate. Élien, *V.H.*, VII,15 raconte une autre histoire : la belette était une sorcière lascive du même nom contre laquelle Hécate s'irrita et la transforma en cet animal.

22. Les *aitia* religieux (statue de Galinthias et sacrifices en son honneur) sont laissés de côté par Ovide.

23. La maison d'Amphitryon. Cf. Keramopoullos, *Theb.*, 326 ; Ziehen, *l. c.* Sur la topographie de Thèbes, cf. F. Schober, art. *Thebai, RE* VA [1934], 1423 sqq., qui en donne une riche bibliographie.

24. Cf. chap. IV, 7 Κραγαλεῖ δὲ μετὰ τὴν ἑορτὴν Ἡρακλέους ἔντομα θύουσιν. Sur les Ἡράκλεια de Thèbes, cf. *Ziehen, o. l.*, 1550. La fête est attestée par des textes littéraires et des inscriptions citées *ibid.* Elle durait deux jours. Dans l'après-midi ou la nuit du premier, on offrait un sacrifice de caractère chthonien à Héraclès et à ses fils. Le lendemain c'était le jour de la fête à proprement parler : Héraclès recevait des honneurs divins, et les concours athlétiques avaient lieu dans le gymnase et le stade proches de l'Héracléion. Rien dans notre texte ne permet de savoir si c'était le premier ou le second jour qu'on offrait le sacrifice à Galinthias. Sur la fête d'Héraclès, cf. également chap. XXXIII, n. 9.

25. Le verbe θύουσι, impropre ici, désigne surtout les sacrifices offerts aux dieux. Pour les sacrifices offerts aux héros et aux divinités chthoniennes on emploie d'habitude les verbes ἐναγίζειν ou ἐντέμνειν. Cf. chap. IV, n. 37 et XXXVII, n. 22.

26. Le rattachement de la légende de Galinthias au mythe

de la naissance d'Héraclès s'explique du fait que son sanctuaire
était voisin de la maison natale d'Héraclès et que le sacrifice
qu'on lui offrait avait lieu lors de la fête du héros. Cf. Gruppe,
art. *Herakles*, *RE* Suppl. III [1918], 1016, 58 sqq.

XXX. BYBLIS

1. Sur cette légende, fréquemment traitée à partir de l'époque
hellénistique et racontée par Ovide, *Mét.*, IX, 441-665, nous
possédons essentiellement, outre ce chap. d'Ant. Lib., les deux
récits de Conon, *Dieg.*, II, et de Parthénios, *Erot.*, XI, qui cite
deux fragments de poèmes relatifs à la même fable, l'un de
Nicaenétos (ἐν τῷ Λύρκῳ : Powell, *Coll. Alex.*, fr. 1), l'autre de lui-
même. Le scholiaste de Parthénios, *l.c.*, renvoie en outre à Aristo-
critos περὶ Μιλήτου et à Apollonios de Rhodes Καύνου Κτίσις ;
celui d'Ant. Lib. à Nicandre, *Heter.*, livre II. Pour les autres sources
voir Rohde, *Gr. Rom.*[3], p. 101, n. 1. Cf. C. Robert, *Gr. Heldensage*,
I, p. 360, n. 1 ; F. Cassola, *I Cari nella tradizione greca* (*Parola
del Passato*, XII, 1957, p. 192-209).

2. Sur les diverses légendes rattachées à Acacallis cf. Nilsson,
Min. Myc. Rel.[2], p. 539. Mère d'enfants exposés et nourris par
des animaux, elle appartient au nombre des divinités minoennes.
Cf. P. Faure, *Fonctions...*, p. 141-144. Elle est en même temps le
nom d'une fleur, le tamaris d'Égypte, comme Hélène, Hyacinthe
et probablement Corcyné et Myconé, toutes divinités pré-
helléniques. Il se peut qu'il y ait eu une légende de métamorphose
végétale mettant en rapport Acacallis et la fleur homonyme, cf.
J. Murr, *Die Pflanzenwelt in der Griech. Mythologie* (Innsbruck,
1890), p. 250. Eumachos *ap.* Athén., XV, 681e en fait un synonyme du narcisse, fleur consacrée aux dieux chthoniens.

3. Cf. Nilsson, *Min. Myc. Rel.*[2], p. 539. Les sources sont en
général d'accord sur le nom de son père Apollon, mais divergent
sur celui de sa mère : Déioné (Ovide, *l. c.*, 443), Aréia, fille de
Cléochos (Apollod., III, 1, 2 ; *Et. Gen. AB*, *s. v.* Μίλητος ; Schol.
Ap. Rh., I, 185/88a, p. 23,17 Wendel ; Schol. Théocr., VII, 115/118,
p. 107,5 W. La correction d'Ahrens <τοῦ Ἀπόλλωνος> καὶ
Ἀρείας est probable), Acacallis (Ant. Lib.). Apollon eut aussi
d'autres fils d'Acacallis : Naxos, Amphithémis ou Garamas
(cf. Schol. Ap. Rh., IV, 1492) et deux jumeaux, Phylacidès et
Philandros, qui, exposés par leur mère, furent nourris par une
chèvre, cf. Paus., X, 16,5. Un autre fils qu'Acacallis eut d'Hermès
ou d'Apollon fut probablement nourri par une chienne, ainsi
qu'on peut le présumer d'après les monnaies de la ville crétoise
de Cydonia ; cf. Nilsson, *Gesch. Gr. Rel.*, I[2], 320 sq. avec la
planche 27,6.

4. Thème de l'*enfant menacé*. Cf. M. Delcourt, *Oreste et Alcméon*,
p. 55 sq. ; *Héphaistos ou la légende du Magicien*, p. 42.

5. Cf. Hyg., *Fab.*, 252 « *Qui lacte ferino nutriti sunt* » et Ant.
Lib., chap. XIII, n. 2 et 3 ; XIX, n. 9 ; XXXVI, n. 4.

6. Sarpédon est le frère et le rival de Minos. L'objet de leur dispute était soit le trône de Crète (Hdt., I, 173), soit l'amour du jeune Milétos (Apollod., III, 1,2). Voir également S. Marinatos, *Les légendes royales de la Crète minoenne* (*Rev. Arch.*, XXXIV, 1949, p. 11-18. Après une révolte échouée, il part de Crète avec ses partisans et, selon une tradition, c'est lui qui est le fondateur de Milet. Cf. M. Sakellariou, *La Migration grecque en Ionie*, p. 362 sqq. Voir aussi A. Momigliano, *Questioni di storia ionica arcaica* (*Studi Ital. Fil. Class.*, X, 1933, p. 282-87). Sur les relations entre la Crète et l'Asie Mineure (notamment celle du S.-O.), voir Nilsson, *Min. Myc. Rel.*[3], p. 517 ; G. Huxley, *Crete and the Luwians* (Oxford, 1961), notamment p. 14-24.

7. En Crète, il y avait une ville du même nom (cf. Guarducci, *Inscr. Creticae*, I, p. 241). On connaît également une ville crétoise du nom de Caunos (cf. Steph. Byz. *s. v.*). Les Cauniens de Carie se considéraient comme des Crétois (cf. Hdt., I, 172, qui refuse cette affirmation).

8. Le nom de l'épouse de Milétos diffère suivant les auteurs : Cyanée fille de Méandre (Ovide, 451 sq.), Tragasie (Nicaenétos ap. Parthén., *Erot.*, XI).

9. Nonnos, *Dion.*, XIII, 548 est le seul auteur à les considérer comme le frère et la sœur de Milétos.

10. Sur la fondation de Caunos, cf. P. B. Schmid, *Studien zu griechischen Ktisissagen*, p. 78-82. Elle aurait été fondée par Caunos parti en exil volontaire de Milet pour se soustraire à l'inceste avec sa sœur (cf. Parthén., *Erot.*, XI). Cependant, d'après Conon, *Dieg.*, II, le fondateur de cette ville serait Aigialos, fils de Caunos. D'autre part Byblis est l'éponyme de la ville phénicienne de Byblos (cf. Steph. Byz., *s. v.*), centre renommé du culte d'Aphrodite. Cf. Luc., *de dea Syria*, VI sqq.

11. Cf. chap. XXXIV, 1. La plupart des auteurs font de Byblis la coupable. Cf. Parthén., *Erot.*, XI ; Ov., *Mét.*, IX, 455 ; *Ars*, I, 283 ; Eust. ad Dion. Perieg., 533 ; Diogen., *Prov.*, V, 71 (voir E. Rohde, *Gr. Rom.*[3], p. 101, n. 1). Selon d'autres auteurs, c'est Caunos qui nourrissait un amour coupable pour sa sœur : cf. Nicaenétos ap. Parthén., *Erot.*, XI = fr. 1 Powell ; Conon, *Dieg.*, II ; Schol. à Théocr., VII, 115-118 ; Arist., *Rhét.*, II, 25, 1402[b]4 ; Nonnos, XIII, 551 ; la *Souda* et Hésych. *s. v.* Καύνιος ἔρως. Stéphane de Byzance *ss. vv.* Καῦνος et Βύϐλος rapporte les deux versions.

12. Ant. Lib. donne une version « pudique » de la légende en passant sous silence la confession de l'amour de Byblis à Caunos et la fuite de ce dernier. Selon certains auteurs, cette confession provoque l'exil volontaire du frère. D'après Conon et Ovide, Byblis partit à la recherche de son frère.

13. Nicandre (*ap.* Ant. Lib.) et Ovide diffèrent ici des autres auteurs selon lesquels Byblis finit par se pendre (à un chêne d'après Parthén., *Erot.*, XI, à un noyer selon Conon, *Dieg.*, II). Cette pendaison fait penser au rite agricole de l'αἰώρα (cf. chap.

XIII, n. 20). Par ce détail Byblis se rapproche des autres ἀπαγχόμεναι du cycle d'Artémis qui a gardé certains traits de la déesse
préhellénique.

14. Sur le sens du verbe κατέχω cf. *supra*, chap. XXIX, n. 9.

15. Selon la plupart des auteurs anciens cette source naquit
des larmes de Byblis. Dans Théocr., VII, 115-118, c'est le séjour
de la blonde Dioné (= Aphrodite) et des Amours, acolytes de la
déesse.

XXXI. LES MESSAPIENS

1. Cette fable n'est attestée, en dehors de ce chapitre, que par
Ovide, *Mét.*, XIV, 512-26, qui a dû connaître le récit de Nicandre
(cf. Plaehn, *De Nic.*, p. 36).

2. Lycaon est le plus ancien roi mythique d'Arcadie. Ce nom
est mis en rapport avec le cannibalisme et le lycanthropisme.
Sur le nom Λυκάων / Λύκος cf. P. Kretschmer, *Kleinasiatische
Forschungen*, I, 1,15 sq.

3. Être autochthone était considéré comme un trait d'ancienneté et un titre de noblesse, cf. chap. VI, n. 2.

4. Application du motif de la triade à la forme spéciale « *de
trium populorum origine* ».

5. Ni Iapyx ni Daunios ne sont mentionnés par les mythographes (cf. Apollod., III, 8,1 ; Dion. Hal., I, 11 et 13 ; Serv. ad
Aen., VIII,9) dans leurs listes des fils de Lycaon. Ant. Lib. est
le seul témoin de cette tradition. D'après Strabon, VI, 3,2,
confirmé par Solin, *Coll. rerum mem.*, II, 7, Iapyx, l'éponyme
des Iapyges, était le fils de Dédale (filiation crétoise : cf. *infra*,
n. 18).

6. Sur l'étymologie du nom de Daunos/Daunios voir
F. Altheim, *Röm. Religionsgeschichte*, I (Baden-Baden, 1951),
p. 134-137. Ce n'est pas un hasard si Daunos « le Chacal » est
donné comme fils de Lycaon, éponyme des *Lycaones*, « adorateurs
du dieu-loup ».

7. Peucétios passait pour être venu d'Arcadie en Italie du
Sud et pour avoir été l'ancêtre des Peucétiens. Il aurait vécu
dix-sept générations avant la Guerre de Troie. Cf. J. Bérard,
La Colonisation grecque², p. 459 sqq.

8. La mer Adriatique est désignée jusqu'au vᵉ s. par les termes
ὁ Ἰόνιος, ὁ Ἰόνιος πόντος (κόλπος, πόρος), ἡ Ἰονία θάλασσα
(ἅλς). Cf. Pind., *Pyth.*, III, 120 ; *Ném.*, IV, 86 ; VII, 95. L'appel-
lation ὁ Ἀδρίας ou ὁ Ἀδρίας κόλπος n'est utilisée qu'à partir du
ivᵉ siècle. Cf. Lys., XXXII, 25 ; fr. 1,4 ; Isocr., V, 21. Au milieu
du ivᵉ s., Scylax Jun., § 27 (cf. § 17, et Dion. Perieg., 92-94) dit :
τὸ δὲ αὐτὸ Ἀδρίας ἐστὶ καὶ Ἰόνιος. Cf. également Ant. Lib.,
XXXVII, 2 où l'auteur utilise le terme Ἰόνιος πόντος. En gros,
la ligne qui va des *Acrokeraunia* à la presqu'île messapienne
délimite une partie Nord appelée Ἀδρίας et une partie Sud
appelée Ἰόνιος. Voir sur cette question Nissen, *Italische*

Landeskunde, I (Berlin, 1883), p. 89-94 et Μηλιαράκης, Μελέτη περὶ τῆς θέσεως τοῦ Ἰονίου πελάγους (Athènes, 1888). Sur l'étymologie du mot Ἀδρίας voir F. Ribezzo, *Gli antichi nomi illirici* Ἀδρίας, Ἰόνιος *del Mar Adriatico* (*Rivista Indogreco-italica di filol.*, etc., VIII, 1924, p. 137 sq.).

9. Ils avaient comme éponyme Auson, fils d'Ulysse.

10. Cf. Polybe, III, 88, 4. Cette division tripartite d'un pays conquis se retrouve par exemple dans l'épisode du partage du Péloponnèse entre les trois chefs des Héraclides, futurs rois d'Argos, de Messène et de Sparte. Cf. Platon, *Lois*, III, 683ᵈ.

11. Cf. Pline, *N.H.*, III, 101 *Brundisio conterminus Poediculorum ager*. Pour l'étymologie de Βρεντέσιον voir O. Parlangeli, *Bibliografia Messapica* (*Rend. Ist. Lomb.*, XCVI, 1960, p. 202-220).

12. On attendrait plutôt ἐκτὸς « au-delà de Tarente » (Berkel) ; cependant la leçon du manuscrit ἐντὸς est appuyée par l'adverbe ἐνδοτέρω qui suit mais dont le sens est ici également obscur.

13. Cf. Strab., VI, 3,8 μέχρι δεῦρο (*sc.* εἰς Βάριον) μὲν Πευκέτιοι κατὰ θάλατταν, ἐν τῇ μεσογαίᾳ δὲ μέχρι Σιλουίου.

14. Dans Strabon, *l. c.*, l'Iapygie est synonyme de la Messapie. D'après Hérodote, IV, 99 c'est la région comprise entre Brindes et Tarente.

15. Il s'agit de l'expédition que fit Héraclès pour s'emparer des bœufs de Géryon, cf. chap. IV, 6. Sur le sens de cette expression cf. chap. VI, n. 3. La colonisation des Iapyges Messapiens et Dauniens, ayant précédé celle des Grecs en Occident (cf. chap. XXXVII), doit avoir été relativement contemporaine de la poussée des Grecs vers l'Est, entre 1000 et 800 ans av. J.-C.

16. Les Messapiens sont ici représentés comme des éleveurs. L'adresse dont les « Doriens », compagnons de Diomède, avaient fait preuve dans la culture de leurs champs (cf. chap. XXXVII) excita la jalousie des Illyriens (Messapiens et probablement aussi Dauniens).

17. On passe ici sans souci de transition à la seconde partie de la légende. Faut-il supposer une lacune d'Ant. Lib., *epitomator* de Nicandre ? Constatant que les récits d'Ant. Lib. débutent souvent par des exposés conformes à la tradition mythographique représentée par Apollodore (cf. chap. II et XXXVIII en particulier), J.-M. Jacques incline à penser que le compilateur de métamorphoses a pu, dans ces préambules, enrichir ses modèles à l'aide d'éditions scholiées ou d'un manuel analogue à celui qui a été utilisé par Apollodore. μυθολογοῦσιν constituerait ici une ligne de démarcation.

18. Il s'agit du sanctuaire des nymphes mentionné au § 5. Ce toponyme rappelle la ville crétoise d'Hiérapétra ou Hiérapytna. Il y a en Apulie des toponymes qui ont une consonance crétoise. Cf. les témoignages rassemblés par M. Mayer, *Apulien*, p. 378 sqq. repris dans son article *Messapioi*, *RE*, XV [1931], 1173 sq. Rappelons aussi qu'Hérodote, VII, 170 met les Messapiens en rapport avec la Crète.

19. Littéralement « protectrices des troupeaux ». Elles sont aussi appelées ἐπιμηλιάδες (Paus., VIII, 4,2), μαλιάδες (Pollux, IX, 122, 127) et ἀμαμηλίδες (Schol. A *Il.*, XX, 8).

20. Motif des arbres ou plantes qui chantent ou qui poussent des cris. On le rencontre chez Nicandre à propos du pin, qui a donné lieu à une allusion à la légende de Marsyas : *Al.*, 303 sq. ἡ δὲ (*sc.* πίτυς) μόρον πολύπυστον ἐπαιάζουσα κατ᾽ ἄγκη/οἴη συνεχέως ἀδινὴν ἀναβάλλεται ἠχήν. Sur ce motif voir Rose, *Handb. of Greek Mythology*, p. 290-291 ; Bolte-Polivka, *Anmerkungen zu den Kindern-Hausmärchen der Brüder Grimm*, I (Leipzig, 1913), p. 261-262 (la flûte qui chante) ; A. Delatte, *Herbarius* (Bruxelles, 1961), p. 148, n. 3. Le folklore des divers peuples est rempli de légendes d'arbres hantés. D'après Philipp, art. *Iapyges*, *RE* IX [1914], 743, 17 sqq., nous aurions dans cette fable un conte Iapyge. Les Iapyges ayant des traits communs avec les Étoliens (cf. *ibid.*, 734) avaient des raisons d'intéresser Nicandre, auteur d'Αἰτωλικά.

XXXII. DRYOPÉ

1. En dehors de ce chapitre d'Ant. Lib. pour lequel le scholiaste renvoie à Nicandre, Ovide, *Mét.*, IX, 329-393, est le seul témoignage relatif à la métamorphose de Dryopé (les différences n'excluent pas l'utilisation de Nicandre : cf. Plaehn, *De Nic.*, p. 46 sq.).

2. Éponyme du peuple des Dryopes.

3. Le père de Dryopé s'appelle Eurytos chez Ovide, *l. c.*, 356, qui place la légende à Œchalie (331) ; Eurypylos chez Stéphane de Byzance, *s. v.* Δρυόπη, qui fait de Dryopé l'éponyme des Dryopes de l'Œta (p. 239, 25 Meineke) : οἱ δὲ περὶ τὴν Οἴτην Δρύοπες ἀπὸ Δρυόπης τῆς Εὐρυπύλου θυγατρός. La qualité de fille unique, confirmée pour le modèle par Ovide (*l. c.*, 329 *fuit unica matri*) est en contradiction avec les données du chap. IV où Dryops a un fils Cragaleus. J.-M. Jacques, s'appuyant sur ces observations, soupçonne Ant. Lib. d'avoir ajouté à son modèle cette filiation sans parallèle de Dryopé (cf. chap. XXXI, n. 17).

4. Sur l'Œta ; à l'époque historique une communauté Δρυόπη s'est perpétuée près de l'Œta. A preuve l'ethnique Δρυοπαῖος (St. Byz., *ibid.*) attesté par des inscriptions du iie siècle avant J.-C. (cf. Miller, art. *Dryopes*, *RE* V [1905], 1748, 22). La Dryopis dont il est question au § 4 semble la Δρυοπὶς περὶ τὴν Οἴτην de St. Byz. (cf. la note précédente) qui en distingue une Δρυοπία τῶν Δρυόπων περὶ Τραχῖνα (*ibid.*, p. 240, 1 sq.). Cf. en outre le chap. IV, 1. La Dryopis (ou Dryopia) « pays des chênes » fut par la suite appelée Doris, nom de même sens (cf. Hdt., VIII, 31).

5. Apollon Agraios avait un culte sur le mont Œta. Cf. aussi le chap. IV, 3.

6. Nicandre peut s'être souvenu ici d'un épisode semblable de l'*Iliade* (XVI, 179 sqq.).

7. Les dieux prennent souvent un aspect zôomorphe pour accomplir une entreprise amoureuse et un aspect anthropomorphe pour conseiller ou éprouver les mortels : cf. chap. X, XV, XXIII.

8. Animal sacré d'Apollon ; c'est de sa carapace qu'est faite la lyre du dieu.

9. Pour une expression semblable cf. chap. XXII, n. 22.

10. Série de métamorphoses secondaires à l'intérieur d'une légende de métamorphose, comme au chap. XVII. Sur la transformation d'Apollon en serpent, cf. Fontenrose, *Python*, p. 57.

11. Cf. Ov., *l. c.*, 333. Ce personnage semble être le petit-fils d'Hémon, lui-même fils de Thoas, mentionné par Paus., V, 3,6 et Apollod., II, 8, 3. Cf. M. Sakellariou, *La Migration grecque en Ionie*, p. 170 sq.

12. Cf. Ov., *l. c.*, 356. Chez Ovide, Amphissos est encore un enfant à la mamelle.

13. Cette ville est mentionnée par Scylax (fr. 62) entre Héracleia et Trachis par les mots βουλαρχεόντων ἐν Οἴτη, et par St. Byz. *s. v.* Οἴτη, où elle est donnée par erreur pour une ville des Μηλιεῖς. Stählin, *Das hell. Thess.*, 205, 9, suivi par Kirsten, art. *Oite* 2, *RE* XVII [1937], 2299, doute de l'existence d'une ville Οἴτη.

14. Les nymphes, bien que mortelles, étaient douées d'une longévité remarquable ; cf. Hés., fr. 304 M.-W. et Ausone, *Ecl.*, V, 7-8.

15. Valeur religieuse : la « grâce » dispensée par les dieux. Voir J.-P. Vernant, *Mythe et Pensée chez les Grecs* (Paris, 1966), p. 104 ; C. Moussy, *Gratia et sa famille* (Paris, 1966), p. 409-415.

16. *Aitia* de la fondation de sanctuaires tout à fait dans la manière de Nicandre. Cf. chap. I, n. 21.

17. Cf. chap. XXII, n. 6.

18. Cette institution de concours rappelle celle des Concours Olympiques par Héraclès. Les jeux sont normalement liés au culte de héros ou de divinités et remplissent ainsi une fonction religieuse. Cf. A. Brelich, *Gli Eroi Greci*, p. 94-106.

19. Sur le terme ὅσιον cf. chap. V, n. 3. Sur le tabou de la présence des femmes aux Concours voir Wächter, *Reinheitsvorschriften*, p. 125-129.

20. L'explication donnée par Nicandre pour cette exclusion n'est qu'un *aition* bien à lui.

21. Cf. la métamorphose, pour des raisons semblables, d'Ascalaphos qui avait dénoncé Perséphone d'avoir mangé la grenade.

XXXIII. ALCMÈNE

1. Héraclès avait voulu mourir sur un bûcher qu'il avait préparé sur le mont Œta mais au dernier moment il fut ravi au ciel, cf. Apollod., II, 7,7 et Frazer *ad loc.* L'ἀφανισμός est la preuve de la déification d'un héros. Cf. chap. I, n. 21. Suivant

une autre tradition, Héraclès mourut effectivement sur le bûcher. Cf. Nilsson, *Flammentod des Herakles auf dem Œta* (*Arch. Rel. Wiss.*, XXI, 1922, p. 310 sqq.), et *Fire-Festivals* (*Journal Hell. Stud.*, XLIII, 1923, p. 144) ; I. M. Linforth, *The Pyre on Mount Œta in Sophocles'* « *Trachiniae* » (*Univ. California, Philol. Publ.*, XIV, 1952, p. 255-267). Là encore le feu immortalisant signifie l'apothéose du héros. Cf. M. Delcourt, *Pyrrhos et Pyrrha*, p. 70-72 ; C. M. Edsman, *Ignis divinus* (Lund, 1949), p. 233-249. Les sommets des montagnes sont le pont naturel entre Ciel et Terre. Cf. C. Hönn, *Studien zur Himmelfahrt im Klassischen Altertume* (*Progr. Mannheim*, 1910), p. 25.

2. C'est-à-dire d'Argos, car Héraclès était considéré comme un Argien et un Perséïde, bien que la plupart de nos sources le fassent naître à Thèbes (version plus récente, cf. chap. XXIX, n. 3). D'après Soph., *Trach.*, 1151 sq., Alcmène vivait encore à Tirynthe lors de la mort ou la disparition d'Héraclès.

3. Il s'agit d'une collectivité mythique avec ses propres cultes ; cf. A. Brelich, *Gli Eroi Greci*, p. 348, n. 86.

4. Cf. Apollod., II, 8, 1. Ils avaient commencé par chercher refuge auprès de Céyx, roi de Trachis et ami d'Héraclès, qui, cédant aux menaces d'Eurysthée, leur refusa l'hospitalité ; alors les Héraclides s'en allèrent à Athènes. La protection qu'ils y trouvèrent est un lieu commun des orateurs et poètes attiques et un objet de fierté patriotique. Cf. Hdt., IX, 27 ; Aristoph., *Plut.*, 385 avec schol. *ad loc.* ; Lysias, *Épitaph.*, 11-16 ; Isocr., *Panég.*, 15 et 16.

5. La version de Phérécyde (*ap. Ant. Lib.*) est suivie par Euripide, *Héraclides*, 115, qui fait de Démophon le roi d'Athènes à cette époque et le protecteur des Héraclides, tandis que selon Pausanias (I, 32,6) c'est Thésée, père de Démophon, qui remplit ce rôle.

6. A Marathon, cf. Strab., VIII, 6,19.

7. Tué lors de sa fuite par Hyllos, fils d'Héraclès et de Déjanire (cf. Diod. Sic., IV, 57,6 ; Apollod., II, 8,1), ou par Iolaos qui ressuscita pour venger les Héraclides. Cf. Pind., *Pyth.*, IX, 136 sqq. et schol. ; Strab., VIII, 6,19 ; Paus., I, 44,9. Cette seconde tradition semble être la plus commune. Euripide (*Héraclides*, 843 sqq. ; 928 sqq.) en donne une variante : Iolaos qui est toujours vivant et qui rajeunit miraculeusement aurait fait Eurysthée prisonnier et l'aurait amené devant Alcmène qui l'aurait livré à la mort. Voir Frazer ad Apollod., vol. I, p. 278-281.

8. Les Ἠλέκτραι πύλαι ou Ἠλεκτρίδες étaient celles où aboutissait l'ancienne route d'Athènes. Chez Euripide, c'est la porte principale de Thèbes. Sur l'origine de son nom voir Hellanicos (*F. Gr. Hist.* 4 F 23) et Éphoros, *ibid.*, 70 F 120. Cf. R. Unger, *Theb. Parad.*, p. 271-274 et F. Schober, art. *Thebai*, *RE*, VA [1934], 1430. Thèbes était réputée pour avoir sept portes. Sur la formation de cette légende voir Wilamowitz, *Die*

Sieben Tore Thebens (*Hermes*, XXVI, 1891, p. 191-242) et
A. Keramopoullos, *Thebaïca*, *passim*, notamment p. 469-478.
9. Cf. Paus., IX, 11,1 ; Pind., *Isthm.*, IV, 69 (104) et schol., et
Keramopoullos, *op. laud.*, p. 324. Sur le culte d'Héraclès à Thèbes
et la fête des Ἡράκλεια, cf. Keramopoullos, *op. laud.*, p. 330 ;
Wilamowitz, *Pindaros*, p. 340 ; L. Ziehen in *RE*, VA [1934],
1517-1521 et 1550. Sur l'Héracleion voir Schober, *o. l.*, 1448-49.
10. Hermès est ici représenté dans son rôle de psychopompe,
sur lequel voir en dernier lieu K. Kerényi, *Hermes der Seelen-
fürher* (Zürich, 1945). Le prototype de cette fonction d'Hermès
se trouve dans la seconde Nekyia (*Od.*, XXIV, 1 sqq.) où le dieu
conduit les âmes des Prétendants dans l'Hadès. Sur les épithètes
d'Hermès dans son rôle de psychopompe, cf. Gruppe, *Gr. Myth.*,
1321, n. 1.
11. Cf. *Od.*, IV, 563-569 en liaison avec Rhadamanthe. Les
Iles des Bienheureux, ce pays enchanté situé au milieu de l'Océan
ou du Pont-Euxin (identifié dans ce cas avec l'Ile Blanche, cf.
Avien, *Descr.*, 722 sq. et Ant. Lib., XXVII, n. 11), étaient le
Paradis des Grecs. Cf. E. Rohde, *Psyche* (Tübingen, 1925⁹), II,
p. 369-373. Certains écrivains et scholiastes identifiaient les Iles
des Bienheureux avec la Cadmée, cf. Tzetzès ad Lyc., 1194 et 1204 ;
Parménide *ap.* la *Souda* et Phot., *Lex.*, *s.v.* Μακάρων νῆσος. Gruppe
(*Gr. Myth.*, p. 386, 2) pense qu'il s'agit d'une glorification de la
prospérité dont se réjouissait Thèbes.
12. Rhadamanthe régnait sur ces Iles seul ou aux côtés de
Cronos en tant que son parèdre. Cf. Pind., *Ol.*, II, 75, et Nilsson,
Min. Myc. Rel.², p. 623 sqq. Suivant une autre tradition (Apollod.,
II, 4, 11), Alcmène, après la mort d'Amphitryon, épousa
Rhadamanthe exilé de Crète (après le meurtre de son frère, cf.
Tzetz. ad Lyc., 50) et vécut avec lui à Ocalie ; c'est là qu'Alcmène
« mourut ». Sa tombe et celle de Rhadamanthe étaient montrées
près d'Haliarte. Cf. J. Schwartz, *Le tombeau d'Alcmène* (*Rev.
Arch.*, 1958, I, p. 76-83). D'après une troisième version, Alcmène
fut enterrée à Mégare (Paus., I, 41, 1 ; IX, 16,7). Le culte funéraire dont elle y était l'objet indique qu'il s'agit d'une divinité
chthonienne qu'on a facilement mise en relation avec le héros
chthonien Rhadamanthe, le « juge des Enfers ». Cf. Apollod.,
II, 4, 11 et Frazer *ad loc.* ; Plut., *Lys.*, 28,9 ; *de gen. Socr.*, 5 sqq.
Rhadamanthe fut le maître d'Héraclès, cf. Aristote, fr. 518 Rose
ap. Schol. Théocr., XIII, 7-9 b. = *F. Gr. Hist.* 379 F 8.
13. Hermès ne doit pas avoir manqué de la rajeunir, cf. *supra*
κατὰ γῆρας ἀποθνήσκει, et chap. XXVII, n. 13.
14. Ἀφανισμός de type nicandréen. Martini (préface de son
édition, p. LX), suivi par Wendel (*Gnomon*, VIII, 1932, p. 154),
attribue cette fable à Nicandre. Sur cette « transformation » cf.
Plut., *Rom.*, 28, 7 ; Paus., IX, 16,7. Sur la signification de
l'ἀφανισμός cf. Pease, *Some aspects.....*, p. 14, n. 101.
15. La vue d'un cadavre présentant un danger de souillure,
les lois funéraires prescrivent de le transporter recouvert. Cf.

Loi funéraire d'Ioulis (Ziehen, *Leg. sacr.*, 93A, v. 10 sq. du vᵉ s. av. J.-C.) τὸν θανό[ν]τα [φέρεν κ]ατακεκαλυμμένον σιωπῆι μέχρι [ἐπὶ τὸ σ]ῆμα. Loi des Labyades à Delphes (±. 400 av. J.-C.) in Ziehen, *o. l.*, 74C, v. 13 sqq. τὸν δὲ νεκρὸν κεκαλυμμένον φερέτω σιγᾷ. Cf. Wächter, *Reinh.*, p. 60 et Démosth., XLIII, 62 (loi de Solon).

16. Il s'agit manifestement d'un fétiche de pierre qu'on a par la suite associé à Alcmène en créant la légende étiologique de sa métamorphose. L'*aition* est également caractéristique de Nicandre (cf. *supra*, n. 14). Mais la légende elle-même peut s'expliquer par les traditions religieuses relatives au *colossos*. Voir J.-P. Vernant, *Mythe et Pensée*, p. 251-264 *(Figuration de l'invisible et catégorie psychologique du double: le colossos)*.

17. Keramopoullos, *Theb.*, p. 369, pense que c'est là une formule toute faite qui peut tout simplement signifier « lieu sacré, enclos de sanctuaire, téménos ». Le texte d'Ant. Lib. implique que cet ἄλσος est un lieu saint connu et bien défini (cf. l'article τῷ). Comme Pausanias ne distingue pas nettement l'emplacement de la pierre d'Alcmène du sanctuaire de Dionysos (cf. IX, 16,7), il semble probable que cette pierre et cet ἄλσος étaient situés à l'intérieur de l'enclos de ce sanctuaire.

18. Sur cette forme cf. Schol. Ap. Rh., III, 1179 Φερεκύδης δὲ ἐν τῇ πέμπτῃ (*F. Gr. Hist.* 3 F 22ᵃ) οὕτω φησίν · ἐπεὶ δὲ Κάδμος κατῳκίσθη ἐν Θήβησιν.

XXXIV. SMYRNA

1. Sur la légende de Smyrna, voir en dernier lieu la thèse de W. Atallah, *Adonis dans la littérature et l'art grecs* (Paris, 1966), notamment p. 40-47.

2. Théias roi de Phénicie ou d'Assyrie, ou Cinyras roi de Chypre selon les divers auteurs. Cf. Atallah, *o. l.*, p. 33-39 sur la généalogie de Smyrna. Selon Lucien, *De Dea Syria*, 9, Cinyras aurait construit un temple à Aphrodite sur le mont Liban.

3. Cas d'ἀπάτη. Ce mot et le mot μηχανή ou leurs dérivés sont souvent associés.

4. Cette passion incestueuse aurait été suscitée par Aphrodite irritée contre la mère de Smyrna qui préférait la beauté de sa fille à celle d'Aphrodite elle-même (cas d'*hybris*). Cf. Ov., *Mét.*, X, 524 ; Hyg., *Fab.*, 58 ; Opp., *Hal.*, III, 405. Voir *supra*, chap. XXI, n. 5.

5. Le nom de la nourrice est un souvenir de la légende de Phèdre et Hippolyte.

6. Le rôle d'intermédiaire joué par la nourrice est un *topos* des histoires d'amour. Cf. Rohde, *Gr. Roman³*, p. 616.

7. Une aventure semblable se lit dans D. Laërce, I, 96 et Parthén., *Erot.*, XVII à propos de Périandre et de sa mère (cités par M. Delcourt, *Œdipe*, p. 195).

8. Sur cet inceste, cf. Atallah, *o. l.*, p. 48-52. Sur l'inceste pratiqué dans les familles royales, voir L. Gernet, *Mariages des Tyrans* (*Mél. Lucien Febvre*, Paris, 1954), I, p. 41-53.

9. Si, d'après Ant. Lib., l'enfant naît dans l'émotion de la révélation du crime, la plupart des auteurs le font naître après la transformation de sa mère en arbre. Servius ad Virg., *Aen.*, V, 72 rapporte que le père de Smyrna perce de son épée l'écorce de l'arbre et l'enfant en sort, ou selon une autre version (cf. aussi ad *Ecl.*, X, 18) c'est un sanglier qui remplit ce rôle. Les autres auteurs mentionnent simplement l'origine végétale d'Adonis, né de l'arbre maternel au terme de la grossesse (Cf. Ov., *Mét.*, X, 503 sqq. ; Apollod., III, 14,4 ; Hyg., *Fab.*, 58 ; Tzetz. ad Lyc., 829-30, ad *Il.*, p. 138). Cette naissance d'Adonis rappelle la conception primitive selon laquelle les hommes seraient nés des arbres de la forêt. Atallah, *o. l.*, p. 325 pense même qu'Adonis s'identifie à l'arbre à myrrhe.

10. Ovide (*Mét.*, X, 485 sq.) semble s'inspirer de la même source. Du récit d'Ant. Lib. rapprocher encore les vers 315-317, 359 sqq., 382 sqq., 439 sqq., 469-472, 499-502.

11. Cf. chap. II, n. 24. La légende de Smyrna présente ce trait commun avec celle des Héliades. Cf. Schol. Grég. Naz., p. 56 Gaisf. Φαέθοντος ἀδελφαὶ δακρύειν ἤλεκτρον λέγονται ἐν τῷ Πακτωλῷ ποταμῷ.

12. Notre manuscrit aspire l'α initial d'Adonis. Sur cette forme à aspirée, cf. Atallah, *o. l.*, p. 304 sq.

13. Les mythographes rattachent parfois à ce récit celui de la mort d'Adonis et de sa transformation en anémone ou en rose. Cf. Hyg., *Fab.*, 58... *Adonis cognominatus quem quia Venus adamauit, Mars in aprum transfiguratus occidit, quem multi miseratione Veneris in rosam conuersum discunt.* Ovide raconte cette légende après avoir développé celle de Myrrha (*Mét.*, X, 503-739). On pourrait donc supposer que dans le recueil originel d'Ant. Lib., ou dans son modèle, figurait aussi la métamorphose d'Adonis*. En tout cas, Nicandre, si c'est bien lui la source d'Ant. Lib. pour ce chapitre, avait traité la légende d'Adonis et sa transformation en fleur. Cf. schol. Théocr., V, 92 τὴν ἀνεμώνην Νίκανδρός φησιν ἐκ τοῦ Ἀδώνιδος αἵματος φυῆναι (= fr. 65 Schneider) ~ *Mét.*, 735-739**. Cependant chez Ant. Lib., dont l'habitude est de limiter chaque chapitre à une histoire de métamorphose, la mention d'Adonis est tout à fait secondaire.

---

* Castiglioni (*Studi*, p. 352) suppose que par l'inadvertance de quelque copiste nous n'avons plus la fin de ce chapitre d'Ant. Lib., dans laquelle devaient figurer les observations étiologiques et la mention des coutumes religieuses.

**Cf. G. von Lücken, *Zu den Quellen der Adonisdarstellung in den Metamorphosen Ovids* (*Listy Filologické*, LXXXVI, 1963, p. 50).

De ce silence on ne peut rien conclure de certain pour Nicandre chez lequel les deux histoires étaient peut-être liées, comme elles le sont chez Ovide. Mais il a aussi bien pu traiter la légende d'Adonis dans une autre partie des *Heteroioumena*.

XXXV. LES BOUVIERS

1. Autres témoignages relatifs à cette légende : Ov., *Mét.*, VI, 339-381 ; Prob. ad Virg., *Géorg.*, I, 378 ; Servius *ad loc.* ; Myth. Vatic., I, 10 ; II, 95. Ces deux derniers auteurs remplacent dans cet épisode Léto par Déméter.

2. Ancien nom de Délos où la plupart des sources localisent la naissance d'Apollon et Artémis. Cf. H. Gallet de Santerre, *Délos prim. et arch.*, p. 239.

3. Pour Léto en Lycie, voir U. Pestalozza, *Pagine di religione mediterranea*, I (Milan, 1942), p. 17 sqq. ; Gallet de Santerre, *o. l.*, p. 340 (index *s. v.*).

4. Cette source est appelée *Melas* par Probus ad Virg., *Géorg.*, I, 378.

5. Chez Ovide, Léto s'approche de l'étang pour boire et non pour purifier ses enfants par un bain et, sans doute, pour se purifier elle-même (il y a peut-être un souvenir de cet état de choses au début du § 3 ἡ δὲ πιοῦσα τοῦ ὕδατος ; jusque-là Ant. Lib. a seulement parlé de son désir de baigner ses enfants).

6. Avec cette attitude des bouviers inhospitaliers contraste celle de la vieille Syessa qui reçut la déesse dans sa cabane (cf. Steph. Byz., *s. v.*).

7. Chez Ovide, Léto irritée de l'attitude des paysans, qui non contents de lui refuser l'eau de l'étang la troublent en agitant la vase de leurs pieds, les transforme sur le champ en grenouilles. On ne comprend pas très bien pourquoi, chez Ant. Lib., elle remet sa vengeance à plus tard. Rapprochant cet indice de celui qui est signalé *supra*, n. 5, J.-M. Jacques pense qu'Ant. Lib. a essayé de fondre dans ce chapitre deux traditions différentes — l'une relative à la source Mélité (Ovide la remplace par un étang en accord avec les traits dont il enrichit son récit) et remontant peut-être à Nicandre ; — la seconde relative au fleuve Xanthe (ignoré d'Ovide) serait due à Ménécrate de Xanthos, l'autre garant de ce chapitre d'après le scholiaste d'Ant. Lib.

8. Léto elle-même, bannie du ciel et de la terre, erre comme une louve accompagnée d'une escorte de loups. Cf. Arist., *H.A.*, VI 35, 580ª18 ; Él., *N.A.*, X, 26.

9. Remuant la queue en signe d'amitié. Cf. *Od.*, XVII, 302 ; Ap. Rh., I, 1145 ; Ov., *Mét.*, XIV, 258.

10. Certaines sources localisent la naissance d'Apollon et Artémis à Araxa, près du Xanthe. Cf. *TAM* II, 1,174 = Polycharmos, *F. Gr. Hist.* 770 F 5. Mais le sanctuaire principal, le centre religieux de la région, était situé plus au Sud, dans la

plaine marécageuse de l'embouchure du Xanthe. Ce sanctuaire
est actuellement fouillé par H. Metzger.

11. Τρεμιλίς ou Τρεμίλη (St. Byz.) ou Τρεμιλία (Hésychius).
Cf. Steph. Byz. s. v. Τρεμίλη · ἡ Λυκία ἐκαλεῖτο οὕτως ἀπὸ Τρεμίλου,
ὡς Πανύασις (fr. 18 Kinkel). Sur ce nom voir H. Oppermann,
art. *Tremiles*, *RE* VI A [1937], 2290. F. Cassola, *I Cari nella
tradizione greca (Parola del Passato*, XII, 1957, p. 205 sq.),
considère l'ethnique Λύκιοι comme étant plus ancien que celui
de Τερμίλαι ou Τρεμίλαι, malgré l'assertion contraire d'Hérodote
(I, 173 et VII, 92) car « des textes hittites, égyptiens et lyciens
il résulte que l'ethnique *Lycii* est celui de l'époque mycénienne,
l'ethnique *Termili* celui de l'époque historique, employé non
seulement par les peuples voisins (comme le dit Hérodote) mais
aussi dans les inscriptions locales ». Cf. aussi P. Kretschmer,
Glotta, XXI, 1932, p. 239 : « Le nom Trm̃mili est attesté plus de
trente fois dans les inscriptions lyciennes, le nom Λύκιοι pas
une seule fois ». Pour l'étymologie de Τερμίλαι voir en dernier
lieu Vl. Georgiev, *Lykische (Termilische) Etymologien (Archiv
Orientálni*, XXVI, 1958, p. 338).

12. Explication étiologique du nom de Lycie. Une origine
différente pour ce nom est donnée par Hérodote *(ll. cc.)* : οὕτω
δὴ κατὰ τοῦ Λύκου (le fils de Pandion, roi d'Athènes) τὴν
ἐπωνυμίην Λύκιοι ἀνὰ χρόνον ἐκλήθησαν. Alexandros Polyhistor au
livre II de ses *Lykiaka* (= *F. Gr. Hist.* 273 F 137 et Kommentar,
p. 308-311) en donne une autre explication : † τελευτήσας †
τὰς δὲ τοὺς Τρεμιλέας Λυκίους Βελλεροφόντης μετωνόμασεν.
J.-M. Jacques remarque que l'explication d'Ant. Lib. est tout à
fait isolée. Les fables tirées de Nicandre présentent très souvent
des *aitia* de ce genre.

13. Le loup est un animal sacré d'Apollon à qui on l'offrait
parfois en sacrifice. Sur les monnaies on voit souvent le loup
associé à Apollon. C'est sous les traits de cet animal qu'Apollon
s'approcha de la nymphe Cyrène, cf. Serv., ad Virg., *Én.*, IV, 377.
Voir Willetts, *Cretan Cults*, p. 267 avec la bibliographie.

14. Cf. chap. VI, n. 14.

15. Sur ce trait final, cf. chap. IX, n. 22. La distinction des
grenouilles en grenouilles de fleuves et de marais est attestée
par Pline, *N.H.*, XXXII, 48 *(fluviatiles)* et Isidore, XII, 6,58
(aquaticae, palustres).

XXXVI. PANDARÉOS

1. Il est piquant de rapprocher cette légende du récit que
fait Diodore, III, 68 (d'après Dionysios Skytobrachion) et 70, de
la naissance de Dionysos et où les rôles sont inversés : Ammon,
marié à Rhéa, tomba amoureux d'Amalthée et eut d'elle un
enfant, Dionysos ; cf. Ap. Rh., IV, 1129-34. Dans les deux cas,
il s'agit de légendes étiologiques créées pour expliquer la naissance

de l'enfant divin dans une grotte, motif mythologique d'origine préhellénique. Cf. chap. XIX, n. 5.

2. Sur cette grotte cf. chap. XIX, n. 3 ; Nilsson, *Min. Myc. Rel.*², p. 534.

3. Bien que la version traditionnelle fasse de la Crète le lieu de naissance de Zeus, quelques poètes et mythographes rapportent des variantes locales dues au désir de certaines cités de rivaliser avec la légende crétoise ; cf. Willetts, *Cretan Cults*, p. 218 sq.

4. Amalthée, dont les auteurs anciens font soit une nymphe, fille du roi Mélisseus et sœur de Mélissa (cf. Mus., fr. 7 ; Ovide, *Fast.*, V, 115 ; Hyg., *Fab.*, 139 ; Lact., *Div. Inst.*, I, 22, 19 ; schol. Arati, *Phén.*, 156), soit, comme ici, une chèvre (cf. schol. AB *Il.*, XV, 318 ; Callim., *Zeus*, 49 et schol. *ad loc.*). D'après schol. Arat., *Phén.*, 161 (fr. 114 Schneider) Nicandre avait parlé de la chèvre Amalthée nourrice de Zeus. Nous avons mis entre crochets le mot νύμφη qui nous semble être une note évhémériste écrite en marge par un lecteur et passée dans le texte.

5. Sur ce chien cf. Schol. Pind., *Ol.*, I, 91ª ; Schol. V *Od.*, XIX, 518. Zeus donna à son tour ce chien à Europe pour la garder. Cf. *infra*, chap. XLI, n. 13.

6. La mission de ce chien d'*or* n'était pas seulement de garder Amalthée, mais aussi d'éloigner les mauvais démons que suscite un accouchement. L'or passait pour être un moyen apotropaïque : cf. Wächter, *Reinheitsvorschriften*, p. 33,2. L'idée de richesse évoquée par l'or conflue avec celle de puissance magique de ce chien. Cf. *infra*, chap. XLI, 5.

7. Le triomphe de Zeus sur les Titans et Cronos implique que le dieu grandit. Cependant il est peu probable que l'enfant-dieu crétois grandissait. Nous avons donc ici la contamination de deux aspects de Zeus, dieu suprême et enfant-dieu, reflétant sa double origine : indo-européenne et crétoise.

8. La rivalité de Zeus et de Cronos se retrouve dans celle de Tešub et de Kuparpi des textes hittites et peut remonter à un original currite ou phénicien par l'intermédiaire de l'hittite. Voir Cassola, *La Ionia nel mondo miceneo* (Naples, 1957), p. 51, qui en donne la bibliographie.

9. Sur le κατασετρισμὸς αἰγός, cf. Arat., *Phén.*, 163 ; Ps.-Érat., 13 ; Hyg., *Astron.*, II, 13.

10. C'est-à-dire la grotte. Ce sont les grottes qui servaient de sanctuaires à l'époque minoenne. Elles sont souvent liées au culte du Κοῦρος Ζεύς. Cf. *supra*, n. 2.

11. Originaire de Milet (en Crète d'après Paus., X, 30,2, ou en Ionie d'après schol. V *Od.*, XIX, 518 et schol. QV XX, 66), ou d'Éphèse d'après Ant. Lib., XI (cf. *ad loc.*, n. 2), s'il s'agit du même personnage.

12. Deux vases à figures noires du Musée du Louvre (1. *Corpus Vasorum*, Louvre 3, pl. 16, nº 4 ; 2. Pottier, *Vases antiques du Louvre* A 478, pl. 17) portent des scènes qui rappellent ce vol de

Pandaréos (cités par Guarducci, *Il Cane di Zeus, Studi e Mater. di Storia delle Relig.*, XVI, 1940, p. 1-8, notamment p. 5 sqq.).

13. Tantale est lié au mont Sipyle. Cf. les sources citées par M. Sakellariou, *La migration grecque en Ionie*, p. 226, n. 1.

14. Cf. Plat., *Crat.*, 395ᵉ. Certains auteurs font de Tmôlos le père de Tantale. Cf. Gruppe, *Gr. Myth.*, p. 656, n. 3.

15. Cf. Nonn., I, 146 ; XLVIII, 730 ; schol. Stat., *Theb.*, II, 436 ; Gruppe, *l. c.*

16. Selon une autre version de la légende, rapportée par schol. V *Od.*, XIX, 518 et QV *Od.*, XX, 66, Eust. *ad loc.*, et schol. Pind., *Ol.*, I, 91ᵃ, c'est à Hermès que Tantale aurait fait le faux serment pour ne pas lui livrer le chien. Mais il était confondu, car le chien était découvert chez lui.

17. Selon les sources citées à la note précédente, Pandaréos s'enfuit avec sa femme et ses filles, quand il eut appris le sort de Tantale, d'abord à Athènes (où il s'identifie avec le roi Pandion), puis en Sicile, où Zeus le découvre et le met à mort avec sa femme. Enfin, d'après schol. B *Od.*, XIX, 518 (variante) c'est Tantale le voleur et Pandaréos le recéleur.

18. Le parjure n'a pas été le seul crime de Tantale dont Homère fait déjà l'un des trois Grands Suppliciés de l'Hadès. Il aurait révélé aux hommes les secrets des Immortels ou dérobé du nectar et de l'ambroisie pour les donner aux mortels — rôle « prométhéen » puni par un châtiment « prométhéen » — ou éprouvé l'omniscience des Immortels en leur offrant comme repas la chair de son fils Pélops, etc. Sur d'autres « crimes » de Tantale, voir Gruppe, *Gr. Myth.*, p. 656, n. 4.

19. Ce nom est également masculin chez Pausanias (*l. c.*), mais il est féminin chez Pindare et neutre dans ses scholies. Sur cette montagne, voir G. Weber, *Le Sipylos et ses monuments* (Paris, 1880).

XXXVII. LES DORIENS

1. Pour l'attribution de cette fable à Nicandre, voir Oder, *o. l.*, p. 54 et Holland, *Heroenvög.*, p. 22 sq. Cette opinion est rendue probable par l'étroite relation de la légende avec celle du chap. XXXI. Chez Ovide (*Mét.*, XIV, 458-511) la légende des compagnons de Diomède est immédiatement suivie de celle du berger Messapien (*ibid.*, 512-526). Ces deux fables empruntées à deux pays limitrophes semblent dériver de la même source. Les *Heteroioumena* de Nicandre doivent être le modèle qu'Ovide avait sous les yeux en composant ces deux épisodes. Pour l'attribution à Nicandre, cf. *infra*, notes 25 et 27.

2. Diomède n'est pas un Argien. Son père Tydée exilé de Calydon s'était installé à Argos où il avait épousé Deipylé, fille d'Adraste. Cf. Apollod., I, 8,5.

3. Cf. chap. XXI, 1. Aphrodite, fâchée que Diomède

l'eût blessée, inspira des amours coupables à Aegialeia. Cf. Eust. ad *Il.*, V, 412 et ad Dion. Perieg., 483. Le dernier amant d'Aegialeia était Cométès, fils de Sthénélos, qui chassa Diomède d'Argos et l'obligea à s'exiler en Italie. Cf. Virg., *Én.*, XI, 268 sqq. ; Ov., *Mét.*, XIV, 476 ; Schol. Thuc., I, 12 ; *Souda*, *s. v.* Διομήδειος ἀνάγκη, et surtout Tzetz. ad Lyc., 603 sqq., qui éclaire tous les détails obscurs du texte d'Ant. Lib. Alors que la plupart des auteurs (Didymos Chalcenteros, p. 361 Schmidt ; Serv. ad *Aen.*, VIII, 9 ; Diod., VII,3) font de l'adultère d'Aegialeia la cause de l'exil de Diomède, selon Ant. Lib., le héros ne part d'Argos que pour aller assister son grand-père Oineus à Calydon, et s'il voyage en Italie, c'est parce qu'il fut entraîné par les vents adverses.

4. Forme épique pour Αἰγιάλη, cf. *Il.*, V, 412. Diomède avait épousé la sœur de sa mère, toutes les deux étant filles du roi Adraste.

5. Cf. Paus., II, 25,2. Oineus, chassé par les fils d'Agrios, s'était réfugié auprès de Diomède à Argos. C'est le motif légendaire de la rivalité des deux jumeaux. Voir aussi Ov., *Hér.*, IX, 153-55 ; Hyg., *Fab.*, 175. Ant. Lib. est le seul auteur qui intercale l'expédition punitive de Diomède à Calydon entre son expulsion d'Argos et son voyage en Italie. D'après les autres auteurs, Diomède d'Argos s'en alla directement en Italie.

6. D'après Hygin, *l. c.*, Diomède n'aurait tué qu'un des fils d'Agrios, Lycopeus. Quant à Agrios, il se serait suicidé après son éviction du trône. D'après Apollodore, I, 8,6, Diomède aurait tué, outre Agrios, quatre des fils de ce dernier.

7. Cf. Hyg., *l. c.* ; Paus., II, 25,2 ; Dictys, VI, 2 ; Schol. Aristoph., *Ach.*, 417, qui donne le résumé de la tragédie d'*Oineus* d'Euripide (*TGF*, p. 536 N.²). D'après Apollod., I, 8,6, Diomède donna le trône à Andraemon, gendre d'Oineus, car celui-ci était trop vieux. Le passage de Diomède en Étolie rattache le chapitre des *Doriens* au cycle des légendes étoliennes de Nicandre. En plus, ses compagnons sont Étoliens et son fils porte un nom étolien (cf. *infra*, n. 14 et 16).

8. Probablement le même que celui du chap. XXXI. Sur les rapports établis entre Diomède et les Dauniens cf. Strab., V, 1, 9.

9. La légende de la venue de Diomède en Italie et de son accueil par Daunos remonte au viie siècle. Cf. J. Bérard, *La Colonisation grecque*², p. 368-376.

10. Diomède fait ici figure de *condottiere* louant ses services de guerrier au roi Daunios. Il agit de même à l'égard des Corcyréens, d'après Héraclide du Pont, XXVII, 27 (= *FHG*, II, 220) qui rapporte une version différente sur l'arrivée du héros en Iapygie.

11. Cf. Ov., *Mét.*, XIV, 457 sq. ; 510 sq. ; *Fast.*, IV, 76 ; Pline, *N.H.*, III, 103 sq. C'est un motif folklorique connu dès Homère. Cf. la légende de Mélampous. D'habitude, le roi promet le tiers de son royaume. Cf. Apollod., III, 13, 1. Parfois la promesse porte

sur la moitié du royaume. Cf. *Il.*, VI, 191 sqq. Voir sur ce motif M. Delcourt, *Œdipe*, p. 153-189 (le mariage avec la princesse). Pour des parallèles dans les contes européens, cf. Ch. Rosenthal, *Aristophanis aues quatenus secundum populi opiniones conformatae sint* (*Eos*, XXIX, 1926, p. 187, n. 2 et 3).

12. Sur cette guerre entre Étoliens et Messapiens, voir Just., XII,2. Sur l'établissement des Illyriens en Italie avant celui des Grecs, voir Ant. Lib., chap. XXXI, n. 15.

13. Cf. Verrius Flaccus *ap.* Paul. p. 75,5 M.

14. Ce sont des Étoliens mêlés à des Argiens que Diomède avait emmenés avec lui en partant de Calydon. En effet, bien que notre texte laisse supposer une déviation fortuite de sa destination, Diomède exilé d'Argos semble avoir délibérément choisi une nouvelle patrie en Italie du Sud.

15. Elle s'appelait Évippé. Sur le sens de ce nom cf. *infra*, n. 22.

16. Nom étolien ou acarnanien. Cf. *supra*, chap. XII, n. 3.

17. La version de la mort naturelle de Diomède s'accorde aussi avec le δεύτερος λόγος dans Strabon, VI, 3,9. Si Mimnerme (fr. 22, B.⁴, le plus ancien témoignage) et Timée (*F. Gr. Hist.* 566 F 53) parlent du meurtre de Diomède par Daunos, Polyen (*Strateg.*, VIII, 18) donne un récit hybride : les Grecs et les Illyriens vivent en bonne entente jusqu'à la mort de Diomède, mais, pendant les concours funéraires en l'honneur du héros, Daunos fait massacrer les Grecs par les Illyriens (à la différence du texte d'Ant. Lib. où le massacre a lieu après la mort de Daunios).

18. Dans la poésie cyclique, on trouve souvent des héros qui sont honorés après leur mort sur des îles désertes. Cf. Achille, Ménélas, Télégonos, etc.

19. Schol. Pind. *Ném.*, X, 12 ; Théophr., *H.P.*, IV, 5,6 ; Lycophr., 1063 ; Élien, *N.A.*, I, 1 ; Pline, *N.H.*, XII, 6 ; Verr. Flacc. *ap.* Paul., p. 75,6 M. Scymnos, v. 431 sqq., place cette île près de la côte illyrienne.

20. La *lectio difficilior* ἐδάσαντο qui est un mot poétique doit être ici conservée. La conjecture ἐδέξαντο d'Oder ne convient pas au contexte : ce n'est pas du roi Daunos mais de Diomède (cf. *supra* ἔνειμε) que les Doriens tiennent une partie du royaume des Dauniens ; la jalousie de ces derniers ne s'explique que parce qu'ils sont voisins des Doriens, d'où notre conjecture παρὰ <τὴν> τοῦ βασιλέως γῆν.

21. Les Doriens sont ici représentés comme d'habiles agriculteurs qui introduisirent en Apulie la culture de la terre, tandis que les occupants antérieurs de ces régions étaient surtout des éleveurs. Cf. chap. XXXI, n. 16. Ant. Lib. rationalise la version recueillie par Tzetzès, *l. c.*, et qui concerne la malédiction de Diomède.

22. Sur cette expression, cf. chap. IV, n. 37 et XXIX, n. 25. Le culte de Diomède est en rapport avec sa tombe ; il est combiné avec un rituel sacrificiel de type funéraire, comme il arrive souvent

pour les cultes héroïques. D'après J. Perret, *Les Origines de la légende troyenne de Rome* (Paris, 1942), p. 3 sq., le culte de Diomède a été apporté en Apulie par les colons Argiens (Doriens) de Rhodes et de Côs, qui finirent par croire que leur héros national était venu en Apulie. Il s'y confondit avec un dieu local *equum domitor* tel que Messapos, fils (ou substitut) lui-même de Poséidon Ζεύξιππος. Au couple de Poséidon+Mélanippé et de Poséidon+Hippia Déméter correspond le couple de Messapos+Arné, fille d'Éole, fils lui-même d'Hippotès-Poséidon et de Mélanippé, et celui de Diomède « dompteur de chevaux »+Évippé. Voir sur cette identification l'article de R. L. Beaumont, *Greek Influence in the Adriatic Sea before the fourth century B. C.* (*Journ. Hell. Stud.*, LVI, 1936, p. 156 sqq., notamment p. 194 sqq.). O. T. Zanco, *Diomede « greco » e Diomede italico* (*Rendic. Acad. Lincei*, XX, 1965, p. 270-282, notamment p. 280 sq.) pose à l'origine un même personnage mythique transféré séparément en Italie et en Grèce par les Indo-européens : le Diomède hellénisé retrouve en Italie son prototype.

23. Zeus eut pitié d'eux à cause de leur piété. Au contraire, dans le récit d'Ovide, la métamorphose punit certains des compagnons de Diomède de leur impiété à l'égard d'Aphrodite. D'après une autre version recueillie par Schol. D *Il.*, V, 412 et mentionnant Lycophron (à tort semble-t-il, par une mauvaise interprétation des vers 594 sqq.), les compagnons de Diomède souffrant de faim furent transformés en oiseaux (ἐρῳδιοί) par Athéna, alors que le héros se suicidait. Cf. Ed. Schwartz, *De scholiis homer. ad histor. fab. pert.* (*Jahrbb.*, Suppl. - B. XII, 1881, p. 460). En somme, les légendes concernant cette métamorphose se divisent en deux groupes : au premier groupe (qui représente la version la plus ancienne) appartient Ant. Lib. Au second, Virgile (*Én.*, VIII, 8 sqq ; XI, 225 sqq.) et Ovide (*Mét.*, XIV, 457 sqq.). Quant à Lycophron (*Alex.*, 592 sqq. et 1056 sqq.), il occupe une place intermédiaire. La scholie de Tzetzès *ad loc.*, bien que paraphrasant le texte de Lycophron, s'accorde avec la version du meurtre de Diomède par Daunos et de la transformation de ses compagnons en oiseaux sous l'effet de leur grande affliction.

24. Le mot σῶμα a très souvent dans Ant. Lib. le sens de « cadavre », conformément à l'usage homérique qui distingue entre σῶμα « cadavre » et une série de mots désignant le corps vivant. Voir H. Koller, Σῶμα *bei Homer* (*Glotta* XXXVII, 1958, p. 276-281).

25. Ἀφανισμός de type nicandréen.

26. Nous avons ici un reflet de la croyance en l'immortalité de l'âme, qui distingue le corps périssable de l'âme immortelle. Cette opposition entre les deux éléments, qui remonte à l'*Odyssée* (XI, 51-54), est un motif fréquent des épigrammes funéraires. Cf. Nilsson, *Gesch. Gr. Rel.*, I², p. 192-199, qui cite à la p. 194, n. 1 l'épigramme funéraire de ceux qui tombèrent à Potidée (*IG*, I², 945) : αἰθὴρ μὲν ψυχὰς ὑπεδέξατο, σώ[ματα δὲ χθών].

voir de nombreux textes analogues cités par G. Mihailov, *Épigramme funéraire d'un Thrace* (*Rev. Ét. Gr.*, LXIV, 1951, p. 107, n. 1). La conception de l'âme sous forme d'oiseau remonte très haut. Cf. *Od.*, XXIV, 5 sqq. : les âmes des Prétendants transformées en oiseaux sont conduites par Hermès dans l'Hadès. Voir O. Waser, *Ueber die äussere Erscheinung der Seele in den Vorstellungen der Völker, zumal der alten Griechen* (*Arch. Relig. Wiss.*, XVI, 1913, p. 336-388, notamment p. 342 sqq.) ; F. Cumont, *Lux Perpetua*, p. 293 sqq.

27. Le nom des oiseaux (cygnes ou hérons selon les sources) est omis. Voir à propos de ce détail les remarques intéressantes de R. Holland, *Heroenvögel*, p. 22 sqq., sur les caractéristiques respectives de l'art de Boïos et de Nicandre. Cet examen permet à Holland de conclure en faveur de l'attribution de cette légende à Nicandre. Voir aussi d'Arcy W. Thompson, *The birds of Diomedes* (*Class. Rev.*, XXXII, 1918, p. 92). Sur les rapports de la légende des Doriens avec celle d'Anthos (Ant. Lib., VII), cf. Pitcher, *The Anthus of Agathon* (*Amer. Journ. of Philol.*, LX, 1939, p. 166-68).

28. Le séjour des oiseaux sur l'île de Diomède et leur comportement rappellent les habitudes d'autres oiseaux connus dans le folklore moderne. Cf. A. Marx, *Griech. Märchen von dankbaren Tieren* (Stuttgart, 1889), p. 50-55 et 123.

29. D'après Aristote, *mir. ausc.*, 79, les oiseaux de Diomède ne se limitent pas à fuir les Barbares, mais ils se précipitent aussitôt sur eux, les blessent de leurs becs et les tuent. Pour d'autres légendes analogues cf. *ibid.*, 109 et Él., *N.A.*, XI, 5 (les chiens du temple d'Athéna au pays des Dauniens) ; X, 49 (serpents) ; XI, 7 (cerfs) ; XVI, 24 (chevaux).

XXXVIII. LE LOUP

1. Cette fable, connue de Lycophron (*Alex.*, 901 sq.), a été racontée seulement par Nicandre et Ovide (*Mét.*, XI, 266-409). Le long préambule d'Ant. Lib. (§§ 1-3) offre avec Apollodore, III, 12,6-13,3 des similitudes frappantes et n'est sans doute pas imputable à Nicandre (cf. *supra*, chap. XXXI, n. 17).

2. Leur mère était Endéis, fille de Sciron ou de Chiron. Cf. Apollod., III, 12,6 et Frazer *ad loc.* Pélée est à proprement parler un héros Thessalien. La parenté entre Pélée et Télamon est une tradition posthomérique et figurait sans doute dans l'*Alcméonide*. Cependant Phérécyde (*ap.* Apollod., *l. c.* = *F. Gr. Hist.* 3 F 60) qui fait de Télamon l'ami de Pélée et le fils d'Actaios et de Glaucé, fille de Cychrée le roi de Salamine, remonte probablement à une tradition plus ancienne.

3. Psamathé, sœur de Thétis, s'était transformée, après plusieurs autres métamorphoses, en phoque pour échapper à l'amour d'Éaque (cf. les transformations de Thétis dans une situation analogue). Cf. Apollod., *l. c.* Il s'agit probablement

d'une légende étymologique créée pour expliquer le nom de
Phôcos. Cf. Fontenrose, *Python*, p. 106. Wilamowitz (*Homer.
Forsch.*, p. 245,9) considère cette légende comme une pure
invention littéraire.

4. Motif folklorique des Trois Frères dont le plus jeune est
en même temps le meilleur et suscite par là même la jalousie de
ses aînés qui cherchent à le faire périr. Cette prédilection pour le
plus jeune et, partant, pour le plus faible se retrouve dans les
contes populaires. Elle est en contradiction avec la littérature
« officielle » et seigneuriale que sont les poèmes homériques dans
lesquels c'est le plus fort (par son physique ou par le prestige de
son rang ou de son âge) qui l'emporte.

5. Parce qu'il était le favori de leur père (cf. § 1) ou parce
qu'il les surclassait dans les compétitions athlétiques (Apollod.,
l. c.) ou enfin parce que leur mère Endéis le leur avait demandé
(Paus., II, 29,9).

6. Ils le tuèrent lors d'un concours de lancement du disque.
Voir Apollod., III, 12,7 et Frazer, vol. II, p. 57, n. 2 sur les
circonstances de ce meurtre. Le texte d'Apollodore plus détaillé
que celui d'Ant. Lib. éclaire ce dernier sur plusieurs points.
Seul Diod. Sic., IV, 72,6, fait du meurtre de Phôcos par Pélée un
simple accident (ἀπέκτεινεν ἀκουσίως).

7. Apollodore, *l. c.*, est plus explicite : κτείνει καὶ κομίσας
μετὰ Πηλέως κρύπτει κατά τινος ὕλης. Meurtres semblables de
Chrysippos par ses demi-frères Atreus et Thyeste (Thuc., I, 9),
et du Cabire par ses frères (cf. Clém., *Protr.*, II, 19 ; Firm. Mat., 11).

8. Sur les noms antérieurs d'Égine voir Frazer ad Apollod.,
vol. II, p. 52, n. 4.

9. Cf. Apollod., *l. c.* et Frazer *ad loc.*

10. Cf. Apollodore (III, 13,1 et Frazer *ad loc.*) selon lequel
l'hôte de Pélée était Eurytion, fils d'Actor ; selon Tzetzès ad Lyc.,
Alex., 175 (citant Phérécyde, 1ᵇ Jac.), c'était Eurytos fils d'Actor ;
selon Diodore, *l. c.* et Eustathe ad *Il.*, II, 684, p. 321,3, Actor
lui-même. Pour la généalogie d'Ant. Lib. (Eurytion fils d'Iros,
lui-même fils d'Actor), cf. Apollonios de Rhodes, I, 72 et schol.
ad loc. ; Tzetzès, *l. c.* (οἱ δέ φασιν) ; schol. T *Il.*, XXIII, 89 ;
schol. Aristid., III, 463 sq. Dindorf. Eurytion devint le beau-père
de Pélée lui ayant donné comme épouse sa fille Antigone ou
Polymélé et le tiers de son royaume. Cf. *supra*, chap. XXXVII,
n. 11.

11. D'après Ovide (*Mét.*, XI, 409 et *Fastes*, II, 40), c'est Acaste
qui le purifia du meurtre de Phôcos et cette purification forme
la conclusion de l'histoire chez Ovide, et non sa préface comme
chez Ant. Lib.

12. La chasse joue souvent un rôle important dans la
« carrière » des héros. Voir sur ce thème A. Brelich, *Gli Eroi
Greci*, p. 179.

13. Il s'agit du sanglier de Calydon ; cf. chap. II ; Apollod., III,
13,2 ; I, 8,2.

14. Le motif de l'ἀκούσιος φόνος est très répandu dans les légendes héroïques. Il est également commis lors d'un lancement de disque dans les légendes de Persée-Acrisios, Oxylos-Thermios, Apollon-Hyakinthos, etc. Ce motif appartenant au thème général de la fatalité doit avoir eu une origine mythico-littéraire à côté de laquelle jouèrent un rôle important des considérations étiologiques (les pérégrinations de certains héros trouvaient une explication rationnelle dans l'obligation de s'exiler pour un ἀκούσιος φόνος) et moralisantes (dictées par le besoin de « laver » les héros, qui étaient devenus des modèles de conduite, d'un certain nombre de meurtres — les héros antiques en commettent en effet un peu trop souvent — en leur inventant une « excuse » valable). Voir sur ce sujet Brelich, *op. laud.*, p. 69-72. L'ἀκούσιος φόνος est souvent associé au motif du meurtre du vieux roi par son gendre, comme dans notre texte. Cf. M. Delcourt, *Œdipe*, p. 158, n. 1 ; 172 ; *Oreste et Alcméon*, p. 57 sq.

15. Motif des pérégrinations des héros : elles semblent être inventées pour expliquer le culte d'un héros dans des régions différentes de la Grèce, cette diffusion étant réellement due à des migrations ethnico-religieuses et des colonisations successives. Cf. Brelich, *op. laud.*, p. 298-301.

16. Son nom est Astydamie dans Apollod., III, 13,3, Hippolyté ou Hippolyté Créthéis (fille de Créthée) dans Pind., *Ném.*, IV, 57 sqq., et V, 25 sqq. La scholie à *Ném.*, IV, 54 et 59 l'appelle Créthéis fille d'Hippolyté. La scholie à Ap. Rh., I, 224 Créthéis ou Hippolyté. Enfin Schol. Aristoph., *Nuées*, 1063 lui donne d'abord le nom d'Hippolyté, puis celui d'Astydamie. Le nom d'Hippolyté peut être dû à l'influence de la légende d'Hippolyte. Cf. aussi le nom d'Hippolyté que porte la servante de Smyrna (chap. XXXIV, n. 5).

17. Sur ce motif de l'amour adultère d'une femme pour son beau-fils ou le jeune hôte de son mari, voir Brelich, *o. l.*, p. 302 sq. et Castiglioni, *Studi*, p. 95. Il est illustré par les légendes de Sthénébée et Bellérophon (*Il.*, VI, 156 sqq.), de Phèdre et Hippolyte, de Cléobéa, femme de Phobios, et Antheus (cf. Parth., XIV), d'Hippodamie et Myrtilos (cf. schol. AD *Il.*, II, 104 ; Eust. *ad loc.*, p. 183,36 ; schol. Ap. Rh., I, 752, etc.), de Clytia ou Phthia, concubine d'Amyntor, et Phénix, le précepteur d'Achille (cf. Apollod., III, 13,8 et schol. Plat., *Lois*, XI, p. 931ᵇ), de Philonomé, femme de Cycnos, et Ténès (cf. Apollod., *Épit.*, III, 23 sqq. ; Paus., X, 14, 2-4 ; Tzetz. ad Lyc., 232 ; schol. A *Il.*, I, 38 et Eust. *ad loc.*, p. 33. Voir Frazer ad Apollod., vol. II, p. 193), de Myénos accusé par sa belle-mère (cf. Ps.-Plut., *De Fluv.*, VIII,3), d'Idaea, seconde femme de Phinée, et ses beaux-fils Plexippos et Pandion (cf. Apollod., III, 15,3 ; schol. Soph., *Antig.*, 980 ; Diod. Sic., IV, 43,3 sqq., etc. Voir Frazer ad Apoll., vol. II, p. 107), etc. Sur la calomnie d'Astydamie, voir aussi Ch. Dugas, *Un épisode de l'histoire de Pélée* (*Arch. Eph.*, XCII-XCIII, 1953-54, p. 176-179) : hydrie à figures noires du Musée

de Berlin attribuée au peintre Antiménès (vi⁰ siècle ?) et représentant la scène de la calomnie (= Brommer, *Vasenlisten*²,
p. 241), et F. Klingner, *Catulls Peleus-Epos* (*Münch. Sitz-Ber.*,
1956, p. 31 sqq.).

18. Acaste ne voulut pas tuer son hôte, qu'il avait, de plus,
purifié du meurtre d'Eurytion (ou de Phôcos) et qui était devenu
par là même *persona sacra*. Il lui imposa donc cette sorte d'ordalie
(cf. Ch. Dugas, *l. c.*) en l'abandonnant endormi et désarmé dans
la montagne hantée par les Centaures. Ant. Lib. omet l'épisode
des langues coupées par Pélée. La partie de chasse (cf. Apollod.,
III, 13,3) est illustrée par deux vases à figures noires : une amphore
de la Villa Giulia, *CVA*/I, pl. 9/3-5, et une oenochoé de New York :
Burlington, Fine Arts Club, Exhibition Greek Art 1904, n⁰ 62,
pl. 97-98, p. 115 ; *Bull. Metropol. Mus. of Art*, V, 1947, p. 255-260
(vase reproduit in *Fasti archaeologici*, II, p. 119) représentant
Pélée dans l'arbre où il s'était réfugié (cf. Dugas, *ibid.*, n. 2)
= Brommer, *Vasenlisten*², p. 241.

19. Chiron restitua à son petit-fils le couteau merveilleux
qu'Acaste, en l'abandonnant, avait caché sous un tas de bouse
(Apollod., III, 13,3).

20. D'après Ovide (*Mét.*, XI, 381 sqq.), qui ne dit rien de
l'épisode du meurtre d'Eurytion, Psamathé irritée contre Pélée,
le meurtrier de son fils, suscita ce loup pour massacrer les troupeaux de Pélée et les envoyer comme offrande aux mânes de
Phôcos. Selon Tzetzès (ad Lyc., 175) ce loup était peut-être à
l'origine l'esprit du demi-frère assassiné par Pélée. Qu'Ovide,
dans un but artistique, allège le récit de son modèle, ou qu'Ant.
Lib., à la suite d'un mythographe, l'alourdisse de doublets
(double purification nécessitée par un double meurtre), l'utilisation
de Nicandre par Ovide semble garantie.

21. L'offrande des bœufs et des moutons paraît être adressée
aux puissances infernales dont le loup est le représentant. Pour
le loup animal d'Hadès cf. L. Gernet, *Dolon le Loup* (*Mél. Cumont*,
I, Paris, 1936, p. 189-208).

22. Psamathé céda aux prières de sa sœur et le loup fut transformé en pierre par elle ou par Thétis (Ov., *l. c.*, 404 : texte peu
clair). Tzetzès ad Lyc., 175 fait de Thétis l'auteur de la métamorphose. Plaehn (*o. c.*, p. 33 sq.) suppose que cette pétrification était au début rattachée à la légende d'Alcyone et de Céyx,
roi de Trachis.

23. Phôcos est en relation avec la Phocide (cf. Paus., X,1,1 ;
30,4). Ovide localise la métamorphose dans « la terre de Trachis »
(*l. c.*, 269), ce qui correspond à la localisation de Lycophron
(cf. 902 πάγων Τυμφρηστίων). La manière précise dont le loup
pétrifié est localisé chez Ant. Lib. (μεταξὺ Λοκρίδος καὶ τῆς
Φωκέων γῆς) semble indiquer que Nicandre exposait l'*aition* du
rocher comme Ovide, en le mettant en relation avec le héros
Phôcos.

XXXIX. ARCÉOPHON

1. Ovide (*Mét.*, XIV, 698-761) raconte la même légende, sans doute d'après la même source, mais en changeant les noms des héros comme dans la légende de Leucippos (chap. XVII) : le jeune homme s'appelle Iphis, et la jeune princesse, Anaxarète. Cette version est inséparable d'une autre (Athén., XIV, 619e) dans laquelle les rôles sont inversés : Iphiclos repousse l'amour d'Harpalycé qui se tue ; cf. S. Eitrem, art. *Harpalyke*, *RE* VII [1912], 2403,12 sqq.

2. Les parents d'Arcéophon devaient être de riches négociants (métier traditionnel des Phéniciens dans les textes grecs) n'appartenant pas à l'aristocratie foncière de Salamine. Les Phéniciens pouvaient être tolérés, mais ils n'étaient certainement pas aimés dans une ville dont ils avaient renversé la dynastie *Éacide* un siècle auparavant, et qu'ils avaient livrée au Grand Roi (entre 449 et 430).

3. Nicocréon succéda à son père Pnytagoras (en 332/1) sur le trône de Salamine ; Ptolémée lui confia l'autorité sur l'île de Chypre tout entière en 312. Cf. Diod. Sic., XIX, 79,5 ; F. Stählin, art. *Nicocreon*, *RE* XVII [1936], 357-59. — Hermésianax aime donner aux légendes populaires qu'il traite une couleur historique, cette exactitude érudite lui permettant de paraître plus véridique aux yeux de Léontion à qui il adresse son poème. Il continue en cela la technique de son maître Philétas, mais il accuse le procédé sous l'influence des traditions scholastiques. Cf. C. Cessi, *Poesia ellenist.*, p. 189 sq. et *Classici e Neolatini*, VI, 1910, p. 225 ; Rohde, *Gr. Rom³.*, p. 84 sq. ; 522 et 624. Plaehn, *De Nic.*, p. 15, ne remet pas en cause l'indication de source. Mais la référence à Hermésianax doit être jugée selon les mêmes critères que celle à Phérécyde dans la note marginale de la fable XXXIII, et attribuée comme elle au second scholiaste de Martini, celui qui ajoute des références secondaires aux sources principales indiquées par le premier, c'est-à-dire Boïos et Nicandre. Wendel, *Gnomon*, VIII, 1932, p. 154, l'attribue en conséquence à ces deux sources ordinaires d'Ant. Lib. Boïos semblant exclu par le caractère de la métamorphose, J.-M. Jacques revendique ce chapitre pour Nicandre en notant que ce dernier a très bien pu l'emprunter à Hermésianax (cf. Schol. *Ther.*, 3) : l'*aition* de la *Venus Prospiciens* de Salamine (cf. *infra*, n. 13) qui conclut le récit d'Ovide (760 sq.), peut-être négligé par Ant. Lib., convient bien au poète des *Heteroioumena*.

4. C'est à Teucros, banni de Salamine par Télamon pour n'avoir pas vengé son frère Ajax, que les rois de la ville homonyme de Chypre faisaient remonter leur dynastie. Cf. les textes cités par Gruppe, *Gr. Myth.*, p. 335, n. 13 et Ovide, *l. c.*, 698. Cette homonymie permettait aux Teucrides de Chypre de se prétendre Grecs, ce qui n'est pas tout à fait sûr, car il y a des

Teucriens ailleurs qu'à Salamine, par exemple en Troade, cf. Ant. Lib., chap. III, n. 5.

5. Le prestige de Teucros est rehaussé du fait qu'il est ici présenté comme le seul auteur, avec Agamemnon, de la prise d'Ilion, renouvelant ainsi l'exploit de son père qui avait aidé Héraclès à s'emparer de cette même ville (première prise d'Ilion).

6. Par contre, Ovide représente Iphis, jeune homme d'humble origine (*l. c.*, 699), comme frappé d'un amour fou plutôt qu'attiré par le haut rang d'Anaxarète dont le père n'apprend d'ailleurs rien.

7. Cf. Ovide, *l. c.*, 709 sq., *posuitque in limine duro | molle latus.* Sur ce thème voir Erik Burck, *Das Paraclausithyron* (*Hum. Gymn.* XLIII, 1932, p. 186-200) ; F. Ol. Copley, *Exclusus amator. A study in latin love poetry* (*Public. Amer. Philol. Assoc., Philol. Monogr.*, XVII, 1956).

8. Cf. Ov., *l. c.*, 703 sq. *Et modo nutrici miserum confessus amorem, | ne sibi dura foret, per spes orauit alumnae.* Cependant Ovide ne mentionne ni le message ni le châtiment de la nourrice.

9. Pour αὐτῷ ... μιχθῆναι cf. aussi Parth., *Erot.*, XXXII, 1 et XXXIII, 1.

10. Héraclès traite d'une façon semblable les messagers des Minyens, d'où son épithète de ῥινοκολούστης. Cf. Apollod., II, 4, 11 ; Paus., IX, 25,4. — Un châtiment analogue est celui du berger Mélanthios (*Od.*, XXII, 475 sqq.).

11. Cf. chap. VI, n. 10.

12. Version différente chez Ovide, *Mét.*, XIV, 736 sqq. (cf. Ps.-Théocr., XXIII, 20 sq.) : le jeune homme se pend par un lacet devant la porte de sa belle.

13. Selon Knaack, art. *Anaxarete, RE* I [1894], 2081, 15 sqq., cette légende hellénistique a été inventée pour expliquer l'attitude particulière de la statue du temple de Salamine représentant la déesse Ἀφροδίτη παρακύπτουσα (cf. la *Venus prospiciens* dans Ovide, *l. c.*, 760 sq.). Cf. Plut., *Erot.*, 20, p. 766[c-d] avec le commentaire de Rohde, *Gr. Rom*[3]., 86-87, n. 1. Aristophane, *Paix*, 981 sq., représente les femmes effrontées penchées dans l'entrebaillement de leur porte pour aguicher leurs amants.

14. En principe les métamorphoses correspondent au caractère des personnages. La pétrification est la conséquence d'un acte de dureté ou d'effronterie. Les protagonistes sont souvent surpris dans l'accomplissement de cette action que rappelle l'attitude de la statue en laquelle ils sont transformés. Ovide rapporte deux autres légendes, celle des filles de Cinyras (*Mét.*, VI, 98 sqq.) et celle des Propoetides (*Mét.*, X, 238 sqq.) également transformées en statues par Aphrodite pour leur effronterie. Le processus inverse n'est d'ailleurs pas inconnu. Cf. la légende chypriote de Pygmalion dont le grand amour pour une statue finit par l'animer (Galatée). L'amour malheureux d'Arcéophon rappelle d'autres légendes : Euxynthétos et Leucocomas (Théophraste, Περὶ ἔρωτος, fr. 113 Wimmer, *ap.* Strab., X, 4, 12), Promachos et

Leucocomas (Conon, *Dieg.*, XVI), Asandros et Gorgô (Plut., *Erot.*, *l. c.* ; cf. E. Rohde, *Gr. Roman³*, p. 86, n. 1). Nicandre avait dépeint dans Cycnos (Ant. Lib., chap. XII) un *éromène* au cœur dur imposant à son amant des tâches qui ne sont pas sans analogie avec celles que Leucocomas impose à Euxynthétos.

XL. BRITOMARTIS

1. Pausanias, II, 30,3 en fait une fille d'Euboulos, lui-même fils de Carmanor. D'après Diod., V, 76,3, Euboulos est fils de Déméter. Sur la formation du nom de Carmé cf. U. Pestalozza, *Pagine di religione mediterranea*, II (Milan, 1945), p. 215, n. 71.

2. Même généalogie dans Virg., *Ciris*, 220. Pour d'autres généalogies de Britomartis cf. Néanthès de Cyzique, Περὶ τελετῶν, *F. Gr. Hist.*, 84 F 14 ; *Et. M.*, 214,25 où Britomartis est donnée pour fille de Zeus et d'Hécate. Voir sur cette question Tümpel, art. *Britomartis*, *RE* III [1899], 881,20 sqq.

3. A la suite de S. Marinatos (*Arch. Delt.*, IX, 1924-25, p. 79-84) selon lequel la forme authentique du nom de l'héroïne serait Βριτόμαρπις (de *βριτ- et *μαρπις, qu'il rattache à Μάρπησσος-Μάρπησσα), W. Fauth (*Hippolytos und Phaidra*, p. 508-514) propose une forme originelle *Πρυτάμαρπις, *Πρυταμάρπησσα (de *πρυτα-/*βρυτα-[*βριτα-] et *μαρπ-/*μαρμ-, radical du mot μάρμαρον) et traduit « die Herrin vom weissen Felsen », analogue au Λευκάτας de Leucas, site où se pratiquait le *Katapontismos* de victimes comme offrandes rituelles.

4. Le *curriculum* de Britomartis est caractérisé par le triptyque φυγή, πλάναι καὶ λατρεία que nous retrouvons dans Plut., *de def. orac.*, 15 à propos d'Apollon. Britomartis appartient au type des divinités qui atteignent leur lieu de culte après avoir erré ; cf. Io, Augé (qui est allée de Tégée aux côtes de Mysie), Cyréné (de Thessalie en Libye). Ces errances correspondent également à celles d'Artémis qui va de l'Olympe en Crète, à Lipara, en Arcadie, en Thrace, en Mysie, etc.

5. Sur Byzé et les autres filles d'Érasinos, cf. R. Holland, *Britomartis* (*Hermes*, LX, 1925, p. 64).

6. Nom d'une Néréide du cortège de Thétis. Cf. *Il.*, XVIII, 42 ; Hés., *Théog.*, 246 ; Apollod., I, 2,6.

7. Nom d'une Néréide du cortège de Thétis. Cf. *Il.*, XVIII, 48. Une autre Argienne de ce nom est la fille de Proïtos et la mère de Locros ; cf. Phérécyde, *F. Gr. Hist.* 3 F 170.

8. Fleuve d'Argos (cf. Paus., II, 24,6).

9. Épithète d'Artémis, adorée sous ce nom principalement à Calydon, à Patras et en Messénie. Cf. Paus., VII, 18,8 sqq. Cependant, son culte ne s'y est pas cantonné, mais s'est répandu en Phocide, en Doride et dans l'île de Céphallénie. Gruppe (*Gr. Myth.*, p. 358) suppose que ce sont les poètes de la cour de Pheidon, tyran d'Argos, qui ont fait dériver le culte d'Artémis *Laphria* d'Argos à Céphallénie pour étayer les prétentions du tyran

sur cette île. Quant à Britomartis, il n'y a pas de trace de son identification avec *Laphria*, pas de parallèle à son séjour à Argos. Ces traits sont sans doute imputables à l'auteur de cette fable (Nicandre ?) qui a rapproché et identifié les protagonistes de plusieurs légendes locales. Diverses théories ont été proposées pour expliquer cette épithète. Pour les uns, *Laphria* « la déesse aux cerfs » est dérivée du nom de la biche ἔλαφος, cf. Preller-Robert, *Gr. Myth.*, I⁴, 310,3 ; H. Grégoire, *L'étymologie d'Artémis Laphria et les origines d'Esculape dieu-taupe* (*Bulletin de la Classe des Lettres*, etc. *de l'Acad. roy. de Belgique*, 5ᵉ série, XXXIV, 1948, p. 603-612) ; Martin Sanchez Ruiperez, *El nombre de Artemis*, etc. (*Emerita*, XV, 1947, p. 1-60). F. Poulsen *ap.* Ejnar Dyggve, *Das Laphrion, der Tempelbezirk von Kalydon* (Copenhague, 1948), p. 337, et Nilsson, *Gesch. Gr. Rel.* I², 484, n. 5 qui renvoie à J. Herbillon (*Musée Belge*, XXV, 1921, p. 181 sqq.) acceptent l'origine préhellénique de cette épithète. Sur la fête des Λάφρια, voir Nilsson, *Gr. Feste*, p. 218-225 et *Fire-festivals in Ancient Greece* (*Journ. Hell. Stud.*, XLIII, 1923, p. 144-148). Sur un rite semblable à celui d'Artémis Laphria attesté en Crète voir N. Platon, Κρητ. Χρον., V, 1951, p. 151-153.

10. Thème de la poursuite ; cf. U. Pestalozza, *Pagine di relig. medit.*, II, p. 217-19. D'après Svoronos, *Britomartis la soi-disant Europe* (*Revue Belge de Numism.*, V, 1894, p. 113-147), Europe sur le platane de Gortyne est à proprement parler Britomartis poursuivie par Minos et réfugiée λασίησιν ὑπὸ δρυσί (cf. Callim., *Art.*, 192), d'où elle plongea dans la mer.

11. Le « saut dans la mer », motif développé par Callimaque qui en est la première source (*Art.*, 195-205), a été modifié et affaibli par Ant. Lib. (et peut-être déjà par son modèle) : Britomartis ne saute plus dans la mer pour être sauvée par les filets des pêcheurs, mais elle est cachée dans les filets. Cependant R. Holland refuse l'existence de deux variantes et ne garde que le « saut dans la mer » ; cf. *Britomartis*, p. 60, et mon app. crit., *ad loc.* Sur le « saut dans la mer » ou « saut de Leucade » qui revêt plusieurs significations : rite d'immortalité, rite de purification par l'air et l'eau, rite d'initiation, ordalie, voir en dernier lieu R. Ginouvès, Βαλανευτική, p. 417-420 ; C. Gallini, *Katapontismos* (*Studi e Mater. Stor. Rel.*, XXXIV, 1963, p. 61-90). Il est souvent en relation avec des sites appelés *îles blanches* ou *roches blanches* : Λευκάς, Σκύρος, Λευκόφρυς, Ἀργεινορίς, etc. Voir Jeanmaire, *Dionysos*, p. 325 sq. Ces sites passaient pour être des Bouches de l'Hadès. Cf. R. Hennig, *Die Λευκὰς Πέτρη der Odyssee und der Weg in die hellenische Unterwelt* (Klio, N.S. XVII, 1942, p. 331-340).

12. Sur le motif de l'être divin ou objet d'efficacité magique sauvé dans des filets de pêcheur cf. L. Gernet, *Notion mythique de la valeur en Grèce* (*Journal de Psychol. norm. et pathol.*, XLI, 1948, p. 424 sq.).

13. Sur cette épithète voir Nilsson, *Min. Myc. Rel.*², p. 511 sqq.

Dictynna, déesse crétoise, apparentée sans doute au mont Dicté, fut, par fausse étymologie, rapprochée du mot δίκτυον.

14. Cf. Callim., *Art.*, 199-200. C'est seulement en Crète que Britomartis et Dictynna sont des divinités distinctes comme le montrent les formules de serment. Voir R. F. Willetts, *Cretan Cults*, p. 179-193. Dictynna était surtout adorée à Cydonia où se trouvait son temple principal (Hdt., III, 59 ; Callim., *Art.*, 197) et à Polyrrhénia (Strab., X, 4, 13) dans la partie occidentale de l'île, alors que Britomartis avait un culte dans la partie centrale et orientale, à Gortys (Callim., *Art.*, 189 : Γορτυνίδα Βριτόμαρτιν) — à côté de Dictynna (cf. Guarducci, *Inscr. Cret.*, IV, p. 356) — à Olus (Guarducci, I, p. 244) — à Dréros (Guarducci, I, p. 84) — à Cherronnésos (Guarducci, I, p. 34 sq.). Sur le festival des Βριτομάρπεια en Crète : Guarducci, I, p. 118, l. 43 ; Paus., IX, 40,3 ; *IG*, II², 1135ᶜ, l. 7).

15. Ce nom est porté par un Éginète du ivᵉ s. (cf. Roscher, *Lex.*, *s. v.*). Gruppe (*Gr. Myth.*, p. 185, n. 5) suppose que ce nom est le masculin de *Ἀνδρομήδη (cf. Ἀγαμήδη, Ἁλιμήδη, Γανυμήδη, Διομήδη, Εὐρυμήδη, Περιμήδη) devenu Ἀνδρομέδη probablement par nécessité métrique (cf. le nom Εὐρυμέδη) : la forme à pénultième longue ne pouvait figurer dans un hexamètre.

16. Cette seconde aventure de Britomartis n'est connue que par Ant. Lib. Pourquoi Andromédès n'attaque-t-il Britomartis qu'à ce moment terminal du voyage ? Holland, *Britomartis*, p. 60, suppose qu'Andromédès considère son action comme une sorte de ναῦλον. Cf. l'attitude semblable de Nessos, le πορθμεύς de Déjanire.

17. Capacité de Britomartis de ἐπιπολάζειν « marcher sans danger sur les flots ». Cf. Holland, *Britomartis*, p. 64.

18. Contrairement à la théorie de la colonie crétoise à Égine soutenue par Furtwängler, *Aegina, Das Heiligtum der Aphaia*, I, (Munich, 1906), p. 473 sqq., J. P. Harland, *Prehistoric Aegina* (Paris, 1925), p. 92-100 pense que le culte d'Aphaia est d'origine helladique. Après la prise de Cydonia par les Éginètes en 519, ces derniers avaient vu en Dictynna, déesse de Cydonia, leur propre Aphaia Dictynna. *Contra* M. Guarducci, *Diktynna* (*St. Mat. Stor. Rel.*, XI, 1935, p. 157), qui pense que l'association de Britomartis-Dictynna avec Aphaia d'une part, avec Laphria de l'autre, est purement artificielle et remonte à un poète érudit, sans doute Callimaque.

19. Il s'agit du célébre temple d'Aphaia sur lequel voir en dernier lieu G. Welter, *Aeginetica* XXXI (*Arch. Anz.*, LXIX, 1954, p. 37-39).

20. Ἀφανισμός typiquement nicandréen. Cf. chap. I, n. 21.

21. Cette πολυωνυμίη de Britomartis rappelle celle d'Artémis. Cf. Callim., *Art.*, 6-7 δός μοι... / καὶ πολυωνυμίην, ἵνα μή μοι Φοῖβος ἐρίζῃ. Aristoph., *Thesmoph.*, 320 πολυώνυμε, et Orph., *H.*, 36,1 sq., πολυώνυμος et μεγαλώνυμος.. Martini condamne ce groupe de mots dans son édition, à tort, nous semble-t-il. En effet, l'auteur

cherche manifestement à expliquer le nom 'Αφαία par ἀφανής. La présence de cette explication étymologique est très naturelle à cette place. Il n'y a donc pas lieu de la supprimer. Voir Holland, *Britomartis*, p. 61. Cette étymologie populaire est erronée. Elle est contredite par le passage de Pausanias, II, 30,3 : Αἰγινῆται λέγοντες φαίνεσθαί σφισιν ἐν τῇ νήσῳ τὴν Βριτόμαρτιν. Ἐπίκλησις δέ οἱ παρὰ Αἰγινήταις ἐστὶν 'Αφαία. E. Maass, *Diktynna* (*Hermes*, LVIII, 1923, p. 185) rapproche de ce passage l'apparition au début de la bataille de Salamine d'un φάσμα γυναικός aux Éginètes (Hérodote, VIII, 84). Ce qui importe dans la fonction de cette déesse n'est donc pas sa disparition, mais au contraire ses apparitions dans des moments critiques. 'Αφαία, épithète cultuelle dérivée de "Αφα <ἅπτειν « allumer » (cf. Hdt., VII, 215 περὶ λύχνων ἀφάς, et Pollux, X, 115), est donc le correspondant d'Apollon Αἰγλήτης qui fit paraître l'île d'"Ανάφη (<ἀνάπτω) aux Argonautes en péril par une nuit obscure. Voir Holland, *Britomartis*, p. 63-64. Cependant cette explication ne rend pas compte de la forme 'Αφαία à esprit doux. Enfin pour W. Fauth, *Hippol. u. Phaidra*, p. 514, Aphaia est la déesse de l'ἄφος, sorte de plante épineuse.

22. Il s'agit du sanctuaire de la ville d'Égine. La préposition δέ souligne le changement de lieu. Il n'y a jamais eu de temple d'Artémis sur l'emplacement du sanctuaire d'Aphaia. Cf. Furtwängler, *Aegina*, I, p. 4, et Paus., II, 30,3 qui reste muet sur la prétendue existence d'un pareil temple. Les deux sanctuaires sont situés en deux lieux différents. Les objections de Fränkel, *Die Inschrift der Aphaia aus Aegina CIPel. 1580*, et *Zur Aphaia-Inschrift CIPel 1580* (*Rh. Mus.*, LVII, 1902, p. 152-156 et 543-548), ont été écartées à juste titre par Furtwängler, *Zu der Inschrift der Aphaia auf Aegina* (*ibid.*, p. 252-258) et *Aegina, loc. laud.* La conjecture de Fränkel (cf. app. crit.) est inacceptable. Ant. Lib. aurait écrit εἰς τὸ τῆς 'Αρτέμιδος ἄλσος. Britomartis et Artémis sont donc à Égine des divinités apparentées mais distinctes de même qu'en Crète.

23. Cf. l'inscription *CIPel* 1580 = *IG* IV 1580 trouvée dans les fondations du temple d'Aphaia : Τοῦ δεῖνος Κλ]εοίτα ἱαρέος ἐόντος τάφαιαι ὦιϝος/[ὠιϝοδομ]ήθη χὠ βωμὸς χὠλέφας ποτεποιήθη/[χὠ θριγγὸ]ς περι[ε]ποιήθη. Il n'est pas nécessaire de supposer, comme l'a fait Furtwängler, *Sitzungsber. Münch. Ak.*, 1901, p. 378, que la métamorphose de Britomartis eut lieu à l'endroit même où elle disparut. Holland, *Britomartis*, p. 61, observe justement qu'Aspalis (chap. XIII) n'a pas disparu dans le lieu de son culte ultérieur. La conjecture de Martini <ἀντὶ τοῦ σώματος> (cf. app. crit.) est à écarter, le rapprochement avec Aspalis (et avec Ctésylla, chap. I) n'étant pas valable, car il ne s'agit pas ici d'un cadavre qui disparaît.

24. L'auteur revient avec ces mots au lieu mentionné en premier plus haut.

25. Cf. Paus., II, 30,3 ταύτην μὲν θεὸν ἐποίησεν "Αρτεμις.

XLI. LE RENARD

1. Le Scholiaste n'indique pas de source pour ce chapitre, mais il n'est guère douteux que Nicandre a traité dans ses *Heteroioumena* la fable du renard (cf. *infra*, n. 10) à laquelle il faisait allusion dans les *Cynegetica* (fr. 97 Schneider). Pour d'autres doublets chez Nicandre cf. *supra*, chap. XXIV, n. 3 et *Alex.*, 406-9 ∼ *Géorg.*, fr. 74, 25-30. Ovide, *Mét.*, VII, 763-93, s'inspire probablement de Nicandre. Voir V. Pöschl, *Kephalos und Prokris in Ovids Metamorphosen* (*Hermes*, LXXXVII, 1959, p. 328-343).

2. Cf. Apollod., I, 9, 4 ; III, 15,1 ; une autre généalogie fait de Céphalos le fils d'Hermès : Apollod., III, 14,3 (et la note de Frazer *ad loc.*) ; Hyg., *Fab.*, 160.

3. Port de l'Attique au nord de Laurion. Cf. Wrede, art. *Thorikos*, *RE* VI A [1936], 338 sqq.

4. D'après Apollodore, I, 4,4 Aphrodite jalouse de l'Aurore l'avait rendue amoureuse des jeunes et beaux mortels qu'elle enlevait : Céphalos, Orion, Clitos, Tithonos, etc. C'est le motif des mortels aimés et ravis par des déesses. Sur l'enlèvement comme condition d'accession à l'immortalité cf. M. Delcourt, *Tydée et Mélanippé*, p. 147.

5. Cf. Daremberg-Saglio, *Dict. des Antiq.*, I, 573, fig. 666 ; E. Kjellberg, *Eine attische Darstellung von Eos und Kephalos* (*Symbolae Philol. Danielsson dicatae*, Uppsala, 1932, p. 122-124) ; Ch. Picard, *Manuel d'Archéol. grecque*, La Sculpture, II (Paris, 1939), p. 126, 789-792.

6. Selon Hyg., *Fab.*, 189, c'est l'Aurore qui transforme Céphalos lui-même et lui donne de riches présents pour les apporter à Procris et la mettre ainsi à l'épreuve. De même, selon Phérécyde (*F. Gr. Hist.* 3 F 34), Céphalos change de vêtements pour se rendre méconnaissable à Procris. Ant. Lib. réserve ce déguisement à Procris (cf. *infra*, § 6 et n. 15).

7. Motif des femmes séduites par de riches présents et devenues infidèles à leur mari : Tarpeia, Alcmène, Hélène, Ériphyle, etc. Apollodore, III, 15,1 présente une autre version de la légende : Procris aurait réellement été séduite par Ptéléon qui lui avait offert une couronne d'or.

8. Cf. Apollod., *l. c.* En outre, Procris est nommée entre Phèdre et Ariadne au chant XI de l'*Odyssée*, où Minos se trouve également cité.

9. D'après Apollod., *l. c.* (qui a certainement conservé ici la version originelle), c'est Pasiphaé qui avait jeté un sort à Minos pour l'empêcher de s'unir à d'autres femmes. Procris l'aurait guéri en lui administrant la κιρκαία ῥίζα ou μῶλυ, seul remède contre ce mal. Cette plante serait née du cadavre du géant Picoloos tué par Hélios pour avoir voulu abuser de Circé (cf. Alexandros de Paphos *ap.* Eust. ad *Od.*, X, 277, p. 397, 34).

Antoninus a affadi la légende. Cependant le verbe ἐχόμενον (sur lequel cf. *supra*, chap. XXIX, n. 9) pourrait être une trace de la version originelle de l'ensorcellement.

10. Cf. Apollod., *l. c.* ὁπότε ἄλλη συνηυνάζετο, εἰς τὰ ἄρθρα ἀφίει θηρία, καὶ οὕτως ἀπώλλυντο. Ces détails concernant des reptiles conviennent au poète des *Theriaca*. Le rôle incongru de ces bêtes rappelle celui que joue le lézard dans les charmes d'inhibition. Cf. *supra*, chap. XXIV, n. 16. Il faut penser que les lézards et les autres reptiles rendaient Minos d'une certaine manière eunuque ou bien que Procris rompt le charme de Pasiphaé en s'unissant à Minos et, comme elle est mortelle, elle imagine le procédé de la vessie pour éviter les conséquences funestes de cette union.

11. Ovide ne traite pas l'épisode de Procris et Minos dans ses *Métamorphoses*, mais il y fait allusion dans les *Remèdes de l'Amour*, 453 *(Pasiphaes Minos in Procride perdidit ignes)*, ce qui donne à entendre que Procris le « guérit » en s'unissant à lui. C'est aussi la version d'Apollodore, *l. c.*

12. C'est la plus ancienne mention de ce procédé anticonceptionnel.

13. Les cadeaux mythiques vont souvent par paires. Cf. L. Gernet, *Notion mythique de la valeur*, p. 430. D'après Ov., *Mét.*, VII, 754-56 et Paus., IX, 19,1, c'est Artémis qui donne le chien et la lance à Procris. Héphaistos avait fabriqué ce chien pour en faire cadeau à Zeus qui, à son tour, l'offrit à Europe pour lui servir de garde. Cf. Nicandre, fr. 97 Schn. *ap.* Pollux, *Onom.*,V, 38. Minos l'avait reçu de sa mère. Quant à la lance « infaillible », elle rappelle l'épée « infaillible » dont Héphaistos avait fait cadeau à Pélée. Sur les ouvrages d'Héphaistos, qui ont tous une puissance magique, cf. M. Delcourt, *Héphaistos*, p. 48-64.

14. C'est sa passion de la chasse qui fit connaître Procris à Minos (Hyg., *Astron.*, II, 35) et qui causa sa mort (Apollod., *l. c.*).

15. Naïveté propre au conte populaire. Cf. chap. XI, n. 14. C'est une ἀπάτη par déguisement.

16. L'infaillibilité de cette lance était devenue proverbiale : Diogenian., *Paroem.*, VII, 55 = Apostol., XIV, 84 ; Eust. ad *Od.*, XI, 320, p. 440,29.

17. Ant. Lib. omet le récit de la mort de Procris, donné par Ovide, *Mét.*, VII, 796-862 ; *Ars*, III, 687-746, et par Phérécyde *(F. Gr. Hist.*, 3 F 34). Par contre, Ovide passe pudiquement sous silence la tentation de Céphalos par Procris.

18. D'après Strabon, X, 2,14 et 20, Paus., I, 37,6 et Eust. ad *Il.*, II, 631, p. 307,5, Céphalos s'était réfugié à Thèbes après la mort de Procris.

19. Sur cette expédition, cf. Escher, art. *Amphitryon, RE* I [1894], 1968, et Hdt., V, 59,8 (dédicace gravée sur un trépied de Delphes) : Ἀμφιτρύων μ' ἀνέθηκε νέων ἀπὸ Τηλεβοάων. Sur les Téléboens cf. Fiehn, *RE* VA [1934], 311 sq.

20. Nom ancien des habitants de la Béotie avant l'arrivée des

Béotiens. Homère et plusieurs autres poètes appellent les Béotiens le plus souvent Καδμείωνας ou Καδμείους. Voir Keramopoullos, *Thebaïca*, p. 302, n. 1, et F. Schober, art. *Thebai, RE* VA [1934], 1452 sqq.

21. Ce renard est connu de la *Thébaïde* cyclique : cf. Aristodème *F. Gr. Hist.* 383 F 2, selon lequel il avait été suscité par la colère de Dionysos, parce que les Thébains avaient exclu du trône les descendants de Cadmos. Cf. aussi Paus., IX, 19,1.

22. Forme crétoise pour Τελμησσός : montagne près de Thèbes, à gauche de la route allant de cette ville à Chalcis. Cf. schol. Eur., *Phén.*, 1100. Teumessos est lié à la légende crétoise de l'enlèvement d'Europe par Zeus et de leur *mariage sacré* en Béotie. Cf. St. Byz., *s. v.* Τευμησός, p. 618,21 Mein. citant Antimachos, fr. 3 Wyss.

23. Sur la forme moyenne à sens actif de ce verbe, corrigée à tort par Martini, cf. Dion. Perieg., 807 Ὕλαν ἡρπάξατο νύμφη ; Lucien, *Timon*, 22 ; *Thes. Gr. L., s.v.*

24. Cf. Apollod., II, 4,6 καὶ παρεκάλει συλλαβέσθαι Κρέοντα. Amphitryon est fils d'Hipponomé, sœur de Créon, ce qui explique pourquoi il chercha refuge justement chez Créon lors de sa fuite de Tirynthe, après le meurtre d'Électryon, son beau-père. Sur ce dernier motif, cf. *supra*, chap. XXXVIII, n. 14.

25. C'est sans doute l'Ἀόνιον πεδίον de Strabon, IX, 2, 31.

26. Cf. Héracl., *Incred.*, 30 ἵνα μὴ λυθῇ τὸ πεπρωμένον. Une tradition attribuée par Schol. Eur., *Phén.*, 26 à Corinne (fr. 22 Page) fait d'Œdipe le vainqueur non seulement du Sphinx mais aussi du renard de Thèbes. Cf. M. Delcourt, *Œdipe*, p. 138.

27. D'après le Pseudo-Ératosthène, *Catast.*, 33, Zeus pétrifia le renard mais transforma le chien en constellation. Il y avait à Thèbes une colline qui est peut-être en rapport avec cette pétrification. Cf. Zonaras, IX, 16, p. 446.

28. Tout l'épisode du renard est raconté sous une forme presque identique par Apollodore (II, 4, 6-7). Il était représenté sur les vases du Cabirion ; cf. P. Wolters-G. Bruns, *Das Kabirenheiligtum bei Theben*, I (Berlin, 1940), p. 98, K 9, pl. 10 et 44.

INDEX DES AUTEURS CITÉS

INDEX DES NOMS PROPRES*

*Les renvois sont faits aux chapitres (chiffres romains) et aux paragraphes (chiffres arabes) du texte. — Les noms précédés d'un astérisque sont des formes conjecturales que nous avons admises dans le texte ou dans l'apparat.

Κῶς, XV 1.

Λάιος, XIX 2.
Λάμια, VIII 1.
Λάμπρος, XVII 1, 3, 4.
Λαπίθης, XVII 4.
Λάρισσα, XXIII 3.
Λαφρία, XL 2.
Λέρος, II 6.
Λευκή (île), XXVII 4.
Λευκίππη, X 1, 3.
Λεύκιππος, XVII 1, 3, 6.
Λευκοθέα, XV 4.
Δηλάντη, XIV 1.
Λητώ, XVII 4, 6 ; XX 5, 6 ;
  XXVIII 3 ; XXXV 1, 2,
  4. — Λ. Φυτίη, XVII 6.
Λίβανος, XXXIV 1.
Λοκρίς, XXIII 3 ; XXXVIII
  5.
Λοκροί, VIII 7.
Λουτρά Ἡρακλέους, IV 1.
Λυδία, XI 2.
Λύκαιον ὄρος, XXIII 3.
Λυκάων, XXXI 1.
Λυκία, XXXV 1, 3.
Λύκιος (fils de Cleinis), XX
  3, 4, 7.

Μάγνης, XXIII 1, 2.
Μαγνησία, XXIII 1.
Μαινάλιον ὄρος, XXIII 3.
Μαῖρα, XL 2.
Μακάρων νῆσοι, XXXIII 3.
Μαριανδυνοί, III 1.
Μεγαλήτωρ, XIV 1, 3.
Μεγάνειρα, VIII 3.
Μεγαρίς, XXIII 3.
Μειλίχιος (Ζεύς), VI 2.
Μελανεύς (fils d'Apollon), IV
  3.
Μελανεύς (père d'Autonoos),
  VII 1.
Μελανίππη, II 1.
Μελεαγρίδες, II 1.
Μελέαγρος, II 1-7.
Μελιτεῖς, XIII 6.
Μελιτεύς (fils de Zeus), XIII
  1, 2.

Μελίτη (ville en Phthie), XIII
  3.
Μελίτη (fontaine en Lycie),
  XXXV 1, 2.
Μελίτη (fille d'Érasinos), XL 2.
Μενίππη, XXV 1.
Μεροπίς (fille d'Eumélos), XV
  1, 3, 4.
Μεροπίς (île), XV 1.
Μέροψ (père d'Eumélos), XV 1.
Μέροψ (père de Pandaréos),
  XXXVI 2.
Μεσοποταμία, XX 1.
Μεσσάπιοι, XXXI 1-3 ;
  XXXVII 2, 3.
*Μεσσάπιος, XXXI 2.
Μηλιεῖς, XXII 1.
Μητιόχη, XXV 1.
Μίλητος (fils d'Apollon),
  XXX 1, 2.
Μίλητος (ville), XXX 2.
Μιννυρίδης, XXXIX 1.
Μινυάδες, X 1.
Μινύας, X 1.
Μίνως, XXX 1, 2 ; XL 3 ;
  XLI 4, 5.
Μίσμη, XXIV 1, 2.
Μνημοσύνη, IX 1.
Μοῖραι, II 5 ; XIX 3 ; XXIX
  1-3.
Μολοσσοί, XIV 1.
Μούνιχος, XIV 1, 3.
Μοῦσαι, IX 1-3.
Μόψος, XVI 2, 3.

Νεόφρων, V 2, 4, 5.
Νηρεύς, XXXVIII 1.
Νικοδάμας, XVI 2.
Νικοκρέων, XXXIX 1, 2.
Νομίων, V 1.
Νυμφῶν καὶ Παίδων τόπος,
  XXXI 5.

Ξάνθος, XXXV 1-3.

Ὀθρηίς, XIII 1 ; XXII 1.
*Ὀθρυίς, XXII 1.
Ὄθρυς, XXII 1, 3, 4.
Οἰνεύς, II 1, 6 ; XXXVII 1.

INDEX MYTHOLOGIQUE*

---

* Les chiffres romains renvoient aux chapitres, les chiffres arabes aux notes.

mis Tauropolos), XXVII 10 ;
(d'Athéna), XV 8 ; XXVIII
10 ; (de Britomartis), XL
14 ; (de Déméter), XI 4 ; (de
la Déesse-Abeille), XIX 9 ;
(des dieux chthoniens), XIX
10 ; (de Diomède), XXXVII
22 ; (de Dionysos), X 7 ;
(de Galinthias), XXIX 16 ;
(d'Hécate), XXIX 20 ;
(d'Héraclès), XXXIII 9 ;
(d'Hermès), XXIII 21 ;
(d'Hermès-Thoth), XXVIII
14 ; (de héros), XXXII 18 ;
XXXVIII 15 ; (d'Hylas),
XXVI 21 ; (d'Ilithyie),
XXIX 7 ; (d'Isis), XVII 7 ;
(de Léto), XVII 6 ; XXVIII
20 ; (de Leucothéa), XV 14 ;
(du lion), IV 26 ; (des Muses),
IX 5 ; (de Ptah), XXVIII
19 ; (de Zeus), XIV 2, 9 ;
XXVIII 10 ; XXXVI 10.
cygne (v. métamorphose), XII
17, 20.

danse, XXII 7.
déification (v. apothéose,
immortalité), I 21 ; VI 5, 11 ;
XIV 11 ; XXXIII 1.
démence divine, X 18, 29 ;
XXII 9 ; XXVI 13.
démon, I 17 ; IV 26 ; XIX 5 ;
XXV 14 ; XXXVI 6.
dépècement, X 18, 21.
disparition, I 21 ; VIII 11 ;
XXVI 10, 13, 21 ; XXXIII
1, 2, 14 ; XXXVII 25 ; XL
20, 21, 23.
dispute (v. conflit), IX 7 ;
XXX 6.
divination, XIV 2, 3 ; XIX 10.

eau, XIV 11 ; XXIV 11 ; XL
11.
enfant (unique), XXXII 3.
enlèvement, XVII 10 ; XXVI
12, 13, 21 ; XXVII 1, 2 ;
XLI 4, 5, 22.

enterrement, I 20 ; XIII 14,
16 ; XIX 15 ; XXXIII 12.
épervier (v. métamorphose),
XIV 12 ; XXVIII 13.
épidémie, XIII 13 ; XXV 8.
épiphanie, X, 9, 16, 18 ; XIX 5.
épreuve, XXIII 25 ; XXXII
7 ; XXXVI 18 ; XLI 6.
esclave-esclavage, XI 15, 16,
24 ; XXVI 9.
exil, XXX 6, 10, 12 ; XXXIII
4, 12 ; XXXVII 2, 3, 5, 14 ;
XXXVIII 14 ; XXXIX 4.
exposition (d'enfant), XIII 2,
3 ; XVII 3 ; XXX 2, 3.

faon (v. métamorphose),
XXVIII 18.
faucon, XXVIII 13, 20.
fêtes : Agrionia, X 1, 23 ; XI
32 ; Britomarpeia, XL 14 ;
Ekdysia, XVII 19, 20 ;
Gephyria, XXIV 10 ; Hera-
cleia, XXIX 24, 26 ; XXXIII
9 ; Laphria, XL 9 ; Mouseia,
IX 8 ; Pythia, I 3, 4 ; Thes-
mophoria, XI 4 ; XXIV 10.
feu, XIV 11 ; XIX 6 ; XXXIII
1.
fosterage, II 10.
foudre-foudroiement, VI 11, 16.
fourmi, XI 25.
fuite, V 5 ; IX 10 ; X 22, 23 ;
XXX 12 ; XXXVI 17 ; XL
4 ; XLI 24.

gigantisme, XXI 11.
génos, II 19 ; X 23.
gorgoneion, IV 26.
grenouille (v. métamorphose),
XXXV 7, 15.
griffon, IV 26 ; X 12.
grotte, XIX 3, 4, 6, 9, 11, 20 ;
XXIII 14, 24 ; XXXVI 1, 2,
10.
grue, XVI 5.
guêpier, XV 7 ; XVIII 5, 6.

hache, XI 30, 32.

XXVIII 20 ; XXIX 17 ; en louve, XXXV 8 ; Zeus en bélier, XXVIII 11 ; Actéon en cerf, XXIV 11, 15 ; Ascalabos en gecko, IX 11 ; les bouviers en grenouilles, XXXV 7 ; Galinthias en belette, XXIX 4, 5, 21 ; Héraclès en faon, XXVIII 18 ; Hypermestre en animal, XVII 14 ; Lyncus en lynx, XXIV 15 ; les Ménades en panthères, X 15 ; Psamathé en phoque, XXXVIII 3 ; Thétis en divers animaux, XXXVIII 3 ; des hommes en animaux, II 27 ;

— en oiseau : Alcyon en alcyon, XI 29 ; Apollon en épervier, XXVIII 13 ; ascalaphos, XXIV 11 ; XXXII 20 ; Athéna en chouette, XV 10 ; Ctésylla en colombe, I 19 ; V 5 ; Cycnos en cygne, V 5 ; XII 17 ; les Doriens en hérons, XXXVII 23 ; les Émathides, IX 16 ; en pies, IX 17 ; Isis en ibis, XXVIII 14 ; Itys en colombe, XI 35 ; Leucothéa en mouette, XV 14 ; les Méléagrides, II 23, 24, 26 ; la Minyade Alcathoé en corneille, X 27 ; les Minyades, X 27, 29 ; Mounichos et sa famille, XIV 4, 11 ; Phéné et Périphas, V 5 ; les Prétendants, XXXVII 26 ; Térée en huppe, XI 33 ; Zeus en huppe, XI 33 ; cf. aussi III 8 et XIV 4, 11 ;

— en poisson : Arès en *lépidôtos*, XXVIII 15 ; Vénus en poisson, XXVIII 15.

— en insecte : Arachné, XXIV 11 ; Cérambos en lucane, V 5 ; XXII 2 ;

— en arbre ou plante : Acacallis en fleur (?), XXX 2 ; Adonis en anémone ou en rose, XXXIV 13 ; Dryopé en peuplier, XXII 13 ; XXXII 1 ; les Héliades en peupliers, II 24 ; les nymphes en peupliers, XXII 10 ; Smyrna en arbre, XXXIV 9 ; Syrinx en roseau, XXII 4 ;

— changement de sexe : Caenis en homme, XVII 10 ; Tirésias en femme, puis en homme, XVII 11 ; Hypermestre en homme, XVII 14 ; la fille de Galatée en garçon, XVII 20 ;

— pétrification : Alcmène en pierre, XXXIII 16 ; Battos en rocher, XXIII 28 ; les filles de Cinyras en statues, XXXIX 14 ; le loup en rocher, XXXVIII 22, 23 ; les Propoetides en statues, XXXIX 14 ; le renard en rocher, XLI 27 ;

— en constellation : la chèvre, XXXVI 9 ; le chien, XLI 27 ;

— en lac : Thyrié, XII 18 ;

— en écho : Écho, XXVI 1 ; Hylas, XXVI 1, 14 ;

— pouvoir de métamorphose : XVII 14.

métis, XXIII 7.

meurtre, II 16 ; X 22 ; XI 19, 32 ; XIII 12 ; XVII 4, 11, 16 ; XVIII 4 ; XXXIII 12 ; XXXVII 17, 23 ; XXXVIII 6, 7, 11, 14, 18, 20 ; XLI 24.

miel, XI 24, 25 ; XIII 3 ; XIX 9, 10 ; XXV 19.

migration (d'oiseaux), II 28.

monstre, III 6 ; IV 26 ; VIII 1, 5 ; XII 11 ; XXII 11 ; XXVIII 1, 5, 10, 11, 21.

mouette (v. métamorphose), XV 14.

musaraigne (v. métamorphose), XXVIII 20 ; XXIX 17.

naissance, XVII 3 ; XIX 5, 20 ; XXIX 3, 26 ; XXXIII 2 ; XXXIV 9 ; XXXV 2, 10 ; XXXVI 1, 3.

TABLE DES MATIÈRES

Ce volume,
de la Collection des Universités de France,
publié aux Éditions Les Belles Lettres,
a été achevé d'imprimer
en novembre 2002
sur presse rotative numérique
de Jouve
11, bd de Sébastopol, 75001 Paris

N° d'édition : 4284
Dépôt légal : novembre 2002

Imprimé en France